REFERENDA

9

GRAMÁTICA do PORTUGUÊS BRASILEIRO ESCRITO

Francisco Eduardo Vieira
Carlos Alberto Faraco

parábola

Direção: Andréia Custódio
Capa e diagramação: Telma Custódio
Revisão: Thiago Zillio

CIP-BRASIL. CATALOGAÇÃO NA FONTE
SINDICATO NACIONAL DOS EDITORES DE LIVROS, RJ

V715g

Vieira, Francisco Eduardo, 1978-
Gramática do português brasileiro escrito / Francisco Eduardo Vieira, Carlos Alberto Faraco. - 1. ed. - São Paulo : Parábola, 2023.
360 p. ; 24 cm. (Referenda 9)

Inclui bibliografia
ISBN 978-85-7934-309-4

1. Língua portuguesa - Gramática. I. Faraco, Carlos Alberto, 1950-. II. Título. III. Série.

23-85824 CDD: 469.5
CDU: 811.134.3'36

Meri Gleice Rodrigues de Souza - Bibliotecária - CRB-7/6439

Direitos reservados à
PARÁBOLA EDITORIAL
Rua Dr. Mário Vicente, 394 - Ipiranga
04270-000 São Paulo, SP
[11] 5061-9262 | 5061-8075 | fax: [11] 2589-9263
www.parabolaeditorial.com.br
parabola@parabolaeditorial.com.br

ISBN: 978-85-7934-309-4

1ª edição - 1ª reimpressão, junho de 2024

Quando um rio corta, corta-se de vez
o discurso-rio de água que ele fazia;
cortado, a água se quebra em pedaços,
em poços de água, em água paralítica.
Em situação de poço, a água equivale
a uma palavra em situação dicionária:
isolada, estanque no poço dela mesma,
e, porque assim estanque, estancada;
e mais: porque assim estancada, muda,
e muda porque com nenhuma comunica,
porque cortou-se a sintaxe desse rio,
o fio de água por que ele discorria.

O curso de um rio, seu discurso-rio,
chega raramente a se reatar de vez;
um rio precisa de muito fio de água
para refazer o fio antigo que o fez.
Salvo a grandiloquência de uma cheia
lhe impondo interina outra linguagem,
um rio precisa de muita água em fios
para que todos os poços se enfrasem:
se reatando, de um para outro poço,
em frases curtas, então frase e frase,
até a sentença-rio do discurso único
em que se tem voz a seca ele combate.

(“Rios sem discurso”, de João Cabral de Melo Neto
A educação pela pedra, 1966)

Este projeto não saiu do nada. Muitas pessoas, direta ou indiretamente, próxima ou remotamente, deram sua contribuição seja por despertarem em nós o interesse pela análise gramatical e pela questão da norma brasileira de referência, seja por terem mantido ou ainda manterem conosco uma interlocução substancial e crítica sobre esses mesmos temas, seja ainda por razões afetivas. Ao listar aqui seus nomes, expressamos a todas elas nossa gratidão:

Ana Lima, Ana Maria Stahl Zilles, Ataliba T. de Castilho, Beth Marcuschi, Carlos Franchi (*in memoriam*), Clerk Elísio, Cristina Altman, Cristovão Tezza, Dante Lucchesi, Elisângela Maria da Silva, Emily Medeiros Ferreira, Eurico Back (*in memoriam*), Gláucia Nascimento, Irandé Antunes, José Borges Neto, José Carlos de Azeredo, Josyanne Louise, Juliene Pedrosa, Leonardo Gueiros, Luiz Antônio Marcuschi (*in memoriam*), Marcelo L. dos Anjos, Márcia Mendonça, Marcos Bagno, Marcos Marcionilo, Margarita Correia, Marianne Cavalcante, Mário A. Perini, Nelly Carvalho, Normanda Beserra, Olga Coelho, Orlene Carvalho, Rita Kramer, Roberto Mulinacci, Sérgio Rodrigues, Siane Gois, Sílvia R. Vieira, Tatiana Luna, Tereza Cristina Vieira (*in memoriam*) e Xoán Carlos Lagares.

Nossa gratidão vai também a todos os membros do grupo de pesquisa HGEL (UFPB/CNPq) e a todas/os nossas/os orientadas/os e ex-alunas/os.

O produto, claro, com todas as suas limitações, é de nossa exclusiva responsabilidade.

Francisco Eduardo Vieira
Carlos Alberto Faraco

SUMÁRIO

POR UMA GRAMÁTICA LÚCIDA E REALISTA

SÉRGIO RODRIGUES[1]

[1] Escritor e jornalista, colunista de língua e linguagem do jornal *Folha de S.Paulo* e autor dos romances *O drible* e *A vida futura* e do almanaque *Viva a língua brasileira!*, entre outros livros.

O Brasil espera há duzentos anos por este livro. Em meio a tudo o que faltou e ainda falta para consumar a independência plena do país, inaugurada no plano político formal em 1822 pelo "grito do Ipiranga", a consciência de nossos direitos linguísticos é talvez a falha mais importante no campo cultural, além de ser uma das mais evidentes no dia a dia da população.

Em salas de aula, bancas formuladoras de vestibulares e concursos públicos, departamentos de revisão editorial e consultórios gramaticais da imprensa tradicional e da internet, continua a se perpetuar minuto a minuto, pronome por pronome, regência por regência, o espectro de uma língua portuguesa carrancuda, hostil, mesquinha.

Essa língua é cheia de pegadinhas e pontos de decoreba, regras arbitrárias e visão estreita. "A mais difícil do mundo", como muitos acreditam. A verdade é que ela passa muito longe disso, mas, sendo eternamente estrangeira — o oposto de materna —, está sempre à espera de nossos tropeços inevitáveis, falantes de segunda linha que supostamente somos.

Idealizada e irreal, com suas suíças e sua casaca, a língua de nossos manuais escolares já era conservadora no século XIX e hoje só pode ser entendida como piada. Uma piada sinistra e nada engraçada, como tantos fantasmas do atraso nacional que vagam por aí. E bota atraso nisso. O escritor Mário de Andrade já denunciava há cerca de um século essa "língua oficial emprestada e que não representa nem a psicologia, nem as tendências, nem a índole, nem as necessidades, nem os ideais do simulacro de povo que se chama o povo brasileiro".

Não, claro que a gramática de Vieira e Faraco não é a primeira a se debruçar sobre a língua majoritária que se fala e se escreve no Brasil da vida real, isto é, a língua brasileira — ou portuguesa brasileira, conforme a preferência do freguês, embora o nome não importe tanto. O que se encontra nestas páginas é uma espécie de súmula, síntese do saber acumulado ao longo de décadas em estudos sistemáticos, no campo da linguística, da sociolinguística e da gramática normativa séria, sobre um idioma estruturalmente diferente do português europeu.

Trata-se de organizar algo que tais estudos, ora mais interessados em descrever do que em prescrever, ora mais dedicados ao detalhe do que ao todo, costumam deixar de lado: a fixação das linhas gerais de uma norma-padrão condizente com a língua que os brasileiros de alta escolaridade praticam em textos formais, monitorados, sobretudo na imprensa e na academia.

Eis o que, paradoxalmente, torna esta gramática revolucionária: o fato de apresentar, numa linguagem serena que se poderia chamar de conservadora, voltada para o ensino, uma normatividade lúcida e realista. Seus quatro guias normativos

— de regência verbal, regência nominal, concordância verbal e colocação pronominal — são tão preciosos quanto sua ênfase minuciosa na consciência sintática como condição indispensável à boa escrita.

Me fazer jornalista e escritor no Brasil, percebo agora, acabou dando muito mais trabalho do que precisava ter dado. É dureza aprender um milhão de regras e depois ser obrigado a decidir por conta própria quais prestam e quais não passam de entulho colonial e implicância de erudito especializado em catar pelo em ovo. Não é à toa que anda tão precário o nível médio da produção textual em nossas universidades e imprensa: temos duzentos anos de atraso para tirar.

Mãos à obra!

EM QUE SE FUNDAMENTA, PARA QUE SERVE E SOBRE O QUE VERSA ESTA *GRAMÁTICA*?

Diariamente, somos atravessados e constituídos por atividades diversificadas de escuta, fala, leitura e escrita. Desse conjunto de práticas de linguagem, as atividades que costumam apresentar mais dificuldade são, sem dúvida, as de produção escrita. Isso se deve, em parte, ao fato de que normalmente falamos e escutamos mais do que lemos, e lemos mais do que escrevemos. No entanto, o domínio maduro do escrever é indispensável ao cumprimento das múltiplas demandas de uma vida social com liberdade e autonomia.

Assim, para apoiar o desenvolvimento e refinamento das competências exigidas às práticas monitoradas de escrita da sociedade brasileira em geral, oferecemos a um público amplo esta *Gramática do português brasileiro escrito*. A obra decorre de um amplo projeto que envolve descrição gramatical, norma linguística e ensino de gramática, realizado pelo grupo de pesquisa HGEL – Historiografia, Gramática e Ensino de Línguas[1]. Outras pesquisas linguísticas desenvolvidas no HGEL, seja na perspectiva historiográfica, descritiva ou pedagógica, também embasam esta proposta de gramatização, que se direciona, em certa medida, a uma renovação analítica, conceitual, terminológica e normativa da língua escrita no Brasil.

O foco desta *Gramática do português brasileiro escrito* é a sintaxe dos períodos. Nesse sentido, é uma gramática basicamente estrutural-descritiva. No entanto, como seu objeto é a escrita formal, tem também caráter normativo, ou seja, expõe os princípios norteadores da norma-padrão brasileira contemporânea. E faz isso sem falsos purismos, sem anacronismos e artificialismos. Assume que a norma-padrão é variável e, sempre que cabe, aponta as possibilidades de escolha à disposição de quem escreve.

Esta gramática foi organizada conjugando dez diretrizes teórico-metodológicas que fundamentam nossa prática gramaticográfica e nossos projetos de ensino de gramática. Por balizarem toda a obra, tais diretrizes serão retomadas, desenvolvidas e ampliadas no decorrer dos dezesseis capítulos que a compõem. A seguir, apresentaremos brevemente cada uma delas.

1. A GRAMÁTICA DA ESCRITA É DIFERENTE DA GRAMÁTICA DA FALA

Falar e escrever, mesmo em situações monitoradas, não resultam em textos com uma mesma gramática. Isso quer dizer que a gramática de um texto falado por um certo alguém é diferente da gramática de um texto escrito por essa mesma pessoa. Não se trata, porém, de textos em línguas diferentes, mas produtos de práticas sociais que se dão em distintas modalidades da língua — a fala e a escrita.

[1] Espelho do HGEL no Diretório dos Grupos de Pesquisa no Brasil (Lattes/CNPq): https://bit.ly/2GoleXa. Perfil do HGEL no Instagram: @hgel.ufpb.

Nesse sentido, a *Gramática do português brasileiro escrito* oportuniza reflexões sobre um leque diverso de processos de (re)estruturação sintática, as quais favorecem o desenvolvimento e amadurecimento da percepção do leitor de que as estruturas frasais do texto escrito formal têm uma organização diferente da organização do texto falado, mesmo que este último também seja formal.

Evidentemente, nem todas as manifestações escritas são de caráter formal, do mesmo modo que nem todas as manifestações faladas são de caráter informal. Não é difícil, contudo, encontrarmos instrumentos gramaticais que igualam *fala* a *informalidade* e *escrita* a *formalidade*. Trata-se de um grande equívoco empírico e pedagógico, pois há um enorme conjunto de situações que vão da fala mais informal até a escrita mais formal, passando por vários graus de monitoramento, ou seja, por vários níveis de (in)formalidade. Não há, nesse sentido, um corte radical entre fala e escrita, mas um gradiente que combina dois eixos que se entrecruzam: o eixo do letramento (que vai das atividades orais para as atividades escritas) e o eixo do monitoramento (que vai do menos formal ao mais formal).

As pessoas em geral já conhecem e dominam a gramática da língua que falam, principalmente a que estrutura gêneros orais informais. A população brasileira alfabetizada também não costuma apresentar dificuldades na lida com os gêneros escritos informais do cotidiano. São os usos formais da língua, nas modalidades falada ou escrita, portanto, que requerem aprendizado sistemático.

Esta obra não trata dos eventos da oralidade formal, por entender que as especificidades desses eventos exigem uma abordagem própria. Busca, sim, oferecer aos falantes brasileiros a oportunidade de ampliar seu conhecimento sobre a gramática da modalidade escrita e do registro formal da sua língua.

2. A GRAMÁTICA DA ESCRITA DOS BRASILEIROS É A GRAMÁTICA DO PORTUGUÊS BRASILEIRO

A língua que falamos majoritariamente no Brasil é o português brasileiro. A gramática das falas brasileiras difere substancialmente da gramática das falas portuguesas. Na modalidade escrita formal, essas diferenças são menores. Mesmo assim, a língua em que nós escrevemos é o português brasileiro e não o português europeu.

Reconhecer isso não significa ignorar nosso problema normativo numa dimensão teórica ou pedagógica. Ao tentar definir uma norma-padrão para o Brasil no século 19, boa parte dos letrados brasileiros defendeu que ela se espelhasse estritamente na norma-padrão escrita de Portugal. Com isso, se criou uma referência artificial que, por estar muito distante do senso linguístico dos falantes brasileiros, nunca conseguiu se estabelecer de fato, o que acabou por gerar muita confusão e insegurança nos que se dedicam às atividades escritas formais no Brasil.

Apesar disso, não se pode abrir mão de uma referência padronizadora porque a norma-padrão é um construto sócio-histórico incontornável aos povos de cultura escrita e parte das tradições discursivas que caracterizam as práticas monitoradas de escrita. Desse modo, nosso desafio no Brasil é avançar no sentido de legitimar um padrão conceitualmente entendido e concretamente instrumentalizado como a gramática de referência da modalidade escrita formal do português brasileiro contemporâneo.

É urgente, pois, o combate à subserviência a uma norma gramatical obsoleta, incompreensível e inatingível, infelizmente ainda observada em muitos instrumentos linguísticos, pedagógicos e avaliativos produzidos no Brasil do século 21. Nesse sentido, a *Gramática do português brasileiro escrito* fomenta o delineamento de uma norma-padrão mais condizente com nossa realidade linguística contemporânea, isto é, de uma norma de referência efetivamente brasileira. Afinal, se essa norma, por ser baliza da escrita formal, não equivale exatamente às diferentes variedades orais dos brasileiros (mesmo daqueles escolarizados), também não deve refletir uma norma idealizada e anacrônica, ancorada na literatura de língua portuguesa dos séculos 16 a 19.

3. OS CAMPOS ACADÊMICO E JORNALÍSTICO SÃO ESPAÇOS REPRESENTATIVOS DA NORMA-PADRÃO BRASILEIRA CONTEMPORÂNEA

As atividades de escrita se materializam em diversos gêneros textuais que se distribuem por vários campos discursivos (o literário, o acadêmico, o jornalístico, o jurídico, o religioso, o publicitário, o didático e assim por diante). Tradicionalmente, a literatura, em especial os autores considerados clássicos, é que foi tomada como a fonte primordial e exemplar da norma-padrão. E isso desde o século 1 AEC, época em que apareceu a primeira gramática do grego, escrita por Dionísio Trácio, a mais antiga das gramáticas conhecidas. Nela, seu autor afirmava: "Gramática é o conhecimento empírico do comumente dito nas obras dos poetas e prosadores". Esse conceito balizou as gramáticas escritas posteriormente até, pelo menos, a primeira metade do século 20.

A literatura continua sendo, claro, uma importante referência da cultura escrita como um todo. No entanto, desde o início do século 20, escritores começaram a desenvolver projetos literários que se abriram para a representação estética de diferentes variedades linguísticas. Com essa nova perspectiva, não há como dizer hoje que os textos literários sempre vão seguir, estritamente, a norma-padrão. Já não são mais, portanto, necessariamente a fonte primordial e exemplar dessa norma.

Em contrapartida, as produções do campo acadêmico (ensaios, teses, artigos científicos etc.) e do campo jornalístico (editoriais, reportagens, artigos de opinião etc.) continuam a seguir, deliberadamente, a tradição discursiva que se pauta pela norma-padrão. Assim, essas produções passaram a ser mais representativas das convenções padronizadoras da modalidade escrita formal do que a literatura.

Além disso, é importante dizer que os textos do campo jornalístico se destinam a um público relativamente amplo e, por isso, operam com um registro formal, mas não técnico. Por outro lado, os textos do campo acadêmico, embora voltados a um público especializado, são abrangentes em seus temas e têm a vantagem de não usarem um registro ultraformal.

Na prática, não há outros campos discursivos cujos textos poderiam também servir de referência, porque ou são muito técnicos e ultraformais (como ocorre normalmente no campo jurídico), ou são muito próximos da oralidade informal (como o publicitário), ou são muito próprios de círculos sociais mais restritos e com temas muito específicos (como o religioso).

Por essa razão, o tratamento analítico e normativo que se observa nesta *Gramática do português brasileiro escrito* se ancora em textos autênticos dos campos acadêmico e jornalístico, o que resulta numa boa fotografia de nossa escrita formal da atualidade.

4. UMA GRAMÁTICA DA ESCRITA FORMAL É UMA GRAMÁTICA DO PERÍODO

Uma gramática da escrita formal deve apresentar as possibilidades estruturais e as relações sintáticas internas do período, entendido como *frase verbal*. Isso porque a efetiva compreensão desses aspectos do período é uma chave necessária — embora não suficiente — ao domínio da escrita formal.

O foco no período, entretanto, não precisa corresponder a uma abordagem excessivamente metalinguística e pouco reflexiva desse objeto, a qual costuma caracterizar as gramáticas tradicionais e boa parte dos instrumentos linguísticos voltados ao ensino de língua, como gramáticas escolares e livros didáticos.

Em meio às críticas aos problemas e às insuficiências do quadro analítico construído pela tradição gramatical para a análise do período, a *Gramática do português brasileiro escrito* propõe um modo mais simples de descrevê-lo. Há, em períodos das mais diferentes complexidades, aspectos sintáticos e lógico-semânticos que precisam ser dominados por quem escreve. E a prática de análise sintática, mais reflexiva e menos dogmática e mnemônica, é condição incontornável ao desenvolvimento da capacidade de construir e organizar períodos e, por conseguinte, parágrafos, textos, discursos e sentidos em geral.

5. UMA GRAMÁTICA PODE SERVIR DE BASE PARA O DESENVOLVIMENTO DA CONSCIÊNCIA SINTÁTICA PARA A ESCRITA FORMAL

A gramática da fala espontânea é aprendida naturalmente logo nos primeiros anos de vida, em meio às múltiplas atividades de interação social. Posteriormente, o falante, ao adquirir familiaridade com gêneros típicos de situações orais de caráter formal, agrega, pela própria vivência, modos de dizer específicos dessas situações, sem a necessidade de estudo sistemático. Já o domínio da gramática da escrita, sobretudo formal, costuma requerer práticas deliberadas de aprendizagem, dentre as quais se destaca o estudo sistemático da multiplicidade das estruturas dos períodos que constituem um texto do ponto de vista de sua gramática interna.

Um texto é, obviamente, mais que apenas a soma de seus períodos. Assim, a escrita de um bom texto requer mais do que a capacidade de construir períodos bem formados de acordo com a sintaxe da norma-padrão brasileira. No entanto, um bom texto também decorre da habilidade do escritor em elaborar esses períodos e articulá-los adequadamente entre si. Os períodos de um texto escrito apresentam fronteiras muito bem definidas, assim como uma organização estrutural particular que precisa ser compreendida por quem escreve. Podemos denominar essa compreensão das fronteiras e da estrutura dos períodos de *consciência sintática*.

Ter consciência sintática é poder jogar com as possibilidades estruturais dos períodos na construção de um texto escrito. E a *Gramática do português brasileiro escrito* ajuda a ampliar a consciência sintática de quem a consulta e estuda.

6. UMA GRAMÁTICA PARA A PRÁTICA DA ESCRITA FORMAL NÃO PRECISA SE ANCORAR NUMA ÚNICA TEORIA LINGUÍSTICA

Uma exposição gramatical clara e útil ao desenvolvimento da consciência sintática de quem escreve pode se valer de categorias, conceitos e técnicas de análise comuns a diferentes abordagens dos estudos linguísticos contemporâneos. Ao mesmo tempo, categorias, conceitos e técnicas de análise elaboradas pela tradição gramatical, razoavelmente difundidas pela escolaridade básica e, consequentemente, pelo senso comum, também podem contribuir aos propósitos de uma obra como a *Gramática do português brasileiro escrito*.

Nesse ponto, não é demais lembrar que mesmo os diferentes modelos teóricos propostos pela linguística contemporânea não abrem mão do aparato descritivo da gramática tradicional. Essas teorias costumam naturalizar objetos teóricos da tradição greco-latina, como *sujeito*, *verbo*, *complemento*, *adjunto*, *substantivo*, *adjetivo*, *advérbio*, *flexão*, *voz*, *pronome*, *aposto*, *concordância*, *regência*, *preposição*, *conjunção*, entre outros.

Portanto, esta gramática reconhece tanto inovações descritivas de teorias linguísticas atuais quanto a utilidade de parte do aparato descritivo da tradição greco-latina. A esse respeito, duas observações são importantes.

Primeiramente, é preciso dizer que não seguimos estritamente a Nomenclatura Gramatical Brasileira (NGB) por considerar que é possível fazer boas análises com um conjunto bem mais enxuto e preciso de categorias e termos. Por outro lado, mesmo incorporando inovações descritivas de teorias linguísticas, esta gramática se afasta da aplicação de um modelo teórico específico, cujo potencial explicativo, embora produtivo para as investigações gramaticais de ponta, ainda é de pouco impacto, por diferentes razões, nas questões fulcrais envolvendo o trabalho com gramática a serviço do ensino da escrita formal.

7. A ORAÇÃO, OBJETO INDISPENSÁVEL A UMA GRAMÁTICA DA ESCRITA FORMAL, É UM ARRANJO DE CONSTITUINTES EM HIERARQUIA

Os textos escritos na norma-padrão brasileira são constituídos por períodos gramaticalmente bem formados. Os períodos, simples e complexos, têm uma estrutura autônoma, com fronteiras muito bem delimitadas.

Os verbos ocupam papel central na estruturação dos períodos, selecionando suas outras partes. Isso significa que as formas verbais fazem determinadas exigências sintáticas, solicitando a presença de outros itens lexicais ou expressões para dar completude ao período.

Cada verbo presente num período indica a existência de uma *oração*. Assim, pode-se dizer que um período é um conjunto estrutural formado por uma (período simples) ou mais orações (período complexo). Uma oração, por sua vez, é um objeto gramatical cujas partes se apresentam hierarquicamente organizadas. As partes principais da oração são denominadas *constituintes*.

Dito de outro modo, uma oração não é um arranjo linear de palavras, disponibilizadas uma após outra, como algumas gramáticas e suas técnicas tradicionais de análise sintática podem nos levar a pensar. Na verdade, uma oração equivale a uma estrutura de constituintes em hierarquia. Nessa estrutura, frequentemente, palavras formam constituintes, constituintes formam outros constituintes, que, por sua vez, formam a oração. O constituinte central da oração é o "verbo", seu núcleo sintático, e os demais constituintes se juntam a ele com diferentes graus de amarração sintática.

A noção de constituinte está ausente em boa parte das gramáticas e dos livros didáticos de língua portuguesa. Talvez devido ao termo ser raramente explicitado pela tradição gramatical, as exposições pedagógicas costumam abordá-lo apenas de modo intuitivo. Na *Gramática do português brasileiro escrito*, porém, o trabalho sistemático com essa categoria — e com outros conhecimentos e habilidades cognitivas quase nunca explicitados e exercitados na gramaticografia tradicional — é fundamental às reflexões sobre a estrutura sintática do período.

8. O DOMÍNIO DA ESTRUTURA DA ORAÇÃO E DAS RELAÇÕES SINTÁTICAS ENTRE SEUS CONSTITUINTES É REQUISITO FUNDAMENTAL À PRÁTICA DE ANÁLISE LINGUÍSTICA

Em determinados momentos da discussão sobre o lugar da gramática no ensino de português, houve quem negasse validade ao estudo da sintaxe das orações, argumentando que, estando elas descontextualizadas, analisar sua estrutura nada contribuía para a construção de sentidos.

Entendemos que há aí um equívoco grave. É óbvio que a sintaxe, sendo estruturante das expressões linguísticas, participa também da construção de sentidos. Assim, análises essencialmente formais devem ter seu lugar no ensino de português. O problema não está nelas, mas no modo de trabalhar didaticamente com elas. Não cabe descartar pura e simplesmente as análises formais; cabe, sim, desenvolver uma pedagogia adequada para explorar o plano sintático tanto com vistas à compreensão e produção de textos quanto para sustentar as atividades da chamada análise linguística. Boas práticas de análise linguística, num primeiro momento, podem se centrar, sem qualquer culpa pedagógica, nas estruturas das orações e nas relações sintáticas entre seus constituintes.

Em outras palavras, o domínio dos arranjos sintáticos dos períodos é pré-requisito a uma eficiente abordagem funcionalista ou textual-discursiva dos recursos gramaticais como elementos da produção de sentido de um texto. Dessa forma, é indispensável que o escritor desenvolva a capacidade de esmiuçar a estrutura dos períodos para operar produtivamente com ela na escrita dos textos. E é justamente esse o objetivo que a *Gramática do português brasileiro escrito* se propõe a cumprir.

O sentido, evidentemente, é importante para o manejo das estruturas sintáticas. Todavia, a noção de sentido atravessada por variáveis históricas, socioculturais, cognitivas, ideológicas não precisa ser o passo primeiro nem o exclusivo da caminhada pedagógica rumo à consciência sintática. Ao contrário, o foco pode incidir, primeiramente, no trabalho com a oração muitas vezes considerada isolada, fora de um contexto de uso, em seu sentido lógico-semântico e na relação com outras orações de estruturas semelhantes e diferentes.

9. O TEXTO NEM SEMPRE PRECISA SER O PONTO DE PARTIDA DE UMA ANÁLISE GRAMATICAL

O discurso que negou validade didático-pedagógica à análise sintática das orações e períodos em si adotou, como bandeira, o primado do texto como unidade fundamental do ensino de português. E o fez a tal ponto que chegou a propor que todo o ensino de gramática se realizasse exclusivamente a partir de textos.

Assim, o texto virou pretexto, e livros didáticos e gramáticas escolares contemporâneas passaram a tomar a unidade *texto* como ponto de partida metodológico nas lições de categorias e conceitos historicamente constituídos pela gramática tradicional para a análise da *oração*, unidade gramatical fundamentalmente lógico-semântica — ou seja, em essência, descontextualizada.

Não se questiona a importância do texto como unidade central do ensino de português. No entanto, a presença compulsória de textos para o ensino de gramática nos instrumentos didáticos acaba, muitas vezes, obstaculizando a didatização coerente e a aprendizagem efetiva do aparato descritivo tradicional (*verbo*, *regência*, *complemento*, *adjunto*, *sujeito*, *concordância*, *crase*, *preposição*, *coordenação*, *subordinação* etc.), do qual esses mesmos instrumentos não conseguem abrir mão, por razões tanto normativas quanto metalinguísticas. Afinal, as coordenadas balizadoras da norma-padrão são formuladas com base nesse aparato descritivo. Compreendê-las pressupõe, portanto, o conhecimento do aparato que sustenta suas formulações. E, por outro lado, o uso desse aparato é também incontornável nas práticas de análise linguística, que não podem se realizar sem que se disponha de um suporte descritivo básico.

É preciso, pois, ir além de asserções absolutizantes. O texto tem seu lugar no estudo da língua porque é um objeto estruturado e semântica e discursivamente contextualizado. Mas também tem lugar a análise sintática de orações e períodos em si porque a compreensão de sua estrutura e de sua configuração lógico-semântica tem importância para a compreensão dos textos e para a sua produção. Reconhecemos, portanto, que as orações e os períodos podem ser objetos analisáveis fora do texto. Não precisam ser referenciados sempre e só a partir de um texto determinado. Podem ser destacados do texto e receber uma análise que se esgota no plano sintático e lógico-semântico.

Isso não significa dizer que as orações e os períodos a serem analisados devem ser inventados artificialmente. A língua em uso deve ser sempre a referência primordial. Por isso, a *Gramática do português brasileiro escrito* recorta períodos de textos autênticos para análise. Os textos são a fonte dos dados. O foco analítico, porém, não está no *texto* como unidade enunciativa, mas no *período* e na *oração* como unidades formais.

10. ANÁLISES GRAMATICAIS A PARTIR DO MODELO DE DIAGRAMAS COLORIDOS SVCA FACILITAM A AMPLIAÇÃO DA CONSCIÊNCIA SINTÁTICA PARA A PRODUÇÃO ESCRITA

Nas gramáticas tradicionais, nas gramáticas escolares e mesmo nos livros didáticos de língua portuguesa, as partes da oração são designadas por meio de um rol extenso de funções sintáticas e classificações. Só no âmbito da sintaxe do período simples, temos *sujeito simples*, *composto*, *oculto*, *indeterminado*, *inexistente*; *predicado verbal*, *nominal*, *verbo-nominal*; *complemento verbal* e *nominal*; *objeto direto* e *indireto*; *predicativo do sujeito* e *do objeto*; *aposto* e *vocativo*; *agente da passiva*; *adjunto adnominal*; *adjunto adverbial de lugar*, *tempo*, *negação*, *modo*, *intensidade*, *instrumento* etc.

Uma boa alternativa a essa exuberância terminológica (e muitas vezes sem claros propósitos pedagógicos) é a análise sintática por meio de diagramas coloridos que representam as relações estruturais entre os constituintes SVCA de períodos e orações:

S Sujeito	V Verbo	C Complemento verbal	A Adjunto adverbial

Além de tomar como ponto de partida explícito a noção de constituinte, fundamental ao entendimento das funções sintáticas tradicionais, esse recurso lúdico também atende à análise do período complexo, chegando a resultados concretos em termos de amadurecimento e refinamento da consciência sintática necessária à adequada estruturação dos textos escritos formais. Por meio do modelo de diagramas, o leitor da *Gramática do português brasileiro escrito* é levado a compreender que o procedimento de estruturação sintática de períodos se assemelha a um jogo de montar, em que algumas peças (constituintes simples e orações) se encaixam ao lado ou dentro de outras, formando um todo maior, de partes hierarquizadas:

O^1				O^2			
V^1	C^1	S^1		A^2	S^2	V^2	C^2
São	muitas	as causas desse quadro alarmante	**, mas**	, em qualquer prisma analítico,	as corporações de tecnologias digitais e as mídias sociais	são	também responsáveis pela desinformação política.

no entanto,	elas	favorecem	uma espécie de enlouquecimento coletivo
elas	, no entanto,	favorecem	uma espécie de enlouquecimento coletivo
elas	favorecem	, no entanto,	uma espécie de enlouquecimento coletivo
elas	favorecem	uma espécie de enlouquecimento coletivo	, no entanto

<table>
<tr><th colspan="4">Período complexo</th></tr>
<tr><th>A</th><th>S</th><th>V</th><th>C</th></tr>
<tr><td>Por muito tempo,</td><td>a ideia de homofobia como doença</td><td>fez</td><td><table><tr><th colspan="4">Oração completiva</th></tr><tr><th></th><th>S</th><th>V</th><th>C</th></tr><tr><td>que</td><td>o ônus do preconceito</td><td>recaísse</td><td>sobre a vítima.</td></tr></table></td></tr>
</table>

O modelo SVCA é uma espécie de chave mestra para a análise sintática de praticamente todos os períodos, simples e complexos, da modalidade escrita formal do português brasileiro contemporâneo. Por sua vez, os diagramas coloridos são recursos analítico-pedagógicos que canalizam a atenção de quem escreve aos aspectos formais do período.

* * *

Esse conjunto de dez diretrizes teórico-metodológicas balizam, nesta *Gramática do português brasileiro escrito*, o estudo do período, do arcabouço metalinguístico que o analisa e das questões normativas que atravessam sua estruturação. Esse estudo é planificado em dezesseis capítulos.

Os **capítulos 1 e 2** desenvolvem uma discussão sobre o português brasileiro e sua modalidade escrita formal. A argumentação dá visibilidade à nossa identidade linguística como brasileiros e justifica as discussões e decisões normativas feitas na gramática. Nesse sentido, as principais diferenças gramaticais entre um texto falado e um texto escrito são abordadas, e a noção de "consciência sintática" é discutida para mostrar a relevância do estudo da dinâmica estrutural dos períodos no aprimoramento do domínio da escrita formal. Esses capítulos também distinguem os dois tipos de período (simples e complexo), revelam que a oração é um conjunto de constituintes organizados hierarquicamente e destacam a importância da análise formal da oração para o desenvolvimento da consciência sintática.

O **capítulo 3** explora os principais constituintes oracionais envolvidos na construção de períodos simples e complexos. São analisados, detalhadamente, os constituintes do modelo analítico SVCA — sujeito, verbo, complemento verbal e adjunto adverbial — e discutidos aspectos relativos à ordem desses constituintes na oração, bem como seus efeitos sobre a pontuação. Também são trabalhados os conceitos de aposto e estrutura parentética.

O **capítulo 4** apresenta vários procedimentos para delimitar adequadamente os constituintes de um período, considerando que essa segmentação é relevante à boa formação sintática das frases verbais que escrevemos. O **capítulo 5** detalha a coordenação de orações, que é, em suas várias possibilidades, um dos processos sintáticos fundamentais na construção de períodos complexos. Já no **capítulo 6**, são analisados dois tipos de paralelismo sintático — as estruturas correlatas e as estruturas com constituinte matriz —, ambos essenciais à produção de bons textos escritos.

A subordinação de orações, processo sintático em que orações inteiras são encaixadas como constituintes de outras, é tema dos **capítulos 7, 8 e 9**. Caracterizam esses capítulos tanto a simplicidade terminológica quanto o detalhamento exaustivo das possibilidades estruturais envolvendo orações subordinadas subjetivas, completivas e adverbiais — que correspondem, respectivamente, a sujeitos, complementos verbais e adjuntos adverbiais de períodos complexos.

Os **capítulos 10, 11 e 12** exploram a regência verbal, a regência nominal e, relacionado a elas, o fenômeno sintático da crase. Nesses capítulos, é bastante relevante a exposição de estratégias mais simples e seguras para o uso adequado do acento grave, bem como a apresentação dos quase trezentos verbetes presentes nos guias normativos da regência verbal e nominal na modalidade escrita formal do português brasileiro contemporâneo.

Dá continuidade à abordagem da subordinação de orações o **capítulo 13**, que explora as orações relativas restritivas e explicativas, isto é, os adjuntos adnominais e os apostos em forma de oração. Nele, também se destacam as discussões e sistematizações normativas desenvolvidas a partir da análise do uso de pronomes relativos em diferentes estruturas sintáticas.

Por fim, orientações normativas realistas também dão a tônica dos **capítulos 14, 15 e 16**, que versam sobre a concordância verbal e nominal, sobre a relação entre transitividade verbal e pronomes oblíquos átonos e sobre a colocação pronominal. Nesses capítulos, os guias normativos da concordância verbal e da colocação pronominal — sem purismos improdutivos, sem picuinhas gramaticais e sem um apego a uma norma-padrão artificial e anacrônica — garantem ao consulente da obra um domínio seguro das normas que norteiam a escrita formal contemporânea no Brasil, sendo um repositório útil para eventuais consultas.

FRANCISCO EDUARDO VIEIRA I CARLOS ALBERTO FARACO
BRASIL, PRIMAVERA DE 2023

1

A ESCRITA FORMAL DO PORTUGUÊS BRASILEIRO CONTEMPORÂNEO

OBJETIVOS DO CAPÍTULO:

- dar visibilidade à nossa identidade linguística como brasileiros e justificar as discussões normativas feitas nesta gramática;
- contribuir para a construção de uma norma-padrão brasileira mais condizente com nossa identidade linguística;
- demonstrar as principais diferenças gramaticais entre um texto falado e um texto escrito;
- mostrar a importância de perceber sistematicamente formas de estruturar os períodos para o aprimoramento do domínio da escrita formal;
- expor as principais escolhas teórico-metodológicas desta gramática.

1.1 O BRASIL PLURILÍNGUE

O Brasil não é um país monolíngue. Ao contrário do que talvez se imagine, **não somos todos falantes de língua portuguesa**. Essa afirmação pode ser sustentada tanto por um fato objetivo quanto por uma elaboração teórica.

O **fato objetivo** que justifica o enunciado "não somos todos falantes de língua portuguesa" equivale à existência de centenas de línguas minoritárias no território brasileiro. Dezenas delas, por exemplo, são oriundas dos contextos imigratórios das últimas décadas do século 19 e primeiras do século 20 — como o alemão e o italiano, ainda falados por brasileiros descendentes de imigrantes em pequenas comunidades na região Sul do país. Também faz parte desse grupo de línguas minoritárias o espanhol falado em algumas cidades brasileiras, seja por estarem em região de fronteira com outros países sul-americanos, seja por terem recebido levas recentes de imigrantes, principalmente bolivianos e venezuelanos. O árabe falado pelos refugiados sírios, chegados aqui nos últimos anos, também engrossa o volume de línguas em terras brasileiras, bem como a língua crioula de base francesa dos imigrantes haitianos. A todo esse cenário somam-se as várias línguas (em torno de duzentas) dos muitos povos indígenas originários, as quais nos colocam entre os países de maior diversidade linguística do mundo. Portanto, não somos todos falantes de língua portuguesa porque **somos também falantes de outras línguas**. Algumas delas correspondem, inclusive, à primeira língua de muitos brasileiros, sendo o português, nesses casos, aprendido na escola como segunda língua.

Já a **elaboração teórica** que sustenta a afirmação "não somos todos falantes de língua portuguesa" é a tese de que a língua mais falada no Brasil não é o "português" simplesmente, mas sim o "português brasileiro". Essa denominação — *português brasileiro* — é praticamente consensual entre linguistas contemporâneos de diversas linhas teóricas, cujas pesquisas, há mais de meio século, vêm revelando as profundas diferenças lexicais, morfossintáticas e textual-discursivas entre o português daqui e o de outros países em que é também falado, como Portugal. Hoje, gramáticas brasileiras, cujos autores são linguistas renomados, revelam, já em seus títulos, que **a língua dos brasileiros é o português brasileiro**. São exemplos:

- CASTILHO, Ataliba T. de. *Nova gramática do português brasileiro*. São Paulo: Contexto, 2010.
- BAGNO, Marcos. *Gramática pedagógica do português brasileiro*. São Paulo: Parábola Editorial, 2012.
- PERINI, Mário A. *Gramática descritiva do português brasileiro*. Petrópolis: Vozes, 2016.

Essas **gramáticas do português brasileiro** são fundamentadas em diferentes abordagens epistemológicas da linguística, a ciência que estuda a linguagem e as línguas humanas. A despeito dessa diversidade teórico-metodológica, todas elas reúnem particularidades gramaticais que aparecem na fala de todos os brasileiros, indiferentemente de região, grau de escolaridade, idade, gênero, profissão, entre outros fatores socioculturais.

1.2 O PORTUGUÊS BRASILEIRO FALADO

Quem já ouviu algum português falar deve ter percebido que traços fonéticos (sons consonantais e vocálicos) e prosódicos (entonação) nos distinguem facilmente deles, independentemente de sermos de Pernambuco ou Santa Catarina, de uma região mais rural ou urbana, da terceira idade ou adolescentes, vendedores ou professores, pós-graduados ou graduandos. Também nos distinguimos dos portugueses por nossas especificidades morfossintáticas: por exemplo, em geral, falamos "de vocês", "me dá um abraço", "deixa eu dizer", "vou encontrar ela" e "está chovendo", ao invés de "vosso", "dá-me um abraço", "deixa-me dizer", "vou encontrá-la" e "está a chover", respectivamente.

O contato entre a língua portuguesa e as línguas dos nativos indígenas, dos povos africanos escravizados e, finalmente, dos imigrantes não falantes originários de português (italianos, espanhóis, alemães, japoneses, entre outros) fez com que nós, brasileiros do século 21, viéssemos a falar assim. Até mesmo a enorme distância transcontinental entre brasileiros e portugueses nesses mais de cinco séculos de invenção do Brasil foi responsável por preservar (o sistema vocálico, por exemplo) ou transformar (a organização das frases, por exemplo) certas características gramaticais aqui, em descompasso com as manutenções (os pronomes oblíquos de terceira pessoa, por exemplo) e mudanças linguísticas (principalmente as de pronúncia) que aconteceram do outro lado do Atlântico. Portanto, não somos todos falantes de língua portuguesa, porque **a grande maioria dos brasileiros é falante do português brasileiro**, língua plena e autônoma, com uma gramática própria, distinta em muitos pontos da gramática de falantes portugueses, além de moçambicanos, angolanos, cabo-verdianos etc.

1.3 O PORTUGUÊS BRASILEIRO ESCRITO

Esta gramática versa sobre a *escrita* e não sobre a fala dos brasileiros. Então, a pergunta que cabe fazer é: **o português brasileiro é também a língua em que os brasileiros escrevem?**

Em termos, sim. De modo geral, a escrita formal dos brasileiros, por razões histórico-culturais diversas, é bastante semelhante à dos portugueses. Quando abrimos, por exemplo, um jornal de Portugal, podemos ver que as diferenças lexicais e gramaticais em relação à escrita jornalística brasileira são mínimas — em alguns textos, quase imperceptíveis. Entretanto, elas existem, como atestam esses excertos retirados aleatoriamente do *Diário de Notícias*, famoso jornal português sediado em Lisboa:

(1) Um dos 14 turistas alemães feridos no acidente com um autocarro turístico, ocorrido na quarta-feira em Santa Cruz, na Madeira, foi transferido de manhã para a Alemanha e outros 12 sê-lo-ão no sábado, foi hoje anunciado.[1]

(2) O ator que interpretou Pablo Escobar na série *Narcos* está em Lisboa como júri do festival de cinema LEFFEST. Foi aí que apresentou a sua primeira longa-metragem, *Marighella*, que volta a ser exibido amanhã no Centro Olga Cadaval. O filme está proibido de se estrear no Brasil.[2]

(3) Um homem de 58 anos foi detido na quinta-feira, em Lisboa, por suspeita de ter furtado joias no valor de 124 mil euros de uma carrinha de transporte personalizado de valores, anunciou esta segunda-feira a PSP.[3]

Embora não tenhamos dificuldade em compreender esses três fragmentos de notícias, algumas de suas passagens (palavras, expressões, construções, modos de enunciar) não seriam escritas assim na mídia brasileira. A transformação do excerto (1), realizada a seguir, pode servir de exemplo:

---

[1] Notícia disponível em: https://www.dn.pt/lusa/acidentemadeira-um-dos-feridos-ja-esta-na-alemanha-e-mais-12-vao-no-sabado-10816082.html. Acesso em: 06 dez. 2019.

[2] LEFFEST significa Lisbon & Sintra Film Festival. Notícia disponível em: https://www.dn.pt/edicao-do-dia/23-nov-2019/wagner-moura-bolsonaro-tem-uma-declaracao-publica-em-que-diz-que-o-cinema-brasileiro-precisa-de-um-filtro-11543368.html. Acesso em: 23 nov. 2019.

[3] PSP significa Polícia de Segurança Pública. Notícia disponível em: https://www.dn.pt/pais/homem-detido-em-lisboa-por-furto-de-joias-de-valor-superior-a-124-mil-euros-11551728.html. Acesso em: 01 dez. 2019.

(4) Um dos 14 turistas alemães feridos **no acidente de ônibus ocorrido** na quarta-feira em Santa Cruz, na Madeira, foi transferido de manhã para a Alemanha e outros 12 **serão transferidos** no sábado, **conforme** anunciado hoje.

Abaixo, eis uma transformação ainda mais objetiva para as convenções da escrita jornalística brasileira:

(5) Um dos 14 turistas alemães feridos no acidente de ônibus, na última quarta-feira, em Santa Cruz, na Madeira, foi transferido para a Alemanha, hoje de manhã. Outros 12 serão transferidos no sábado.

Em outros gêneros da escrita formal, como nos gêneros acadêmicos, essas diferenças continuam existindo, mas talvez ocorram com menos intensidade que no domínio jornalístico. É possível que não consigamos dizer, somente pela observação do seu léxico e de suas estruturas, se um resumo de um artigo científico, por exemplo, foi escrito por um autor brasileiro ou português, como mostra o texto a seguir, escrito por um grupo de acadêmicos da Universidade de Coimbra, em Portugal:

A osteoporose é uma patologia metabólica óssea com maior incidência nas mulheres pós-menopáusicas e nas camadas mais idosas das populações atuais. Caracteriza-se pelo decréscimo da massa e da resistência ósseas, com aumento subsequente do risco de fratura. No presente trabalho, propõe-se, como objetivo principal, a compreensão dos padrões epidemiológicos da perda de massa óssea cortical numa amostra de indivíduos pertencente à Coleção de Esqueletos Identificados do século XXI (CEI/XXI) e da sua relação com as fraturas de fragilidade. Foram analisados 136 indivíduos {F = 68; M= 68} pertencentes à CEI/XXI. Para a avaliação da perda de massa óssea procedeu-se análise radiogramétrica do 2.º metacárpico. Verificou-se também a presença/ausência de fraturas de fragilidade (anca, úmero proximal, rádio distal e corpo vertebral). Os resultados obtidos sugerem que a perda de massa óssea está intimamente relacionada com o envelhecimento, sobretudo no sexo feminino. As fraturas de fragilidade são mais comuns nos indivíduos femininos e a idade aparenta ser um fator de risco para a sua ocorrência, contrariamente ao que acontece nos indivíduos masculinos.

(Fonte: PERINHA, A. *et al.* Massa óssea cortical e fraturas de fragilidade na Coleção de Esqueletos Identificados do séc. XXI. *Antropologia Portuguesa*, Coimbra, v. 35, p. 33-55, 2018.)

Nos gêneros acadêmicos, portanto, são mínimas as diferenças entre o português escrito em Portugal e o português escrito no Brasil. Apesar disso, a maioria dos processadores de texto podem ser configurados em **português europeu** — às vezes apenas denominado "português" — ou em **português brasileiro**, muitas vezes apresentado como "português (Brasil)". Isso é um forte argumento pragmático de que se trata de duas realidades linguísticas diferentes, ou seja, de duas línguas distintas.

Ademais, deve-se considerar que o nome de uma língua é uma questão muito mais política, ideológica, cultural e histórica do que estritamente linguística. A nomeação da língua do Brasil como língua portuguesa vem deslegitimando, desde o século 19, uma série de especificidades gramaticais da nossa fala como um todo e, por outro lado, valorizando suas contrapartes portuguesas, em especial na escrita. Pior: o sentimento de inferioridade linguística dos brasileiros ainda tende a buscar, mesmo na terceira década do século 21, um ideal gramatical que não existe nem mesmo na escrita dos portugueses de hoje, considerados, pelos censores gramaticais de todos os tempos, os "donos da língua".

1.4 A NORMA LINGUÍSTICA APRESENTADA NESTA *GRAMÁTICA*

Tentando evitar ou mesmo combater certa subserviência gramatical observada em muitos instrumentos linguísticos, pedagógicos e avaliativos produzidos no Brasil — como gramáticas escolares, livros didáticos de língua portuguesa, apostilas e provas de concursos públicos, manuais de redação jornalística, consultórios gramaticais *on-line*, vestibulares, avaliações pedagógicas de larga escala, entre outros —, esta gramática adota a expressão "português brasileiro" não só para nomear nossa fala, mas também nossa escrita. Certas particularidades normativas da **escrita formal do português brasileiro contemporâneo** serão discutidas no decorrer desta obra. Em linhas gerais, a proposta sistematiza algumas questões gramaticais, gerais e específicas, contribuindo, assim, para a construção da **norma brasileira de referência**, uma **norma-padrão brasileira**, mais condizente com nossa identidade linguística hoje.

Essa **norma-padrão brasileira** (ou **norma brasileira de referência**) não equivale às variedades linguísticas dos brasileiros, mesmo daqueles escolarizados. As variedades linguísticas dos brasileiros são as falas maternas, vernaculares, usadas espontaneamente pelas diferentes comunidades linguísticas em diferentes contextos do dia a dia. Por outro lado, a norma-padrão brasileira também não é a norma idealizada, anacrônica, ancorada na literatura de língua portuguesa do século 19 para trás. Por essa razão, os fatos gramaticais da escrita serão apresentados nesta gramática a partir da prosa acadêmica ou jornalística contemporânea, verdadeiros espaços da escrita formal brasileira hoje.

A norma-padrão não é mais do que um **conjunto de convenções gramaticais assumidas como as mais adequadas à escrita formal**. Pode-se dizer que ela também pauta a fala em situações formais. No entanto, em razão da maior fluidez da fala, o monitoramento social de seu uso é mais forte (e exequível) na escrita.

Essas convenções normativas constituem, no fundo, uma resposta à diversidade própria da língua. São inúmeras as variedades regionais, sociais, estilísticas, históricas que constituem uma língua. Algumas dessas são prestigiadas socialmente; outras nem tanto. Como recurso para limitar a diversidade na escrita formal, os segmentos socioculturais mais direta e continuamente envolvidos com essas práticas de escrita definiram, ao longo do tempo, algumas estruturas como mais adequadas à expressão escrita formal.

Nesse processo, entrelaçaram-se vários fatores, tais como:

- o **prestígio sociocultural de determinadas práticas de escrita**. A literatura, por exemplo, foi, durante séculos, a principal — senão a única — referência de quem escrevia. Modernamente, porém, a prática literária se abriu à representação estética das diferentes variedades linguísticas de tal modo que a literatura mantém seu prestígio, mas não é mais necessariamente tomada como o parâmetro único da norma-padrão;
- o **prestígio social das variedades linguísticas usadas pelos segmentos sociais letrados**, que tradicionalmente sempre foram uma minoria e tenderam a deslegitimar as demais variedades ou desqualificá-las para a escrita formal;
- a **necessidade de certa uniformização da expressão escrita**, considerando a amplitude de sua circulação espacial e temporal. Um livro acadêmico escrito e publicado em São Paulo, por exemplo, não fica restrito a essa cidade; ou um livro acadêmico escrito e publicado numa determinada época também não fica restrito a ela. É por isso que se busca definir, para a escrita, uma expressão menos marcada pela variação.

Além desses fatores, é preciso que se diga que, na delimitação dessas convenções, muitas vezes interferiram também o gosto pessoal, as preferências estilísticas e até mesmo as opções ideológicas de certos gramáticos. Houve época, por exemplo, em que alguns defenderam que só eram legítimos, na norma-padrão do português, os usos de escritores do século 16 porque os consideravam os únicos "clássicos" da língua. Por outro lado, quando, no século 19, se passou a discutir a definição de uma norma-padrão para a escrita dos brasileiros, prevaleceu a ideia de que só eram legítimos os usos dos escritores portugueses do Romantismo. Com base nisso, alguns críticos literários desmereceram extensamente as obras de José de Alencar pelo fato de ele usar algumas construções mais próximas da fala formal dos letrados brasileiros.

A interferência do gosto pessoal, das preferências estilísticas ou das opções ideológicas de determinados gramáticos deixa visível que há, muitas vezes, uma forte dose de arbitrariedade na definição do que constitui a norma-padrão. Dessa arbitrariedade resultam, com relativa frequência, divergências entre gramáticos e dicionaristas quanto ao que, de fato, pertence à norma-padrão. Isso não justifica que ela seja descartada em sua totalidade, mas abre espaço para o estabelecimento de uma relação sempre crítica. Por fazer parte das tradições discursivas que caracterizam as práticas da escrita formal, é importante conhecer a norma-padrão, o que, contudo, não impede a busca crítico-propositiva de uma norma de referência mais condizente com a realidade linguística contemporânea do Brasil.

1.5 DA FALA PARA A ESCRITA

A fala e a escrita de uma língua são práticas sociais diferentes que resultam, consequentemente, em textos estruturalmente diferentes. Isso quer dizer que a gramática de um texto falado por um brasileiro é diferente da gramática de um texto escrito por esse mesmo brasileiro, não por serem textos em línguas diferentes, mas por serem produtos de práticas sociais de linguagem que se dão em modalidades de naturezas distintas — a fala e a escrita. Em suma, **falar e escrever, mesmo em situações monitoradas de fala e escrita, não resultam em textos com uma mesma gramática**.

Esse é um ponto básico em uma reflexão séria sobre a estrutura gramatical da escrita formal. Sua compreensão genuína vai requerer, primeiramente, a análise da gramática de um texto falado.

O texto a seguir é parte de um diálogo entre dois estudantes brasileiros de ensino superior. O diálogo é sobre cinema; no trecho, os participantes falam sobre três filmes específicos — *Guerra dos Mundos*, de Steven Spielberg (2005); *Os Outros*, de Alejandro Amenábar (2001); e *Reencarnação*, de Jonathan Glazer (2004):

[...]
João: sim fala de guerra dos mundos... que você disse que não entendeu por que o o final o que era que tu não tinha entendido?
Gustavo: o final?
João: sim
Gustavo: e::u não achei que teve um final concreto [um final assim acabou por exemplo os outros tem um final entendeu não?
João: [e tu queria o quê?
João: é guga mas existem histórias que têm que ter um fina:::l e tem histórias que não e os outros já que tinha que haver um desfecho tem que haver/ ser dito você ficava vendo você ainda ia terminar o filme e você ia ficar a mulé é fantasma ou não é é? me poupe né?
Gustavo: igual a esse filme... [é reencarnação ou não é?
João: [menino mas reencarnação é diferen:te fantasma é outra coisa se tu vai contar uma história de fantasma e se tu não diz se fulaninho é fantasma ou se não é que porra de história é essa? o::x ((risos))
Gustavo: e a reencarnação (inc.)
João: a reencarnação como é um um um uma coisa mais polêmica uma coisa mais as pessoas acreditam ou não acreditam uma coisa (2s) pode deixar uma coisa subentendida... mas em os outros ficava impossível (2s) os outros o filme é bom por cAusa do desfecho
Gustavo: não o filme é bom todo
[...]

(Fonte: VIEIRA, F. E. *Aspectos da virtualização da conversação face a face com atenção especial ao funcionamento das expressões indiciais*. Dissertação (Mestrado em Letras) — Centro de Artes e Comunicação, Programa de Pós-Graduação em Letras, UFPE, Recife, 2006. p. ii-iii.)

A natureza dos diálogos falados e informais faz com que esse texto oral apresente algumas características que inevitavelmente estão ausentes da escrita acadêmica. Enquanto esta é marcada pela assincronicidade (ausência de interatividade em tempo real), formalidade e uma autoria central, capaz de orquestrar linearmente uma diversidade de vozes, o diálogo entre João e Gustavo, devido a sua essência processual, ao seu caráter *on-line* (conversa face a face), apresenta:

- sobreposição de vozes, sinalizada na transcrição por meio de dois grandes colchetes (João interrompe a fala de Gustavo e ambos passam a falar ao mesmo tempo);
- marcadores de abertura e encerramento de turnos (falas), como "sim" em "sim fala de guerra dos mundos...", ou "né?" em "me poupe né?";
- alongamento enfático de vogais, sinalizado por dois-pontos[4], como em "e::u não achei que teve um final concreto" ou "existem histórias que têm que ter um fina:::l";
- expressões regionalistas (*o::x*) e palavrões (*porra*);
- ocorrências de variantes fonéticas (*mulé*) e morfossintáticas (*tu queria, tu não diz*), em desacordo com a norma-padrão brasileira;
- hesitações e repetições não funcionais, como em "você disse que não entendeu por que o o final" e "a reencarnação como é um um um uma coisa mais polêmica".

Os interlocutores desse texto falado são estudantes universitários, ou seja, atuam cotidianamente, pela fala ou pela escrita, em domínios de cultura letrada; mesmo assim, a transcrição objetiva de suas falas não se adequa à estrutura que se espera de um texto escrito na norma-padrão brasileira. Além disso, a informalidade dessa interlocução específica acentua tal impossibilidade, de modo que se consegue facilmente visualizar, observando essa conversa sobre cinema, que **as expectativas estruturais de um texto escrito não correspondem ao que se faz espontaneamente na fala**. Entretanto, muitas vezes, quem escreve um texto age como se o ato de escrever exigisse apenas a transposição para o papel ou para o computador de estruturas perfeitamente adequadas à fala espontânea, não monitorada — mas normalmente distantes do universo sintático exigido na escrita formal.

São muitas as passagens do diálogo em análise contendo estruturas inadequadas à escrita formal. Eis algumas em destaque:

(6) "sim fala de guerra dos mundos... que você disse que não entendeu por que o o final o que era que tu não tinha entendido?";

(7) "e::u não achei que teve um final concreto um final assim acabou por exemplo os outros tem um final entendeu não?";

---

[4] Além dos colchetes indicando sobreposição de fala e dos dois-pontos indicando alongamento de vogais, essa transcrição também apresenta os seguintes sinais, comuns a transcrições de fala: ((risos)), indicando riso sonoro do falante naquele trecho específico; (inc.), indicando trecho incompreensível para o transcritor; (2s), indicando pausa de dois segundos; / [barra inclinada], indicando truncamento brusco.

(8) "e os outros já que tinha que haver um desfecho tem que haver/ ser dito você ficava vendo você ainda ia terminar o filme e você ia ficar a mulé é fantasma ou não é é?";

(9) "a reencarnação como é um um um uma coisa mais polêmica uma coisa mais as pessoas acreditam ou não acreditam uma coisa (2s) pode deixar uma coisa subentendida... mas em os outros ficava impossível (2s) os outros o filme é bom por cAusa do desfecho";

(10) "não o filme é bom todo".

Os trechos (6), (9) e (10), por exemplo, podem ser reescritos de acordo com a estrutura gramatical própria da escrita formal:

Trechos (6), (9) e (10) adaptados à escrita formal
(6a) Fale de "Guerra dos Mundos", cujo final você disse não ter entendido. Por quê? O que você não entendeu?
(9a) Como a reencarnação é algo mais polêmico, em que as pessoas acreditam ou não, pode-se deixar subentendida; mas, em "Os Outros", isso ficaria impossível, pois esse filme é bom por causa do desfecho.
(10a) Não, o filme é bom por inteiro.

Essa reestruturação requereu mais do que obedecer a meras convenções ortográficas da escrita, como as que envolvem o uso de letras maiúsculas e sinais de pontuação. Foi preciso também alterar sua gramática e seu léxico.

Em suma, a estrutura de um texto falado costuma ser bem diferente da estrutura desse mesmo texto por escrito. A transformação da fala para a escrita recebe o nome técnico de **retextualização**. Trata-se de uma prática complexa, não mecânica, que abrange operações diversas de reestruturação sintática e reconstrução semântica.

Práticas de retextualização da fala para a escrita ajudam a desenvolver e amadurecer a percepção de que as estruturas frasais do texto escrito formal têm uma organização particular, diferente da organização da fala, qualquer que seja o grau de formalidade desta. Escrever com adequação às situações de formalidade é, também, se conscientizar dessas diferenças entre a gramática da fala e da escrita.

É preciso frisar que tanto a fala quanto a escrita operam numa organização sintática legítima às práticas de linguagem a que se destinam, conforme adverte o linguista Luiz Antônio Marcuschi:

> “Em hipótese alguma se trata de propor a passagem de um texto supostamente ‘descontrolado e caótico’ (o texto falado) para outro ‘controlado e bem-formado’ (o texto escrito). Fique claro, desde já, que *o texto oral está em ordem* na sua formulação e no geral não apresenta problemas para a compreensão. Sua passagem para a escrita vai receber interferências mais ou menos acentuadas a depender do que se tem em vista, mas não por ser a fala insuficientemente organizada. Portanto, **a passagem da fala para a escrita não é a passagem do caos para a ordem: é a passagem de uma ordem para outra ordem.**”
>
> (MARCUSCHI, L. A. *Da fala para a escrita: atividades de retextualização*. São Paulo: Cortez, 2001. p. 47.)

Os falantes de português brasileiro já conhecem e dominam perfeitamente a gramática da língua falada, principalmente a que estrutura gêneros orais informais. Nesta obra, a ênfase está em outra gramática: a do português brasileiro escrito e formal.

O texto falado e o texto escrito são, portanto, duas realidades estruturais diferentes. O desenvolvimento dessa capacidade perceptivo-analítica no nível da estrutura das frases — a que se dá o nome de **consciência sintática** — é um passo fundamental para a consolidação do domínio da escrita formal.

1.6 CONSCIÊNCIA SINTÁTICA

Se a estrutura da fala é aprendida naturalmente na interação social desde criança, o domínio da estrutura da escrita, sobretudo formal, costuma requerer práticas deliberadas de aprendizagem. Essas práticas podem se dar de duas maneiras — maneiras não excludentes, mas complementares.

A primeira delas consiste na associação entre a leitura compreensiva de ótimos textos em prosa e a prática da escrita formal. Afinal, é também pela **leitura e produção de textos** que se aprende formas específicas de estruturá-los.

A segunda maneira de ampliar a competência estruturante na produção de textos escritos acadêmicos é o estudo sistemático da multiplicidade dos arranjos dos textos do ponto de vista de sua gramática interna, no nível da frase. Ou seja, a **efetiva compreensão das possibilidades estruturais da frase** também é uma chave importante ao domínio da escrita formal.

Em suma, é preciso desenvolver a **consciência sintática**, compreendendo a dinâmica das estruturas das frases dos textos formais.

O adjetivo “sintática” vem de “**sintaxe**”, que significa “ordenamento”, “composição” ou “construção”. A sintaxe é a parte da gramática que estuda a organização das palavras em estruturas maiores, até o limite da **frase verbal** (aquela que se estrutura através de um verbo), aqui chamada de **período**.

Nem toda frase equivale a uma **frase verbal**. Ou seja, nem toda frase se estrutura a partir de um verbo. Uma frase sem qualquer verbo é denominada de **frase nominal**. São bons exemplos de frases nominais:

- títulos de obras (livros, filmes, canções, telas etc.) — *As veias abertas da América Latina, Pedagogia da autonomia, O guardador de rebanhos, O som ao redor, Geni e o Zepelim, Moça com o brinco de pérola*;
- alguns provérbios — *Casa de ferreiro, espeto de pau*; *Amigos, amigos, negócios à parte*; *Cada macaco no seu galho*; *Antes tarde do que nunca*;
- certas frases exclamativas — *Atenção, alunos!*; *Depressa!*; *Belo trabalho!*; *Que surpresa desagradável!*;
- ou mesmo certas descrições — *Domingo de Carnaval em Olinda: ladeiras cheias de gente, fantasias muito criativas, crianças nas sacadas dos sobrados, frevo, maracatu, coco e ciranda.*

Portanto, o **período** (frase verbal) é a unidade máxima da sintaxe e a unidade principal do trabalho realizado nesta gramática. Eis um exemplo de período bem estruturado no português brasileiro contemporâneo:

(11) O cinema pernambucano produziu excelentes filmes nas duas primeiras décadas do século 21.

Como qualquer outro, esse período obedece a regras sintáticas próprias da língua. Por exemplo: a forma verbal "produziu" concorda em número com o substantivo "cinema", núcleo da expressão "O cinema pernambucano". Chamamos essa expressão de **sujeito**. Ambos os termos — a forma verbal "produziu" e o núcleo do sujeito "cinema" — estão no singular. Não se pode dizer o mesmo de "excelentes filmes", expressão no plural. Assim, não poderíamos escrever "O cinema pernambucano produziram excelentes filmes nas duas primeiras décadas do século 21", pois estaríamos ferindo uma importante regra da estruturação de períodos na norma-padrão brasileira: a concordância em número (singular ou plural) entre o verbo e o núcleo de seu sujeito.

Além disso, partes do período — como "o cinema pernambucano" e "nas duas primeiras décadas do século 21" — também são estruturadas internamente de acordo com as possibilidades sintáticas da norma-padrão brasileira. No que diz respeito, por exemplo, à ordem das palavras e à concordância entre elas, não seria possível escrever, respectivamente, "o pernambucano cinema" ou "nas duas primeiras década do século 21". Isso porque adjetivos pátrios, como "pernambucano", costumam vir depois dos substantivos a que se referem (no caso, "cinema pernambucano"); e uma expressão adverbial como "nas duas primeiras décadas" deve apresentar todos os seus termos harmonizados em número (neste caso, no plural).

Escrever um texto requer, claro, mais do que a capacidade de construir períodos bem formados de acordo com a sintaxe da norma-padrão. Um texto é mais do que um enfileiramento de frases gramaticalmente perfeitas. Entretanto, é evidente que um bom texto TAMBÉM decorre da habilidade do escritor em construir frases gramaticalmente bem formadas e articulá-las adequadamente entre si. Os períodos de um texto escrito apresentam fronteiras muito bem definidas, assim como uma organização estrutural particular que precisa ser compreendida por quem escreve. É essa compreensão que está sendo chamada aqui de **consciência sintática**.

1.7 ESCOLHAS TEÓRICO-METODOLÓGICAS

O ponto de partida desta gramática é a ideia de sintaxe como UM DOS componentes da escrita formal, ou seja, como um conjunto de regras que governam a disposição de palavras e de grupos de palavras nos períodos que compõem o texto.

Diante disso, a primeira escolha teórico-metodológica resulta do entendimento de que **o domínio acadêmico e o jornalístico são instâncias bastante representativas da norma-padrão brasileira hoje**. Como já dito, a literatura foi, tradicionalmente, a principal — senão a única — referência para quem escrevia. Ela continua sendo, claro, uma importante referência da cultura escrita como um todo. No entanto, os escritores, desde o início do século 20, começaram a desenvolver projetos literários que se abriram para a representação estética de diferentes variedades linguísticas. Há, aí, um ganho para nossa percepção da diversidade da língua pelo viés da arte literária. Com essa nova perspectiva estética, os escritores nem sempre seguem estritamente a norma-padrão. Assim, as produções do domínio acadêmico (ensaios, teses, artigos científicos) e do domínio jornalístico (editoriais, reportagens, artigos de opinião assinados) passaram a ser mais representativas das convenções padronizadoras da escrita.

Deve ficar muito claro que **nem todas as manifestações escritas são de caráter formal**. Algumas vezes encontramos abordagens reducionistas do tipo "fala = informalidade", "escrita = formalidade". Trata-se de um grande equívoco porque há tanto situações de fala formal (por exemplo, os debates em plenário entre ministros do Supremo Tribunal Federal ou uma entrevista na televisão de uma autoridade pública ou de um especialista) quanto de escrita informal (por exemplo, as histórias em quadrinho, a publicidade ou uma mensagem entre amigos no WhatsApp). O que existe, de fato, é um enorme leque de situações que vão da fala mais informal (uma conversa entre amigos, por exemplo) até a escrita mais formal (um tratado de filosofia, por exemplo), passando por vários graus de monitoramento, por vários níveis de informalidade e formalidade.

Por tudo isso é que, nesta gramática, a grande maioria dos períodos analisados são extraídos de textos autênticos dos domínios acadêmico e jornalístico. Evita-se, ao máximo, o trabalho com exemplos inventados porque se considera que só o material autêntico dá uma boa fotografia da escrita atual. Por medida de economia (para não sobrecarregar a formatação da obra com dados não funcionais), as fontes de cada um dos períodos não costumam ser identificadas. Além disso, em algumas poucas vezes, são feitos pequenos ajustes nos exemplos quando se trata de explicar uma questão sintática específica.

A segunda escolha teórico-metodológica se apoia na convicção de que **o período configura uma unidade linguística autônoma, que merece ser objeto de análise**. Nesse sentido, sua abordagem nesta gramática prioriza a reflexão sobre seus aspectos estruturais e suas relações sintáticas internas. Muitas vezes, em meio às justas críticas aos problemas e insuficiências do quadro analítico construído pela tradição gramatical, deixou-se de exercitar na escola a análise sintática. Entendemos que houve aí um equívoco. Em vez de buscar novos modos de trabalhar a sintaxe, optou-se por seu abandono puro e simples. Resultaram daí, para sucessivas gerações, várias dificuldades de escrita facilmente evitáveis com uma consciência sintática razoavelmente desenvolvida. Há, no período, aspectos estruturais e semânticos que precisam ser dominados por quem lê e escreve porque são partes constitutivas da construção do todo do texto.

Por fim, mas não menos importante, deve ser dito que **esta gramática não está explicitamente ancorada em nenhuma teoria linguística específica**. Na verdade, são utilizadas categorias, conceitos e técnicas de análise comuns a diferentes abordagens dos estudos contemporâneos da linguagem. Ao mesmo tempo, outras categorias, conceitos e técnicas de análise elaboradas pela tradição gramatical, razoavelmente difundidos pela escolaridade básica, são necessários para organizar a análise das estruturas frasais. Não é demais lembrar, neste ponto, que mesmo os diferentes modelos teóricos de sintaxe propostos no interior da linguística não abrem mão desse aparato descritivo. Apesar disso, a exposição, ainda que privilegie aspectos estruturais dos períodos, não corresponde à abordagem excessivamente metalinguística e pouco reflexiva que costuma caracterizar a gramática tradicional.

1.8 POR UMA ANÁLISE GRAMATICAL DO PERÍODO

Para demonstrar a importância da estrutura do período ser exaustivamente trabalhada para um bom desempenho na produção de textos escritos formais, seguem três exemplos:

Exemplo I – A sintaxe do período a serviço dos sentidos do texto

O primeiro exemplo é a análise de um tuíte[5] postado em 12 de julho de 2019 pelo jurista Sergio Moro, à época ministro da Justiça e Segurança Pública do Brasil.

---

[5] Um tuíte é uma postagem na rede social *Twitter* (https://twitter.com).

Embora o texto seja uma postagem em rede social, o cargo público ocupado pelo ex-ministro requer culturalmente, em seus textos escritos, o uso da norma-padrão brasileira. Entretanto, o tuíte apresenta um problema gramatical, capaz de causar um relevante desvio no sentido que o autor pretendia construir:

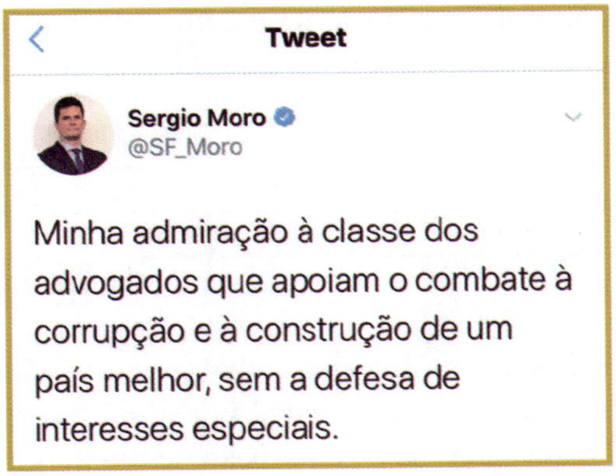
Tweet

Sergio Moro
@SF_Moro

Minha admiração à classe dos advogados que apoiam o combate à corrupção e à construção de um país melhor, sem a defesa de interesses especiais.

(Disponível em: https://twitter.com/sf_moro/status/1149755191702503425. Acesso em: 13 jul. 2019.)

O problema do tuíte está no uso do acento grave no trecho “à construção de um país melhor”. Para compreender esse problema, um pedaço do período que compõe o texto do tuíte deve ser analisado a partir da forma verbal “apoiam”:

		o combate	à corrupção
advogados que	apoiam	e	
		à construção	de um país melhor

O problema do tuíte está na crase em destaque (*à*); não cabe o acento grave porque não há aí a contração da preposição “a” com o artigo feminino “a”. Na verdade, há apenas o artigo “a” (que antecede o nome feminino “construção”), sem a preposição homônima, de modo que o trecho deveria ser grafado sem acento. Eis novamente o arranjo sintático, agora com a correção gramatical:

		o combate	à corrupção
advogados que	apoiam	e	
		a construção	de um país melhor

As partes em verde são estruturadas paralelamente, ambas complementando a forma verbal “apoiam”. Elas aparecem, no arranjo sintático, coordenadas pela conjunção “e”. Ou seja, trata-se de “advogados que apoiam duas coisas: o combate + a construção”. Nessa acepção, o verbo *apoiar* solicita complementos estruturalmente semelhantes, mas sem se valer de preposições, como “a”. Em outras palavras, *apoiar* é um verbo transitivo direto. Seu modelo de sintaxe é "os advogados apoiam **algo**" (*o combate*, *a construção*), e não "os advogados apoiam **a algo**" (*ao combate*, *à construção*).

Assim, o uso de acento grave em "à construção de um país melhor", além de não atender à sintaxe da norma-padrão escrita, resulta noutra organização estrutural e, consequentemente, num sentido provavelmente não defendido pelo jurista (ao menos não publicamente):

advogados que	apoiam	o combate	à corrupção
			e
			à construção de um país melhor

Nessa nova diagramação sintática, a forma verbal "apoiam" tem apenas um complemento, "o combate". O substantivo "combate", por sua vez, requer outras expressões que o completem: "à corrupção" e "à construção de um país melhor", coordenadas pela conjunção "e". Agora, esses complementos de "o combate" devem aparecer antecedidos pela preposição "a", pois, nessa estrutura, o modelo sintático envolvendo o substantivo "combate" é "o combate **a algo**", e não "o combate **algo**".

Portanto, retomando o tuíte como escrito originalmente, o sentido alcançado por conta do problema de gramática não é que o ex-ministro admira a classe dos advogados que **apoiam a construção de um país melhor**, mas sim que sua admiração vai para a classe dos advogados que **apoiam o combate à construção de um país melhor**. São sentidos diametralmente opostos. Certamente, não era o segundo sentido que o jurista gostaria de ter explicitado com seu tuíte.

Exemplo II – Regras que participam da estruturação dos períodos

Um segundo exemplo é a análise de um resumo de um artigo acadêmico publicado no periódico gaúcho *Sessões do imaginário*, dedicado, entre outros temas, ao cinema:

> Este artigo aborda três modelos de produção observáveis no cinema brasileiro contemporâneo: de coproduções com a televisão, de coproduções internacionais e de baixo orçamento. Cada modelo de produção é analisado a partir de um exemplo fílmico: *Se eu fosse você 2* (2009, Daniel Filho), *Praia do Futuro* (2014, Karim Aïnouz) e *Castanha* (2013, Davi Pretto). Procura-se, com isso, tensionar o que se entende por cinema brasileiro atualmente, já que a diversidade de modelos de produção leva, também, a uma diversidade estético-narrativa e de estilos de representação.
>
> (ROSSINI, M. de S. *et al*. Tendências do cinema brasileiro contemporâneo: modelos de produção e de representação. *Sessões do imaginário*, Porto Alegre, v. 21, n. 35, p. 2-11, 2016.)

Os sentidos do resumo são sintaticamente organizados em três períodos. O limite de cada período é um **ponto final** (.). Eis os três períodos do resumo destacados:

Período 1	Este artigo aborda três modelos de produção observáveis no cinema brasileiro contemporâneo: de coproduções com a televisão, de coproduções internacionais e de baixo orçamento.
Período 2	Cada modelo de produção é analisado a partir de um exemplo fílmico: *Se eu fosse você 2* (2009, Daniel Filho), *Praia do Futuro* (2014, Karim Aïnouz) e *Castanha* (2013, Davi Pretto).
Período 3	Procura-se, com isso, tensionar o que se entende por cinema brasileiro atualmente, já que a diversidade de modelos de produção leva, também, a uma diversidade estético--narrativa e de estilos de representação.

No período 1, há o sinal de pontuação conhecido por **dois-pontos** (:). A primeira palavra que o sucede (*de*) não é escrita com letra inicial maiúscula, como seria se esse sinal finalizasse um período. Isso porque, assim como a **vírgula** (,) e o **ponto e vírgula** (;), os dois-pontos é um sinal que não encerra períodos, ao contrário do **ponto de interrogação** (?), do **ponto de exclamação** (!) ou mesmo das **reticências** (...), sinais que, de modo semelhante ao ponto final, delimitam graficamente períodos e exigem que a próxima palavra, começo de um novo período, seja escrita com letra inicial maiúscula.

Há nesses três períodos do resumo algumas regras gramaticais necessárias à boa formação deles. O quadro a seguir esmiúça duas dessas regras para cada um dos períodos:

Período	Regras
1	a. O adjetivo "observáveis" concorda em número com o núcleo da expressão a que pertence — o substantivo "modelos". Portanto, não seria adequado escrever "Este artigo aborda três <u>modelos</u> de produção <u>observável</u> no cinema brasileiro contemporâneo [...]".
	b. O verbo *aborda* concorda em pessoa e número com o núcleo do sujeito (*artigo*). Logo, não seria adequado escrever "Este artigo <u>abordam</u> três modelos [...]".
2	a. Os três títulos de filme que sucedem os dois-pontos estão em itálico e justapostos de acordo com a estrutura coordenada "A, B e C". A cada título seguem as mesmas informações na estrutura parentética "(ano, autor)". Há, desse modo, harmonia sintática entre os três exemplos.
	b. A estrutura "Cada modelo de produção é analisado" está na voz passiva, constituída pelo verbo *ser* na 3ª pessoa do singular + o particípio do verbo *analisar*.
3	a. A forma verbal "leva" concorda em número com o núcleo de seu sujeito — o substantivo "diversidade" —, a despeito da expressão no plural "modelos de produção". Assim, não conviria escrever "[...] a <u>diversidade</u> de modelos de produção <u>levam</u> [...]".
	b. A expressão "com isso" está entre vírgulas por ser um adjunto adverbial intercalado entre as duas formas de uma expressão verbal. Assim, não seria adequado escrever "Procura-se, <u>com isso tensionar</u> [...]".

A sintaxe desses três períodos também pode ser configurada de outros modos, ainda de acordo com a norma-padrão brasileira, apenas mexendo-se em alguns pontos de sua estrutura:

Período 1'	Abordam-se, neste artigo, três modelos de produção observáveis no cinema brasileiro contemporâneo, que são o modelo de coproduções com a televisão, o de coproduções internacionais e o de baixo orçamento.
Período 2'	Analisa-se cada modelo de produção a partir de um exemplo de filme: *Se eu fosse você 2*, de Daniel Filho (2009); *Praia do Futuro*, de Karim Aïnouz (2014); e *Castanha*, de Davi Pretto (2013).
Período 3'	Com isso, procuramos tensionar o que atualmente se entende por cinema brasileiro, já que a diversidade de modelos de produção leva também a uma diversidade estético-narrativa e de estilos de representação.

Para alcançar essa nova configuração de cada período, foram realizadas as seguintes mudanças sintáticas:

Período	Mudanças sintáticas
1'	◗ A estrutura "Este artigo aborda três modelos de produção observáveis no cinema brasileiro contemporâneo" saiu da voz ativa para a voz passiva; ◗ o sujeito "Este artigo" foi transformado no adjunto adverbial "neste artigo", intercalado entre vírgulas; ◗ os dois-pontos que precediam a explicitação dos modelos de produção foram substituídos por uma vírgula. Com isso, o pronome relativo "que", seguido do verbo "são", introduz a sequência de modelos em uma oração subordinada; ◗ foram acrescentados, ainda, o artigo "o" e o substantivo "modelo" após a forma verbal "são" e antecedendo o primeiro item da lista de modelos ("o modelo de coproduções com a televisão"); ◗ o artigo *o* foi acrescentado também aos dois últimos itens listados ("coproduções internacionais e baixo orçamento"), remetendo ao substantivo "modelo" e, simultaneamente, dispensando a sua repetição.
2'	◗ A voz passiva analítica foi alterada para sua forma sintética. Consequentemente, substituiu-se a locução verbal "é analisado" pelo verbo "analisa" seguido do *se* como partícula apassivadora; ◗ o adjetivo "fílmico" foi substituído pela locução adjetiva "de filme"; ◗ os nomes dos diretores de cada filme foram retirados dos parênteses, sendo precedidos pela vírgula e pela preposição "de" ("*Castanha*, de Davi Pretto"), e os títulos foram separados entre si por ponto e vírgula.
3'	◗ O tom impessoal da forma verbal "procura-se" foi substituído pela voz do autor na primeira pessoa do plural ("procuramos"); ◗ o conectivo "com isso" e o advérbio "atualmente" foram transportados para outras posições dentro do período: o primeiro foi trazido ao início, e o segundo agora antecede o objeto direto "o que se entende por cinema brasileiro"; ◗ foram eliminadas as vírgulas que intercalavam a conjunção "também", por serem facultativas.

Ter consciência sintática é também poder jogar com as possibilidades estruturais do período na construção de um texto. Inclusive, a depender das transformações sintáticas realizadas, nuances diferentes de sentidos podem ser atualizadas. Por exemplo, na transformação do período 3 em 3', em "Com isso, procuramos tensionar...", aparece um tom pessoal que não havia na sintaxe original "Procura-se, com isso, tensionar...". Dominar essas possibilidades parafrásticas é expandir a competência estruturante, requisito fundamental a serviço dos sentidos dos textos.

Em suma, a sintaxe do período também é uma das dimensões do texto e seu estudo favorece o domínio da escrita formal. Nessa medida, pode-se dizer que a **consciência sintática** amplia a capacidade de construir e organizar períodos, sendo também condição necessária, embora não suficiente, ao desenvolvimento da capacidade de construir e organizar parágrafos, textos e, consequentemente, discursos e sentidos em geral.

Exemplo III - Delimitação adequada dos períodos do texto

Delimitar adequadamente os períodos de um texto escrito é essencial à fluidez e compreensão na leitura, bem como à própria estruturação interna de cada um dos períodos.

Vírgula não finaliza período; apenas **ponto final**, **ponto de interrogação**, **ponto de exclamação** ou **reticências** cumprem esse papel. Apesar disso, é comum encontrar textos com parágrafos em que a vírgula atua inadequadamente no lugar de um ponto final. A rigor, esse parágrafo se configura como um único e longo período, como no exemplo abaixo:

> (A)
>
> Através dessa disciplina, compreendi os conceitos das classes gramaticais de forma mais completa, aprendendo que muitas vezes as definições sobre essas classes possuem valores morfológicos, sintáticos, semânticos e pragmáticos, o que não era compreendido por mim, também aprendi sobre acentuação, noção de sintagma, fenômeno da crase além do termo essencial da oração, o verbo, e como pode-se identificar sujeito e complemento através dele.
>
> (Fonte: Texto de estudante de graduação. 2019. Arquivo pessoal.)

Em termos gráficos, há aqui apenas um período, finalizado por um ponto final (o único, no parágrafo); em termos estruturais, há pelo menos dois períodos distintos, cuja separação precisa acontecer também por meio de um ponto final. A seguir, o parágrafo (A) está reescrito, separando adequadamente os dois períodos:

(A')

Através dessa disciplina, compreendi os conceitos das classes gramaticais de forma mais completa, aprendendo que muitas vezes as definições sobre essas classes possuem valores morfológicos, sintáticos, semânticos e pragmáticos, o que não era compreendido por mim. Também aprendi sobre acentuação, noção de sintagma, fenômeno da crase, além de termo essencial da oração, verbo e como se pode identificar sujeito e complemento através dele.

No parágrafo reescrito (A'), também foram corrigidos os poucos problemas gramaticais do segundo período:

- os artigos *o* que antecediam "termo essencial da oração" e "verbo" desapareceram;
- foi acrescentada uma vírgula entre o substantivo "crase" e a locução prepositiva, que, na ausência do artigo, figura como "além de".

Abaixo, há outro parágrafo com mais períodos a serem delimitados e, no interior de cada um, mais problemas gramaticais a serem ajustados, sem o que fica prejudicada a compreensão do texto:

(B)

Na primeira parte dos estudos foi abordada a introdução a fonologia, onde se tinha minha menor dificuldade, é claro que, fui apresentada à NGB, cuja não tinha o menor conhecimento, os conceitos e as diferenças de fone e fonema que também foram de grande importância para o aprendizado dessa área da gramática, foi também relembrando tópicos como separação silábica, identificação de monossílabos, ditongo, tritongo, e tonicidade das palavras.

(Fonte: Texto de estudante de graduação. Ano 2019. Arquivo pessoal.)

O parágrafo (B) segue reescrito, respeitados graficamente os limites dos períodos:

(B')

Na primeira parte dos estudos, foi abordada uma introdução à fonologia, em que eu tinha menor dificuldade. É claro que fui apresentada à NGB, da qual não tinha o menor conhecimento. Os conceitos e as diferenças entre *fone* e *fonema* também foram de grande importância para o aprendizado dessa área da gramática. Foram também relembrados tópicos como separação silábica, identificação de monossílabos, ditongos e tritongos, e tonicidade das palavras.

Também foi adequada minimamente a estrutura gramatical interna de cada um dos períodos do parágrafo (B), reescrito em (B'):

- houve as substituições de "onde" por "em que", e de "cuja" por "da qual";
- foi eliminada a vírgula após "é claro que", reajustando-se assim a estrutura subordinada "É claro que fui apresentada à NGB"; e igualmente o pronome relativo "que", o qual figurava entre o substantivo "fonema" e a conjunção "também";
- os substantivos "fone" e "fonema" foram postos em itálico, por serem termos técnicos;
- a preposição "de" foi substituída pela preposição "entre", resultando em "diferenças entre *fone* e *fonema*";
- o verbo principal da locução verbal "foi relembrando" saiu do gerúndio ao particípio ("relembrado"), e tanto este quanto o verbo auxiliar passaram para o plural, concordando com o núcleo do sujeito ("tópicos");
- por fim, os substantivos "ditongos" e "tritongos" foram postos no plural, para harmonizar com "monossílabos", também no plural.

Esses três exemplos foram suficientes para atestar que, na produção de um bom texto escrito formal, é preciso — além do domínio dos níveis discursivo e textual — compreender e dominar a dinâmica das estruturas gramaticais. Ou seja, é indispensável desenvolver o que é designado aqui de **consciência sintática** — a capacidade de destrinchar a estrutura dos períodos e de operar produtivamente com ela na escrita dos textos. Nesse processo, o **período** (frase verbal) é a unidade máxima da sintaxe e, por consequência, a unidade principal do trabalho com as estruturas gramaticais realizado nesta obra.

2

PERÍODOS, ORAÇÕES E CONSTITUINTES

OBJETIVOS DO CAPÍTULO:

- distinguir os dois tipos de período — simples e complexo — em razão de sua funcionalidade na estruturação dos textos;
- mostrar, com apoio visual em diagramas coloridos, que a oração não é mero alinhamento de palavras, mas um conjunto de constituintes organizados hierarquicamente;
- destacar a importância da análise formal e lógico-semântica da oração tomada em si (independentemente de possíveis contextos de uso) para o desenvolvimento da consciência sintática.

2.1 PERÍODO SIMPLES, PERÍODO COMPLEXO E LOCUÇÃO VERBAL

Os textos escritos na norma-padrão brasileira são constituídos por períodos (frases verbais) gramaticalmente bem formados (v. seção 1.8). Os períodos têm uma estrutura autônoma, com fronteiras muito bem delimitadas. É justamente para mostrar a independência estrutural de um período que o encerramos com um ponto final (ou outro sinal apropriado). Não por acaso, "ponto final" (.) em inglês recebe o nome de *period* (*periodus* em latim; *períodos* [περίοδος] em grego): é o sinal que diz "aqui termina um período". Um exemplo:

(1) O cinema pernambucano **produziu** excelentes filmes nas duas primeiras décadas do século 21.

O período (1) tem como centro de sua estrutura sintática a forma verbal "produziu". Por conter apenas um verbo, é denominado **período simples**. Mas um período pode ter mais de um verbo, como em (2):

(2) O cinema pernambucano, que abriga ótimos diretores, como Cláudio Assis, Kleber Mendonça Filho e Lírio Ferreira, produziu excelentes filmes nas duas primeiras décadas do século 21.

O período (2) apresenta dois centros verbais: "produziu", tal qual o período (1), e "abriga". Essa estrutura, por se ancorar em duas formas verbais, leva o nome de **período complexo** ou **composto**. Também são assim denominados os períodos estruturados a partir de mais de duas formas verbais. Por exemplo:

(3) O cinema pernambucano, que abriga ótimos diretores, como Cláudio Assis, Kleber Mendonça Filho e Lírio Ferreira, produziu excelentes filmes nas duas primeiras décadas do século 21, embora poucos desses filmes tenham repercutido nas salas de cinema comerciais.

O período (3) também é um período complexo, formado a partir de três centros verbais: além das formas verbais "abriga" e "produziu", há a **locução verbal** "tenham repercutido".

Uma **locução verbal** é um conjunto formado por um *verbo auxiliar* + um *verbo principal*. O verbo principal vem sempre numa forma nominal, isto é, no infinitivo (*repercutir*), gerúndio (*repercutindo*) ou particípio (*repercutido*).

Assim, no período (3), "tenham" é o verbo auxiliar e "repercutido" é o verbo principal (no particípio) da locução verbal "tenham repercutido".

É importante esclarecer que uma locução verbal funciona na estruturação de um período de igual modo a uma única forma verbal. Portanto, também é classificada como período simples a seguinte estrutura sintática, já que a combinação "veio produzindo" é uma locução verbal:

(4) O cinema pernambucano **veio produzindo** excelentes filmes nas duas primeiras décadas do século 21.

As locuções verbais são bastante frequentes na estruturação dos períodos. Eis outros exemplos, em períodos simples diversos:

Período simples	Locução verbal	
	Verbo auxiliar	**Verbo principal**
(5) Nós **vamos chamar** de "estado de encontro" esse tipo de relação propiciada pelas redes sociais.	vamos	chamar (infinitivo)
(6) Com esse governo, o país **está perdendo** vocações de jovens cientistas.	está	perdendo (gerúndio)
(7) Muitos estudos **têm desempenhado** um papel importante no destaque das consequências geradas pela escravidão.	têm	desempenhado (particípio)
(8) Assim como o amor, a amizade dificilmente **pode sobreviver** exclusivamente a distância.	pode	sobreviver (infinitivo)
(9) Durante o republicanismo moderno, a raça **foi se configurando** como fator de legitimação do poder.	foi	se configurando (gerúndio)
(10) Os domínios portugueses e espanhóis na América **ficaram estabelecidos** pelo Tratado de Tordesilhas.	ficaram	estabelecidos (particípio)

Ainda sobre as locuções verbais, é importante se dar conta de dois fatos. O primeiro é que entre o verbo auxiliar e o verbo principal no infinitivo pode aparecer uma preposição (*a*, *de*, *em*, *para*, *por*), como nos períodos (11) e (12):

(11) Mudanças importantes estavam por surgir naquele momento tão conflituoso.

(12) Outros veículos de comunicação começaram a publicar os vazamentos das conversas.

O segundo fato é a possibilidade de haver locuções verbais formadas por mais de um verbo auxiliar, como nos períodos (13) e (14):

(13) Os escravizados haviam sido importados após a promulgação da lei de 1831.

(14) As mudanças vinham sendo discutidas desde o início deste mês.

Em suma, **verbo** e **locução verbal** são categorias gramaticais centrais na estruturação dos períodos simples e complexos.

2.2 OS VERBOS É QUE DÃO AS CARTAS

Os verbos ocupam papel central na estruturação do período porque selecionam suas outras "partes". Isto é, fazem determinadas **exigências sintáticas**, solicitando a presença de outros itens lexicais ou expressões para completarem o período.

Os verbos apresentam relações de ação, estado, evento ou processo e se conjugam (mudam sua forma) de acordo com algumas exigências gramaticais:

- a pessoa (1ª, 2ª ou 3ª);
- o número (singular ou plural);
- o tempo (presente, pretérito ou futuro) e seus diferentes aspectos (perfeito, imperfeito etc.);
- o modo (indicativo, subjuntivo ou imperativo).

A título de exemplo, no período "O cinema pernambucano produziu excelentes filmes nas duas primeiras décadas do século 21", a forma verbal "produziu" está na 3ª pessoa do singular do pretérito perfeito do indicativo.

Devido a essas características sintáticas, semânticas e morfológicas dos verbos, identificar as formas verbais presentes num período é relativamente fácil. Um bom caminho é tentar **conjugar** a palavra que se suspeita ser um *verbo*, colocando pronomes pessoais antes dela, como nos exemplos abaixo:

(15) O que **afasta** pretos e pardos da representação política?

(16) Neste trabalho, **recorremos** a esses dados para que você pudesse dimensionar quão sub-representados pretos e pardos estão na Câmara dos Deputados.

(17) Os resultados **indicam** que as chances eleitorais de pretos e pardos são menores em relação às de brancos por causa de múltiplos fatores.

(18) **Medidas** que busquem tornar a representação política mais diversa devem considerar a complexidade dos obstáculos interpostos a pretos e pardos.

No período (15), ao conjugar a palavra "afasta", se obtém "ele afasta" ou "você afasta"; se o pronome for trocado, o verbo muda sua forma: "nós afastamos", "elas afastam". Em (16), com a palavra "recorremos", se obtém "nós recorremos". Trocando o pronome, surge, por exemplo, "eu recorri" e "você recorreu"; em (17), testando com "indicam", se consegue "elas indicam" ou "vocês indicam"; se outro pronome for usado, aparecerá, por exemplo, "nós indicamos". Entretanto, em (18), não se pode conjugar "medidas": "eu medidas", "tu/você medidas", "ele/ela medidas", "nós medidas", "vocês medidas", "eles/elas medidas"? Nenhuma combinação funciona, então "medidas" não é um verbo.

À guisa de sistematização preliminar, o período simples pode ser distinguido do complexo a partir do seguinte esquema:

Período simples	**Período complexo**
Frase constituída por um único verbo (ou locução verbal).	Frase constituída por dois ou mais verbos (ou locuções verbais).

2.3 A ORAÇÃO E SEUS CONSTITUINTES

Outra categoria gramatical bem importante para o estudo da sintaxe do período é a **oração**. Cada verbo presente num período indica a existência de uma oração. Se há um verbo, haverá uma oração; dois verbos, duas orações, e assim sucessivamente. Logo, todo período é formado por uma ou mais orações. O esquema anterior pode ficar assim:

Período simples	**Período complexo**
Frase constituída por uma única oração.	Frase constituída por duas ou mais orações.

Uma oração é uma estrutura gramatical a partir da qual são configuradas todas as relações e funções sintáticas entre suas partes. As partes principais da oração são denominadas **constituintes**.

Um desses constituintes é o **verbo**, a única parte realmente indispensável em qualquer oração. Há outros três tipos de constituintes possíveis numa oração, os quais serão apresentados nominalmente no capítulo 3. Todavia, a noção de constituinte, fundamental ao estudo da ordem e da estrutura sintática da oração e, consequentemente, do período, será explorada já na seção 2.4, a seguir. Mas, antes disso, uma observação necessária:

A relação entre o período simples e a oração que o constitui é de **identidade**. Por exemplo, o período (1) — *O cinema pernambucano produziu excelentes filmes nas duas primeiras décadas do século 21* — é constituído por uma única oração, pois nele há uma única forma verbal. Nesse caso, os limites da oração correspondem aos limites do período simples. Em outras palavras, **a oração que forma um período simples equivale ao próprio período** ou ainda **o período simples é o conjunto de uma só oração**. Por consequência, analisar a estrutura do período simples é o mesmo que analisar a estrutura de sua oração. Simplificando, vale a seguinte equação:

PERÍODO SIMPLES = ORAÇÃO

2.4 A ORAÇÃO É HIERARQUICAMENTE ESTRUTURADA

Uma **oração** *não* é um arranjo linear de palavras, disponibilizadas uma após outra. Não se pode representar uma oração, por exemplo, por uma linha de tijolos enfileirados, em que cada tijolo equivaleria a uma **palavra (P)**:

Diferentemente disso, uma oração equivale a um **arranjo de constituintes**. Esses constituintes têm estruturas diversas: podem ser formados por uma única palavra ou por um grupo de palavras. Assim:

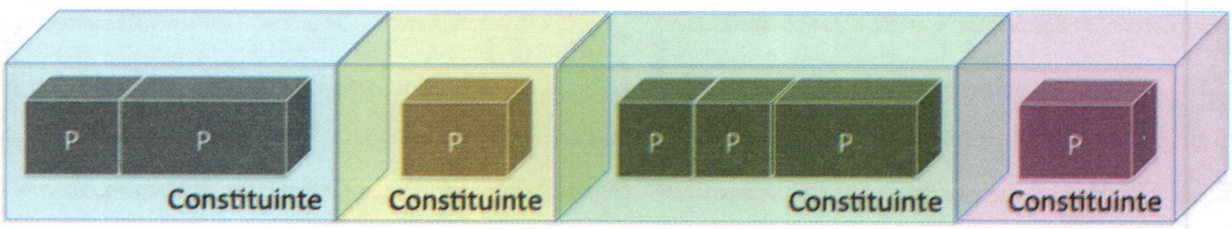

Não raro, um **constituinte (C)** é formado por outros constituintes, e assim sucessivamente, até o limite da palavra:

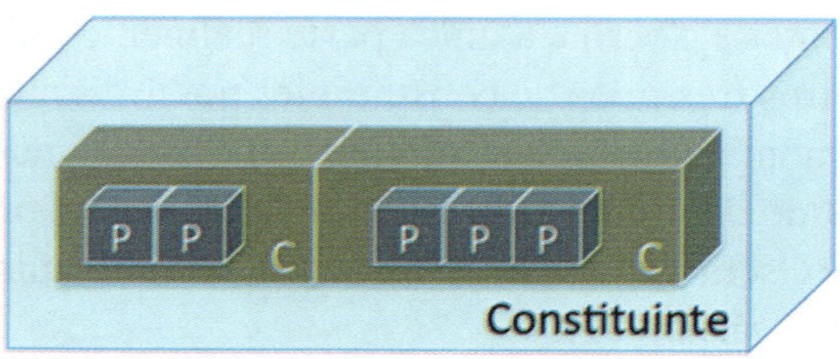

A oração, portanto, é uma **estrutura de constituintes em hierarquia**. Nessa estrutura, frequentemente, palavras formam um constituinte, constituintes formam outros constituintes, que, por sua vez, formam uma oração. O constituinte central da oração é o "verbo", seu núcleo sintático. Demais constituintes podem se juntar a ele com diferentes graus de **amarração sintática**.

Como exemplo, pode-se analisar o período simples (19), cuja estrutura, por ter apenas um verbo, equivale à estrutura de uma oração (ou seja, período simples = oração):

(19) Desde as eleições de 2014, o Tribunal Superior Eleitoral **computa** a cor dos candidatos registrados.

A forma "computa" é o verbo da oração. É, portanto, seu núcleo sintático e um de seus constituintes principais. Eis a representação disso num **diagrama colorido**:

		computa	

Esse diagrama apresenta espaço para a inserção de outros três constituintes:

Desde as eleições de 2014,	o Tribunal Superior Eleitoral	computa	a cor dos candidatos registrados.

Com exceção do verbo, cada um desses constituintes coloridos também poderia ser dividido em outros constituintes. Se isso for feito, os novos constituintes, unidades ainda menores, não mais serão os constituintes principais da oração, mas **constituintes dos constituintes principais da oração**. Por exemplo, os constituintes "Desde as eleições" e "de 2014" são elementos internos de um constituinte maior: "Desde as eleições de 2014". Um novo diagrama deixará isso claro:

Desde as eleições	de 2014,	o	Tribunal Superior Eleitoral	computa	a cor	dos candidatos registrados.

Não se pode mover tão facilmente na oração os constituintes internos, que são: "Desde as eleições" e "de 2014"; "o" e "Tribunal Superior Eleitoral"; "a cor" e "dos candidatos registrados". A permuta entre alguns constituintes internos de mesma cor (rosa e azul, por exemplo) é sintaticamente impossível:

De 2014	desde as eleições,	Tribunal Superior Eleitoral	o	computa	a cor	dos candidatos registrados.

A mistura de cores também impede a boa formação da oração, que se torna incompreensível:

Desde as eleições	dos candidatos registrados,	o	de 2014	computa	a cor	Tribunal Superior Eleitoral.

A rigidez no posicionamento desses constituintes internos (menores) é ocasionada por eles estarem num nível hierárquico inferior aos constituintes principais (maiores), os grandes blocos coloridos, que são: "Desde as eleições de 2014" — "o Tribunal Superior Eleitoral" — "computa" — "a cor dos candidatos registrados". O posicionamento dos blocos maiores é bem mais flexível, contanto que eles se movimentem por inteiro, como nos dois arranjos seguintes:

O Tribunal Superior Eleitoral	, desde as eleições de 2014,	computa	a cor dos candidatos registrados.

A cor dos candidatos registrados,	o Tribunal Superior Eleitoral	computa	desde as eleições de 2014.

A mudança na posição de um constituinte também pode alterar o significado da oração ou deixá-la ambígua, com mais de uma possibilidade de interpretação:

O Tribunal Superior Eleitoral	computa	a cor dos candidatos registrados	desde as eleições de 2014.

Essa última organização da oração sugere uma ligação sintática entre os constituintes "a cor dos candidatos registrados" (verde) e "desde as eleições passadas" (rosa). É como se ambos fossem um só constituinte, isto é, como se o Tribunal Superior Eleitoral tivesse computado "a cor dos candidatos que foram, desde as eleições de 2014, registrados" — o que é diferente de dizer que "desde as eleições de 2014, o Tribunal Superior Eleitoral computa a cor dos candidatos registrados". Seguem os arranjos estruturais das duas interpretações:

O Tribunal Superior Eleitoral	computa	a cor dos candidatos registrados	desde as eleições de 2014.

O Tribunal Superior Eleitoral	computa	a cor dos candidatos registrados desde as eleições de 2014.

Quando foi dito anteriormente que uma oração é uma estrutura de constituintes em **hierarquia**, e não uma organização linear de palavras, era a tudo isso, entre outros aspectos, que se fazia referência. Talvez pelo fato do falante ter acesso intuitivo à ideia de **constituintes**, esse termo é raramente explicitado pela tradição escolar. Entretanto, o trabalho sistemático com essa categoria gramatical é fundamental para o apuro da consciência sintática.

Sistematizando:

- A oração pode ser dividida, numa primeira instância, em constituintes principais.
- Esses constituintes podem aparecer em outras posições, se for conservado o significado básico da oração e forem respeitadas as regras sintáticas e as convenções da escrita formal.
- Nesse jogo de montar, não são as palavras que constituem diretamente as orações, mas sim os constituintes.
- Entre uma ponta (as palavras) e outra (as orações), a consciência sintática do escritor opera com unidades intermediárias: os constituintes.

Os constituintes podem ser de tamanhos variados. Uma única palavra, por exemplo, pode operar numa oração como um constituinte. São exemplos os constituintes em destaque nos diagramas a seguir:

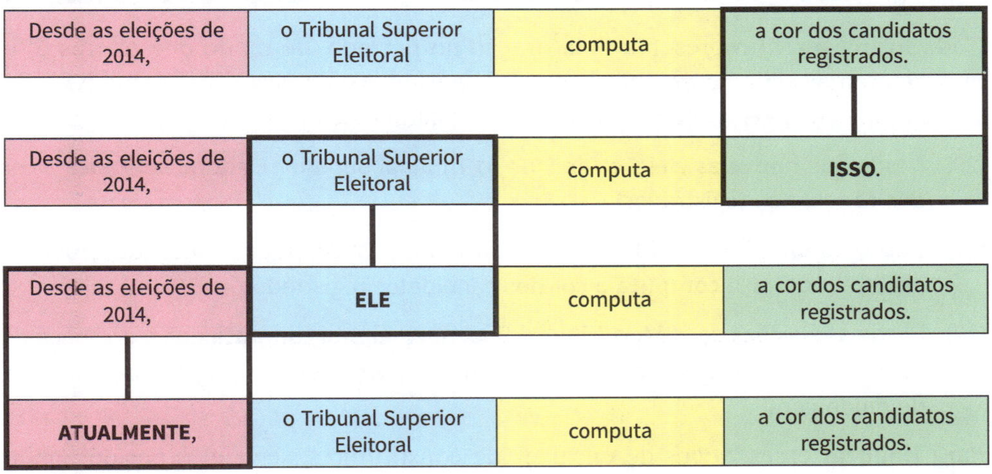

Algumas substituições foram feitas a partir do primeiro diagrama para mostrar que todo e qualquer constituinte de oração pode equivaler a uma simples palavra: "isso", "ele" ou "atualmente", por exemplo. A propósito, substituir constituintes maiores por palavras únicas é uma ótima técnica para identificá-los com facilidade (v. seção 4.2), já que a estruturação sintática adequada dos períodos de um texto requer a individualização de seus constituintes.

2.5 COMPLEXIFICANDO A ESTRUTURA: ORAÇÃO COMO CONSTITUINTE DE ORAÇÃO

Estruturas maiores e até mesmo orações também podem ocupar o lugar de um constituinte, conforme se pode observar com algumas "trocas de peças" a partir do diagrama original:

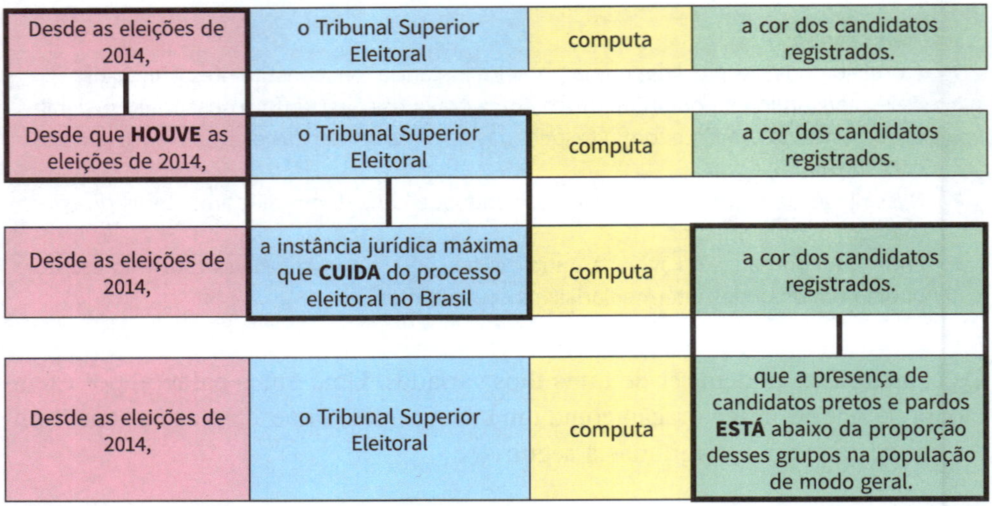

Cada forma verbal representa uma oração no período, de modo que os três últimos diagramas acima correspondem a três períodos complexos, pois cada período contém duas formas verbais. Eis os períodos acima, dessa vez fora dos diagramas:

(20) Desde que **houve** as eleições de 2014, o Tribunal Superior Eleitoral **computa** a cor dos candidatos registrados.

(21) Desde as eleições de 2014, a instância jurídica máxima que **cuida** do processo eleitoral no Brasil **computa** a cor dos candidatos registrados.

(22) Desde as eleições de 2014, o Tribunal Superior Eleitoral **computa** que a presença de candidatos pretos e pardos **está** abaixo da proporção desses grupos na população de modo geral.

Para finalizar esses "jogos de encaixe" de constituintes, seguem o período complexo (23), bem como o diagrama que pode representar a estrutura de suas duas orações e a relação entre elas:

(23) Desde as eleições de 2014, o Tribunal Superior Eleitoral **computa** a cor dos candidatos registrados e **comprova** a sub-representação de pretos e pardos.

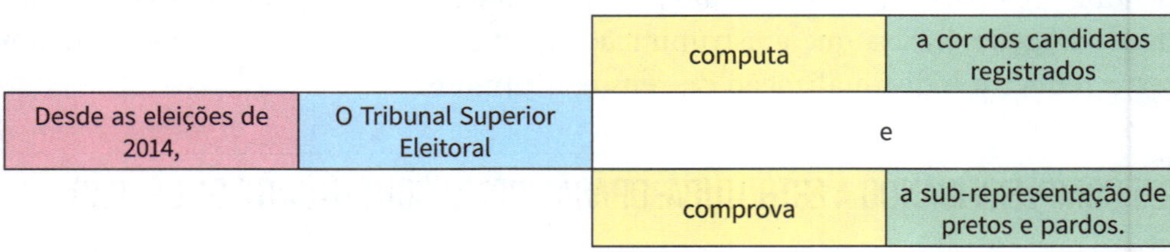

Saber estruturar adequadamente os constituintes dos períodos simples (orações individuais) e dos períodos complexos (arranjo de orações) é extremamente importante na lida com textos escritos formais. Esta gramática apresenta primeiro as possibilidades estruturais do **período simples**, ou seja, alguns arranjos sintáticos que configuram uma **oração** na norma-padrão brasileira. Razão para isso: o entendimento efetivo da estrutura básica da oração (e consequentemente do período simples), além de ser requisito fundamental para o domínio estrutural do período complexo, é a chave mestra ao apuro analítico da consciência sintática.

2.6 A GRAMÁTICA DA ORAÇÃO DESCONTEXTUALIZADA

As análises linguísticas feitas nesta gramática são fundamentalmente **formais**. Isso significa que as reflexões gramaticais se ancoram prioritariamente nas estruturas das orações e dos períodos e nas relações sintáticas entre seus constituintes. Aspectos contextuais tendem a ficar em segundo plano.

Os diagramas coloridos são recursos analíticos que canalizam a atenção aos aspectos formais da oração. Ao dizer que orações como (19), (24) e (25), a seguir, correspondem a uma mesma estrutura sintática, enfatiza-se que elas têm a **mesma forma** a despeito dos **diferentes sentidos** que uma ou outra possa vir a atualizar quando empregada efetivamente num texto escrito:

(19)	Desde as eleições de 2014,	o Tribunal Superior Eleitoral	computa	a cor dos candidatos registrados.

(24)	Há menos de uma década,	a instância jurídica máxima que cuida do processo eleitoral no Brasil	vem computando	que a presença de candidatos pretos e pardos está abaixo da proporção desses grupos na população de modo geral.

(25)	Atualmente,	ele	faz	isso.

É evidente que o sentido é importante para o manejo das estruturas sintáticas. Contudo, o que decisivamente interessa na análise sintática da oração é o sentido da **lógica formal**, e não o sentido numa perspectiva textual-discursiva ou contextual. Essa última noção de sentido, atravessada por variáveis históricas, socioculturais, cognitivas, ideológicas, não é peça capital na caminhada rumo à consciência sintática, pois o foco deve incidir, primeira e exaustivamente, no trabalho com a oração *per se*. Ou seja, a oração deve ser considerada isoladamente, fora de um contexto — como em (19) —, e na relação com outras orações de estrutura/forma semelhante, ora mais complexas, ora mais simples, como (24) e (25), respectivamente.

Diante disso, se considera que, para uma oração ser bem formada, isto é, ser dotada de uma estrutura adequada à norma-padrão escrita, além de atender às regras da sintaxe da língua, ela deve ter **completude lógico-semântica** e expressar um **juízo**.

Em linhas gerais, um agrupamento de palavras é dotado de completude lógico-semântica quando o significado que ele atualiza pode ser tomado como uma **verdade** ou uma **falsidade**, independentemente de sabermos se esse significado é verdade ou falsidade. Do ponto de vista estritamente gramatical, é essa **possibilidade de ser verdadeiro ou falso** (um ou outro, tanto faz) que nos permite dizer que um agrupamento de palavras tem **sentido completo**, ou seja, que apresenta *status* de proposição (de conteúdo de uma asserção) e estrutura de oração. Nessas condições, o agrupamento de palavras (a oração) é capaz de expressar um juízo: *afirma*, *nega*, *pergunta*, *exclama* alguma coisa sobre outra coisa. Reside assim, em toda oração, além de um **componente sintático**, um **componente lógico-semântico**.

Por exemplo, nenhum dos quatro constituintes a seguir — nem mesmo o verbo — pode equivaler, por si mesmo, a uma oração porque nenhum deles, sozinho, expressa um **juízo**, ou seja, diz uma coisa sobre outra coisa:

maioria universitária	jovens negros e negras
pela primeira vez no Brasil	são

Em outras palavras, nenhum constituinte acima pode ser considerado como **verdadeiro** ou **falso** sem evocações contextuais.

Se quaisquer dois desses constituintes forem combinados, ainda assim, nenhuma dessas combinações constituiria uma oração. Mesmo se a forma verbal "são" for combinada com os outros constituintes disponíveis (já que, para haver oração, precisa haver verbo), todas as combinações continuarão distantes da ideia de oração completa, pois nenhuma delas é uma asserção julgável como verdadeira ou falsa:

(a)	são	jovens negros e negras
(b)	são	maioria universitária
(c)	são	pela primeira vez no Brasil

ou

(d)	jovens negros e negras	são
(e)	maioria universitária	são
(f)	pela primeira vez no Brasil	são

Não é difícil perceber que as estruturas acima não estão completas. Ainda cabem perguntas como, por exemplo, "**quem** são **o quê** pela primeira vez no Brasil?", a respeito da combinação (c); ou "jovens negros e negras são **o quê**?", a respeito da combinação (d).

Insistindo nas possibilidades combinatórias, agora tentando juntar três constituintes, surgem mais duas possibilidades estruturais:

(g)	jovens negros e negras	são	pela primeira vez no Brasil

(h)	maioria universitária	são	pela primeira vez no Brasil

Ambas as combinações apresentam uma determinada ausência sintático-semântica que não está permitindo as estruturas expressarem um juízo. Perguntas para completá-las surgem facilmente: por exemplo, em (g), "jovens negros e negras são pela primeira vez no Brasil **o quê**?"; ou, em (h), "**o que** é maioria universitária pela primeira vez no Brasil?". Nesta última pergunta, inclusive, a forma verbal "são" foi trocada por "é", para concordar em número singular com "maioria universitária" — problema de concordância verbal evidente, outro indício de oração malformada.

A situação, porém, muda com a combinação (i):

(i)	Jovens negros e negras	são	maioria universitária.

Em (i), há finalmente uma afirmação julgável como verdadeira ou falsa. Independentemente de outras informações contextuais (por exemplo, "**desde quando** ou **onde** jovens negros e negras são maioria universitária?"), essa combinação de constituintes expressa alguma coisa (*são maioria universitária*) sobre alguém (*jovens negros e negras*).

Essa oração bem formada admite ainda mais um constituinte, o de cor rosa:

(j)	Jovens negros e negras	são	maioria universitária	pela primeira vez no Brasil.

A oração (j) continua bem formada como a oração (i). A substituição do constituinte azul por uma palavra de significação altamente contextual, como um pronome, também não fará diferença do ponto de vista sintático, ou seja, ainda haverá uma oração bem formada:

(k)	Eles	são	maioria universitária	pela primeira vez no Brasil.

Nas bem-sucedidas combinações de constituintes (j) e (k), o constituinte rosa (*pela primeira vez no Brasil*) acrescenta sentido às orações, mas é dispensável à sua boa formação sintática. Assim, as combinações (i), (j) e (k), com três ou quatro constituintes, são orações perfeitas, possíveis, completas. Ei-las repetidas, em forma de período, fora dos diagramas coloridos:

(26) Jovens negros e negras são maioria universitária.

(27) Jovens negros e negras são maioria universitária pela primeira vez no Brasil.

(28) Eles são maioria universitária pela primeira vez no Brasil.

Toda essa explanação foi necessária para demonstrar que, na análise da completude lógica (ou sentido completo) da estrutura de uma oração, seus aspectos contextuais são dispensáveis.

Outro exemplo: uma oração como "ela viu você" tem completude lógico-semântica, ou seja, é uma oração perfeita, independentemente:

- de quem escreveu;
- de quem é o interlocutor designado por "você";
- de quem é "ela";
- de quando e onde aconteceu o fato;
- da distância entre "ela" e o interlocutor "você";
- da possibilidade de visão recíproca — "você viu ela";
- da oração ser usada como uma ameaça, um elogio, um espanto, uma censura, um alerta, entre outros múltiplos vieses contextuais.

Mas como é possível dizer que a oração "ela viu você" é verdadeira ou falsa, se essa estrutura está fora de um contexto de uso?

Para um agrupamento de palavras ser considerado completo do ponto de vista lógico-semântico, não interessa se ele **É verdadeiro** ou se ele **É falso**; interessa se ele **PODE SER considerado verdadeiro** ou se ele **PODE SER considerado falso**.

A diferença é sutil, mas sensível: trabalha-se aqui no campo das possibilidades oracionais (*pode ser*), não no das certezas enunciativas (*é*), razão pela qual o contexto é desnecessário.

Portanto, a estrutura "ela viu você", mesmo descontextualizada, pode ser considerada verdadeira (para alguns contextos) ou falsa (para outros contextos). Sem sombra de dúvidas, trata-se de uma oração e, por ter apenas um verbo, de um período simples. Cada uma de suas três palavras compõe uma parte da estrutura, conforme o diagrama:

(29)

Ela	viu	você.

Esse diagrama possui estrutura idêntica ao diagrama:

(26)	Jovens negros e negras	são	maioria universitária.

Ao período simples (29) também poderia ser acrescentado o constituinte "pela primeira vez no Brasil", prescindível à sua composição formal:

(30)	Ela	viu	você	pela primeira vez no Brasil.

Dando continuidade a essa reflexão, pode-se tirar agora o elemento "você" do período (29) e considerar apenas o agrupamento "ela viu". Do ponto de vista lógico-semântico, "ela viu" não mais corresponde a uma oração completa. Se o pronome "ela" for retirado da estrutura, fazendo restar apenas "viu você", a sensação de incompletude permanecerá. O mesmo acontecerá se for deixado apenas o verbo (*viu*) ou algum dos outros elementos (*ela*, *você* ou *ela você*). Seguem as representações de todos esses arranjos malsucedidos em termos lógico-semânticos:

(l)	ela	viu	—
(m)	—	viu	você
(n)	—	viu	—
(o)	ela	—	—
(p)	—	—	você
(q)	ela	—	você

Nenhum dos seis arranjos sintáticos acima corresponde a uma oração ou a um período, pois não apresenta completude estrutural. De (l) a (q), a ausência de constituintes nas células vazias impossibilita considerar verdadeiro ou falso cada um dos arranjos. Tal falta estrutural faz com que eles não possam expressar **juízos**, pois:

- em **(l)**, não se afirma **o que** ela viu;
- em **(m)**, desconhece-se **quem** viu você;
- em **(n)**, a forma verbal "viu", sozinha, não é capaz de garantir, nem mesmo por sua flexão, **quem** viu — "ele", "ela" ou "você"? — e muito menos **o que** ou **quem** foi visto;
- em **(o)** e **(p)**, só temos duas representações de entidades no mundo — "ela" e "você" —, sobre as quais nada se afirma;
- finalmente, em **(q)**, sequer há uma combinação sintática possível.

As reflexões tecidas até aqui permitem identificar quais dos agrupamentos de constituintes a seguir podem ser considerados orações — e, consequentemente, períodos simples — bem formadas. A questão é verificar se cada agrupamento:

- apresenta constituintes que se relacionam entre si por meio de regras sintáticas (componente sintático);
- tem sentido completo (componente lógico-semântico);
- expressa um juízo: afirma, nega, pergunta, exclama etc.;
- pode ser avaliado como verdadeiro ou falso.

Eis os agrupamentos:

(31) Historiografia do a objeto Cinema era não interesse do historiadores de.

(32) A Historiografia do Cinema não era objeto do interesse de historiadores.

(33) Considerada um divertimento, sua história ficava.

(34) São apropriados pelos historiadores como fonte.

(35) Estudiosos de cinema buscam métodos históricos de análise.

(36) Historiadores se voltam para a atividade cinematográfica como objeto de interesse.

(37) Neste artigo é observar como se plasmou essa história ao longo do tempo.

O agrupamento **(31)** — *Historiografia do a objeto Cinema era não interesse do historiadores de* — não equivale a uma oração, mas a um conjunto de palavras (não de constituintes) sem qualquer ordenação sintática capaz de compor partes minimamente coesas e inteligíveis.

Em **(32)** — *A Historiografia do Cinema não era objeto do interesse de historiadores* — essas mesmas palavras foram ordenadas de acordo com regras básicas de sintaxe, resultando em uma oração bem formada não só do ponto de vista sintático, mas também lógico-semântico: expressam claramente uma negação sobre a Historiografia do Cinema (*não ser objeto do interesse de historiadores*), que pode ser avaliada como verdadeira ou falsa.

Também não correspondem a orações os agrupamentos **(33)** e **(34)**, respectivamente *Considerada um divertimento, sua história ficava* e *São apropriados pelos historiadores como fonte*. É verdade que, diferentemente de (31), são estruturas sintáticas bem formadas, com regras de concordância e ordenamento adequados. Porém, não apresentam completude lógico-semântica e, consequentemente, expressão de um juízo. Em (33), o que se afirma sobre "sua história"? Já em (34), a que se refere a afirmação "são apropriados pelos historiadores como fonte"? Dito de outro modo, esses agrupamentos acarretam, naturalmente, questões como: "sua história ficava **como**?" ou "**o que** são apropriados pelos historiadores como fonte?". São exemplos de perguntas cujas respostas precisam ser fornecidas para que cada conjunto de palavras possa ser avaliado como verdadeiro ou falso.

Ausências estruturais como essas de (33) e (34) não ocorrem nas combinações de constituintes **(35)** e **(36)**: *Estudiosos de cinema buscam métodos históricos de análise* e *Historiadores se voltam para a atividade cinematográfica como objeto de interesse*. Ambas podem ser avaliadas em termos de verdade ou falsidade e configuram, por conseguinte, orações sintaticamente bem formadas. Respectivamente, expressam afirmações sobre "estudiosos de cinema" e sobre "historiadores": os primeiros "buscam métodos históricos de análise"; os segundos "se voltam para a atividade cinematográfica como objeto de análise". Não há interrupções ou truncamentos, mas completude lógico-semântica entre cada forma verbal (*buscam* e *se voltam*) e suas partes anteriores e posteriores.

O mesmo não se pode dizer do agrupamento de constituintes **(37)** — *Neste artigo é observar como se plasmou essa história ao longo do tempo*. Apesar de compreendermos seu sentido, a forma verbal "é" não se encaixa sintaticamente na expressão "neste artigo", resultando na má formação sintática "Neste artigo é observar...". O adequado seria, por exemplo, "Neste artigo, observa-se..." ou mesmo "Este artigo observa...".

Comparando os arranjos sintáticos dos três agrupamentos que constituem orações, fica clara a semelhança de suas estruturas, independentemente do tamanho e da natureza de seus constituintes:

(32)	A Historiografia do Cinema	não era	objeto do interesse de historiadores.
(35)	Estudiosos de cinema	buscam	métodos históricos de análise.
(36)	Historiadores	se voltam	para a atividade cinematográfica como objeto de interesse.

Neste ponto, cabem duas importantes observações relativas ao modelo analítico da oração adotado nesta gramática:

- elementos que negam formas verbais, como "não" em "não era", na oração (32), serão sempre considerados nesses diagramas como parte do verbo, por não alterarem o conteúdo proposicional, mas apenas negarem a asserção;
- também serão considerados como parte do constituinte verbal os pronomes oblíquos átonos "se", "me", "te", "nos", como em "se voltam", em (36), um verbo pronominal. Verbos pronominais são verbos em que pronomes oblíquos átonos aparecem obrigatoriamente na conjugação: "eu me volto", "você se volta", "nós nos voltamos", "elas se voltam" etc.

3

O MODELO SVCA

OBJETIVOS DO CAPÍTULO:

- explorar extensamente a estrutura oracional para ampliar o domínio da sintaxe da oração, dada sua importância na construção de textos formais;
- introduzir a estrutura SVCA, modelo que fundamenta o trabalho analítico com a sintaxe do período nesta gramática;
- analisar detalhadamente os constituintes sujeito (S), verbo (V), complemento verbal (C) e adjunto adverbial (A), apresentar estratégias de identificação desses constituintes e discutir aspectos relativos à ordem deles na oração e seus efeitos sobre a pontuação;
- desenvolver o conceito de aposto e estrutura parentética.

3.1 A ORDEM SVC

Como já foi dito, uma oração pode conter quatro tipos diferentes de constituinte, mas o *verbo* é o único constituinte absolutamente necessário à boa formação de qualquer oração. Isso significa que:

- não há oração sem verbo;
- pode haver oração formada exclusivamente por um só verbo, sem qualquer outro constituinte.

Por exemplo, todas as formas verbais a seguir equivalem, sozinhas, a orações completas — e a períodos simples, naturalmente —, pois expressam um juízo (afirmam, avisam, declaram...) e podem ser avaliadas como verdadeiras ou falsas:

(1)	Chovia.
(2)	Vou dormir.
(3)	Casamos.

Outras formas verbais vão exigir alguns constituintes obrigatórios à completude lógico-semântica da oração e, consequentemente, à sua boa formação. É o caso de "produziu", forma verbal que, para estruturar efetivamente uma oração, precisa de outros dois constituintes acoplados, a exemplo de "o cinema pernambucano" e "excelentes filmes":

(4)	O cinema pernambucano	produziu	excelentes filmes.

O constituinte azul (*O cinema pernambucano*) é denominado **sujeito** e o constituinte verde (*excelentes filmes*), **complemento verbal**. Já o **verbo** aparece em amarelo (*produziu*), no centro dos outros dois constituintes. O verbo funciona como centro da sintaxe da oração, selecionando **argumentos** (o sujeito e o complemento verbal) para sua totalidade estrutural.

Todos os diagramas coloridos apresentados até aqui obedeceram a essa correspondência entre cores (azul, amarelo, verde) e tipos de constituinte (sujeito, verbo, complemento verbal):

S Sujeito	**V** Verbo	**C** Complemento verbal

Como em qualquer língua de origem latina, no português brasileiro, a ordem preferencial desses três constituintes, principalmente em orações declarativas, é **sujeito | verbo | complemento verbal**. Essa disposição linear é chamada de **ordem SVC**. Trata-se da ordem direta, regular, canônica das orações constituídas por essas três partes. Tê-la sempre presente é fundamental à boa estruturação sintática e ao adequado estabelecimento dos sinais de pontuação dos períodos dos textos escritos e formais.

3.2 SUJEITO

A diferença entre o sujeito (S) e o complemento verbal (C) não se resume a uma questão de ordem de aparecimento em relação ao verbo (V). Os constituintes S e C estabelecem relações sintáticas com o constituinte V, mas de maneiras diferentes. A distinção mais evidente entre o sujeito e o complemento verbal reside na relação sintática de **concordância**, geralmente obrigatória entre os constituintes S e V, mas não entre os constituintes V e C. Em outras palavras, **sujeito e verbo costumam concordar, mas verbo e complemento não**.

Por exemplo, na oração ou período simples (4) — *O cinema pernambucano produziu excelentes filmes* —, "produziu" está na 3ª pessoa do singular porque concorda em pessoa e número com o sujeito "o cinema pernambucano", a despeito do complemento verbal "excelentes filmes" estar no plural.

Se a pessoa ou o número do sujeito do período (4) for mudado, a forma verbal também deverá ser modificada, respeitando a relação de concordância entre sujeito (azul) e verbo (amarelo):

(4)	O cinema pernambucano	produziu	excelentes filmes
(4a)	Os cineastas pernambucanos	produziram	excelentes filmes.
(4b)	Nós	produzimos	excelentes filmes.

Porém, nenhuma mudança na forma verbal será necessária se seu complemento for alterado, deixando-o, por exemplo, no singular. Isso fica evidente comparando-se os períodos (4), (4a) e (4b) com os períodos (4c), (4d) e (4e), respectivamente. Os verbos continuam acompanhando os sujeitos, e não os complementos:

(4c)	O cinema pernambucano	produziu	um excelente filme.
(4d)	Os cineastas pernambucanos	produziram	um excelente filme.
(4e)	Nós	produzimos	um excelente filme.

Portanto, pode ser dito que **o sujeito de uma oração é o constituinte com o qual o verbo concorda**. É assim que se consegue identificar, com alto grau de certeza, os sujeitos em períodos simples e complexos, menores ou maiores. Tal operação analítica é essencial à produção de textos bem estruturados, pois, muitas vezes, a concordância verbal e a pontuação exigidas pela norma brasileira de referência vão depender da correta identificação do sujeito.

É importante notar que, nos períodos (4) a (4e), os sujeitos:

- são os primeiros constituintes da estrutura oracional;
- executam ações verbais, ou seja, são agentes do verbo "produzir".

Entretanto, nem sempre isso acontece:

(4f)	Excelentes filmes,	o cinema pernambucano	produziu.

No período (4f), é feita uma inversão na **ordem direta SVC**, transformada agora na **ordem CSV**. Esse simples exemplo prova que nem sempre o primeiro constituinte da oração precisa ser seu sujeito. A vírgula após "Excelentes filmes" marca justamente o deslocamento do constituinte C de sua posição habitual (imediatamente após o verbo) para uma posição diferente, antes do verbo. Essa mudança no ordenamento dos constituintes justifica a pontuação da oração, conforme o seguinte esquema:

S	V	C	→	C,	S	V

Note-se, agora, o período (4g):

(4g)	Excelentes filmes	foram produzidos	pelo cinema pernambucano.

Diferentemente de (4f), o período (4g) tem o constituinte "Excelentes filmes" não mais como complemento verbal (verde), mas como sujeito (azul). A locução verbal "foram produzidos" (V) concorda em número plural com "Excelentes filmes" (S), e não com o constituinte "pelo cinema pernambucano" (C), que está no singular.

O sujeito, nesse caso, não executa a ação de produzir, mas sofre essa ação, ou seja, a de ter sido produzido (*excelentes filmes foram produzidos*). Por sua vez, o agente da oração é o complemento verbal "pelo cinema pernambucano", aquele que produziu "excelentes filmes".

Uma rápida observação: como a oração (4g) está na **voz passiva**, esse tipo de complemento verbal — *pelo cinema pernambucano* — costuma receber o nome de **agente da passiva** (v. seção 7.8). Portanto, nem todo agente do verbo é seu sujeito, como (4g) muito bem exemplifica.

A única característica que realmente particulariza o sujeito da oração, permitindo sua identificação e a realização de ajustes normativos no período, é a aplicação da regra de que **o sujeito deve estar em relação de concordância com o verbo**. É assim — e só assim — que se pode identificar o sujeito com facilidade e segurança em estruturas simples ou complexas.

Para reiterar esse ponto da identificação do sujeito da oração, vale a pena analisar o seguinte parágrafo:

> O desafio de trabalhar as relações raciais e de gênero, interseccionadas, em instituições públicas ou privadas, esbarra no que considero um pacto narcísico, pacto este não verbalizado, de fortalecimento entre "iguais". Principalmente se os lugares forem de liderança, tomada de decisão e poder, frequentemente sobre um mesmo perfil social recairão as escolhas.
>
> (BENTO, C. Discurso da meritocracia ignora 'bolha branca' e discriminação no mercado de trabalho. *Folha de S.Paulo*, 31 out. 2019. p. A32. Adaptado para fins didáticos.)

O parágrafo tem dois períodos complexos, ou seja, períodos formados por mais de uma oração. Vale recortar as orações encabeçadas pelos verbos "esbarra" e "recairão". Eis a primeira:

(5)	O desafio de trabalhar as relações raciais e de gênero, interseccionadas, em instituições públicas ou privadas,	esbarra	no que considero um pacto narcísico [...]

Em (5), o verbo "esbarra" concorda com o sujeito, que está no singular. Embora o sujeito seja formado também por várias palavras e expressões no plural — como "relações raciais", "interseccionadas", "instituições públicas ou privadas" —, não seria possível escrever "esbarram", concordando o verbo com todos esses elementos plurais. Isso porque o constituinte sujeito, em sua totalidade, está no singular. Seu núcleo é a palavra singular "desafio". Se o constituinte S inteiro fosse substituído por um pronome, a escolha recairia num pronome no masculino singular (*ele*, *isso*), ou seja, morfologicamente compatível com o nome "desafio". Seguem reduções sintático-semânticas que podem ser realizadas no sujeito do período (5):

(5)	O **desafio** de trabalhar as relações raciais e de gênero, interseccionadas, em instituições públicas ou privadas,	esbarra	no que considero um pacto narcísico [...]
(5a)	O **desafio** de trabalhar as relações raciais e de gênero	esbarra	no que considero um pacto narcísico [...]
(5b)	O **desafio** de trabalhar as relações raciais	esbarra	no que considero um pacto narcísico [...]
(5c)	O **desafio** de trabalhar as relações	esbarra	no que considero um pacto narcísico [...]
(5d)	O **desafio** de trabalhar	esbarra	no que considero um pacto narcísico [...]
(5e)	O **desafio**	esbarra	no que considero um pacto narcísico [...]
(5f)	**Isso**	esbarra	no que considero um pacto narcísico [...]

Observando (5) em sua forma original, uma pergunta relevante é: se a oração está na ordem direta, ou seja, na ordem SVC, por que há uma vírgula no final do sujeito, separando-o do verbo?

Na verdade, a vírgula antes da forma verbal "esbarra" não está separando o sujeito do verbo, mas assinalando a intercalação de outros constituintes internos ao sujeito, mais especificamente os constituintes "interseccionadas" e em "instituições públicas ou privadas". É como se esses dois constituintes estivessem *dentro* do sujeito, cujo núcleo é "desafio", com o qual "esbarra" concorda. Visualmente, funcionaria assim:

(5)	O **desafio** de trabalhar as relações raciais e de gênero	, interseccionadas,	em instituições públicas ou privadas,	**esbarra**	no que considero um pacto narcísico [...]

A propósito, nas reduções da oração (5) — de (5a) a (5f) —, ao serem retirados esses dois constituintes tracejados, a vírgula necessariamente desaparece. Em suma, não cabe vírgula entre o sujeito e o verbo que lhe corresponde, a menos que existam elementos intercalados entre os dois, como os constituintes "interseccionadas" e "em instituições públicas ou privadas", em (5).

A segunda oração recortada do parágrafo sob análise é a que contém o verbo "recairão":

(6)	[...] sobre um mesmo perfil social	recairão	as escolhas.

Em (6), a oração não está na **ordem direta SVC**, mas na **ordem CVS**. Os constituintes S e C "trocaram" seus lugares preferenciais. O verbo, portanto, precisou concordar com o último constituinte, o sujeito, que está no plural:

(6)	[...] sobre um mesmo perfil social	**recairão**	as **escolhas**.

Se a autora do parágrafo tivesse optado por escrever "sobre um mesmo perfil social *recairá* as escolhas", teria cometido um desvio sintático de **concordância verbal** (v. capítulo 14) no uso da modalidade escrita formal do português brasileiro contemporâneo.

Entretanto, essa inversão **verbo-sujeito** em (6) dificulta a identificação intuitiva do constituinte "as escolhas" como sujeito da oração. Consequentemente, numa situação de fala ou de escrita menos monitorada, a tendência seria não fazer a concordância entre o verbo e o sujeito pós-verbal (depois do verbo). Então, a pergunta que fica é: como identificar o sujeito para estabelecer a concordância necessária com o verbo?

Nesses momentos, a consciência sintática do escritor precisa operar a partir de estratégias de **deslocamento e substituição de constituintes** (v. seções 4.2 e 4.5). Por exemplo, não seria possível substituir o constituinte "sobre um mesmo perfil social" pelo pronome pessoal "ele" ou pelo demonstrativo "isso", que costumam funcionar adequadamente como sujeitos: "Ele recairá as escolhas", "Isso recairá as escolhas" ou "Eles recairão as escolhas" são estruturas **agramaticais**, malformadas do ponto de vista sintático. Porém, se o constituinte "as escolhas" for substituído por um pronome pessoal ou um demonstrativo morfologicamente adequados (ou seja, no plural, como "elas" ou "estas"), o resultado serão estruturas gramaticais:

(6a)	[...] sobre um mesmo perfil social	recairão	elas.
(6b)	[...] sobre um mesmo perfil social	recairão	estas.

Diante dessa possibilidade de substituição de constituintes e colocando agora a oração na ordem direta SVC, o sujeito fica evidente:

(6c)	[...] elas	recairão	sobre um mesmo perfil social.
(6d)	[...] estas	recairão	sobre um mesmo perfil social.
(6e)	[...] as escolhas	recairão	sobre um mesmo perfil social.

Essa é uma operação simples e essencial a uma escrita sintaticamente adequada à norma-padrão brasileira. Se houver dúvida na identificação do sujeito de um verbo, será importante exercitar a consciência sintática sobre os constituintes da oração, substituindo-os, invertendo-os, concordando-os, como se fossem peças de um quebra-cabeça gramatical.

Por fim, cabe a observação de que os sujeitos das orações podem ser estruturados de diferentes maneiras. Há aqueles constituídos por apenas um núcleo sintático ou por mais de um, como nos períodos (7) e (8), respectivamente:

(7)	Essas **instituições**	buscam	o enfrentamento, não sem tensão, da desigualdade.
(8)	**Bolha** branca e **discriminação** no mercado de trabalho	são	questões ignoradas pelo discurso da meritocracia.

Também há sujeitos bem simples, como o sujeito pronominal em (9), ou um pouco mais complexos, como os sujeitos oracionais — cujos núcleos são verbos — em (10) e (11):

(9)	**Eu**	ouvi	a seguinte frase de uma liderança da área de recursos humanos.
(10)	**Ser** uma bolha branca em meio a uma sociedade extremamente plural e diversa	é	um prenúncio de uma sociedade cada vez mais violenta, instável e insustentável.
(11)	**Trabalhar** relações raciais e de gênero em instituições	esbarra	em pacto não verbalizado de fortalecimento entre iguais.

Há ainda sujeitos cujos núcleos são nomes que se ampliam por meio de orações a ele encaixadas, como em (12):

(12)	As **pessoas** que têm os menores salários	são	as principias prejudicadas.

Esses sujeitos mais complexos serão estudados em profundidade nos capítulos 5, 7 e 13 desta gramática.

3.3 COMPLEMENTO VERBAL

O complemento verbal é o constituinte verde da oração, obrigatório em certas estruturas, como nos períodos (4) e (5) já analisados:

(4)	O cinema pernambucano	produziu	excelentes filmes.

(5)	O desafio de trabalhar as relações raciais e de gênero, interseccionadas, em instituições públicas ou privadas,	esbarra	no que considero um pacto narcísico [...]

Os verbos "produziu" e "esbarra", ao lado de seus respectivos sujeitos, não são capazes de formar orações completas. Para alcançar a completude lógico-semântica da oração, esses verbos exigem, selecionam, precisam de algum tipo de complemento. Isso porque não há como dizer que a estrutura formada apenas pelos constituintes azuis e amarelos, em (4) e (5), são verdadeiras ou falsas. "O cinema pernambucano produziu **o quê?**", seria preciso perguntar; "O desafio de trabalhar as relações raciais e de gênero esbarra **em quê?**", eis outra pergunta necessária. A resposta a estas perguntas são justamente os complementos verbais de (4) e (5), respectivamente.

Assim como os sujeitos, os complementos verbais podem vir sob diferentes formas — das mais simples, como em (13) a (15), às mais complexas, com verbos em seu interior (complementos verbais oracionais), como em (16) a (18):

(13)	A resistência a mudanças	é	muito forte.
(14)	Mulheres negras que se encontram em processo de ascensão	fizeram	uso de bolsas de estudo.
(15)	Discurso da meritocracia	ignora	bolha branca e discriminação no mercado de trabalho.
(16)	Uma jovem mulher branca	explicitava	o desconforto de **tratar** da exclusão e da sub-representação de negras em seu local de trabalho.
(17)	Promover equidade racial no interior das instituições, públicas ou privadas	é	**repensar** os diversos processos já consolidados na cultura organizacional.
(18)	O argumento comumente utilizado de meritocracia	implica	não **reconhecer** a discriminação contemporânea e uma herança que **contempla** benefícios concretos e/ou simbólicos de um processo histórico de mais de 500 anos.

Por outro lado, ao contrário dos sujeitos, os complementos verbais podem vir iniciados por uma **preposição** ou por um grupo de palavras que equivale a uma preposição, chamado de **locução prepositiva**. Nos exemplos (19) a (22), os complementos verbais são introduzidos, respectivamente, pelas preposições "em" (*na = em + a*), "para" e "com", e pela locução prepositiva "acerca de":

(19)	Quase metade da população negra	está	**na** informalidade.
(20)	Essa atuação	contribui	**para** minorar o sentimento de injustiça experimentado pela maioria da população.
(21)	Esse enfrentamento	se consolida	**com** a realização de diagnósticos institucionais.
(22)	O presidente daquele país	não se posicionava	**acerca de** conflitos de raça e gênero.

Uma característica bastante importante sobre os complementos verbais é que alguns deles aparecem em dupla, por exigência de determinados verbos. Quando isso acontece, geralmente o que os diferencia entre si é a ausência ou a presença de uma preposição no início do complemento. Quando não há preposição, o complemento costuma receber o nome de **objeto direto (OD)**; quando há preposição, o nome dado é **objeto indireto (OI)**:

(23)	Os antigos senhores de escravos	recebiam	do governo	OI
			indenizações.	OD
(24)	Vários pedidos de reparações	receberam	grande atenção	OD
			dos veículos de massa.	OI
(25)	Muitos antigos senhores	pagavam	salários simbólicos	OD
			aos libertos sob seu controle.	OI
(26)	Nenhuma antiga sociedade escravista nas Américas	pagou	restituições	OD
			aos descendentes de escravizados.	OI
(27)	O então deputado federal	disse	barbaridades racistas	OD
			aos jornalistas.	OI
(28)	Alguns funcionários	disseram	aos seus respectivos chefes	OI
			tudo isso e muito mais.	OD

Nos períodos (23) a (28), os verbos "receber", "pagar" e "dizer" aparecem acompanhados de dois complementos diferentes, um iniciado sem preposição (OD) e outro, com preposição (OI). A ordem desses complementos é irrelevante à estrutura sintática adequada do período. Em outras palavras, pode-se escrever, por exemplo, (28a) ou (28b):

(28a) Alguns funcionários disseram tudo isso e muito mais (OD) aos seus respectivos chefes (OI).

(28b) Alguns funcionários disseram aos seus respectivos chefes (OI) tudo isso e muito mais (OD).

É importante frisar que nem todo verbo seleciona complementos. É o caso dos períodos (1) a (3), reapresentados a seguir, os quais são formados apenas por um verbo ou locução verbal:

(1)	Chovia.
(2)	Vou dormir.
(3)	Casamos.

Outro exemplo de verbo que não exige complemento aparece no período (29):

(29)	**Vem** se ampliando	o **número** de instituições conscientes de que ser uma "bolha branca" em meio a uma sociedade extremamente plural e diversa é um prenúncio de uma sociedade cada vez mais violenta, instável e insustentável.

O período (29) não tem complemento verbal e traz um sujeito imenso e invertido, na posição pós-verbal (ordem VS). O verbo é manifestado na forma de locução (*vem se ampliando*), que aparece no singular (*vem*, e não *vêm*) por concordar com o núcleo do sujeito (o substantivo *número*), conforme se vê na representação gráfica acima.

Alcança-se esse tipo de análise gramatical lançando-se mão de estratégias como delimitação de constituintes, substituição de estruturas complexas por estruturas mais simples, inversão e deslocamentos de constituintes, teste de concordância com o verbo, entre outras (v. capítulo 4). Seguem algumas substituições que podem simplificar a estrutura do período (29), facilitando a análise:

(29)	**Vem** se ampliando	o **número** de instituições conscientes de que ser uma "bolha branca" em meio a uma sociedade extremamente plural e diversa é um prenúncio de uma sociedade cada vez mais violenta, instável e insustentável.
(29a)	**Vem** se ampliando	o **número** de instituições conscientes.
(29b)	**Vem** se ampliando	o **número** de instituições.
(29c)	**Vem** se ampliando	**isso**.

E, fazendo a inversão para a ordem direta (SV):

(29d)	**Isso**	**vem** se ampliando.
(29e)	O **número** de instituições	**vem** se ampliando.
(29f)	O **número** de instituições conscientes	**vem** se ampliando.
(29g)	O **número** de instituições conscientes de que ser uma "bolha branca" em meio a uma sociedade extremamente plural e diversa é um prenúncio de uma sociedade cada vez mais violenta, instável e insustentável	**vem** se ampliando.

Finalmente, eis a substituição do sujeito por um constituinte no plural, o que altera a concordância verbal (*vem* passa a ser *vêm*):

(29h)	Essas **coisas**	**vêm** se ampliando.

Em síntese, há verbos que selecionam complementos e outros que não os selecionam. Os verbos que selecionam complementos são denominados de **verbos transitivos**. São transitivas, portanto, as formas verbais presentes nos períodos (13) a (28). Em todos esses períodos, há presença de constituintes verdes, os complementos verbais. Por sua vez, verbos que não selecionam complementos podem ser denominados, de um modo geral, **verbos intransitivos**. São exemplos de formas verbais intransitivas as que apareceram nos períodos (1) a (3), bem como neste último período (29) e em suas sucessivas transformações.

A ideia de completude oracional se relaciona, assim, com as noções de **intransitividade**, significado verbal completo em si mesmo; e **transitividade**, significado verbal que, para se completar, precisa *transitar* até outro elemento, ou seja, o complemento verbal.

3.4 ADJUNTO ADVERBIAL

Até aqui foram estudadas orações e períodos estruturados por meio dos constituintes **sujeito (S)**, **verbo (V)** e **complemento verbal** (C). Como já dito, no âmbito do período simples, há estruturas que equivalem, em sua totalidade, a apenas um desses constituintes — o verbo —, como os períodos (30), (31) e (32), este último formado por uma locução verbal:

	V
(30)	Trovejou.
(31)	Dormimos.
(32)	Vá descansar.

Também foi visto que algumas formas verbais costumam exigir sujeitos para a completude do período, mas dispensam complementos obrigatórios. Por exemplo, os períodos (33), (34) e (35) se organizam a partir do **modelo SV (Sujeito-Verbo)**, com verbos intransitivos, isto é, sem complementos:

	S	V
(33)	O racismo	não acabou.
(34)	Aquele apresentador	faleceu.
(35)	Os acidentes nas rodovias brasileiras	aumentaram.

Há ainda períodos organizados a partir do **modelo VC (Verbo-Complemento)**. Trata-se de estruturas sintáticas que, a despeito da ausência de sujeito, são completas, bem formadas sintaticamente, sendo constituídas apenas pelo verbo e seu respectivo complemento:

	V	C
(36)	Tem havido	inúmeros debates sobre identidade étnica e de gênero.
(37)	Trata-se	de duas formas bastante frequentes de exclusão social.
(38)	Prenderam	o cúmplice do assassinato da parlamentar.

Por fim, voltando ao **modelo SVC (Sujeito-Verbo-Complemento)**, majoritariamente exercitado até aqui, nota-se que, nessa estrutura, a forma verbal do período simples exige tanto um sujeito quanto um complemento. O período, portanto, somente ganhará completude sintática com a presença simultânea dos três constituintes – S, V e C:

	S	V	C
(39)	Afro-americanos	precisam	de reparação histórica.
(40)	Negras e negros brasileiros	são	maioria universitária.
(41)	Aquele cineasta	dirigiu	ótimos filmes.

Esses três últimos períodos equivalem a orações perfeitas. Apresentam completude lógico-semântica e expressam um juízo. Todavia, poderíamos continuar justapondo outros constituintes a cada um dessas três orações já completas, e elas continuariam perfeitas, como mostra, por exemplo, a inserção da coluna rosa **(A)** no diagrama colorido:

	S	V	C	A
(42)	Afro-americanos	precisam	de reparação histórica	devido à escravidão.
(43)	Negras e negros brasileiros	são	maioria universitária	pela primeira vez.
(44)	Aquele cineasta	dirigiu	ótimos filmes	no século 21.

Os constituintes "devido à escravidão", "pela primeira vez" e "no século 21", embora não sejam exigidos pelos verbos de suas respectivas orações (como os sujeitos e os complementos o são), acrescentam informações adicionais variadas e contribuem para a organização geral da estrutura. Esse tipo de constituinte recebe o nome de **adjunto adverbial (A)**.

Os adjuntos adverbiais costumam ser classificados de acordo com o tipo de informação semântica que eles veiculam. Por exemplo, "devido à escravidão" seria considerado adjunto adverbial de causa e "no século 21", adjunto adverbial de tempo. Há também adjuntos adverbiais de lugar (*no continente africano*), dúvida (*provavelmente*), negação (*em hipótese alguma*), modo (*desesperadamente*), companhia (*com todos os seus amigos*), finalidade (*para a prova de matemática*), entre outros. Essa extensa subclassificação semântica não terá lugar nesta gramática, pois ela não distingue tipos de constituinte **sintaticamente** diferentes. Afinal, todos eles continuam sendo **adjuntos adverbiais**.

Não é difícil distinguir, apenas pela sintaxe, o adjunto adverbial dos outros constituintes, sobretudo do complemento verbal. Diferentemente do sujeito e do complemento verbal, o adjunto adverbial **não** é um argumento, **não** é uma necessidade do verbo. Ele se caracteriza, então, por sua natureza sintática independente, ou seja, por possuir maior mobilidade na estrutura do período, em comparação aos demais constituintes. Em outras palavras, o adjunto adverbial **não** é uma exigência à completude sintática do verbo, mas ocorre livremente em qualquer período, desde que o resultado da adjunção faça sentido.

Por exemplo, o adjunto adverbial “no século 21” no período (44) – “Aquele cineasta dirigiu ótimos filmes no século 21” – também poderia ser perfeitamente adjungido (colocado junto) aos períodos (39) e (40):

S	V	C	A
Afro-americanos	precisam	de reparação histórica	
Negras e negros brasileiros	são	maioria universitária	no século 21.
Aquele cineasta	dirigiu	ótimos filmes	

Entretanto, a mesma possibilidade de combinação praticamente irrestrita já não é propriedade do complemento verbal “ótimos filmes”. As duas primeiras combinações a seguir não são períodos bem formados, por razões prioritariamente sintáticas e semânticas, respectivamente. O **asterisco**, sinal em forma de estrela, é uma convenção gráfica dos estudos linguísticos para indicar estruturas malformadas, ou seja, **agramaticais**:

S	V	C	A
*Afro-americanos	precisam		devido à escravidão.
*Negras e negros brasileiros	são	ótimos filmes	pela primeira vez.
Aquele cineasta	dirigiu		no século 21.

Quando posicionado no final do período, o adjunto adverbial costuma dispensar vírgulas, pois este lugar é considerado sua posição comum, natural, canônica. É justamente por isso que este capítulo se intitula “O modelo SVCA”: trata-se da **ordem direta** Sujeito | **V**erbo | **C**omplemento verbal | **A**djunto adverbial. Na verdade, o **modelo SVCA** é uma espécie de **chave mestra** para a análise sintática de praticamente todos os períodos, simples e complexos, da modalidade escrita formal do português brasileiro contemporâneo. Vale destacar, portanto, o diagrama colorido equivalente ao modelo:

S Sujeito	V Verbo	C Complemento verbal	A Adjunto adverbial

Deslocamentos em um dos constituintes do modelo SVCA podem alterar a pontuação do período. Por exemplo, quando o adjunto adverbial é movido de sua posição final para outra posição no período, vírgulas costumam delimitá-lo. Ilustram essa situação o período simples (42), os períodos que dele derivam e as representações dos constituintes entre colchetes:

(42) Afro-americanos precisam de reparação histórica **devido à escravidão**. [S V C **A**]

(42a) **Devido à escravidão,** afro-americanos precisam de reparação histórica. [**A,** S V C]

(42b) Afro-americanos**, devido à escravidão,** precisam de reparação histórica. [S**, A,** V C]

(42c) Afro-americanos precisam**, devido à escravidão,** de reparação histórica. [S V**, A,** C]

Atenção:
Nem sempre um adjunto adverbial deslocado vai precisar de vírgulas, sobretudo aqueles de pequeno corpo, formados, em média, por até três palavras. Assim, pode-se escrever:
(a) ***Atualmente***, *a maioria daquelas empresas não recicla seus dejetos.*
ou
(b) ***Atualmente*** *a maioria daquelas empresas não recicla seus dejetos.*
Mas, quando o adjunto adverbial é mais extenso ou em forma de oração (período complexo), a vírgula é uma exigência. Por exemplo:
(c) ***Mesmo após todas as denúncias em noticiários locais***, *a maioria daquelas empresas não recicla seus dejetos.*
(d) ***Embora posem de amigas do meio ambiente nos intervalos comerciais***, *a maioria daquelas empresas não recicla seus dejetos.*

A estrutura e o tamanho dos adjuntos adverbiais podem variar bastante. Eis algumas possibilidades de variação em períodos simples na ordem SVCA:

S	V	C	A
O cinema pernambucano	produziu	excelentes filmes	no século 21.
			nas duas primeiras décadas do século 21.
			desde a retomada do cinema nacional.
			graças a diretores extremamente talentosos.
			sem sombra de dúvidas.
			indubitavelmente.
			mesmo sem grandes investimentos.
			no interior e na capital do Estado.
			de maneira bastante autoral.
			com participações de atores muito especiais.
			a duras penas.

Naturalmente, mais de um adjunto adverbial pode ser combinado no mesmo período. Se um vier junto a outro, costumam ser separados por vírgula. Seguem alguns exemplos construídos a partir do diagrama colorido acima. Os adjuntos adverbiais aparecem sublinhados e os sinais de pontuação, justificados:

(45) O cinema pernambucano produziu excelentes filmes desde a retomada do cinema nacional, graças a diretores extremamente talentosos.
A vírgula separa dois adjuntos adverbiais. Não é necessário vírgula antes do primeiro adjunto adverbial porque a oração está na ordem direta.

(46) Desde a retomada do cinema nacional, o cinema pernambucano produziu excelentes filmes graças a diretores extremamente talentosos.
A vírgula sucede o adjunto adverbial deslocado para o início da oração. Não é necessário vírgula antes do segundo adjunto adverbial porque este está na posição canônica.

(47) O cinema pernambucano produziu excelentes filmes sem sombra de dúvidas, mesmo sem grandes investimentos.
A vírgula separa dois adjuntos adverbiais. Não é necessário vírgula antes do primeiro adjunto adverbial porque a oração está na ordem direta.

(48) Sem sombra de dúvidas, mesmo sem grandes investimentos, o cinema pernambucano produziu excelentes filmes.
As vírgulas sucedem os adjuntos adverbiais deslocados para o início da oração.

(49) O cinema pernambucano, sem sombra de dúvidas, produziu excelentes filmes a duras penas.
As vírgulas intercalam o primeiro adjunto adverbial. Não é necessário vírgula antes do segundo adjunto adverbial porque este está na posição canônica.

(50) O cinema pernambucano, indubitavelmente, produziu excelentes filmes graças a diretores extremamente talentosos e com participações de atores muito especiais.
Duas vírgulas intercalam o primeiro adjunto adverbial. Não é necessário vírgula antes dos dois últimos adjuntos adverbiais porque estes estão na posição canônica, conectados pela conjunção "e".

(51) O cinema pernambucano produziu, de maneira bastante autoral, excelentes filmes no interior e na capital do Estado, nas duas primeiras décadas do século 21.
Duas vírgulas intercalam o primeiro adjunto adverbial. A terceira vírgula separa os dois últimos adjuntos adverbiais. Não é necessário vírgula antes do segundo adjunto adverbial porque este está na posição canônica.

Da mesma maneira que ocorre com sujeitos e complementos verbais, adjuntos adverbiais também podem conter um ou mais verbos, resultando em períodos complexos, formados por duas ou mais orações. É exemplo o período "Embora **posem** de amigas do meio ambiente nos intervalos comerciais, a maioria daquelas empresas não **recicla** seus dejetos.", em que o adjunto adverbial é a oração sublinhada. Eis outros exemplos, agora na ordem SVCA:

S	V	C	A
O cinema pernambucano	**produziu**	excelentes filmes,	desde que o cinema nacional **retomou** suas atividades no final do século 20.
			de acordo com o que **argumenta** a crítica especializada.
			embora nem todos **tenham conseguido atingir** grandes plateias.

O cinema pernambucano	**produziu**	excelentes filmes,	**mostrando** as belezas e os problemas do Estado e do Nordeste a todo o país.
			se **levarmos** em conta diretores como Kleber Mendonça Filho e Cláudio Assis.
			tendo alcançado, com isso, o reconhecimento da crítica internacional.

Deve-se destacar a vírgula após o complemento verbal "excelentes filmes", separando-o dos adjuntos adverbiais. Embora a ordem SVCA permaneça, essa vírgula aparece em tais exemplos porque **os adjuntos adverbiais surgem em forma de oração** (v. seção 9.1), como indicam os verbos e as locuções verbais em negrito.

Nas aulas tradicionais de gramática, as partes da oração são designadas por meio de um rol extenso de funções sintáticas e classificações: sujeito simples, composto, oculto, indeterminado, inexistente; predicado verbal, nominal, verbo-nominal; complemento verbal e nominal; objeto direto e indireto; predicativo do sujeito e do objeto; aposto e vocativo; agente da passiva; adjunto adnominal; adjunto adverbial de lugar, tempo, negação, modo, intensidade, instrumento etc. Uma boa alternativa a essa exuberância terminológica é justamente a análise de períodos e orações pelo **modelo SVCA**, pois, além de tomar como ponto de partida explícito a noção de constituinte, fundamental ao entendimento das funções sintáticas tradicionais, atende também à análise do período complexo, chegando a resultados concretos em termos de amadurecimento da consciência sintática necessária à adequada estruturação dos textos escritos formais.

3.5 APOSTO E ESTRUTURA PARENTÉTICA

Neste ponto, convém dar atenção a dois tipos de estrutura sintática cujo manejo é importante ao desenvolvimento da escrita formal: o aposto e a estrutura parentética.

Entre as duas estruturas, o **aposto** é a mais conhecida. Trata-se do desdobramento de um nome ou de uma expressão. Esse nome ou expressão pode expandir o sujeito, o complemento verbal ou o adjunto adverbial. São exemplos os apostos em negrito, acrescentados aos constituintes S, C e A do período (42):

	S	V	C	A
(42)	Afro-americanos	precisam	de reparação histórica	devido à escravidão.
(42d)	Afro-americanos **(designação para os cidadãos dos Estados Unidos descendentes de africanos)**	precisam	de reparação histórica	devido à escravidão.

(42e)	Afro-americanos	precisam	de reparação histórica **— ações afirmativas transitórias, como a política de cotas nas universidades —**	devido à escravidão.
(42f)	Afro-americanos	precisam	de reparação histórica	devido à escravidão, **prática social adotada nos EUA por mais de três séculos.**

O aposto precisa ser graficamente delimitado por algum sinal de pontuação. O mais comum são as vírgulas, como em (42f), mas também cumprem o papel os parênteses, como em (42d), e os travessões, como em (42e). O diagrama colorido, a propósito, mostra que o aposto não é um constituinte à parte do sujeito, do complemento verbal ou do adjunto adverbial, mas um constituinte que integra e expande esse sujeito ou complemento verbal ou adjunto adverbial.

Além do aposto, outra estrutura sintática importante para a estruturação de textos escritos formais é a **estrutura parentética**. Ela pode ser inserida entre quaisquer constituintes ou no interior de um constituinte do modelo SVCA, veiculando comentários paralelos ao fio coesivo do texto, como se fossem frases à parte. São denominadas *parentéticas* porque costumam vir intercaladas entre *parênteses*, embora travessões e vírgulas também possam cumprir tal função, como na delimitação de apostos. O parágrafo seguinte traz em negrito um bom exemplo de estrutura parentética:

Não custa lembrar que o Brasil possui uma dívida irresgatável para com a população negra. Trazidos à força para trabalhar como escravos a partir da metade do século XVI, o aprisionamento de africanos da costa ocidental (Angola, Nigéria, Benin) e de Moçambique intensificou-se entre 1700 e 1822, mas não há um número preciso de quantos deles chegaram vivos - estimado, entretanto, em algo em torno de quatro milhões. Libertos em 1888, não por razões humanitárias, mas por motivações meramente econômicas **(a mão de obra assalariada possuía um custo de manutenção mais baixo que a escrava)**, sem qualquer tipo de indenização ou tentativa de inclusão social, os negros foram abandonados à própria sorte. O resultado: 450 anos depois de começar a desembarcar nos portos brasileiros, a população negra permanece apartada das conquistas sociais.

(Fonte: RUFFATO, L. O Brasil hipócrita: a questão do racismo. *El País*, 16 set. 2014. Disponível em: https://brasil.elpais.com/brasil/2014/09/16/opinion/1410894019_400615.html. Acesso em: 23 jan. 2020.)

Apresenta-se abaixo, destacado do parágrafo, o período em que a estrutura parentética aparece:

Libertos em 1888, não por razões humanitárias, mas por motivações meramente econômicas **(a mão de obra assalariada possuía um custo de manutenção mais baixo que a escrava)**, sem qualquer tipo de indenização ou tentativa de inclusão social, os negros foram abandonados à própria sorte.

Em seguida, são identificados o verbo central e os argumentos (sujeito e complemento) que esse verbo exige:

[...] os negros	foram abandonados	à própria sorte.

No passo seguinte, se encaixa no diagrama o fragmento "Libertos em 1888, não por razões humanitárias, mas por motivações meramente econômicas (a mão de obra assalariada possuía um custo de manutenção mais baixo que a escrava), sem qualquer tipo de indenização ou tentativa de inclusão social, [...]". Ele é uma expansão à esquerda do sujeito "os negros", funcionando, portanto, como um grande aposto:

Libertos em 1888, não por razões humanitárias, mas por motivações meramente econômicas **(a mão de obra assalariada possuía um custo de manutenção mais baixo que a escrava)**, sem qualquer tipo de indenização ou tentativa de inclusão social, os negros	foram abandonados	à própria sorte.

Pode-se agora retirar a estrutura parentética (entre os parênteses). Embora ela acrescente uma informação pertinente ao texto, interrompe a linha coesiva do período:

Libertos em 1888, não por razões humanitárias, mas por motivações meramente econômicas, sem qualquer tipo de indenização ou tentativa de inclusão social, os negros	foram abandonados	à própria sorte.

Por fim, por meio de outro diagrama, fica claro que a estrutura parentética é uma oração completa, à parte, com sujeito, verbo e complemento próprios:

(a mão de obra assalariada	possuía	um custo de manutenção mais baixo que a escrava)

O procedimento de estruturação sintática de períodos se assemelha, assim, a um jogo de montar, em que algumas peças (constituintes e orações) se encaixam dentro ou ao lado de outras, formando um todo maior, de partes hierarquizadas:

Libertos em 1888, não por razões humanitárias, mas por motivações meramente econômicas	(a mão de obra assalariada possuía um custo de manutenção mais baixo que a escrava)	, sem qualquer tipo de indenização ou tentativa de inclusão social,	os negros	foram abandonados	à própria sorte.

4

TESTES DE DELIMITAÇÃO DE CONSTITUINTES

OBJETIVO DO CAPÍTULO:

- apresentar vários procedimentos para delimitar adequadamente os constituintes de um período.

4.1 É FÁCIL IDENTIFICAR OS CONSTITUINTES PRINCIPAIS DE UM PERÍODO?

Nos capítulos anteriores, já foram apresentadas algumas estratégias de delimitação dos constituintes principais de uma oração e de um período. Distribuídos na ordem Sujeito (S) | Verbo (V) | Complemento Verbal (C) | Adjunto Adverbial (A), esses constituintes configuram o **modelo SVCA**. Exemplos:

	S	V	C	A
(1)	A rede mundial de computadores	provocou	profundas mudanças de comportamento social	em pouquíssimo tempo.
(2)	Redes sociais	vêm influenciando	as escolhas dos últimos líderes políticos	de modo assustador.

Com apenas esses quatro constituintes (S | V | C | A), é possível analisar sintaticamente qualquer período na modalidade escrita formal do português brasileiro contemporâneo. O grau de obrigatoriedade de tais constituintes no período, contudo, não é equivalente, pois:

- o constituinte **A** pode ser apagado sem prejuízos à boa formação sintática do período — por exemplo, os adjuntos adverbiais dos períodos (1) e (2) acima;
- há períodos em que o constituinte **S** é facultativo — por exemplo, "Nós estamos viciados em redes sociais" equivale a "Ø[1] Estamos viciados em redes sociais";
- há períodos em que a forma verbal não exige os constituintes **C** ou **S** - por exemplo, "Ocorreram vários casos de covid-19" (ordem VS, sem C) e "Houve vários casos de covid-19" (ordem VC, sem S);
- o constituinte **V** é o único verdadeiramente obrigatório no período.

Também já foi demonstrado que os constituintes S | V | C | A podem ser formados por outros constituintes menores. A divisão interna de cada complemento verbal dos mesmos períodos (1) e (2) ilustram esse fato estrutural:

[1] O símbolo Ø, nos exemplos desta gramática, indica elipse, supressão, omissão de um elemento (um constituinte, um conectivo etc.).

	S	V	C		A
(1)	A rede mundial de computadores	provocou	profundas mudanças	de comportamento social	em pouquíssimo tempo.
(2)	Redes sociais	vêm influenciando	as escolhas	dos últimos líderes políticos	de modo assustador.

A partir da delimitação tracejada acima, a pergunta que se pode fazer é: por que toda a composição "profundas mudanças de comportamento social", em (1), ou "as escolhas dos últimos líderes políticos", em (2), são, inteiramente, complementos verbais? Dito de outro modo, por que as partes menores "de comportamento social", em (1), ou "dos últimos líderes políticos", em (2), não são, por exemplo, adjuntos adverbiais — tais quais os constituintes "em pouquíssimo tempo", em (1), e "de modo assustador", em (2)? Em outros termos ainda, por que seria um equívoco sintático a elaboração dos diagramas coloridos (a) e (b), a seguir?

(a)	A rede mundial de computadores	provocou	profundas mudanças	de comportamento social	em pouquíssimo tempo.
(b)	Redes sociais	vêm influenciando	as escolhas	dos últimos líderes políticos	de modo assustador.

Uma resposta intuitiva como "Porque sim" é de pouca consciência sintática. Há alguns **testes objetivos** que podem ser feitos para identificar e confirmar seguramente quais (e de que tipos) são os constituintes principais do período. Esses testes são apresentados neste capítulo.

4.2 TESTE DA SUBSTITUIÇÃO

Um primeiro procedimento, simples e eficaz, é o teste da substituição. Ele se baseia no fato de que constituintes são agrupamentos de palavras com um significado coerente e pontual. Portanto, na dúvida se um agrupamento maior de palavras é um constituinte principal de um período (S, V, C ou A), pode-se substituir tal agrupamento por uma única palavra ou por um agrupamento menor de palavras que se adeque sintática e semanticamente àquela posição no período. Por exemplo:

	S	V	C	A
(1)	A rede mundial de computadores	provocou	profundas mudanças de comportamento social	em pouquíssimo tempo.
	↓		↓	↓
(1a)	**A internet**	provocou	**mudanças**	**rapidamente**.

Na mudança de (1) para (1a), o constituinte S foi substituído por um agrupamento menor de palavras, enquanto os constituintes C e A, por uma única palavra. Esses constituintes dos períodos (1) e (1a) são comutáveis (intercambiáveis, permutáveis) entre si. Isso significa que:

- se o constituinte "A internet" for sujeito em (1a), o constituinte "A rede mundial de computadores" será sujeito em (1);
- se o constituinte "mudanças" for complemento verbal em (1a), o constituinte "profundas mudanças de comportamento social" será complemento verbal em (1);
- se o constituinte "rapidamente" for adjunto adverbial em (1a), o constituinte "em pouquíssimo tempo" será adjunto adverbial em (1).

Em suma: a substituição de formas maiores por formas menores, sintática e semanticamente compatíveis, torna mais fácil a identificação dos constituintes do novo período mais compacto e, por analogia, também mais fácil a identificação dos constituintes do período original.

O teste de substituição pode igualmente ser utilizado para identificar agrupamentos de verbos que formam uma locução verbal (verbo auxiliar + verbo principal). Em geral, isso é feito tentando substituir a suposta locução verbal por uma única forma verbal, de significado e tempo gramatical semelhantes (não precisam ser idênticos). Por exemplo, a comutação realizada entre as formas verbais dos períodos (2) e (2a) indica que "vêm influenciando" é uma locução verbal e, por conseguinte, o constituinte V do período (2):

	S	V	C	A
(2)	Redes sociais	vêm influenciando	as escolhas dos últimos líderes políticos	de modo assustador.
		↓		
(2a)	Redes sociais	**influenciam**	as escolhas dos últimos líderes políticos	de modo assustador.

4.3 TESTE DA PRONOMINALIZAÇÃO

Outro procedimento de identificação de constituintes é o teste da pronominalização. Trata-se também de movimentos de substituição de constituintes por outros mais simples; especificamente, da comutação de sujeitos ou complementos verbais por pronomes pessoais ou demonstrativos, em especial **ele(s)**, **ela(s)**, **o(s)**, **a(s)**, **isso** e **isto**.

A pronominalização dos constituintes S e C dos períodos (1) e (2) garante que esses quatro agrupamentos de palavras —"A rede mundial de computadores", "profundas mudanças de comportamento social", "redes sociais" e "as escolhas dos últimos líderes políticos" — são constituintes principais de seus respectivos períodos:

(1)	A rede mundial de computadores	provocou	mudanças de comportamento social profundas	em pouquíssimo tempo.
(1b)	**Ela**	provocou	**isso**	em pouquíssimo tempo.

(2)	Redes sociais	vêm influenciando	as escolhas dos últimos líderes políticos	de modo assustador.
(2b)	**Elas**	vêm influenciando	**isso**	de modo assustador.

A estratégia de substituir os constituintes S e C de um período por pronomes é ideal no processo de identificação de constituintes maiores, como é possível notar comparando os sujeitos de (3) e (3a) e os complementos verbais de (4) e (4a):

(3)	Ideias compartilhadas e recompensadas com afeto social no interior de um grupo de referência, mas apresentadas e rejeitadas por outros grupos ou pela sociedade em geral	costumam gerar	atrito	nas redes sociais.
(3a)	**Elas / Essas ideias**	costumam gerar	atrito	nas redes sociais.

(4)	Internautas do mundo inteiro	falaram	da descrição de uma nova técnica de reconstrução em impressora 3D do aparelho fonador da múmia de um sacerdote egípcio falecido há 3 mil anos.
(4a)	Internautas do mundo inteiro	falaram	**disso**.

4.4 TESTE DA INTERROGAÇÃO

Quando o constituinte em teste é substituído por uma palavra ou expressão interrogativa — **o quê?**, **quem?**, **quando?**, **onde?**, **como?**, **por quê?**, entre outras —, esse procedimento pode asseverar com precisão não apenas os sujeitos e os complementos verbais do período, mas também seus adjuntos adverbiais. Essa estratégia de delimitação de constituintes é chamada de *teste da interrogação*, muito embora ela seja uma particularização dos testes de substituição e pronominalização.

São exemplos o período complexo (5) e as substituições realizadas no seu sujeito, em (5a), e no seu complemento em forma de oração, em (5b):

(5a)	**O que**	são	absurdamente diferentes da maneira como seus pais se relacionavam no início desse mesmo século**?**
(5)	As formas de relacionamento afetivo entre os adolescentes do final da segunda década do século 21	são	absurdamente diferentes da maneira como seus pais se relacionavam no início desse mesmo século.
(5b)	As formas de relacionamento afetivo entre os adolescentes do final da segunda década do século 21	são	**como?**

Além do sujeito e do complemento verbal, palavras ou expressões interrogativas também podem substituir o adjunto adverbial, como acontece nas transformações realizadas no período complexo (6):

(6)	Antes do pleito que pode reeleger o atual presidente dos Estados Unidos,	Mark Zuckerberg, empresário norte-americano e um dos fundadores do Facebook,	divulgou	novas mudanças na forma como os usuários da rede se relacionam com anúncios políticos.
(6a)	**Quando**	Mark Zuckerberg, empresário norte-americano e um dos fundadores do Facebook,	divulgou	novas mudanças na forma como os usuários da rede se relacionam com anúncios políticos**?**
(6b)	Antes do pleito que pode reeleger o atual presidente dos Estados Unidos,	**quem**	divulgou	novas mudanças na forma como os usuários da rede se relacionam com anúncios políticos**?**
(6c)	Antes do pleito que pode reeleger o atual presidente dos Estados Unidos,	Mark Zuckerberg, empresário norte-americano e um dos fundadores do Facebook,	divulgou	**o quê?**

Os três períodos interrogativos representados nesse último diagrama colorido apresentam boa formação sintática e unidade semântica. No período **(6a)**, a palavra **quando** substitui o longo constituinte "Antes do pleito que pode reeleger o atual presidente dos Estados Unidos", na verdade um adjunto adverbial com uma forma verbal em seu interior, a locução "pode reeleger". A possibilidade de substituição de toda a sequência de palavras por uma única palavra interrogativa — **quando** — prova que essa sequência é um dos constituintes principais do período. Dado seu caráter facultativo para a formação de uma estrutura sintática de sentido completo, ou seja, visto que o período continua bem estruturado sem a presença do referido constituinte, conclui-se que se trata de um adjunto adverbial. A vírgula que separa o adjunto adverbial do sujeito decorre tanto da ordem SVCA estar alterada (A,SVC) quanto da longa extensão do adjunto. Sem a vírgula, a leitura fluente do período tende a ficar comprometida.

No período **(6b)**, o constituinte substituído pela palavra interrogativa **quem** é o sujeito "Mark Zuckerberg, empresário norte-americano e um dos fundadores do Facebook". As vírgulas presentes no constituinte delimitam o aposto de "Mark Zuckerberg", isto é, "empresário norte-americano e um dos fundadores do Facebook", tal qual parênteses ou travessões o fariam. Ao contrário do que uma análise mais apressada poderia sugerir, a última vírgula não separa o sujeito do verbo, mas sim fecha o aposto.

Por fim, no período **(6c)**, a expressão interrogativa **o quê** está no lugar do complemento verbal "novas mudanças na forma como os usuários da rede se relacionam com anúncios políticos", constituinte que, assim como o adjunto adverbial, contém uma forma verbal — "se relacionam". Talvez uma pergunta possível neste ponto seja: por que o complemento verbal não é apenas "novas mudanças", o que colocaria o resto do constituinte — "na forma como os usuários da rede se relacionam com anúncios políticos" — na condição de adjunto adverbial? Assim:

Antes do pleito que pode reeleger o atual presidente dos Estados Unidos,	Mark Zuckerberg, empresário norte-americano e um dos fundadores do Facebook,	divulgou	novas mudanças	na forma como os usuários da rede se relacionam com anúncios políticos.

A análise sintática do diagrama acima está equivocada. O próximo teste de delimitação de constituintes deixará isso claro.

4.5 TESTE DO DESLOCAMENTO

O teste do deslocamento (ou teste do movimento) consiste em posicionar, em diferentes lugares do período, o agrupamento sob suspeita de ser um constituinte autônomo. O raciocínio é o seguinte: ao mover determinada sequência de palavras e encaixá-la em outras partes do período, se a estrutura continuar bem formada do ponto de vista sintático e semântico, é provável que ela seja um constituinte principal do período (S, C ou A). Além disso, quanto mais mobilidade no período essa sequência tiver, maior será a probabilidade de ela ser um adjunto adverbial, e não um sujeito ou um complemento verbal.

Pode-se fazer o teste do deslocamento com a sequência “na forma como os usuários da rede se relacionam com anúncios políticos”, presente no período (6):

(6) Antes do pleito que pode reeleger o atual presidente dos Estados Unidos, Mark Zuckerberg, empresário norte-americano e um dos fundadores do Facebook, divulgou novas mudanças **na forma como os usuários da rede se relacionam com anúncios políticos**.

Será possível movê-la e, ao mesmo tempo, manter a unidade de sentido e a boa formação sintática do período? Observe-se:

(6d) ***Na forma como os usuários da rede se relacionam com anúncios políticos**, antes do pleito que pode reeleger o atual presidente dos Estados Unidos, Mark Zuckerberg, empresário norte-americano e um dos fundadores do Facebook, divulgou novas mudanças.

(6e) *Antes do pleito que pode reeleger o atual presidente dos Estados Unidos, **na forma como os usuários da rede se relacionam com anúncios políticos**, Mark Zuckerberg, empresário norte-americano e um dos fundadores do Facebook, divulgou novas mudanças.

Os exemplos (6d) e (6e) mostram que, para a boa formação sintática do período, a sequência “na forma como os usuários da rede se relacionam com anúncios políticos” não pode ser movida e deve estar posicionada logo após “novas mudanças”, formando um único constituinte, o complemento verbal “novas mudanças na forma como os usuários da rede se relacionam com anúncios políticos”, destacado de verde na diagramação de (6):

(6)	Antes do pleito que pode reeleger o atual presidente dos Estados Unidos,	Mark Zuckerberg, empresário norte-americano e um dos fundadores do Facebook,	divulgou	novas mudanças na forma como os usuários da rede se relacionam com anúncios políticos.

A agramaticalidade das estruturas (6d) e (6e) decorre do fato de não se poder deslocar para outras partes do período, sem prejuízos sintático-semânticos, um “pedaço” do constituinte (ou seja, uma palavra isolada ou uma sequência de palavras), mas apenas o constituinte “inteiro”. No exemplo analisado, o constituinte “inquebrável” é o complemento verbal do período.

Ainda no que diz respeito a (6), se for aplicado agora o teste da pronominalização, substituindo a sequência “novas mudanças” por um pronome morfologicamente adequado ao período (*isso* ou *as*, por exemplo), também não se conseguirá estruturá-lo adequadamente:

(6f) *Antes do pleito que pode reeleger o atual presidente dos Estados Unidos, Mark Zuckerberg, empresário norte-americano e um dos fundadores do Facebook, divulgou **<u>isso</u> na forma como os usuários da rede se relacionam com anúncios políticos**.

(6g) *Antes do pleito que pode reeleger o atual presidente dos Estados Unidos, Mark Zuckerberg, empresário norte-americano e um dos fundadores do Facebook, **as** divulgou **na forma como os usuários da rede se relacionam com anúncios políticos**.

Para que a pronominalização desse certo, os pronomes deveriam comutar com todo o constituinte, e não apenas com uma parte dele. Enquanto as estruturas (6f) e (6g) exemplificam períodos malformados, (6h) e (6i), a seguir, provam que a substituição de todo o complemento verbal pelos mesmos pronomes é possível; garantia, portanto, de que toda a sequência — "novas mudanças na forma como os usuários da rede se relacionam com anúncios políticos" — é um constituinte:

(6h) Antes do pleito que pode reeleger o atual presidente dos Estados Unidos, Mark Zuckerberg, empresário norte-americano e um dos fundadores do Facebook, divulgou **isso**.

(6i) Antes do pleito que pode reeleger o atual presidente dos Estados Unidos, Mark Zuckerberg, empresário norte-americano e um dos fundadores do Facebook, **as** divulgou.

4.6 TESTE DO APAGAMENTO

Outro teste de delimitação dos constituintes principais do período, especialmente para a identificação de seus adjuntos adverbiais, é o teste do apagamento, de certo modo já bastante comentado anteriormente. É necessário apenas sistematizá-lo.

Em síntese, o teste do apagamento consiste em deixar ausente do período a palavra ou a sequência de palavras que se supõe ser um constituinte. Caso a ausência dessa palavra ou sequência de palavras não acarrete inadequação sintático-semântica ao período, trata-se de um constituinte funcionando como **adjunto adverbial** naquela estrutura. Isso vai acontecer justamente porque o adjunto adverbial, ao contrário do sujeito e do complemento verbal, é o constituinte que não precisa necessariamente estar presente para a boa formação do período, de modo que sua ausência não trará prejuízos lógicos à estrutura — embora reduza o grau de informatividade e impeça a construção de certos sentidos. Segue um exemplo bem simples:

(7)	O debate político	tem	consistência	naquele país.

Em (7), a sequência "naquele país" é um adjunto adverbial porque, diferentemente dos outros constituintes, pode sofrer apagamento sem acarretar ao período problemas sintáticos e de completude semântica. Afinal, "O debate político tem consistência" é dotado de estrutura e sentido completos, diferentemente de "Tem consistência naquele país"; ou de "O debate político tem naquele país"; ou ainda de "O debate político consistência naquele país", estrutura agramatical.

O teste do apagamento, mais do que qualquer teste de delimitação de constituintes, precisa ser usado em combinação com outros, pois, sozinho, pode resultar em conclusões estruturais inadequadas. Veja-se, por exemplo, esse recurso aplicado ao período (8):

(8) Segundo os autores[1], esses movimentos de protesto[2] provocaram a discussão sobre o grau de relevância das redes sociais[3] em movimentos políticos[4].

As quatro sequências sublinhadas e numeradas em (8) podem ser apagadas sem prejuízo à estrutura sintática basilar do período. A consequência desse apagamento num diagrama colorido é esta:

esses movimentos	provocaram	a discussão

Vale notar que nem todas as quatro sequências eliminadas são adjuntos adverbiais funcionando como constituintes principais do período. Apenas a primeira delas é, de fato, um adjunto adverbial do período como um todo. Afinal, ela é a única que sobrevive, por exemplo, ao teste de deslocamento:

(8a) Esses movimentos de protesto**, segundo os autores,** provocaram a discussão sobre o grau de relevância das redes sociais em movimentos políticos.

(8b) Esses movimentos de protesto provocaram**, segundo os autores,** a discussão sobre o grau de relevância das redes sociais em movimentos políticos.

(8c) Esses movimentos de protesto provocaram a discussão sobre o grau de relevância das redes sociais em movimentos políticos**, segundo os autores**.

No entanto, deslocamento similar com as três outras sequências sublinhadas no período (8) — sequências 2, 3 e 4 — resultará em períodos com problemas sintático-semânticos em diferentes graus. Por exemplo, se essas sequências forem movidas para o início do período, enquanto na estrutura (8d) não se sabe se o constituinte "segundo os autores" se refere ao que vem antes ou depois dele, em (8e) e (8f), compreender a unidade do arranjo sintático fica bem difícil:

(8d) ***De protesto,** segundo os autores, esses movimentos provocaram a discussão sobre o grau de relevância das redes sociais em movimentos políticos.

(8e) ***Sobre o grau de relevância das redes sociais,** segundo os autores, esses movimentos de protesto provocaram a discussão em movimentos políticos.

(8f) ***Em movimentos políticos,** segundo os autores, esses movimentos de protesto provocaram a discussão sobre o grau de relevância das redes sociais.

Embora úteis à visualização das estruturas sintáticas, os testes de delimitação de constituintes não são provas irrefutáveis e precisam atuar em conjunto. Quanto mais testes forem aplicados aos constituintes do período em análise, mais certeza sobre sua estrutura se terá.

4.7 TESTE DA INTERPOLAÇÃO

O teste da interpolação, um desdobramento do teste do deslocamento, consiste em deslocar um constituinte para o meio de uma determinada sequência — ou seja, interpolá-lo entre duas partes da sequência —, a fim de verificar se tal sequência é também um constituinte. Em geral, um constituinte não pode "pousar" no interior de outro sem prejudicar a sintaxe e o sentido da estrutura. Logo, se a interpolação não funcionar, provavelmente a sequência não é um constituinte. O seguinte período exemplifica o processo:

(9) Para o pesquisador[1], a briga contra disseminadores de "fake news"[2] pode interferir na saúde dos membros da rede social[3].

Na delimitação dos constituintes principais de (9), pode-se, numa primeira análise, aplicar o teste do apagamento e avaliar como adjuntos adverbiais as três sequências sublinhadas e numeradas, uma vez que "a briga pode interferir na saúde" é uma estrutura de sintaxe completa. Essa análise — precipitada — resultaria no seguinte diagrama:

Para o pesquisador,	a briga	contra disseminadores de "fake news"	pode interferir	na saúde	dos membros da rede social.

Por outro lado, se à sequência "Para o pesquisador" for aplicado o teste do deslocamento e ela pousar em outros lugares do período, as novas estruturas decorrentes do teste se mostrarão adequadas:

(9a) A briga contra disseminadores de "fake news", **para o pesquisador,** pode interferir na saúde dos membros da rede social.

(9b) A briga contra disseminadores de "fake news" pode interferir**, para o pesquisador,** na saúde dos membros da rede social.

(9c) A briga contra disseminadores de "fake news" pode interferir na saúde dos membros da rede social**, para o pesquisador**.

Entretanto, estas outras combinações se revelam sintático-semanticamente problemáticas:

(9d) *A briga**, para o pesquisador,** contra disseminadores de "fake news" pode interferir na saúde dos membros da rede social.

(9e) *A briga contra disseminadores de "fake news" pode interferir na saúde**, para o pesquisador,** dos membros da rede social.

Ora, se geralmente os adjuntos adverbiais podem ser deslocados para quaisquer partes do período, a má formação das estruturas (9d) e (9e) adviria de quê?

O teste da interpolação pode fornecer uma boa resposta a essa pergunta. Se o teste do deslocamento não funcionou em (9d) e (9e), isso pode sinalizar que o constituinte "para o pesquisador" não foi apenas deslocado, mas também **interpolado**, respectivamente, entre as sequências "a briga" e "contra disseminadores de 'fake news'", em (9d); e entre as sequências "na saúde" e "dos membros da rede social", em (9e). Eis as duas interpolações num diagrama, sem as vírgulas:

a briga	para o pesquisador	contra disseminação de "fake news"
na saúde	para o pesquisador	dos membros da rede social

Como as interpolações realizadas causaram uma espécie de truncamento ou interrupção na estrutura, há um forte indício de que as duas sequências separadas pelo adjunto "para o pesquisador" em cada linha (as partes em branco acima) são, na verdade, constituintes autônomos, mais especificamente o S e o C do período (9). O diagrama colorido pode, assim, ser reformulado:

(9)	Para o pesquisador,	a briga contra disseminadores de "fake news"	pode interferir	na saúde dos membros da rede social.

Assim como estão relacionados os testes do deslocamento e da interpolação, também podem atuar juntos na delimitação de constituintes o teste da interrogação, anteriormente apresentado, e o teste da resposta, caracterizado como sua contraparte.

4.8 TESTE DA RESPOSTA

O raciocínio do teste da resposta é simples: se uma sequência funcionar adequadamente como resposta a uma pergunta elaborada a partir da substituição desta mesma sequência pelos elementos interrogativos **o quê?**, **quem?**, **quando?**, **onde?**, **como?**, **por quê?**, entre outros, trata-se de um constituinte. Outras transformações realizadas no mesmo período (9) servem de exemplos:

(9f) **Para quem** a briga contra disseminadores de "fake news" pode interferir na saúde dos membros da rede social?
Resposta: **para o pesquisador** → constituinte A

(9g) Para o pesquisador, **o que** pode interferir na saúde dos membros da rede social?
Resposta: **a briga contra disseminadores de "fake news"** → constituinte S

(9h) Para o pesquisador, a briga contra disseminadores de "fake news" pode interferir **em quê**?
Resposta: **na saúde dos membros da rede social** → constituinte C

Uma observação importante: tanto o teste da resposta quanto o da interrogação costumam não ser suficientes para a delimitação precisa dos constituintes principais do período. É que algumas perguntas podem ter como respostas constituintes hierarquicamente inferiores aos principais, ou seja, constituintes que compõem os constituintes principais (seus constituintes internos). Dois exemplos:

(9i) Para o pesquisador, a briga **contra quem** pode interferir na saúde dos membros da rede social?
Resposta: **contra disseminadores de "fake news"** → constituinte interno do S

(9j) Para o pesquisador, a briga contra disseminadores de "fake news" pode interferir na saúde **de quem**?
Resposta: **dos membros da rede social** → constituinte interno do C

Os constituintes "contra disseminadores de 'fake news'" e "dos membros da rede social" não são, respectivamente, o sujeito e o complemento verbal do período, mas sim "pedaços" de seu sujeito e de seu complemento verbal, como atesta o diagrama colorido do período (9). É por essa razão que o teste da resposta — bem como o teste da interrogação — precisa ser combinado com mais um ou dois testes, para se ter clareza e certeza quanto à estrutura sintática sob análise.

4.9 TESTE DA ANÁFORA

Outro importante teste de delimitação de constituintes é o teste da anáfora. Em síntese, a **anáfora** é um procedimento coesivo de retomada de expressões referenciais no texto. Por sua vez, **expressões referenciais** são palavras ou grupos de palavras utilizados nos textos para fazer menções a diferentes referentes, sejam pessoas, objetos, fatos, eventos, sentimentos, fenômenos, entre outros. Eis um exemplo:

(10) Nos EUA, a senadora democrata Elizabeth Warren abriu uma cruzada contra o Facebook e outros titãs da tecnologia digital, como Amazon e Google. Possível candidata à sucessão de Donald Trump, ela pretende quebrar os monopólios exercidos por essas empresas.
(Fonte: BUCCI, E. Bom dia, escravo. *O Estado de S. Paulo*, 21 nov. 2019. p. A^2.)

O trecho (10) contém dois períodos. No segundo, o pronome "ela" retoma a expressão referencial "a senadora democrata Elizabeth Warren". Em outras palavras, esse pronome é anáfora do constituinte "a senadora democrata Elizabeth Warren", sujeito do período anterior.

Segue mais um exemplo semelhante, em que a segunda expressão sublinhada funciona como anáfora da primeira:

(11) O Twitter deletou neste domingo duas publicações de autoria do presidente sem partido Jair Bolsonaro por considerar que os conteúdos violaram as regras da plataforma. Tais tuítes continham vídeos nos quais o presidente conversava com comerciantes do Distrito Federal e pedia a reabertura do comércio.

(Fonte: Twitter apaga publicações de Bolsonaro visitando comércio. *Gazeta do Povo,* 01 abr. 2020. Disponível em: https://www.gazetadopovo.com.br/republica/twitter-deleta-publicacoes-de-bolsonaro-visitando-comercio-no-distrito-federal/. Acesso em: 01 abr. 2020. Adaptado.)

O raciocínio do teste da anáfora é este: se anáforas podem retomar constituintes, promover a retomada anafórica da sequência de palavras que se suspeita ser um constituinte é uma boa estratégia para validar ou refutar tal suspeita, sobretudo quando a dúvida paira sobre sequências mais extensas.

Vale observar mais dois períodos, em especial sua pontuação:

(12) O Facebook começou a remover vídeos produzidos com ajuda de aplicativos que misturam rostos e corpos ou fazem uma pessoa dizer algo que na verdade não disse.

(13) Pedir aos estudantes que meçam na semana o tempo que gastam no computador e no celular conversando com os amigos *versus* o tempo que passam juntos fisicamente pode impulsionar uma discussão que trate do tipo de uso que eles fazem dos aparelhos e das relações.

Embora (12) e (13) sejam períodos bem extensos, ambos não têm vírgula, ponto e vírgula ou outro sinal além do ponto final. Só se pode garantir que a pontuação desses períodos esteja adequada, se forem delimitados com segurança os constituintes principais desses complexos arranjos sintáticos. O teste da anáfora é um ótimo caminho para resolver situações como essa. Seguem, portanto, possíveis retomadas anafóricas:

(12a) O Facebook começou a remover vídeos produzidos com ajuda de aplicativos que misturam rostos e corpos ou fazem uma pessoa dizer algo que na verdade não disse. **Os vídeos**...

(13a) Pedir aos estudantes que meçam na semana o tempo que gastam no computador e no celular conversando com os amigos versus o tempo que passam juntos fisicamente[1] pode impulsionar uma discussão que trate do tipo de uso que eles fazem dos aparelhos e das relações[2]. **Esse pedido**[1]... **Tal discussão**[2]...

Por fim, os diagramas coloridos SVC resumem bem a análise dos períodos (12) e (13) em constituintes, além de evidenciarem que não há realmente necessidade de vírgulas ou outro sinal delimitando qualquer sequência:

(12)	O Facebook	começou a remover	vídeos produzidos com ajuda de aplicativos que misturam rostos e corpos ou fazem uma pessoa dizer algo que na verdade não disse.

(13)	Pedir aos estudantes que meçam na semana o tempo que gastam no computador e no celular conversando com os amigos *versus* o tempo que passam juntos fisicamente	pode impulsionar	uma discussão que trate do tipo de uso que eles fazem dos aparelhos e das relações.

4.10 TESTE DA CLIVAGEM

A clivagem é um processo sintático em que um constituinte é encaixado entre uma forma conjugada do verbo *ser* (*é*, *são*, *foi*, *foram*, *será*, *serão*, *sou*, *somos* etc.) e a palavra *que*. Clivar um constituinte é uma operação bastante comum na fala e na escrita, sobretudo quando se quer enfatizá-lo no discurso.

Como exemplo de clivagem, tome-se um período simples qualquer:

(14) Algumas redes sociais bastante populares assumem contornos de mundo paralelo para os chamados "ciberdependentes".

Agora, pode-se clivar algumas sequências desse período, trazendo-as para o início do período (se já não estiverem) e tentando encaixá-las entre uma forma conjugada do verbo *ser* e a palavra *que*:

(14a) **São** <u>algumas redes sociais bastante populares</u> **que** assumem contornos de mundo paralelo para os chamados "ciberdependentes".

(14b) **São** <u>contornos de mundo paralelo</u> **que** algumas redes sociais bastante populares assumem para os chamados "ciberdependentes".

(14c) **É** <u>para os chamados "ciberdependentes"</u> **que** algumas redes sociais bastante populares assumem contornos de mundo paralelo.

As operações de clivagem realizadas em (14a), (14b) e (14c) delimitam, respectivamente, os constituintes S, V e A do período (14). Trata-se das três sequências sublinhadas acima. Afinal, **não há como uma sequência aparecer em posição de clivagem se ela não for um constituinte principal da oração**. Por essa razão, não se consegue "partir" esses constituintes sublinhados e clivá-los. Os resultados seriam períodos malformados, agramaticais, como (14d) e (14e):

(14e) ***São** <u>bastante populares</u> **que** <u>algumas redes sociais</u> assumem contornos de mundo paralelo para os chamados "ciberdependentes".

(14d) ***São** <u>de mundo paralelo</u> **que** <u>contornos</u> algumas redes sociais bastante populares assumem para os chamados "ciberdependentes".

O teste de clivagem é tão poderoso que pode também dar conta da identificação de constituintes mais extensos, como o sujeito do período (13), sublinhado a seguir:

(13b) **É** pedir aos estudantes que meçam na semana o tempo que gastam no computador e no celular conversando com os amigos versus o tempo que passam juntos fisicamente **que** pode impulsionar uma discussão que trate do tipo de uso que eles fazem dos aparelhos e das relações.

4.11 TESTE DA COORDENAÇÃO

No âmbito do período, **coordenação** significa unir, num mesmo nível estrutural, por meio ou não de conectivos, dois ou mais constituintes de mesma funcionalidade sintática — isto é, dois ou mais *sujeitos*, dois ou mais *verbos*, dois ou mais *complementos verbais* ou dois ou mais *adjuntos adverbiais*. Dito isso, observe-se os constituintes do período (14), distribuídos no diagrama de cores a seguir:

(15)

S	V	C = OD	C = OI	A
A esfera pública	deve impor	limites	às empresas de tecnologia digital	por uma questão de segurança.

Aplicar o teste da coordenação assegura que essas cinco sequências (S | V | C | C | A) são realmente os constituintes principais do período (15).

Pode-se começar pelo **sujeito**, coordenando-o à expressão "setores privados", por meio da conjunção "e". Isso determina a mudança na forma verbal, que passa a concordar em número plural com esse novo sujeito, agora composto por dois núcleos ("esfera" e "setores"):

(15a)

A esfera pública **e setores privados**	deve**m** impor	limites	às empresas de tecnologia digital	por uma questão de segurança.

O próximo constituinte do período que se pode coordenar é o **verbo**. A presença de duas formas verbais — *deve impor* e *(deve) cobrar* — faz do período simples um período complexo:

(15b)

A esfera pública	deve impor **e cobrar**	limites	às empresas de tecnologia digital	por uma questão de segurança.

Também podem ser coordenados os dois **complementos** exigidos pelo verbo "impor": o primeiro, sem preposição (objeto direto), e o segundo, com preposição (objeto indireto). O diagrama (15c) é resultado da coordenação do primeiro complemento e o diagrama (15d), do segundo. A possibilidade da coordenação independente de cada um dos complementos verbais é o que garante que eles não sejam considerados um complemento único, mas sim dois complementos distintos:

(15c)	A esfera pública	deve impor	limites **e obrigações**	às empresas de tecnologia digital	por uma questão de segurança.

(15d)	A esfera pública	deve impor	limites	às empresas de tecnologia digital **e aos usuários de redes sociais**	por uma questão de segurança.

Por fim, eis a possibilidade de coordenação do **adjunto adverbial**, o que também lhe garante a posição de constituinte principal do período:

(15e)	A esfera pública	deve impor	limites	às empresas de tecnologia digital	por uma questão de segurança **e por razões estratégicas**.

Em suma, o teste da coordenação pode ser aplicado a qualquer constituinte do período: se uma sequência puder ser coordenada a uma nova sequência similar em estrutura, então essa sequência provavelmente é um constituinte principal do período. A certeza disso, porém, só pode vir com a aplicação de outros testes. O processo de coordenação, portanto, não envolve somente o verbo, ao contrário do que podem sugerir as conhecidas aulas sobre *orações coordenadas* dadas na maioria das escolas brasileiras.

Para fechar este capítulo, ficam listados os testes de delimitação de constituintes apresentados nesta gramática:

Dez testes de delimitação de constituintes do período

1. Teste da substituição
2. Teste da pronominalização
3. Teste da interrogação
4. Teste do deslocamento
5. Teste do apagamento
6. Teste da interpolação
7. Teste da resposta
8. Teste da anáfora
9. Teste da clivagem
10. Teste da coordenação

5

ORAÇÕES COORDENADAS

OBJETIVO DO CAPÍTULO:

- explorar, detalhadamente, a coordenação de orações, que é, em suas várias possibilidades, um dos processos sintáticos fundamentais na construção de períodos complexos.

5.1 O QUE É COORDENAR ORAÇÕES?

O raciocínio para compreender o que são orações coordenadas é semelhante ao desenvolvido no *teste da coordenação para delimitação de constituintes* (v. seção 4.11). O fenômeno da coordenação foi apresentado a partir da possibilidade de ligação de dois constituintes semelhantes em estrutura e função (dois sujeitos, dois verbos, dois complementos verbais ou dois adjuntos adverbiais), por meio da conjunção "e". Esses quatro tipos de constituintes coordenados podem ser assim sintetizados:

S^1 e S^2
Sujeitos coordenados

V^1 e V^2
Verbos coordenados

C^1 e C^2
Complementos verbais coordenados

A^1 e A^2
Adjuntos adverbiais coordenados

Segue um exemplo de período com complementos verbais coordenados por "e":

(1)	Decisões eleitorais baseadas em disparos de WhatsApp por robôs	não apresentam	racionalidade **e** legitimidade.

De modo análogo à representação dos constituintes coordenados, duas orações coordenadas podem ser assim representadas:

O^1 e O^2
Orações coordenadas

Em casos de coordenação de mais de duas orações, os modelos seriam, por exemplo, estes (atenção à pontuação):

O^1, O^2 e O^3
Orações coordenadas

O^1, O^2, O^3 e O^4
Orações coordenadas

Em tese, a quantidade de orações que se pode coordenar é infinita. Não cabe, porém, exagerar nesse número, a fim de que os períodos complexos por coordenação de um texto escrito formal não fiquem demasiadamente longos e, consequentemente, incompreensíveis numa primeira leitura.

As seções deste capítulo separam os tipos de orações coordenadas de acordo com o comportamento sintático dos principais conectivos coordenadores de orações — geralmente **conjunções**. O propósito maior, todavia, não é explanar os sentidos construídos por meio do uso desses conectivos, mas sim apresentar sua adequada disposição na estrutura sintática padrão do português brasileiro.

5.2 ORAÇÕES COORDENADAS POR "E", "OU", "NEM"

A fórmula "O^1 e O^2" (duas orações ligadas pelo conectivo "e") é a representação mais comum do processo de coordenação de orações. Vamos exemplificá-la a partir da análise do período complexo (2). Os índices sobrescritos 1 e 2 indicam, respectivamente, o final da primeira e da segunda oração:

(2) As empresas de tecnologia mais valiosas do nosso tempo conhecem toda sua vida^1 **e** você não sabe nada sobre elas^2.

As orações coordenadas do período (2) são **completas**, do ponto de vista lógico-semântico, e **independentes**, do ponto de vista sintático. Isso significa dizer que:

- cada oração (O^1 e O^2) é uma estrutura bem formada e dotada de seus próprios constituintes (nesse exemplo, todos explícitos - SVC e SVCA);
- nenhuma das duas orações (O^1 ou O^2) funciona como constituinte da outra, ou seja, nenhuma oração é sujeito, complemento verbal ou adjunto adverbial da outra;
- as duas orações se combinam num mesmo nível, sem hierarquias ou dependências estruturais.

Vale a pena visualizar essas asserções no diagrama colorido a seguir, que delimita os constituintes principais do período complexo (2):

O^1		
S^1	V^1	C^1
As empresas de tecnologia mais valiosas do nosso tempo	conhecem	toda a sua vida

e

O^2			
S^2	V^2	C^2	A^2
você	não sabe	nada	sobre elas.

Quando se trata de apenas duas orações coordenadas, como em (2), o conectivo "e" desobriga a vírgula entre as orações. A pontuação mais comum é a ausência de vírgula, ou seja, "O^1 e O^2". Contudo, o mesmo período (2) pode ser escrito com vírgula separando as orações, **mas, em geral, apenas se os sujeitos das orações**

forem diferentes. O exemplo a seguir supre essa condição estrutural, de modo que o período poderia ser grafado de acordo com a representação "O^1, e O^2":

(2a) As empresas de tecnologia mais valiosas do nosso tempo conhecem toda sua vida^1, **e** você não sabe nada sobre elas^2.

No exemplo dado, é preferível coordenar as orações *sem* do que *com* vírgula, pois o sinal não acrescenta em clareza nem agrega sentidos. Contudo, o recurso da vírgula separando duas orações coordenadas pelo conectivo "e" costuma ser útil quando na estrutura interna de pelo menos uma das orações coordenadas já aparece o mesmo conectivo "e". Nesses casos, a vírgula separando as orações facilita a leitura fluente e, consequentemente, a compreensão do período, como se vê em (3), em que o sujeito de cada uma das duas orações também é diferente um do outro:

(3) A autoimagem **e** a sensação de pertencimento são muito importantes na adolescência^1**,** **e** muitos adolescentes acabam encontrando nas redes sociais a aprovação **e** a popularidade tão desejada fora da internet^2.

Visualizando essa estrutura coordenada (3) num diagrama colorido, pode-se observar que apenas um dos conectivos "e" realmente coordena O^1 e O^2. Trata-se do conectivo maior no diagrama. Os outros dois conectivos "e" coordenam os sujeitos em O^1 e os complementos verbais em O^2:

O^1	A autoimagem **e** a sensação de pertencimento	são	muito importantes	na adolescência**,**

e

O^2	muitos adolescentes	encontram	nas redes sociais	a aprovação **e** a popularidade tão desejada fora da internet.

São estruturas como a do período complexo (3), representadas acima pelo modelo de orações coordenadas "**O^1, e O^2**", que fazem algumas pessoas se perguntarem por que um conectivo tão pequeno quanto a conjunção "e" aparece às vezes entre vírgulas. Um exemplo do "e" supostamente intercalado entre vírgulas aparece como resultado do acréscimo do constituinte em negrito ao período (3):

(3a) A autoimagem e a sensação de pertencimento são muito importantes na adolescência^1, e, **de acordo com a psicóloga entrevistada**, muitos adolescentes encontram nas redes sociais a aprovação e a popularidade tão desejada fora da internet^2.

O adjunto adverbial "de acordo com a psicóloga entrevistada" foi inserido logo no início da segunda oração do período, de modo que o conectivo "e" ficou entre vírgulas. Essa configuração "[vírgula] e [vírgula]" resulta de outras operações sintáticas: na verdade, a primeira vírgula, como já explicado, separa as duas orações sublinhadas ("O^1, e O^2"), enquanto a segunda e a terceira vírgula sinalizam a posição do adjunto adverbial "de acordo com a psicóloga entrevistada" entre o conectivo "e" e o sujeito de O^2. Conforme o modelo SVCA, a posição preferencial de um adjunto adverbial é o final da oração, não o início; daí a razão das vírgulas. Assim, diagramando o período (3a), temos o seguinte (atenção, sobretudo, às vírgulas):

O^1	A autoimagem **e** a sensação de pertencimento	são	muito importantes	na adolescência**,**

e

O^2	**,** de acordo com a psicóloga entrevistada**,**	muitos adolescentes	encontram	nas redes sociais	a aprovação **e** a popularidade tão desejada fora da internet.

O comportamento estrutural do conectivo "e" na coordenação de orações se assemelha ao do conectivo "ou". Na verdade, essa semelhança já ocorre quando ambos os conectivos coordenam meros constituintes. Observe-se, por exemplo, a semelhança estrutural na coordenação dos complementos verbais dos períodos (4) e (4a):

(4)	Decisões eleitorais baseadas em disparos de WhatsApp por robôs	não apresentam	racionalidade **e** legitimidade.
(4a)	Decisões eleitorais baseadas em disparos de WhatsApp por robôs	não apresentam	racionalidade **ou** legitimidade.

Embora explicitem relações de sentido evidentemente diferentes ao coordenarem orações, essas duas conjunções — "e" e "ou" — são empregadas na composição de períodos conforme convenções de pontuação praticamente idênticas. Assim, por exemplo, pode-se escrever (5) ou (5a), facultativamente, já que os sujeitos das duas orações não são os mesmos, mas sim "várias celebridades" em O^1 e "apenas seus amigos pessoais" em O^2:

(5) Várias celebridades saíram das redes sociais[1] **ou** agora apenas seus amigos pessoais conhecem seus perfis[2].

(5a) Várias celebridades saíram das redes sociais[1]**, ou** agora apenas seus amigos pessoais conhecem seus perfis[2].

Os principias constituintes das orações coordenadas em (5) estão dissecados no diagrama colorido abaixo:

O^1				O^2			
S^1	V^1	C^1		A^2	S^2	V^2	C^2
Várias celebridades	saíram	das redes sociais	**ou**	agora	apenas seus amigos pessoais	conhecem	seus perfis.

Até aqui, foram analisadas orações coordenadas que não compartilham constituintes entre si. Cada uma tem sujeito, complemento verbal e/ou adjunto adverbial próprios. Porém, é importante ser dito que a coordenação também pode envolver compartilhamento de mesmos sujeitos (como já demonstrado), complementos verbais e/ou adjuntos adverbiais entre as orações coordenadas. Exemplo característico dessa possibilidade estrutural é o período (6), analisado no capítulo 4, quando se discutiu a *coordenação de verbos*, mas sem dar ainda ao processo o nome de *coordenação de orações*. Sim, **verbos coordenados equivalem a orações coordenadas**, independentemente das orações partilharem os mesmos constituintes (como é o caso de 6) ou não. Observe-se a delimitação dos constituintes principais de (6):

	S	V e V	C = OD	C = OI	A
(6)	A esfera pública	deve impor **e** cobrar	limites	às empresas de tecnologia digital	por uma questão de segurança.

Agora, no diagrama seguinte, estão separadas as locuções verbais coordenadas (*deve impor* e *deve cobrar*) e justapostas, a cada uma, os mesmos constituintes S, C e A do período (6). O resultado é a explicitude da estrutura "O^1 e O^2":

	S	V	C = OD	C = OI	A
O^1	A esfera pública	deve **impor**	limites	às empresas de tecnologia digital	por uma questão de segurança
			e		
O^2	a esfera pública	deve **cobrar**	limites	às empresas de tecnologia digital	por uma questão de segurança.

Pode-se reforçar o que vem sendo dito analisando mais um exemplo, o período complexo (7):

(7) De uns tempos para cá, a neurose particular de cada um se tornou pública e encontrou nas redes sociais o seu lugar de abrandamento.

O período em questão é composto por orações coordenadas que compartilham alguns constituintes entre si, mais especificamente o sujeito "a neurose particular de cada um" e um dos adjuntos adverbiais, "De uns tempos para cá". Eis o diagrama, já com a repetição dos constituintes compartilhados S (azul) e A (rosa):

O¹	De uns tempos para cá,	a neurose particular de cada um	se tornou	pública	

e

O²	de uns tempos para cá,	a neurose particular de cada um	encontrou	nas redes sociais	o seu lugar de abrandamento.

Pode-se agora direcionar a lupa ao funcionamento sintático da conjunção "nem". Em primeiro lugar, é preciso dizer que ela equivale, do ponto de vista sintático-semântico, à sequência "e não". Assim, no processo de coordenação de orações, "nem" é um conectivo que coordena duas ou mais orações negativas, normalmente de mesmos sujeitos. Para uma análise detalhada dessa questão, observe-se o período (8) e suas sucessivas transformações:

(8) Certas redes sociais não proporcionam bons encontros aos seus usuários **nem** organizam estados de encontro.

(8a) *Certas redes sociais não proporcionam bons encontros aos seus usuários**, nem** organizam estados de encontro.

(8b) Certas redes sociais não proporcionam bons encontros aos seus usuários **e não** organizam estados de encontro.

(8c) *Certas redes sociais não proporcionam bons encontros aos seus usuários**, e não** organizam estados de encontro.

(8d) Certas redes sociais não proporcionam bons encontros aos seus usuários **e nem** organizam estados de encontro.

(8e) *Certas redes sociais não proporcionam bons encontros aos seus usuários**, e nem** organizam estados de encontro.

Os períodos acima têm o mesmo significado, mas nem todos estão absolutamente adequados à norma brasileira de referência. Se "nem" equivale a "e não", o período (8) é um período complexo em que duas orações negativas estão coordenadas por "e":

O¹					O²		
S¹	V¹	C¹ = OD	C¹ = OI		[S²]	V²	C²
Certas redes sociais	**não** proporcionam	bons encontros	aos seus usuários	e	[certas redes sociais]	**não** organizam	estados de encontro.

No diagrama acima, os colchetes no S² indicam que esse constituinte está oculto na estrutura analisada. A vírgula não aparece dividindo O¹ e O² porque essas orações têm o mesmo sujeito. A mesma regra também pode ser aplicada a orações coordenadas por meio do conectivo "nem". Ou seja, se orações de mesmos sujeitos são coordenadas por "nem", não há razão sintática para a vírgula. Assim, as três construções virguladas (8a), (8c) e (8e) são excluídas da lista de possibilidades acima, restando as outras três:

(8) Certas redes sociais não proporcionam bons encontros aos seus usuários **nem** organizam estados de encontro.

(8b) Certas redes sociais não proporcionam bons encontros aos seus usuários **e não** organizam estados de encontro.

(8g) Certas redes sociais não proporcionam bons encontros aos seus usuários **e nem** organizam estados de encontro.

Sem dúvida, os períodos (8) e (8b) revelam processos de coordenação bem realizados, uma vez que "nem = e não". O período (8d) também corresponde a uma estrutura já frequente na escrita formal do português brasileiro contemporâneo, em que a sequência "e nem" é o elemento coordenador. Entretanto, esse último uso pode desagradar leitores mais conservadores, dado que a conjunção "nem" corresponde a "e não". Nessa perspectiva estrita, escrever "e nem" equivaleria, portanto, a dizer "e e não", o que soaria agramatical:

(8f) *Certas redes sociais não proporcionam bons encontros aos seus usuários **e e não** organizam estados de encontro.

A análise acima pode até ser demasiadamente exaustiva para o trato de um fenômeno tão menor, mas reflexões como essa dão maior acuidade sintática e, consequentemente, autonomia para as melhores escolhas gramaticais na elaboração de textos escritos formais.

5.3 ORAÇÕES COORDENADAS POR "MAS"

Nos textos escritos e formais, um dos conectivos mais comuns que coordena orações explicitando ou estabelecendo relação de oposição entre elas é a tão familiar conjunção "mas":

(9) A internet gera oportunidades**, mas** traz novos desafios.

(10) A União Europeia vem exigindo medidas mais efetivas contra as *fake news***, mas** nenhum país impôs nada significativo.

Os seguintes diagramas representam os períodos (9) e (10). Atente-se, sobretudo, aos seus respectivos sujeitos e escolhas de pontuação:

O^1				O^2		
S^1	V^1	C^1 = OD		$[S^2]$	V^2	C^2
A internet	gera	oportunidades	**, mas**	[a internet]	traz	novos desafios.

O^1				O^2		
S^1	V^1	C^1		S^2	V^2	C^2
A União Europeia	vem exigindo	medidas mais efetivas contra as *fake news*	**, mas**	nenhum país	impôs	nada significativo.

Ao contrário das conjunções "e", "ou" e "nem", a conjunção "mas" costuma vir precedida por vírgula, independentemente da estrutura das orações. Ou seja, não importa se a conjunção "mas" está coordenando duas orações de sujeitos diferentes, como no primeiro diagrama, ou de mesmos sujeitos, como no segundo diagrama: **a vírgula antes do "mas" se fará presente de todo o jeito**.

Seguem mais dois exemplos com seus sujeitos sublinhados:

(11) Os dados obtidos pelas redes sociais viram dinheiro**, mas** o usuário, rei imaginário, não recebe sequer esmola.

(12) Nas redes sociais, todos falam sobre tudo**, mas** não compreendem nada em profundidade.

Como no período (10), as orações do período (11) têm sujeitos diferentes, enquanto as orações do período (12), um mesmo sujeito. Também de igual maneira, isso *não* vai interferir na escolha da vírgula antes do "mas", recorrente em ambas as estruturas.

Além das vírgulas que antecedem a conjunção "mas", as outras nos períodos (11) e (12) podem ser assim justificadas: em (11), o constituinte "rei imaginário", por ser um aposto do sujeito, aparece intercalado entre vírgulas; em (12), é a vez do adjunto adverbial "Nas redes sociais" ser separado por vírgula, por estar deslocado de sua posição padrão (o final do período).

É bom dizer que a vírgula antecedendo o "mas" também costuma ocorrer quando a conjunção está ligando constituintes que não são orações:

(13) A Comissão Nacional de Consulta dos Direitos Humanos, uma estrutura estatal**, mas** independente, manifestou preocupação com os riscos da lei contra o ódio na internet.

Em (13) — período simples, não complexo — o que está sendo amarrado por meio do "mas" não são orações, mas sim as palavras "estatal" e "independente", presentes no aposto "uma estrutura estatal, mas independente". Esse aposto, naturalmente, aparece intercalado por vírgulas dentro do sujeito:

S	V	C
A Comissão Nacional de Consulta dos Direitos Humanos, uma estrutura estatal**, mas** independente,	manifestou	preocupação com os riscos da lei contra o ódio na internet.

É verdade que, nessas situações em que não há coordenação de orações, mas de constituintes ou palavras de mesma classe (no caso em questão, **adjetivos**), seria possível escrever o aposto sem vírgulas: "uma estrutura estatal mas independente". Entretanto, não parece ser essa a construção preferida nos domínios da escrita formal. Sugere-se, portanto, o uso da vírgula nesses processos mais simples de coordenação com a conjunção "mas".

Agora, observe-se que, no período complexo (14), a conjunção "mas" aparece entre vírgulas:

(14) São muitas as causas desse quadro alarmante**, mas,** em qualquer prisma analítico, as corporações de tecnologias digitais e as mídias sociais são também responsáveis por tamanha desinformação política.

O raciocínio sintático por trás dessas vírgulas deve ser o mesmo operado na análise do período (3a)[1], sendo o conectivo em destaque, naquela ocasião, a conjunção "e". Assim, no período (14), a vírgula que antecede o "mas" realmente ocorre devido a conexão entre as orações; todavia, a vírgula que o sucede é consequência do adjunto adverbial "em qualquer prisma analítico", pois este está situado no início da segunda oração (A,SVC), alterando o modelo SVCA. O diagrama a seguir detalha essa análise:

O^1				O^2			
V^1	C^1	S^1		A^2	S^2	V^2	C^2
São	muitas	as causas desse quadro alarmante	**, mas**	, em qualquer prisma analítico,	as corporações de tecnologias digitais e as mídias sociais	são	também responsáveis pela desinformação política.

Por fim, uma observação importante: a conjunção "mas" pode iniciar períodos e parágrafos, desde que o período ou parágrafo que a contenha esteja em oposição semântica ao período ou parágrafo anterior. Também pode iniciar períodos e parágrafos a conjunção "e". Essa última possibilidade decorre apenas de uma questão de estilo: não há motivações sintáticas que a sustentem, podendo haver, em algumas situações, motivações discursivas. Eis dois exemplos — um com "mas" e outro com "e" — no mesmo parágrafo:

> Meu propósito, aqui, foi apenas o de levantar dados para uma reflexão. **Mas** quero acentuar que essas tendências das redes sociais - a virtualidade, o distanciamento, a superficialidade, a superfluidade do ser humano, a exposição narcísica, a ilusão de inti-

[1] (3a) A autoimagem e a sensação de pertencimento são muito importantes na adolescência, **e,** de acordo com a psicóloga entrevistada, muitos adolescentes encontram nas redes sociais a aprovação e a popularidade tão desejada fora da internet.

midade e popularidade, a "falação" e a "avidez de novidades"... - constituem o padrão de isolamento das relações pessoais. **E** quanto mais isolados, mais ficamos à mercê de controles e manipulações. Cada vez mais ameaçados na autoria do nosso destino pessoal e político.

(Fonte: A ilusão das redes sociais. Carta na Escola. *Revista Carta Capital*. 07 nov. 2013. Disponível em: https://www.cartacapital.com.br/opiniao/a-ilusao-das-redes-sociais/. Acesso em: 27 fev. 2020.)

O parágrafo acima traz as conjunções "mas" e "e" iniciando períodos. A oposição semântica evidenciada pelo "mas" acontece entre o propósito do(a) articulista de apenas "levantar dados para reflexão" (1º período) e a sua opinião reafirmada sobre o tema em debate (2º período). Na escrita formal do português brasileiro contemporâneo, o parágrafo também poderia ser escrito assim:

Meu propósito, aqui, foi apenas o de levantar dados para uma reflexão**, mas** quero acentuar que essas tendências das redes sociais — a virtualidade, o distanciamento, a superficialidade, a superfluidade do ser humano, a exposição narcísica, a ilusão de intimidade e popularidade, a "falação" e a "avidez de novidades"... — constituem o padrão de isolamento das relações pessoais**, e** quanto mais isolados, mais ficamos à mercê de controles e manipulações. Cada vez mais ameaçados na autoria do nosso destino pessoal e político.

Essa não seria, porém, uma boa opção. O novo parágrafo ficou com um primeiro período imenso, o que costuma comprometer a fluidez na leitura.

Todas essas decisões vão depender, no fundo, do estilo do escritor e de suas intenções discursivas — por exemplo, às vezes, a abertura de um novo período destaca, enfatiza uma nova informação. Daí a necessidade de se ter domínio de diferentes possibilidades gramaticais para efetuar escolhas tanto normativas quanto textual-discursivas adequadas e convincentes.

5.4 ORAÇÕES COORDENADAS POR OUTROS CONECTIVOS DE OPOSIÇÃO

A conjunção "mas" não é a única que pode coordenar orações em oposição semântica. Outras conjunções também desempenham esse papel na estruturação dos períodos complexos de um texto: **"porém"**, **"contudo"**, **"todavia"**, **"entretanto"** e **"no entanto"** são as principais.

Embora se assemelhem semanticamente ao "mas", essas cinco outras conjunções coordenativas de oposição apresentam comportamento sintático um pouco diferente: elas podem se deslocar livremente entre os constituintes principais da segunda oração (O^2) que conectam. Seguem exemplos desse tipo de movimentação:

(15) Poderíamos pensar nas redes sociais como boas terapias de grupo[1]; **no entanto**, elas favorecem uma espécie de enlouquecimento coletivo[2].

(15a) Poderíamos pensar nas redes sociais como boas terapias de grupo[1]; elas, **no entanto**, favorecem uma espécie de enlouquecimento coletivo[2].

(15b) Poderíamos pensar nas redes sociais como boas terapias de grupo[1]; elas favorecem, **no entanto**, uma espécie de enlouquecimento coletivo[2].

(15c) Poderíamos pensar nas redes sociais como boas terapias de grupo[1]; elas favorecem uma espécie de enlouquecimento coletivo, **no entanto**[2].

O período complexo (15) é composto por duas orações coordenadas. A primeira é "Poderíamos pensar nas redes sociais como boas terapias de grupo". A segunda oração segue diagramada:

S	V	C
elas	favorecem	uma espécie de enlouquecimento coletivo

A conjunção "no entanto" passeia livremente entre os constituintes dessa segunda oração, tal qual um **adjunto adverbial** poderia fazer, conforme representação abaixo:

no entanto,	elas	favorecem	uma espécie de enlouquecimento coletivo
elas	, no entanto,	favorecem	uma espécie de enlouquecimento coletivo
elas	favorecem	, no entanto,	uma espécie de enlouquecimento coletivo
elas	favorecem	uma espécie de enlouquecimento coletivo	, no entanto

Dada a mobilidade sintática desse tipo de conectivo, alguns linguistas e gramáticos contemporâneos, diferentemente do que reza a tradição gramatical, asseguram que expressões adversativas (opositivas) como "porém", "contudo", "todavia", "entretanto" e "no entanto" são, na verdade, **advérbios** e não conjunções. O propósito desta gramática não é precipuamente terminológico, mas é importante registrar essa informação para dar destaque ao comportamento sintático de adjunto adverbial inerente a esses conectivos.

Desse modo, a conjunção "mas" se mantém presa ao inicio da segunda oração que coordena, diferentemente desses outros conectivos sinalizadores de adversidade. Não há mesmo como o comportamento sintático do "mas" ser igual. Substituindo "no entanto" por "mas", "porém", "contudo", "todavia" ou "entretanto" nos períodos (15), (15a), (15b) e (15c), fica claro que o "mas", com a substituição, é o único que torna os três últimos períodos agramaticais.

Talvez seja justamente por seu valor adverbial que, diferentemente do "mas", os conectivos "porém", "contudo", "todavia", "entretanto" e "no entanto" sejam usados na escrita formal com uma pontuação semelhante à dos adjuntos adverbiais quando fora de sua posição canônica SVCA, ou seja:

- ENTRE DUAS VÍRGULAS:

(16) A internet convoca com muito mais facilidade os indivíduos**, contudo,** muitos deles podem ter dificuldades de entendimento e posicionamento.

- ENTRE UM PONTO E VÍRGULA E UMA VÍRGULA:

(16a) A internet convoca com muito mais facilidade os indivíduos**; contudo,** muitos deles podem ter dificuldades de entendimento e posicionamento.

- ou ainda ENTRE UM PONTO FINAL E UMA VÍRGULA — o que transforma o período complexo em dois períodos distintos:

(16b) A internet convoca com muito mais facilidade os indivíduos**. Contudo,** muitos deles podem ter dificuldades de entendimento e posicionamento.

Por razões estilísticas, sugere-se o uso das construções (16a) e (16b) em detrimento da construção (16), mas as três se adequam perfeitamente à norma brasileira de referência. No entanto, por fugirem do padrão corrente de pontuação, **não se recomenda** a escrita desses mesmos três períodos sem a vírgula posposta ao conectivo "contudo", conforme se observa a seguir:

(16c) A internet convoca com muito mais facilidade os indivíduos**, contudo** muitos deles podem ter dificuldades de entendimento e posicionamento.

(16d) A internet convoca com muito mais facilidade os indivíduos**; contudo** muitos deles podem ter dificuldades de entendimento e posicionamento.

(16e) A internet convoca com muito mais facilidade os indivíduos**. Contudo** muitos deles podem ter dificuldades de entendimento e posicionamento.

Ademais, também fica muito difícil sustentar tais conectivos adversativos intercalados apenas por vírgulas quando o período complexo é composto por bem mais de duas orações e, consequentemente, demasiadamente longo. Por exemplo, observe-se o uso do "porém" no período (17) — composto por sete orações — e logo em seguida sua reescrita em dois períodos distintos:

(17) Nesse sentido, a face *self* é paradoxal: o sujeito torna a sua imagem pública para o seu grupo de amigos e espera que cada um, individualmente, aprecie a imagem publicada**, porém,** é incomum e inesperado que os amigos passem a compartilhar a sua imagem a terceiros, pois o compartilhamento de *selfs* é raro.

(17a) Nesse sentido, a face *self* é paradoxal: o sujeito torna a sua imagem pública para o seu grupo de amigos e espera que cada um, individualmente, aprecie a imagem publicada. **Porém,** é incomum e inesperado que os amigos passem a compartilhar a sua imagem a terceiros, pois o compartilhamento de *selfs* é raro.

É inegável que os dois períodos separados por um ponto final em (17a) estão mais adequados à modalidade escrita formal do português brasileiro contemporâneo do que o período único (17).

Por fim, cabe ressaltar o caráter sinonímico desses cinco conectivos de oposição estudados nesta seção: "porém", "contudo", "todavia", "entretanto" e "no entanto". Pode-se alterná-los à vontade em textos escritos formais, mas lembrando que eles, embora explicitem ou construam os mesmos sentidos que cabem à conjunção "mas", operam na estruturação do período de maneira diferenciada.

5.5 ORAÇÕES COORDENADAS POR CONECTIVOS DE EXPLICAÇÃO

Conectivos de explicação são elementos que conectam orações de modo que a segunda seja uma explicação da primeira. O conectivo mais comum para esse tipo de amarração sintática é a conjunção **"pois"**, conforme exemplifica o período (18):

(18) <u>O Facebook não precisa empregar digitadores ou fotógrafos</u>[1]**, pois** <u>o usuário faz isso de graça</u>[2].

O processo de coordenação com a conjunção explicativa "pois" se desenvolve tal qual acontece com a conjunção adversativa "mas", embora sejam conectivos de sentidos diferentes. Isto é, a conjunção "pois", de posição fixa na estrutura complexa, vem depois da vírgula que separa a primeira oração (O^1) de sua explicação (O^2), representadas no seguinte diagrama:

O^1				O^2 = explicação de O^1			
S^1	V^1	C^1		S^2	V^2	C^2	A^2
O Facebook	não precisa empregar	digitadores ou fotógrafos	**, pois**	o usuário	faz	isso	de graça.

Outros conectivos, normalmente conjunções ou locuções conjuntivas (duas ou mais palavras em função de conjunção), tais como **"porque"**, **"visto que"**, **"já que"**, **"uma vez que"** e **"dado que"**, geralmente funcionam como sinônimos da conjunção "pois" em contextos de coordenação de orações e apresentam a mesma amarração sintática: o conectivo sucede a vírgula que delimita as orações coordenadas.

Nos exemplos a seguir, os índices sobrescritos 1 e 2, como de costume nesta obra, finalizam a primeira e a segunda oração, respectivamente:

(19) O Facebook não precisa comprar os dados pessoais dos seus escravos[1]**, pois** a matéria-prima vem sem custo algum[2].

(19a) O Facebook não precisa comprar os dados pessoais dos seus escravos[1], **porque** a matéria-prima vem sem custo algum[2].

(19b) O Facebook não precisa comprar os dados pessoais dos seus escravos[1], **visto que** a matéria-prima vem sem custo algum[2].

(19c) O Facebook não precisa comprar os dados pessoais dos seus escravos[1], **já que** a matéria-prima vem sem custo algum[2].

(19d) O Facebook não precisa comprar os dados pessoais dos seus escravos[1], **uma vez que** a matéria-prima vem sem custo algum[2].

(19e) O Facebook não precisa comprar os dados pessoais dos seus escravos[1], **dado que** a matéria-prima vem sem custo algum[2].

Outro conectivo que costuma permutar com a conjunção "pois", seguindo as mesmas convenções de posição sintática e pontuação, é a conjunção **"que"**. Mas, diferentemente do que acontece com os sinônimos supracitados ("porque", "visto que", "já que", "uma vez que" e "dado que"), a troca de "pois" por "que" não é permitida em muitos dos contextos de coordenação.

Por exemplo, "que" se adapta perfeitamente à coordenação de orações efetivada nos períodos (19f) e (20):

(19f) O Facebook não precisa comprar os dados pessoais dos seus escravos[1], **que** a matéria-prima vem sem custo algum[2].

(20) O Facebook não precisa empregar digitadores ou fotógrafos[1], **que** o usuário faz isso de graça[2].

Entretanto, a mesma permuta não se estabelece a contento a partir dos pares (21) e (22). Observe-se a agramaticalidade dos períodos (21a) e (22a):

(21) As recentes manifestações populares ocorridas nas redes sociais mantêm o caráter do individualismo e do isolamento[1], **pois** os participantes não criam vínculos entre si[2].

(21a) *As recentes manifestações populares ocorridas nas redes sociais mantêm o caráter do individualismo e do isolamento[1], **que** os participantes não criam vínculos entre si[2].

(22) No final do ano, o Facebook excluiu mais de 3 bilhões de usuários[1], **pois** eles detectaram que eram contas falsas para manipulação e criação de falsos engajamentos[2].

(22a) *No final do ano, o Facebook excluiu mais de 3 bilhões de usuários[1], **que** eles detectaram que eram contas falsas para manipulação e criação de falsos engajamentos[2].

Mas como saber quando se pode substituir a conjunção "pois" pela conjunção "que"? Na verdade, só a prática constante da leitura de textos escritos e formais, bem como a intuição linguística do(a) falante nativo(a) do português brasileiro darão condições para se perceber quando o contexto é favorável ou não à permuta do "pois" pelo "que", ou mesmo por outros conectivos de explicação.

Há ainda alguns conectivos que também equivalem semanticamente ao coordenador explicativo "pois", mas que são menos usuais nos textos escritos de hoje em dia. As construções de que eles fazem parte, portanto, podem soar mais distantes do leitor comum, embora sejam legítimas nos domínios acadêmico, jurídico, jornalístico, entre outras esferas formais e ultraformais. Inserem-se nesse conjunto, por exemplo, os conectivos **"porquanto"**, **"pois que"** e **"posto que"**, de comportamento sintático (posição na oração e pontuação) semelhante ao "pois" e aos outros conectivos de explicação apresentados aqui:

(23) A busca por apoio psicológico para abrandamento de neuroses encontra nas redes sociais o seu lugar[1]**, porquanto** toda neurose é um distúrbio que envolve algum aspecto relacional[2].

(24) As redes sociais não trouxeram somente meras mudanças de costumes[1]**, pois que** seu peso é semelhante à introdução da imprensa, da máquina a vapor ou da industrialização na dinâmica do nosso mundo[2].

(25) Os milhares de amigos nas redes sociais são uma ilusão[1]**, posto que** essas conexões são superficiais e instáveis[2].

5.6 ORAÇÕES COORDENADAS POR CONECTIVOS DE CONCLUSÃO

Os conectivos de conclusão são elementos que costumam conectar não só orações, mas também — e sobretudo — períodos e parágrafos. Nesta seção, o foco incidirá na coordenação de orações feita por meio desses elementos, mas não sem o registro de usos como estes dos parágrafos a seguir:

(26) Compreender as lógicas de uso das redes sociais envolve também identificar sua maneira de se associar às mídias de massa prévias e o modo como tais interesses se relacionam. **Portanto,** ainda é preciso analisar melhor tal convergência tecnológico-midiático-política como mais do que mera incorporação e disseminação dos conteúdos das antigas mídias pelas novas: a difusão - de forma nunca antes vista - de sua cultura da popularidade.

(MACHADO, J.; MISKOLCI, R. Das jornadas de junho à cruzada moral: o papel das redes sociais na polarização política brasileira. *Sociol. Antropol.*, Rio de Janeiro, v. 09.03, p. 945-970, set.-dez. 2019. Adaptado.)

(27) A velocidade com que elas [as redes sociais] veiculam notícias, a extensão territorial alcançada e a imensa quantidade de pessoas que atingem simultaneamente não eram presumíveis cerca de uma década atrás, nem mesmo pelos seus criadores. Temos sido testemunhas, e também alvo, do seu poder de convocação e mobilização, assim como da sua eficiência em estabelecer interesses comuns rapidamente,

a ponto de atuarem como disparadoras das várias manifestações e movimentos populares em todo o mundo atual.

Portanto, não podemos sequer supor que elas tragam somente meras mudanças de costumes, porque seu peso, associado ao desenvolvimento da informática, é semelhante à introdução da imprensa, da máquina a vapor ou da industrialização na dinâmica do nosso mundo. As redes sociais provocam mudanças de fundo no modo como as nossas relações ocorrem, intervindo significativamente no nosso comportamento social e político. Isso merece a nossa atenção, pois acredito que uma característica das redes sociais é, por mais contraditório que pareça, a implantação do isolamento como padrão para as relações humanas.

(A ilusão das redes sociais. Carta na Escola. *Revista Carta Capital*. Disponível em: https://www.cartacapital.com.br/opiniao/a-ilusao-das-redes-sociais/. Acesso em: 02 mar. 2020.)

Em (26), a conjunção **"portanto"** faz do segundo período ("Portanto, ainda é preciso analisar melhor...") uma *conclusão* do primeiro ("Compreender as lógicas de uso das redes sociais..."). Em (27), a mesma conjunção conecta duas partes, também construindo uma relação semântica de conclusão entre elas, sendo que tais partes, dessa vez, não são mais períodos, e sim os dois parágrafos do excerto.

Note-se, agora, o comportamento sintático da conjunção conclusiva "portanto" quando coordena orações:

(28) A ação de egomostração do Facebook mobiliza um enunciado na modalidade subjetiva afetiva[1]**; portanto,** esse tipo de exibição apresenta um conteúdo e uma visada emocional[2].

Segue o diagrama dessas duas orações coordenadas:

O^1				O^2		
S^1	V^1	C^1		S^2	V^2	C^2
A ação de egomostração do Facebook	mobiliza	um enunciado na modalidade subjetiva afetiva	**; portanto,**	esse tipo de exibição	apresenta	um conteúdo e uma visada emocional.

A estrutura coordenada acima se assemelha ao padrão sintático dos períodos coordenados por meio dos conectivos de oposição "porém", "contudo", "todavia", "entretanto" e "no entanto". Isto é, as orações ficam separadas por um ponto e vírgula e, tal qual um adjunto adverbial, a conjunção conclusiva pode se posicionar:

- no início de O^2, resultando na ordem "portanto, S V C";
- entre os constituintes principais de O^2, resultando na ordem "S, portanto, VC" ou "SV, portanto, C";
- no final de O^2, resultando na ordem "S V C, portanto".

Comparando tais possibilidades a partir de exemplos, é fácil notar que a conjunção pode flainar livremente pelas fronteiras dos principais sintagmas da oração:

O^2 = PORTANTO, S V C:

(29) A ação de egomostração do Facebook mobiliza um enunciado na modalidade subjetiva afetiva^1**; portanto,** esse tipo de exibição apresenta um conteúdo e uma visada emocional^2.

O^2 = S, PORTANTO, V C:

(29a) A ação de egomostração do Facebook mobiliza um enunciado na modalidade subjetiva afetiva^1; esse tipo de exibição**, portanto,** apresenta um conteúdo e uma visada emocional^2.

O^2 = S V, PORTANTO, C:

(29b) A ação de egomostração do Facebook mobiliza um enunciado na modalidade subjetiva afetiva^1; esse tipo de exibição apresenta**, portanto,** um conteúdo e uma visada emocional^2.

O^2 = S V C, PORTANTO:

(29c) A ação de egomostração do Facebook mobiliza um enunciado na modalidade subjetiva afetiva^1; esse tipo de exibição apresenta um conteúdo e uma visada emocional**, portanto**^{2}.

Até aqui, todos os exemplos de orações coordenadas com conectivos de conclusão foram com a conjunção "portanto". Todavia, uma série de outras conjunções e expressões conjuntivas podem ser intercambiadas nesses mesmos contextos sintático-semânticos em que "portanto" apareceu:

> **portanto**
> logo | então | por isso
> dessa forma | dessa maneira | desse modo
> assim | sendo assim | assim sendo
> consequentemente | em consequência | por consequência
> por conseguinte | em vista disso
> à vista disso | destarte | dessarte

É bom ter em mente esse conjunto como possibilidades parafrásticas, mas estando ciente de que, nos textos acadêmicos, certos elementos são mais recorrentes que outros. Por outro lado, as expressões da última linha do quadro — "à vista disso | destarte | dessarte" — podem tornar a compreensão do texto mais difícil ao leitor médio, por serem de uso raro, pouco conhecidas. A escolha da expressão conclusiva vai depender dos objetivos do texto e de seu contexto. Eis alguns exemplos, todos em conformidade à sintaxe "**O^1; portanto, O^2**":

(30) Os algoritmos do Facebook direcionam publicações de acordo com os interesses dos usuários[1]**; logo,** a bolha é reforçada[2].

(31) Múltiplas formações discursivas, relações interdiscursivas, diferentes gêneros do discurso, o dialogismo em todo o seu estado, tudo está nas redes sociais[1]**; dessa forma,** como questão central de análise, o Facebook constitui um vasto canteiro para pesquisas sobre discurso[2].

(32) De acordo com as teorias pseudocientíficas, nossa mente pode influenciar a realidade[1]**; assim,** nesse momento de ataque à ciência, torna-se cada vez mais importante a construção de uma cultura científica sólida[2].

(33) Os recém-chegados ao mundo digital foram acolhidos em serviços comerciais em forma de redes sociais[1]**; consequentemente,** a internet se tornou para esses usuários um ambiente predominantemente comercial[2].

(34) As redes sociais podem conectar pessoas geograficamente muito distantes[1]**; por conseguinte,** aplicativos como Instagram, WhatsApp e Twitter poderiam melhorar a vida humana em diferentes aspectos[2].

(35) Todas as faces da rede estariam, em certo sentido, voltadas para o *self*[1]**; destarte,** a finalidade principal do sujeito usuário do Facebook seria a egomostração[2].

Os períodos complexos (30) a (35) poderiam ser divididos em dois períodos simples, bastando, para tanto, substituir o ponto e vírgula de cada um por um ponto final. Seguem exemplos a partir dos períodos (30) e (31):

(30a) Os algoritmos do Facebook direcionam publicações de acordo com os interesses dos usuários[1]**. Logo,** a bolha é reforçada[2].

(31a) Múltiplas formações discursivas, relações interdiscursivas, diferentes gêneros do discurso, o dialogismo em todo o seu estado, tudo está nas redes sociais[1]**. Dessa forma,** como questão central de análise, o Facebook constitui um vasto canteiro para pesquisas sobre discurso[2].

Também vale a pena frisar a possibilidade da conjunção conclusiva vir após o primeiro constituinte principal da segunda oração. Eis dois exemplos a partir dos períodos (33) e (34):

(33a) Os recém-chegados ao mundo digital foram acolhidos em serviços comerciais em forma de redes sociais[1]; a internet**, consequentemente,** se tornou para esses usuários um ambiente predominantemente comercial[2].

(34a) As redes sociais podem conectar pessoas geograficamente muito distantes[1]; aplicativos como Instagram, WhatsApp e Twitter**, por conseguinte,** poderiam melhorar a vida humana em diferentes aspectos[2].

Por fim, atente-se para o comportamento sintático da conjunção **"pois"**, já estudada como um elemento capaz de introduzir orações explicativas:

(36) Raramente um *post* no Facebook vem sem um suporte visual produzido pelo próprio sujeito ou pela captação de imagens na própria rede ou outros suportes^1; a verbo-visualidade é**, pois,** um aspecto constitutivo do dispositivos de uma rede social eletrônica^2.

No período (36), é evidente que o sentido configurado entre as duas orações é *conclusivo*, e não *explicativo*. Prova disso é a possibilidade de troca da conjunção "pois" por outras tantas do quadro de conjunções conclusivas:

(36a) Raramente um *post* no Facebook vem sem um suporte visual produzido pelo próprio sujeito ou pela captação de imagens na própria rede ou outros suportes^1; a verbo-visualidade é**, portanto / então / por isso / dessa maneira / consequentemente,** um aspecto constitutivo do dispositivos de uma rede sociais eletrônica^2.

Em razão disso, a tradição gramatical costuma afirmar que a conjunção "pois" antes do verbo tem caráter explicativo; e depois do verbo, caráter conclusivo. A expressão "antes ou depois do verbo" equivale a "anteposto ou posposto ao constituinte V da segunda oração coordenada". Compare, por exemplo, a sintaxe e a semântica dos períodos (36) e (36b):

(36b) Raramente um *post* no Facebook vem sem um suporte visual produzido pelo próprio sujeito ou pela captação de imagens na própria rede ou outros suportes^1**, pois** a verbo-visualidade é um aspecto constitutivo do dispositivos de uma rede social eletrônica^2.

Em (36), o fato da verbo-visualidade ser um aspecto constitutivo do Facebook é uma *conclusão* possibilitada pelo fato de raramente um *post* nessa rede social vir sem um suporte visual; por sua vez, em (36b), a verbo-visualidade como característica do Facebook *explica* por que raramente um *post* na rede vem sem um suporte visual. Os fenômenos informados são essencialmente os mesmos, mas a relação entre eles, a depender do posicionamento da conjunção "pois", varia entre **conclusão** e **explicação**, respectivamente.

Eis uma boa síntese dos dois sentidos estabelecidos pela sintaxe da conjunção "pois":

O^1, pois O^2 → explicação
O^1; V^2, pois, → conclusão

5.7 ESTRUTURAS JUSTAPOSTAS (COORDENAÇÃO SEM CONECTIVOS)

Até aqui, a coordenação de orações foi realizada por meio de mecanismos de ligação, os chamados *conectivos coordenativos*. Esses conectivos explicitam ou ajudam a estabelecer relações semânticas particulares entre as orações: *adição*, *alternância*, *oposição*, *explicação* e *conclusão* são as mais comuns.

No entanto, o conectivo pode não vir explícito entre as orações, e estas, consequentemente, serem apenas justapostas umas às outras. Nesses casos, os sinais de pontuação mais utilizados para delimitar as orações são o **ponto e vírgula** e, normalmente introduzindo explicações, os **dois-pontos**:

(37) O uso de plataformas de comunicação *online* introduziu o usuário num contexto altamente individualizado e impessoal[1]**;** comportamentos e opiniões não tolerados em relações face a face começaram a se expressar[2].

(38) Outro aspecto determinante do dispositivo é a presença de modalidades técnicas de interatividade[1]**,** toda rede social eletrônica procura aproximar-se o máximo possível das formas dialogais[2].

É verdade que a **vírgula** também pode delimitar orações justapostas. Mas é preciso ter cuidado ao tentar fazer isso num texto escrito formal: duas ou mais orações justapostas apenas por vírgula(s) tendem a deixar o texto sem coesão, indicando haver ali períodos independentes, mas mal pontuados:

(39) *O Facebook se tornou uma rede social chata[1]**,** nem os jovens cronologicamente reconhecidos, nem os "jovens de antigamente" estão mais na rede de Zuckerberg[2].

Em (39), por exemplo, a oração "O Facebook se tornou uma rede social chata" estaria mais bem encerrada com um ponto final. Outra possibilidade seria o uso de dois-pontos, acentuando o teor explicativo da segunda oração, ou talvez um ponto e vírgula. A vírgula, porém, enfraquece a coesão do texto.

6

PARALELISMO SINTÁTICO

OBJETIVO DO CAPÍTULO:

- analisar dois tipos de paralelismo sintático — as estruturas correlatas e as estruturas com constituinte matriz —, ambos essenciais à escrita de bons textos formais.

6.1 SIMETRIAS ESTRUTURAIS

Este capítulo aborda um processo sintático muito útil à escrita formal, embora, inacreditavelmente, costume estar ausente do currículo escolar (ao menos de modo sistemático) tanto nas aulas de produção escrita (redação) quanto nas aulas de gramática. Trata-se do *paralelismo sintático*, que podemos definir como a **simetria estrutural entre constituintes coordenados ou orações coordenadas**.

Em outras palavras, haverá paralelismo sintático quando houver correspondência, em forma e posição, de constituintes ou orações:

- situados em lados opostos e relacionáveis sintaticamente:

(1) **Ou** as democracias impõem limites a essas empresas digitais[1], **ou** elas vão matar a civilização[2].

- ou distribuídos a partir de um constituinte matriz (no exemplo, o elemento sublinhado):

(2) As redes sociais não têm <u>compromisso</u> **com a qualidade dos** processos democráticos e **com a verdade dos** fatos.

O período complexo (1) é composto por duas orações estruturalmente semelhantes, pois ambas estão na ordem direta SVC. Ainda que cada uma das orações tenha seu próprio sujeito, verbo e complemento(s), elas nem são absolutamente independentes uma da outra quanto à sintaxe, nem estão simplesmente coordenadas pela conjunção "ou". Essa conjunção aparece no período necessariamente em dupla ("Ou..., ou...") e estabelece, por conseguinte, uma **interdependência sintática** entre as orações.

Nesta gramática, esse tipo de paralelismo sintático é chamado de **correlação** e os constituintes ou orações interdependentes, de **estruturas correlatas**. Segue a representação do período (1) num diagrama colorido:

Ou	as democracias	impõem	limites	a essas empresas digitais,
↕				
ou	elas	vão matar	a civilização.	

O período (2), por sua vez, é constituído por apenas uma oração. Trata-se, pois, de um período simples, organizado na estrutura S (*As redes sociais*) | V (*não têm*) | C (*compromisso com a qualidade dos processos democráticos e com a verdade dos fatos*). O início do constituinte C, mais especificamente a palavra "compromisso", funciona como um **constituinte matriz** (uma estrutura central, um eixo sintático em comum) de onde partem outros dois constituintes, coordenados pela conjunção "e". O diagrama a seguir representa essas estruturas — que formam o complemento verbal do período — em paralelismo sintático:

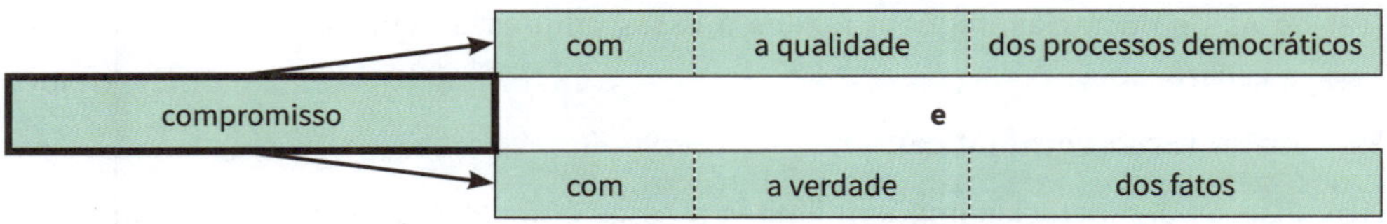

Um constituinte matriz também pode funcionar como eixo de estruturas correlatas. Observe-se, por exemplo, o período (3), em que o constituinte "um espaço" é o eixo sintático das estruturas encabeçadas pelas expressões conjuntivas interdependentes "não só..., mas também":

(3) O Facebook é <u>um espaço</u> **não só** de exibição de si, **mas também** de debate e discussão.

Eis o diagrama do complemento verbal de (3):

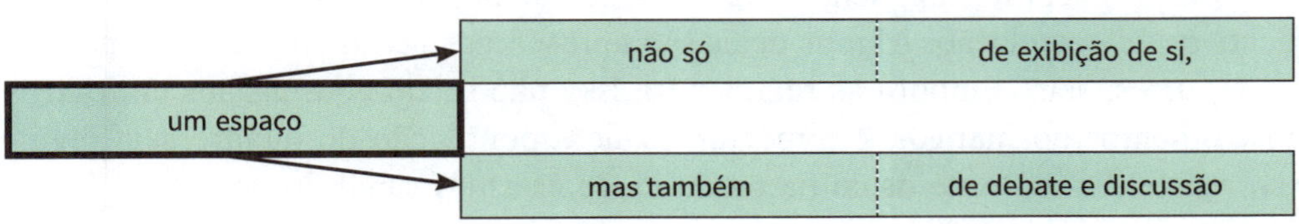

Na seções seguintes, esses dois processos de paralelismo sintático — as *estruturas correlatas* e o *constituinte matriz* — são tratados separadamente. O domínio desses procedimentos é essencial à produção de textos escritos formais com adequação.

6.2 ESTRUTURAS CORRELATAS

Estruturas correlatas podem ser:

- um **par de orações** — como as orações articuladas por "ou..., ou" no exemplo (1);
- ou um **par de constituintes** — como os constituintes "de exibição de si" e "de debate e discussão", articulados pelos conectivos "não só... mas também" no interior do complemento verbal do exemplo (3).

Essas estruturas articuladas por pares de conectivos ("ou..., ou", "não só..., mas também", entres outros) recebem o nome de **estruturas correlatas** por estabelecerem entre si uma relação de interdependência sintático-semântica. A prova disso é que, se um dos conectivos do par correlato for retirado, normalmente a estrutura:

- perde em força argumentativa:

(3a) O Facebook é um espaço **Ø** de exibição de si, **mas também** de debate e discussão.

- muda o sentido:

(1a) **Ø** As democracias impõem limites a essas empresas digitais, **ou** elas vão matar a civilização.

- ou se torna agramatical:

(1b) ***Ou** as democracias impõem limites a essas empresas digitais, **Ø** elas vão matar a civilização.

(3b) *O Facebook é um espaço **não só** de exibição de si, **Ø** de debate e discussão.

Esses conectivos correlatos, portanto, são recursos gramaticais, discursivos e estilísticos necessários à estruturação sintática dos períodos. Utilizá-los com adequação favorece o monitoramento da atenção do leitor para os sentidos construídos em cada constituinte ou oração do par correlato.

O quadro a seguir traz, sem pretensões de exaustividade, vários pares de conectivos de correlação. Alguns deles são apresentados com vírgula — a maioria — e outros, sem. Embora as regras para isso não sejam consensuais em outros instrumentos normativos, é importante que a pontuação do quadro seja seguida, pois ela é bastante usual na modalidade escrita formal do português brasileiro contemporâneo:

Conectivos de correlação

Com vírgula

ou..., ou | ora..., ora | já..., já | quer..., quer | seja..., seja
não só..., mas também | não só..., como também |
não apenas..., mas ainda | não somente..., senão também
quanto mais..., tanto mais | quanto mais..., mais |
quanto menos..., menos | quanto menos..., tanto menos
tão..., que | tanto..., que

Sem vírgula

tanto... quanto | tanto... como | tão... quanto | tão... como | mais... que |
mais... do que | menos... que | menos... do que

Os períodos (4) a (9) exemplificam alguns usos desses pares de conectivos de correlação. Os dois elementos de cada par introduzem estruturas paralelas, de mesmo padrão sintático:

(4) Os dados pessoais dos usuários do Facebook vêm sem custo algum, **seja** nas fotos de prato de comida**, seja** nos movimentos dos olhos diante da tela.

(5) Estamos **não apenas** perdendo gerações de novos cientistas**, mas ainda** tendo enormes retrocessos nos avanços alcançados.

(6) A rede mundial de computadores assumiu contornos de mundo paralelo, **não somente** com facilidades e oportunidades**, mas também** com riscos e problemas.

(7) **Quanto mais** ficamos isolados por conta das redes sociais**, mais** permanecemos à mercê de controles e manipulações.

(8) A internet **tanto** gera muitas oportunidades **quanto** traz inúmeros desafios.

(9) O Instagram é **tanto** palco de emoções positivas **como** gatilho de emoções negativas.

Dissecando as estruturas correlatas presentes nos períodos (4) a (9), fica evidente o paralelismo de forma e função entre os constituintes introduzidos por cada elemento do par de conectivos de correlação:

(4)

	A
seja	nas fotos...,
seja	nos movimentos...

(5)

	V
não apenas	perdendo...,
mas ainda	tendo...

(6)

	A
não somente	com facilidades...,
mas também	com riscos...

(7)

	V
quanto mais	ficamos...,
mais	permanecemos...

(8)

	V
tanto	gera...
quanto	traz...

(9)

	C
tanto	palco...
como	gatilho...

Mas nem sempre essa simetria sintática acontece nas estruturas correlatas. Pares de conectivos de correlação que sinalizam *consequência* — (10) — ou *comparação* — (11) a (13) — articulam as estruturas de modos particulares:

(10) Certos jogos virtuais são **tão** viciantes[1]**, que** alguns adolescentes se isolam durante o dia[2].

(11) A pseudociência é um fato **tão** preocupante[1] **como** os cortes no financiamento das pesquisas[2].

(12) Nas redes sociais é **mais** fácil dar sua opinião[1] **do que** ouvir a alheia[2].

(13) Palavras neutras tuitadas captam **menos** nossa atenção[1] **que** as palavras que se referem às emoções e à moral[2].

O período (10) é formado por duas orações correlacionadas pelo conectivo "tão..., que", sendo a segunda oração uma consequência da primeira, o que a faz ser chamada de **oração consecutiva**. A vírgula que antecede a oração consecutiva é obrigatória nesse tipo de correlação:

O^1					O^2		
S^1	V^1		C^1		S^2	V^2	A^2
Certos jogos virtuais	são	**tão**	viciantes,	**que**	alguns adolescentes	se isolam	durante o dia.

Os períodos (11) a (13) também são formados por duas orações correlatas, as quais, dessa vez, mantêm entre si relações de comparação; são, portanto, **orações comparativas** e não precisam ser separadas por vírgulas. Serve de exemplo o diagrama do período (11):

O^1						O^2		
S^1	V^1	C^1				S^2	V^2	C^2
A pseudociência	é	um fato	**tão**	grave	**como**	os cortes no financiamento das pesquisas	[são]	[graves].

Pelos dois últimos diagramas, é possível constatar que as orações consecutivas e comparativas são completas; a interdependência se configura porque parte do conectivo está na primeira oração e a outra parte, na segunda. E é por isso que são apresentadas aqui como orações correlatas.

6.3 CONSTITUINTE MATRIZ

O segundo tipo de paralelismo sintático é o que acontece quando dois ou mais constituintes coordenados entre si estão igualmente ligados a um constituinte matriz, na seguinte organização:

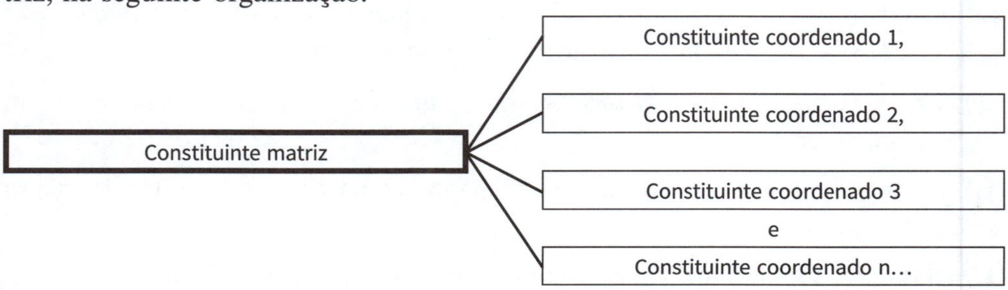

Nesta gramática, já foram analisadas estruturas sintáticas paralelas como essa. Um exemplo é a análise realizada do tuíte com erro de acento grave, postado por Sergio Moro, à época ministro da Justiça e Segurança Pública do país (v. seção 1.8). Eis a representação do trecho do tuíte, agora corrigido ("apoiam o combate à corrupção e a construção de um país melhor"), a partir do diagrama-modelo apresentado acima. O verbo é o constituinte matriz e os complementos verbais, os constituintes coordenados:

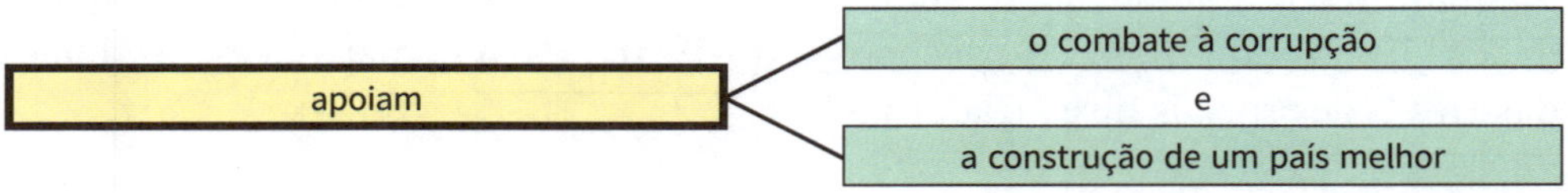

Agora, cabe aprofundar as reflexões sobre esse tipo de estrutura, fundamental à construção de textos formais. Para isso, um resumo acadêmico foi selecionado para análise. Ele sintetiza uma tese de doutorado em Letras, sobre comunidades virtuais em algumas redes sociais:

> Resumo:
> Esta pesquisa tem por objetivo analisar quais imagens de si são construídas por estudantes em páginas iniciais de comunidades virtuais do Orkut, do Facebook e do Twitter, a partir do discurso violento proferido sobre professores. Ela justifica-se pela recorrência social do fenômeno e pela pouca atenção que o tema recebe na academia e na sociedade. Metodologicamente, desenvolvemos uma pesquisa qualitativa e analisamos um *corpus* composto por 30 páginas iniciais de comunidades virtuais, tendo cada rede social 10 exemplares coletados *in loco* no período de 25 a 29 de julho de 2011. A análise dos dados ancora-se na Análise do Discurso de linha francesa, representada por Maingueneau (2013, 2010b, 2008b, 2007, dentre outros), em diálogo com a Análise de Gênero Textual, com a Educação e com estudos sobre redes sociais e violência, para os quais: i) a ciberviolência é a agressão realizada em ambiente virtual ou utilizando qualquer TIC (HERRING, 2002 apud HOFFNAGEL, 2010; HODEGHIERO, 2012; LIMA, 2011); ii) o texto é o rastro do discurso e incorpora os *ethé* constituídos por sujeitos discursivos (MAINGUENEAU, 2013, 2010b, 2006, 2002); iii) os gêneros de discurso têm contratos genéricos e cenografias que interferem na constituição do *ethos* (MAINGUENEAU, 2013, 2010b, 2002); iv) os *sites* de redes sociais (RECUERO, 2009) são *sites* de ambientes virtuais que proporcionam a conexão social das pessoas na internet e agregam vários gêneros diferentes; v) as comunidades virtuais são agrupamentos de pessoas que partilham ideologias (CASTELLS, 2003; RECUERO, 2009) e filiam-se a discursos e a comunidades discursivas e imaginárias (MAINGUENEAU, 2008b). A investigação conduziu à constatação de uma nova imagem de si, que chamamos de "*ethos* de violência". Ele apresentou-se como consequência das imagens pejorativas e degradantes de professores construídas discursivamente pelos alunos nos textos produzidos. Verificamos também que as ferramentas virtuais e os gêneros digitais próprios das comunidades virtuais, assim como seus elementos verbais e não verbais, entram diretamente na constituição desse *ethos*, que se apresentou em nosso *corpus* na forma de três categorias: a) *ethos* vinculado a representações de agressão física; b) *ethos* vinculado a representações de ofensa moral; c) *ethos* vinculado a representações de intolerância.
>
> (Fonte: SILVA, M. S. da. *Ciberviolência,* ethos *e gêneros do discurso em comunidades virtuais*: o professor como alvo. Tese (Doutorado em Letras) — Centro de Artes e Comunicação, Programa de Pós-Graduação em Letras/UFPE, Recife, 2014. p. 10.)

O resumo, em toda sua estrutura, evidencia a necessidade do escritor respeitar o paralelismo sintático na construção de períodos. Os exemplos são vários e alguns deles serão apresentados seguindo a progressão do texto.

Logo no **primeiro período**, a autora apresenta o objetivo da pesquisa: "analisar quais imagens de si são construídas por estudantes em páginas iniciais de comunidades virtuais do Orkut, do Facebook e do Twitter". Note-se como ela estrutura o seguinte trecho sublinhado do adjunto adverbial "em páginas iniciais de comunidades virtuais do Orkut, do Facebook e do Twitter", em que aparecem os nomes das três redes sociais investigadas na tese:

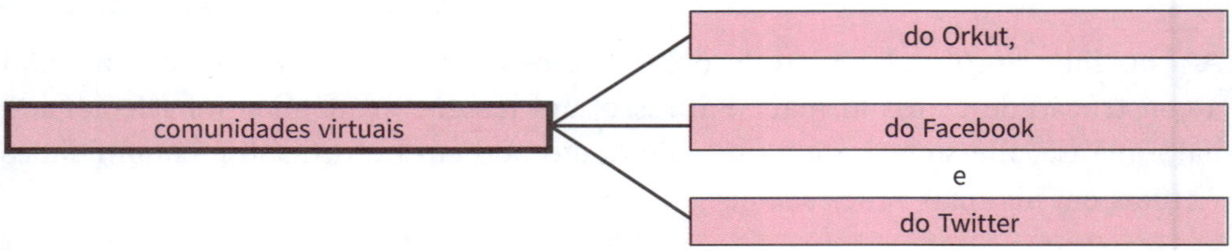

Os constituintes coordenados "do Orkut", "do Facebook" e "do Twitter" têm idêntica estrutura sintática: são formados pela contração da preposição "de" + o artigo "o", seguido do nome de uma rede social. Os três estão conectados ao constituinte matriz "comunidades virtuais". O paralelismo sintático é construído justamente pela repetição estrutural dos constituintes coordenados.

Outra possibilidade de escrita do trecho seria ocultar os elementos que se repetem e explicitar apenas a primeira ocorrência, que serviria às três partes coordenadas, resultando em: "comunidades virtuais **do** Orkut, Facebook e Twitter". Por outro lado, construções em que a contração "do" é explicitada em apenas duas das três partes, como "comunidades virtuais **do** Orkut, **do** Facebook e Twitter" ou "comunidades virtuais **do** Orkut, Facebook e **do** Twitter", quebrariam o paralelismo sintático. Segue uma síntese de algumas possibilidades e impedimentos sintáticos para o trecho:

Com paralelismo sintático:

- comunidades virtuais **do** Orkut, **do** Facebook e **do** Twitter;
- comunidades virtuais **do** Orkut, Facebook e Twitter.

Sem paralelismo sintático:

- *comunidades virtuais **do** Orkut, Facebook e **do** Twitter;
- *comunidades virtuais **do** Orkut, **do** Facebook e Twitter.

O **segundo período** do resumo apresenta outros dois casos evidentes de respeito ao paralelismo sintático requerido na coordenação de constituintes. A autora afirma que sua pesquisa "justifica-se pela recorrência do fenômeno e pela pouca atenção que o tema recebe na academia e na sociedade". Nos diagramas seguintes, estão destacados os constituintes matrizes — os verbos "justifica-se" e "recebe" — e seus respectivos constituintes coordenados:

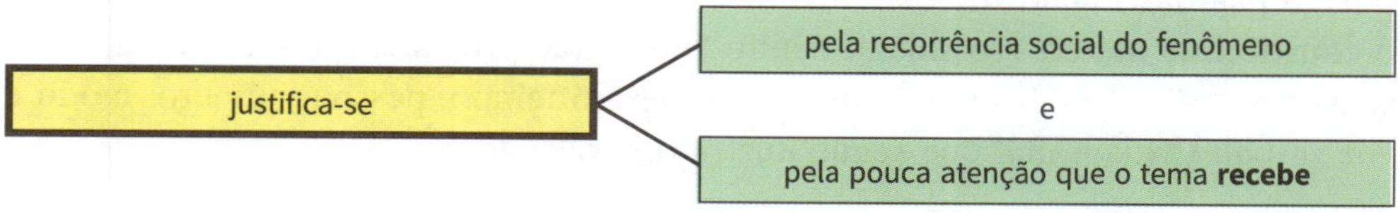

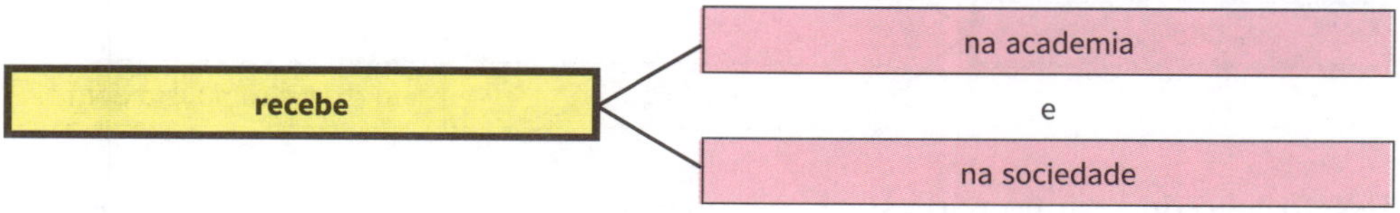

É possível eliminar a repetição de "pela" (preposição *por* + artigo *a*) e "na" (preposição *em* + artigo *a*), da mesma forma que se fez anteriormente com a repetição de "do" (*de* + *o*). Entretanto, os constituintes introduzidos por "pela" são maiores que os constituintes introduzidos por "na", de modo que a repetição de "pela" favorece a legibilidade do trecho. As quatro possibilidades de paralelismo podem ser comparadas a seguir:

- justifica-se **pela** recorrência social do fenômeno e **pela** pouca atenção que o tema recebe **na** academia e **na** sociedade.
- justifica-se **pela** recorrência social do fenômeno e **pela** pouca atenção que o tema recebe **na** academia e sociedade.
- justifica-se **pela** recorrência social do fenômeno e pouca atenção que o tema recebe **na** academia e **na** sociedade.
- justifica-se **pela** recorrência social do fenômeno e pouca atenção que o tema recebe **na** academia e sociedade.

Recomenda-se, nesta gramática, as duas primeiras opções — a primeira ainda mais que a segunda —, embora as quatro estejam sintaticamente adequadas. Como em outras vezes, essa preferência envolve *estilo*, não *sintaxe*. O mesmo não pode ser dito da seguinte construção, evitada na norma-padrão brasileira por quebra de paralelismo sintático devido à diferença estrutural entre os termos "pela" e "por", e "na" e "em":

- *justifica-se **pela** recorrência social do fenômeno e **por** pouca atenção que o tema recebe **na** academia e **em** sociedade.

Verbos quando coordenados — ou seja, orações coordenadas — também costumam estar em paralelismo sintático — e morfológico —, como se vê no **terceiro período** do resumo, momento em que a autora anuncia a metodologia da pesquisa: "desenvolvemos uma pesquisa qualitativa e analisamos um *corpus* composto por 30 páginas iniciais de comunidades virtuais". Nesse caso, pode-se dizer que o constituinte matriz é o sujeito oculto "nós", que projeta as formas verbais "desenvolvemos" e "analisamos", ambas no mesmo tempo, pessoa, número, modo e voz verbal. O diagrama que segue ilustra o paralelismo:

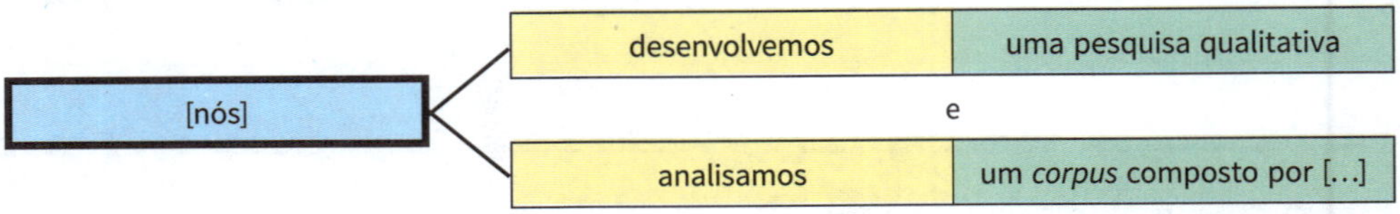

Esse trecho do resumo não estaria adequado se tivesse tomado, por exemplo, um dos seguintes rumos sintáticos (atenção às quebras de paralelismo em negrito):

- *__desenvolvemos__ uma pesquisa qualitativa e **analisou-se** um *corpus* composto por [...];
- *__desenvolveu-se__ uma pesquisa qualitativa e **analisamos** um *corpus* composto por [...];
- *__foi desenvolvida__ uma pesquisa qualitativa e **analisamos** um *corpus* composto por [...];
- *__desenvolvemos__ uma pesquisa qualitativa e **foi analisado** um *corpus* composto por [...].
- *__desenvolvemos__ uma pesquisa qualitativa e **analisaremos** um *corpus* composto por [...];
- *__desenvolvi__ uma pesquisa qualitativa e **analisamos** um *corpus* composto por [...].

Por sua vez, esses mesmos trechos poderiam entrar em paralelismo sintático se fossem assim reestruturados — para isso, uma dessas possibilidades sintáticas teria de ser constante em todo o resumo:

- **desenvolveu-se** uma pesquisa qualitativa e **analisou-se** um *corpus* composto por [...];
- **foi desenvolvida** uma pesquisa qualitativa e **foi analisado** um *corpus* composto por [...];
- **desenvolveremos** uma pesquisa qualitativa e **analisaremos** um *corpus* composto por [...];
- **desenvolvi** uma pesquisa qualitativa e **analisei** um *corpus* composto por [...].

O **quarto período** do resumo da tese é o maior do texto. Por isso mesmo, traz fortes evidências da necessidade do paralelismo sintático na arquitetura dos textos escritos e formais. Observe-se, primeiramente, a sintaxe do seguinte trecho:

- A análise dos dados ancora-se na Análise do Discurso de linha francesa, representada por Maingueneau (2013, 2010b, 2008b, 2007, dentre outros), em diálogo com a Análise de Gênero Textual, com a Educação e com estudos sobre redes sociais e violência [...]

A sequência é constituída na ordem direta SVC. O que a complexifica é seu complemento verbal, bem maior que os demais constituintes e entrecortado por um aposto:

S	V	C			
A análise dos dados	ancora-se	na Análise do Discurso de linha francesa	, representada por Maingueneau	(2013, 2010b, 2008b, 2007, dentre outros),	em diálogo com a Análise de Gênero Textual, com a Educação e com estudos sobre redes sociais e violência [...]

O aposto está representado no diagrama acima pelo retângulo tracejado. As duas vírgulas destacadas o intercalam no interior do complemento verbal. A informação entre parênteses (no retângulo menor) é parte constitutiva do aposto e, consequentemente, do complemento verbal.

Pode-se, agora, analisar a estrutura da parte do complemento verbal que sucede o aposto:

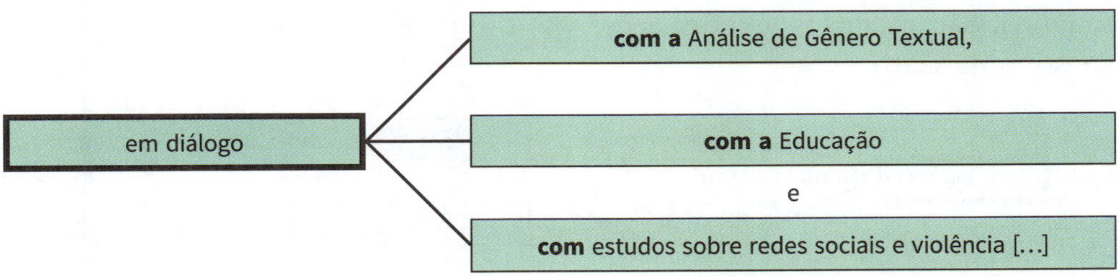

O constituinte matriz "em diálogo" se articula a três constituintes coordenados pela conjunção "e". O paralelismo decorre da preposição "com", presente no início desses três constituintes. O artigo "a", por sua vez, aparece apenas nos dois primeiros constituintes por estar definindo disciplinas específicas que estão em diálogo com "a Análise do Discurso de linha francesa": "**a** Análise de Gênero Textual" e "**a** Educação". Um artigo como "os", por exemplo, não poderia anteceder "estudos sobre redes sociais e violência", pois este constituinte não referencia um ou vários estudos sobre redes sociais e violência específicos, mas sim *estudos* de um modo geral. A semântica dos constituintes interfere, portanto, na construção do paralelismo sintático.

Esse mesmo quarto período do resumo se desenvolve apresentando cinco afirmações teóricas, numeradas de (i) a (v), em que a tese da autora se baseia. O diagrama a seguir representa o início de cada uma dessas cinco afirmações. Não à toa, a estrutura de todas elas é a ordem **SVC**, com o sujeito sendo determinado por um artigo — respectivamente, “a”, “o”, “os”, “os”, “as” —, em obediência ao paralelismo sintático necessário. Atente-se também à recorrência do sinal **ponto e vírgula**, separando as afirmações, e à obrigatoriedade do uso de **letra minúscula** no início de cada uma delas, uma vez que tal sinal não delimita períodos (v. capítulo 1). Todos esses detalhes normativos estão envolvidos na construção do paralelismo sintático:

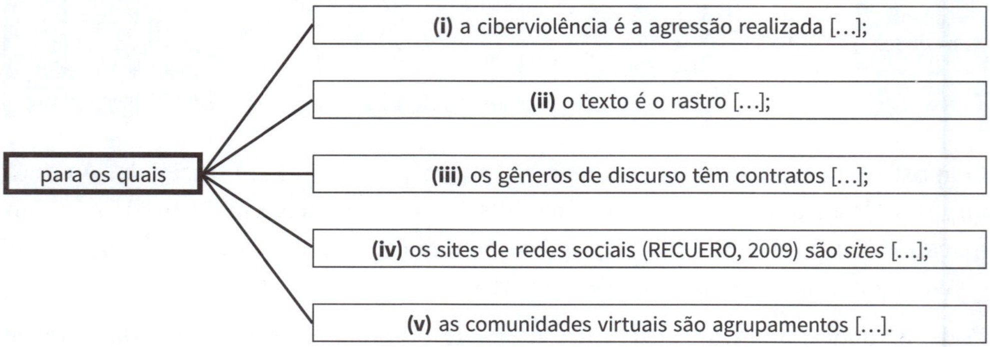

Muitas dessas cinco afirmações teóricas também se desenvolvem em paralelismo sintático. São exemplos as afirmações (iv) e (v), em que o conectivo “que” é o constituinte matriz[1]:

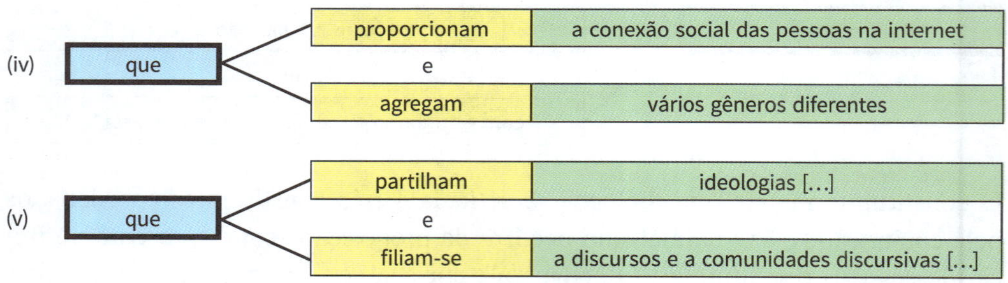

Nos **três últimos períodos**, o resumo continua progredindo valendo-se de alguns pequenos constituintes coordenados e vinculados a um constituinte matriz, como em “<u>imagens</u> *pejorativas* e *degradantes*” (sexto período). O texto é finalizado com a justaposição de três categorias resultantes da análise realizada na tese pela autora: “a) *ethos* vinculado a representações de agressão física; b) *ethos* vinculado a representações de ofensa moral; c) *ethos* vinculado a representações de intolerância”. É evidente, nos três constituintes, o paralelismo sintático que se constrói por meio da repetição de “*ethos* vinculado a representações de...”.

[1] O conectivo “que”, em estruturas como estas, é um **relativo**, não uma conjunção. Diferenciar a conjunção “que” do relativo “que” é importante à maturação da consciência sintática (v. seção 13.4).

O paralelismo sintático promove à escrita formal coesão e maior legibilidade. Essa diretriz de ordem tanto sintática quanto textual e estilística é fundamental à arquitetura dos **objetivos de diferentes gêneros acadêmicos**, tais quais monografia de conclusão de curso, artigo científico, dissertação de mestrado e tese de doutorado. Assim, cabe prestar atenção ao paralelismo sintático incontornável à explicitação desses objetivos. É exemplo o seguinte excerto, recortado da mesma tese de doutorado em que figura o resumo anteriormente analisado:

> Deste modo, nosso objetivo geral foi **analisar** quais imagens de si são construídas por estudantes em páginas iniciais de comunidades do Orkut, de grupos do Facebook e de perfis temáticos do Twitter, a partir do discurso violento proferido sobre professores. Adotamos os seguintes objetivos específicos:
>
> - **discutir** o fenômeno da violência contra professores presente nos gêneros e elementos da páginas inicial das três redes sociais;
> - **refletir** sobre como a violência em SRS macula e desvaloriza a imagem do professor, construindo uma nova imagem de estudantes;
> - **verificar** o *ethos* de estudantes revelado a partir da violência proferida contra professores em redes sociais, buscando entender os efeitos de sentido produzidos;
> - **refletir** sobre a interferência dos contratos genéricos, das cenografias, dos elementos estudantes;
> - **averiguar** como as potencialidades da internet — anonimato, distanciamento espacial, regras sociais próprias e outros — interferem na construção do ethos de estudantes;
> - **comparar** as (des)semelhanças entre os três SRS no que tange a construção do ethos de estudantes constituído por meio do discurso violento contra professores;
> - **identificar** os elementos não verbais constitutivos de gêneros digitais presentes no *corpus* e seu papel na constituição do *ethos* de violência.
>
> (Fonte: SILVA, M. S. da. *Ciberviolência,* ethos *e gêneros do discurso em comunidades virtuais*: o professor como alvo. Tese (Doutorado em Letras) — Centro de Artes e Comunicação, Programa de Pós-Graduação em Letras/ UFPE, Recife, 2014. p. 25-26. Grifos nossos.)

O excerto apresenta o objetivo geral e os objetivos específicos da pesquisa. As palavras em destaque que introduzem todos os objetivos são **verbos no infinitivo**: *analisar, discutir, refletir* (duas vezes), *verificar, averiguar, comparar* e *identificar.* Verbos no infinitivo costumam configurar o paralelismo sintático esperado em qualquer lista de objetivos de textos acadêmicos (ou de outros domínios formais). Seria inadequado, por exemplo, apresentar os objetivos específicos assim:

> - **discutir** o fenômeno da violência contra professores presente nos gêneros e elementos da página inicial das três redes sociais;
> - **reflexão** sobre como a violência em SRS macula e desvaloriza a imagem do professor, construindo uma nova imagem de estudantes;
> - **verificaremos** o *ethos* de estudantes revelado a partir da violência proferida contra professores em redes sociais, buscando entender os efeitos de sentido produzidos;

- **refletir** sobre a interferência dos contratos genéricos, das cenografias, dos elementos estudantes;
- **será averiguado** como as potencialidades da internet — anonimato, distanciamento espacial, regras sociais próprias e outros — interferem na construção do *ethos* de estudantes;
- **comparamos** as (des)semelhanças entre os três SRS no que tange a construção do *ethos* de estudantes constituído por meio do discurso violento contra professores;
- **identificam-se** os elementos não verbais constitutivos de gêneros digitais presentes no *corpus* e seu papel na constituição do ethos de violência.

Forja-se aqui um exemplo extremo de quebra de paralelismo sintático em lista de objetivos: há verbos no infinitivo (*discutir*, *refletir*), um substantivo (*reflexão*), verbos na 1ª pessoa do plural do futuro (*verificaremos*) e do presente/passado (*comparamos*), e estruturas na voz passiva analítica (*será averiguado*) e sintética (*identificam-se*). Porém, algumas dessas misturas realmente costumam ser frequentes em textos de escritores iniciantes no mundo da escrita formal.

Portanto, se a quebra de paralelismo sintático no texto for percebida, essa diretriz coesiva precisa ser recomposta, adaptando as formas a um mesmo padrão gramatical: "discutir, refletir, verificar..."; "discussão, reflexão, verificação..."; "discutiremos, refletiremos, verificaremos...". Em casos de lista de objetivos, especificamente, deve-se seguir a convenção da escrita acadêmica e optar sempre pelos verbos no infinitivo: "discutir, refletir, verificar...". Por fim, convém lembrar que cada objetivo — exceto o último — se encerra com o sinal de ponto e vírgula, que deve vir seguido de inicial minúscula.

7

ORAÇÕES SUBORDINADAS SUBJETIVAS

OBJETIVOS DO CAPÍTULO:

- introduzir o tema da subordinação de orações, isto é, os processos sintáticos em que orações inteiras são encaixadas como constituintes de outras;
- apresentar a oração subordinada que corresponde ao sujeito de um período complexo, ou seja, a oração subordinada subjetiva, e algumas de suas possibilidades estruturais.

7.1 A EFICIÊNCIA ANALÍTICA DO MODELO SVCA

Nos capítulos anteriores, o **modelo SVCA**, em sua simplicidade e praticidade, já se mostrou suficiente para a análise de períodos simples e processos de coordenação na escrita formal do português brasileiro contemporâneo.

Pode-se comprovar a incrível eficiência analítica do modelo SVCA, selecionando qualquer texto formal e dividindo os constituintes principais de cada período em **S**ujeito | **V**erbo | **C**omplemento verbal | **A**djunto adverbial. Como exemplo, segue a análise de um **resumo** de um artigo científico:

Resumo:
Ancorado nos estudos de gênero e teoria queer, o presente trabalho objetiva problematizar como a marcação social da homossexualidade é instituída por intermédio de práticas escolares da Educação Física. Apresentam-se relatos da realização de seis entrevistas semiestruturadas com jovens adultos, que se autorreconheceram como homossexuais, acerca de suas experiências em aulas de educação física. Os resultados permitem problematizar o fato de que as sexualidades não heterossexuais são estigmatizadas e inseridas em relações hierárquicas nas quais jovens homossexuais são alvo constante de manifestações de preconceito que negativizam suas expressões desejantes. A compreensão sobre algumas práticas corporais na perspectiva dicotômica do gênero, como as esportivas, reitera o processo de construção cultural das masculinidades e feminilidades, relegando as homossexualidades ao âmbito das "ininteligibilidades" sociais.

(Fonte: PRADO, V. M. do; RIBEIRO, A. I. M. Escola, homossexualidades e homofobia: rememorando experiências na educação física escolar. *Revista Reflexão e Ação*, Santa Cruz do Sul, v. 24, n. 1, p. 97-114, jan.-abr. 2016.)

Os quatro períodos desse resumo acadêmico apresentam complexidade sintática relativamente alta. Não equivalem a períodos simples, organizados a partir de um único verbo, nem são fundamentalmente constituídos a partir do processo sintático de coordenação de orações. Mesmo assim, todos eles, num primeiro nível de análise, podem ser esquadrinhados seguindo as mesmas linhas utilizadas para o período simples, ou seja, por meio do **modelo SVCA**, cujos constituintes principais são identificados por quatro cores recorrentes nos diagramas anteriormente apresentados:

S Sujeito	V Verbo	C Complemento verbal	A Adjunto adverbial

Isso posto, observe-se os diagramas referentes aos quatro períodos do resumo e, em seguida, a explanação analítica dos períodos:

	S	V	C	A
(1)	Ancorado nos estudos de gênero e teoria queer, o presente trabalho	objetiva	problematizar como a marcação social da homossexualidade é instituída por intermédio de práticas escolares da Educação Física.	
(2)	relatos da realização de seis entrevistas semiestruturadas com jovens adultos, que se autorreconheceram como homossexuais, acerca de suas experiências em aulas de educação física.	Apresentam-se		
(3)	Os resultados	permitem	problematizar o fato de que as sexualidades não heterossexuais são estigmatizadas e inseridas em relações hierárquicas nas quais jovens homossexuais são alvo constante de manifestações de preconceito que negativizam suas expressões desejantes.	
(4)	A compreensão sobre algumas práticas corporais na perspectiva dicotômica do gênero, como as esportivas,	reitera	o processo de construção cultural das masculinidades e feminilidades,	relegando as homossexualidades ao âmbito das "ininteligibilidades" sociais.

Todos os constituintes destacados nos diagramas (1) a (4) são relativamente extensos e contêm um ou mais verbos. São constituintes que equivalem, portanto, a uma ou mais orações. Funcionam como:

- o sujeito e o complemento verbal do período (1);
- o sujeito do período (2);
- o complemento verbal do período (3);
- e o adjunto adverbial do período (4).

A organização de períodos por meio desse tipo de constituinte em que um verbo se faz presente já apareceu nesta gramática (v. seção 2.5). Finalmente, a partir deste capítulo, os processos sintáticos aí envolvidos serão explorados, com ênfase na organização interna desses constituintes complexos — denominados **orações subordinadas** — e no modo como eles se encaixam nos outros constituintes de seus respectivos períodos.

Os materiais didáticos e as aulas de língua portuguesa nas escolas brasileiras costumam ensinar "orações subordinadas" — quando as ensinam — enfatizando a memorização de uma terminologia extensa, confusa e desnecessária tanto à compreensão dos processos de subordinação em si quanto à sua utilidade nas práticas de produção escrita. O resultado disso costuma ser pedagogicamente improdutivo.

Como era de se esperar, dada sua abordagem teórico-metodológica (v. seção 1.7), esta gramática foge da pedagogia tradicional na lida com os processos sintáticos de subordinação. Desse modo, os capítulos que versam sobre subordinação de orações também executam uma proposta de estudo condizente com o **modelo SVCA**, central à nossa abordagem gramatical.

A proposta se baseia num aparato categorial razoavelmente simplificado e modificado em relação à proposta tradicional, além de seguir procedimentos de análise um tanto diferenciados. Assim, por exemplo, este capítulo e os dois seguintes abordam, respectivamente, um tipo de oração subordinada que corresponde a um dos três constituintes principais que acompanham o verbo de um período:

S **oração subjetiva**	V ---	C **oração completiva**	A **oração adverbial**

7.2 SUJEITO EM FORMA DE ORAÇÃO

O primeiro processo de subordinação de orações resulta na chamada **oração subordinada subjetiva** ou simplesmente **oração subjetiva**.

Quando se consegue identificar com facilidade os diferentes tipos de constituinte de um período simples, não há dificuldade em visualizar uma oração subjetiva. Isso porque esse tipo de oração atua sintaticamente como **sujeito** de um período complexo:

Sujeito em forma de oração → **oração subjetiva**

Seguem análises de alguns exemplos:

(5) É evidente <u>a existência de diferentes níveis de análise para uma compreensão mais global da homofobia</u>.

O período (5) é um período simples, visto apresentar apenas uma forma verbal: "É". Seu sujeito é o constituinte sublinhado "a existência de diferentes níveis de análise para uma compreensão mais global da homofobia"; seu complemento, o constituinte "evidente". Eis o período na ordem direta, SVC:

(5a) <u>A existência de diferentes níveis de análise para uma compreensão mais global da homofobia</u> é evidente.

Para deixar claro que "A existência de diferentes níveis de análise para uma compreensão mais global da homofobia" é o sujeito do período (5a) e, consequentemente, do período (5), pode-se aplicar, em (5a), o *teste da pronominalização* (v. capítulo 4) no constituinte sublinhado:

(5b) Isso é evidente.

Não há dúvidas agora que "Isso" é o sujeito do período (5b). Logo, o constituinte "a existência de diferentes níveis de análise para uma compreensão mais global da homofobia" é o sujeito em (5a) e (5). Mais uma vez: as três estruturas — (5), (5a) e (5b) — são períodos simples.

De volta ao período (5), observe-se que o núcleo de seu sujeito é o substantivo "existência", em negrito:

(5) É evidente a **existência** de diferentes níveis de análise para uma compreensão mais global da homofobia.

A transformação desse substantivo, núcleo do sujeito do **período simples** (5), num verbo cognato (isto é, semelhante em forma e sentido ao substantivo), resulta em:

(5c) É evidente que **existem** diferentes níveis de análise para uma compreensão mais global da homofobia.

O período (5c) é um **período complexo**, com duas formas verbais: "É" e "existem". Ora, se em (5) o sujeito é o constituinte sublinhado "a existência de diferentes níveis de análise para uma compreensão mais global da homofobia", por meio do *teste da substituição* se pode constatar que, em (5c), o sujeito é o constituinte, também sublinhado, "que existem diferentes níveis de análise para uma compreensão mais global da homofobia". A simetria dos diagramas dos dois períodos ratifica essa análise:

(5)	É	evidente	a **existência** de diferentes níveis de análise para uma compreensão mais global da homofobia.
(5c)	É	evidente	que **existem** diferentes níveis de análise para uma compreensão mais global da homofobia.

No período complexo (5c), portanto, o constituinte "que existem diferentes níveis de análise para uma compreensão mais global da homofobia" é:

- uma ORAÇÃO, pois contém a forma verbal "existem";
- uma oração SUBORDINADA, pois depende sintaticamente do período complexo do qual é constituinte, ou seja, funciona como um dos constituintes principais do período complexo;
- uma oração subordinada SUBJETIVA, pois funciona como sujeito (do latim *subjectus*) do período complexo.

Em síntese, uma **oração subordinada subjetiva** (ou apenas **oração subjetiva**) é um constituinte que se encaixa sintaticamente num período incompleto (em que falta o sujeito), para desempenhar justamente a função de sujeito desse período, transformando-o num período complexo.

Nesta gramática, esse período incompleto é designado **estrutura matriz**. No período complexo (5c), a estrutura matriz é formada pelos constituintes VC, ou seja, “É evidente”. O processo de encaixamento pode ser visualizado na seguinte figura:

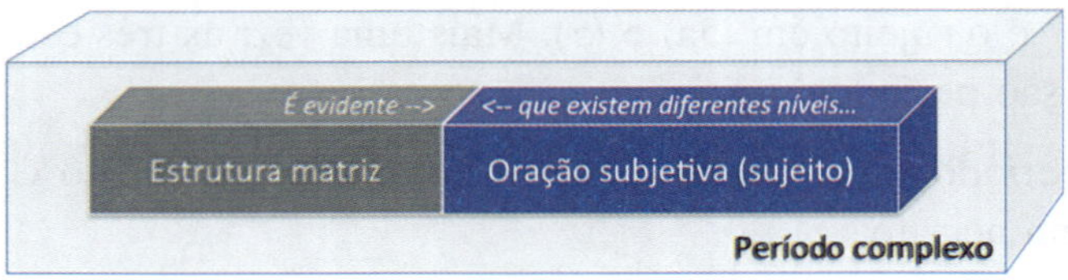

Para que uma oração funcione como uma oração subjetiva, é comum a presença de um **conectivo** que encaixa a oração em sua estrutura matriz. Em (5c), o conectivo em questão é a conjunção **“que”**, sem dúvida o conectivo mais frequente nos processos de subordinação desse tipo.

Seguem mais dois exemplos de orações subjetivas introduzidas pela conjunção “que” e seus respectivos diagramas:

(6) Ficou notório **que** as marcações sociais de diferenças de gênero e sexualidade por intermédio das práticas pedagógicas da Educação Física instituem relações conflituosas.

(7) Convém **que** o pesquisador identifique a reprodução opressora da heteronormatividade nos conteúdos da disciplina Educação Física.

	Estrutura matriz		Oração subjetiva
(6)	Ficou	notório	**que** as marcações sociais de diferenças de gênero e sexualidade por intermédio das práticas pedagógicas da Educação Física instituem relações conflituosas.
(7)	Convém		**que** o pesquisador identifique vestígios da contribuição à reprodução da heteronormatividade nos conteúdos da disciplina Educação Física.

Não há vírgula separando a estrutura matriz da oração subjetiva, mesmo que esta oração, sendo sujeito, esteja na ordem invertida: VCS, no período (6), ou VS, no período (7). Essa é uma importante convenção sintática que deve ser guardada, a fim de evitar escritas como:

(6a) *Ficou notório**,** que as marcações sociais de diferenças de gênero e sexualidade por intermédio das práticas pedagógicas da Educação Física instituem relações conflituosas.

(7a) *Convém**,** que o pesquisador identifique a reprodução opressora da heteronormatividade nos conteúdos da disciplina Educação Física.

7.3 ESTRUTURA INTERNA DAS ORAÇÕES SUBJETIVAS

As orações subjetivas dos períodos complexos (5c), (6) e (7), descritas anteriormente, têm sua própria estrutura interna, cujos constituintes principais também são analisáveis por meio do modelo SVCA.

Observe-se, de início, a delimitação dos constituintes principais da oração subjetiva do período complexo (5c). Essa oração não está na ordem direta, mas sim na ordem VSA, conforme indica o diagrama a seguir, que delimita os constituintes da oração subjetiva no interior do constituinte S do período (5c):

<table>
<tr><th colspan="3">Período complexo (5c)</th></tr>
<tr><th>V</th><th>C</th><th>S</th></tr>
<tr><td>É</td><td>evidente</td><td>
<table>
<tr><th colspan="4">Oração subjetiva</th></tr>
<tr><th></th><th>V</th><th>S</th><th>A</th></tr>
<tr><td>que</td><td>existem</td><td>diferentes níveis de análise</td><td>para uma compreensão mais global da homofobia.</td></tr>
</table>
</td></tr>
</table>

Por sua vez, as orações subjetivas dos períodos (6) e (7) estão na ordem direta. Seus constituintes estão distribuídos na sequência SVC e SVCA, respectivamente. Eis os diagramas da estrutura interna dessas orações:

<table>
<tr><th colspan="3">Período complexo (6)</th></tr>
<tr><th>V</th><th>C</th><th>S</th></tr>
<tr><td>Ficou</td><td>notório</td><td>
<table>
<tr><th colspan="4">Oração subjetiva</th></tr>
<tr><th></th><th>S</th><th>V</th><th>C</th></tr>
<tr><td>que</td><td>as marcações sociais de diferenças de gênero e sexualidade por intermédio das práticas pedagógicas da Educação Física</td><td>instituem</td><td>relações conflituosas.</td></tr>
</table>
</td></tr>
</table>

<table>
<tr><th colspan="2">Período complexo (7)</th></tr>
<tr><th>V</th><th>S</th></tr>
<tr><td>Convém</td><td>
<table>
<tr><th colspan="5">Oração subjetiva</th></tr>
<tr><th></th><th>S</th><th>V</th><th>C</th><th>A</th></tr>
<tr><td>que</td><td>o pesquisador</td><td>identifique</td><td>vestígios da contribuição à reprodução da heteronormatividade</td><td>nos conteúdos da disciplina Educação Física.</td></tr>
</table>
</td></tr>
</table>

Esses três diagramas conseguem mostrar que os constituintes das orações subjetivas estão num nível sintático inferior ao nível dos constituintes principais do período complexo. É nisso que consiste a ideia de **subordinação**.

Por fim, pode-se eliminar o conectivo "que" das orações subjetivas dos períodos (5c) e (6) e verificar que, sem ele, essas orações se sustentam como períodos sintaticamente independentes e bem formados:

- ORAÇÃO SUBJETIVA DO PERÍODO (5C):
  Existem diferentes níveis de análise para uma compreensão mais global da homofobia.
- ORAÇÃO SUBJETIVA DO PERÍODO (6):
  As marcações sociais de diferenças de gênero e sexualidade por intermédio das práticas pedagógicas da Educação Física instituem relações conflituosas.

Curiosamente, o mesmo não acontece com a oração subjetiva do período (7): com a retirada do conectivo "que", o período simples resultante se revela agramatical:

- ORAÇÃO SUBJETIVA DO PERÍODO (7):
  *O pesquisador identifique vestígios da contribuição à reprodução da heteronormatividade nos conteúdos da disciplina Educação Física.

Ora, se as transformações operadas nas três orações subjetivas foram as mesmas — precisamente a retirada do conectivo "que" —, por que isolar as orações subjetivas dos períodos (5c) e (6) resulta em estruturas sintaticamente bem formadas e isolar a oração subjetiva do período (7) resulta numa estrutura agramatical?

A resposta para essa questão pode ser encontrada nos **modos** dos verbos que compõem as três orações subjetivas. Ao isolar a oração subjetiva do período (7), sua gramaticalidade decorre da incompatibilidade da forma verbal "identifique", no **modo subjuntivo**, com a estruturação de um período simples. Por sua vez, as formas verbais "existem" e "instituem", no **modo indicativo**, possibilitam a boa formação das orações subjetivas dos períodos (5c) e (6), quando isoladas.

É importante, então, desenvolver brevemente algumas reflexões sobre a distinção entre os modos indicativo e subjuntivo na estruturação das orações subjetivas.

7.4 MODOS VERBAIS NAS ORAÇÕES SUBJETIVAS

Antes de tudo, é importante diferenciar uma forma verbal conjugada no modo indicativo de uma forma verbal conjugada no modo subjuntivo. O quadro a seguir exemplifica os paradigmas de conjugação de dois tempos verbais (*pre-*

sente e *pretérito imperfeito*) da modalidade escrita formal do português brasileiro contemporâneo:

Indicativo		Subjuntivo	
Presente	**Pretérito imperfeito**	**Presente**	**Pretérito imperfeito**
eu identifico	eu/você/ela/ele identificava	**que** eu/você/ela/ele identifique	**se** eu/você/ela/ele identificasse
você/ela/ele identifica			
nós identificamos	nós identificávamos	**que** nós identifiquemos	**se** nós identificássemos
vocês/elas/eles identificam	vocês/elas/eles identificavam	**que** vocês/elas/eles identifiquem	**se** vocês/elas/eles identificassem

Geralmente, por garantir um fato objetivo, o modo indicativo é próprio (mas não exclusivo) dos períodos simples, caracterizados por conter apenas um verbo ou locução verbal. Já o modo subjuntivo é habitual nas orações subjetivas (e completivas – v. capítulo 8) dos períodos complexos por subordinação.

Nas duas últimas colunas do quadro acima, referentes ao modo subjuntivo, os conectivos "que" e "se" introduzem as formas verbais do presente e do pretérito imperfeito, respectivamente. Essa é uma boa maneira de deduzir as formas verbais do modo subjuntivo, uma vez que elas costumam aparecer em estruturas subordinadas introduzidas por essas duas conjunções. Portanto, para lembrar a conjugação no modo subjuntivo de um determinado verbo, convém conjugá-lo acrescentando "que" ou "se" no início do processo. Por exemplo, com o verbo analisar: "que eu analise", "que você analise", "que nós analisemos", "que eles analisem" (presente); "se eu analisasse", "se você analisasse", "se nós analisássemos", "se eles analisassem" (pretérito imperfeito).

Mas não são todas as orações subjetivas (nem completivas) que são estruturadas a partir de uma forma verbal no modo subjuntivo. Isso ficou evidente quando foram comparados os períodos complexos (5c), (6) e (7), repetidos a seguir, nos quais as formas verbais das orações subjetivas (sublinhadas) aparecem no modo indicativo em (5c) e (6), e no modo subjuntivo em (7):

(5c) É evidente que **existem** diferentes níveis de análise para uma compreensão mais global da homofobia.

(6) Ficou notório que as marcações sociais de diferenças de gênero e sexualidade por intermédio das práticas pedagógicas da Educação Física **instituem** relações conflituosas.

(7) Convém que o pesquisador **identifique** a reprodução opressora da heteronormatividade nos conteúdos da disciplina Educação Física.

Na estruturação de orações subjetivas, há alguma regra para o uso da forma verbal no modo indicativo ou no modo subjuntivo?

Não há uma regra absoluta, mas uma tendência. A ciência linguística afirma que a semântica da estrutura matriz tende a comandar o modo (e o tempo) do verbo da oração subordinada, numa espécie de **correlação modo-temporal**.

Em linhas gerais, a estrutura matriz que **declara** ou **assevera** algo, como "É evidente" em (5c), ou "Ficou notório" em (6), vai demandar o modo indicativo na forma verbal da oração subordinada — respectivamente, "existem" e "instituem". Já as estruturas matrizes que **não asseveram**, mas **supõem** ou **desejam**, como "convém" em (7), determinam o modo subjuntivo na forma verbal da oração subordinada — no caso, "identifique". Em síntese:

Estrutura matriz que DECLARA/ASSEVERA → oração subjetiva no MODO INDICATIVO
Estrutura matriz que DESEJA/SUPÕE → oração subjetiva no MODO SUBJUNTIVO

Essa explicação pode resultar numa outra boa pergunta: é preciso, então, observar esse aspecto semântico da estrutura matriz para escrever adequadamente um período complexo?

Não necessariamente. Essa regularidade gramatical que opõe os modos indicativo e subjuntivo está estabelecida na fala cotidiana dos brasileiros, de maneira que não costumamos ter dificuldade, mesmo na escrita, em selecionarmos a forma verbal adequada em modo (indicativo ou subjuntivo) à oração subjetiva.

No teste a seguir, a troca do modo indicativo pelo modo subjuntivo (ou vice-versa) das formas verbais das orações subjetivas nos períodos (5c), (6) e (7) resulta na agramaticalidade desses períodos, provocada pelas novas formas verbais em negrito:

(5d) *É evidente que **existam** diferentes níveis de análise para uma compreensão mais global da homofobia.

(6a) *Ficou notório que as marcações sociais de diferenças de gênero e sexualidade por intermédio das práticas pedagógicas da Educação Física **instituam** relações conflituosas.

(7a) *Convém que o pesquisador **identifica** a reprodução opressora da heteronormatividade nos conteúdos da disciplina Educação Física.

Para deixar ainda mais claro, a estrutura matriz dos períodos (5d) e (6a) foram substituídas, a seguir, por estruturas não asseverativas, que denotam, por exemplo, probabilidade ou suposição:

(5e) **É provável** que **existam** diferentes níveis de análise para uma compreensão mais global da homofobia.

(6b) **É presumível** que as marcações sociais de diferenças de gênero e sexualidade por intermédio das práticas pedagógicas da Educação Física **instituam** relações conflituosas.

Com essa substituição, os períodos deixaram de ser agramaticais. Com efeito, a própria forma verbal "Convém", presente em (7a), por seu caráter sugestivo, não asseverativo, também poderia funcionar como substituto das estruturas matrizes dos períodos (5d) e (6a) e lhes trazer, por conseguinte, gramaticalidade:

(5f) **Convém** que **existam** diferentes níveis de análise para uma compreensão mais global da homofobia.

(6c) **Convém** que as marcações sociais de diferenças de gênero e sexualidade por intermédio das práticas pedagógicas da Educação Física **instituam** relações conflituosas.

O contrário pode ser feito com o período (7a), isto é, a substituição da forma verbal "Convém" pelas estruturas matrizes "É evidente" e "Ficou notório", que introduzem asseverações:

(7b) **É evidente** que o pesquisador **identifica** a reprodução opressora da heteronormatividade nos conteúdos da disciplina Educação Física.

(7c) **Ficou notório** que o pesquisador **identifica** a reprodução opressora da heteronormatividade nos conteúdos da disciplina Educação Física.

Agora, os períodos (7b) e (7c) são também períodos complexos bem formados, dessa vez contendo orações subjetivas com formas verbais no indicativo, não mais no subjuntivo.

Todavia, é oportuno ter em mente que, muitas vezes, encaixada numa mesma estrutura matriz, a oração subjetiva pode apresentar sua forma verbal tanto no modo subjuntivo quanto no modo indicativo, embora a presença de uma ou de outra forma dote o período de significados distintos:

(8) Importa que alguns países árabes, como o Líbano, **são** menos repressivos à homossexualidade, pois nossa próxima experiência turística será nesse país.

(8a) Importa que alguns países árabes, como o Líbano, **sejam** menos repressivos à homossexualidade, pois nossa próxima experiência turística será nesse país.

É clara a diferença de sentido entre os períodos (8) e (8a). No primeiro, em que a forma verbal da oração subjetiva está no **modo indicativo** (*são*), é **declarado/asseverado** que alguns países árabes são menos repressivos à homossexualidade, sendo o Líbano citado como exemplo; já no segundo período, em que a forma verbal da oração subjetiva está no **modo subjuntivo** (*sejam*), se expressa uma espécie de **desejo/vontade** de que alguns países árabes sejam menos repressivos à homossexualidade, dada uma futura experiência turística no Líbano.

7.5 ORAÇÕES SUBJETIVAS REDUZIDAS DE INFINITIVO

Uma oração subjetiva costuma se encaixar numa estrutura matriz de um período complexo de acordo com o seguinte modelo (o constituinte A também pode vir em outras posições da estrutura matriz):

ESTRUTURA MATRIZ (A) V (C)	ORAÇÃO SUBJETIVA conectivo "que/se" + forma verbal no indicativo ou subjuntivo

Um bom exemplo é o período (9), que contém duas orações subjetivas, constituídas pelas formas verbais "faz" e "figura" e coordenadas pela conjunção "e":

(9) No Ocidente, é inegável que a homofobia já faz parte dos vocabulários popular e acadêmico e que figura na imprensa nacional em quase todas as discussões sobre o tema.

Esse período será reproduzido abaixo com:

- as duas orações subjetivas sublinhadas e numeradas;
- a elipse da expressão "a homofobia" marcada pelo símbolo Ø;
- as duas ocorrências do conectivo "que" e as formas verbais de cada oração subjetiva destacadas em negrito.

Assim:

(9) No Ocidente, é inegável **que** a homofobia já **faz** parte dos vocabulários popular e acadêmico[1] e **que** Ø **figura** na imprensa nacional em quase todas as discussões sobre o tema[2].

Existe, porém, uma maneira mais sintética de subordinar a uma estrutura matriz orações subjetivas como estas presentes no período (9). Compare-se (9) ao período (9a):

(9a) No Ocidente, é inegável a homofobia já **fazer** parte dos vocabulários popular e acadêmico[1] e Ø **figurar** na imprensa nacional em quase todas as discussões sobre o tema[2].

No período (9a), as duas ocorrências da conjunção "que" foram eliminadas e os verbos das orações subjetivas (*faz* e *figura*), colocados em suas formas no infinitivo (*fazer* e *figurar*). As orações subjetivas resultantes dessas operações costumam ser chamadas de **orações subjetivas reduzidas de infinitivo**.

As duas possibilidades sintáticas da oração subjetiva — **com conectivo** ou **reduzida de infinitivo** — são equivalentes do ponto de vista semântico. A diferença entre elas repousa apenas no estilo, no gosto pessoal do escritor. Alguns podem dizer que a ausência da conjunção "que" e a presença do verbo no infinitivo tornam a escrita mais elegante; outros, que a presença do "que" dá mais clareza ao período. Ambas, contudo, estão sintaticamente corretas.

Eis outros exemplos:

(5c) É evidente **que existem** diferentes níveis de análise para uma compreensão mais global da homofobia.

(5g) É evidente **existirem** diferentes níveis de análise para uma compreensão mais global da homofobia.

(6) Ficou notório **que** as marcações sociais de diferenças de gênero e sexualidade por intermédio das práticas pedagógicas da Educação Física **instituem** relações conflituosas.

(6d) Ficou notório as marcações sociais de diferenças de gênero e sexualidade por intermédio das práticas pedagógicas da Educação Física **instituírem** relações conflituosas.

(7) Convém **que** o pesquisador **identifique** a reprodução opressora da heteronormatividade nos conteúdos da disciplina Educação Física.

(7d) Convém o pesquisador **identificar** a reprodução opressora da heteronormatividade nos conteúdos da disciplina Educação Física.

(8) Importa **que** alguns países árabes, como o Líbano, **são** menos repressivos à homossexualidade.

(8b) Importa alguns países árabes, como o Líbano, **serem** menos repressivos à homossexualidade.

Os quatro pares acima apresentam, no primeiro período, uma oração subjetiva desenvolvida com o conectivo "que" e, no segundo período, sua respectiva contraparte reduzida de infinitivo. A forma verbal no infinitivo deve concordar em número (singular ou plural) com o núcleo do sujeito que lhe é correspondente (atente aos núcleos sublinhados). Por isso, os infinitivos nos períodos (5g), (6d) e (8b) estão no plural (*existirem níveis*, *marcações instituírem*, *países serem*, respectivamente) e o infinitivo no período (7d), no singular (*pesquisador identificar*).

Para maior clareza e ratificação das análises, seguem, em diagramas, esses quatro períodos compostos por orações subjetivas reduzidas de infinitivo (5g, 6d, 7d e 8b). As orações subjetivas, por corresponderem ao constituinte S do período, aparecem nas células azuis:

(5g)	É	evidente	**existirem** diferentes níveis de análise para uma compreensão mais global da homofobia.

(6d)	Ficou	notório	as marcações sociais de diferenças de gênero e sexualidade por intermédio das práticas pedagógicas da Educação Física **instituírem** relações conflituosas.

(7d)	Convém	o pesquisador **identificar** a reprodução opressora da heteronormatividade nos conteúdos da disciplina Educação Física.

(8b)	Importa	alguns países árabes, como o Líbano, **serem** menos repressivos à homossexualidade.

Abaixo, eis outro diagrama para o período complexo (5g). Dessa vez, esta representação particulariza os constituintes da oração subjetiva reduzida de infinitivo, numa dimensão interna em relação aos demais constituintes do período:

<table>
<tr><th colspan="3">Período complexo (5g)</th></tr>
<tr><th>V</th><th>C</th><th>S</th></tr>
<tr><td>É</td><td>evidente</td><td>
<table>
<tr><th colspan="3">Oração subjetiva reduzida de infinitivo</th></tr>
<tr><th>V</th><th>S</th><th>A</th></tr>
<tr><td>existirem</td><td>diferentes níveis de análise</td><td>para uma compreensão mais global da homofobia.</td></tr>
</table>
</td></tr>
</table>

O domínio consciente da delimitação de constituintes e das possibilidades parafrásticas envolvendo orações subjetivas tende a enriquecer a competência do escritor para estruturar adequadamente períodos e, por conseguinte, textos.

7.6 ORAÇÕES SUBJETIVAS INTRODUZIDAS POR INFINITIVO SEM SUJEITO

Orações subjetivas também podem constituir períodos complexos da seguinte maneira:

(10) Reconhecer a categoria de gênero **permite** a percepção de privilégios e desfavorecimentos numa sociedade estruturalmente machista.

A oração sublinhada no período (10) é sujeito da forma verbal em negrito, "permite". Trata-se, portanto, de uma **oração subjetiva**.

A forma verbal dessa oração subjetiva, "Reconhecer", está no infinitivo. Isso não faz dela, todavia, uma *oração subjetiva reduzida de infinitivo*. Ela é, na verdade, uma **oração subjetiva introduzida por infinitivo sem sujeito**.

Diferentemente da oração subjetiva reduzida de infinitivo, a oração subjetiva introduzida por infinitivo sem sujeito:

a. não pode ser parafraseada numa oração subjetiva com conectivo "que" ou "se", a risco de tornar o período agramatical:

(10a) *Que se reconhece a categoria de gênero **permite** a percepção de privilégios e desfavorecimentos numa sociedade estruturalmente machista.

(10b) *Se se reconhece a categoria de gênero **permite** a percepção de privilégios e desfavorecimentos numa sociedade estruturalmente machista.

b. tende, em geral, a iniciar o período complexo e anteceder a forma verbal que atua como constituinte principal do período (no caso, "permite"), resultando na ordem SV. Uma eventual inversão (VS) pode gerar agramaticalidade ou mudança de sentido (embora seja possível em alguns contextos):

(10c) ***Permite** reconhecer a categoria de gênero a percepção de privilégios e desfavorecimentos numa sociedade estruturalmente machista.

(10d) ***Permite** a percepção de privilégios e desfavorecimentos numa sociedade estruturalmente machista reconhecer a categoria de gênero.

c. apresenta uma forma verbal no infinitivo destituída de sujeito, relacionável em forma e sentido a um substantivo: no caso em análise, "reconhecer" e "reconhecimento". Valendo-se dessa relação de semelhança, observe-se uma possível paráfrase para o período complexo (10), transformado, em (10e), num período simples:

(10e) O **reconhecimento** da categoria de gênero **permite** a percepção de privilégios e desfavorecimentos numa sociedade estruturalmente machista.

Eis os diagramas para os períodos (10) e (10e):

(10)	**Reconhecer** a categoria de gênero	permite	a percepção de privilégios e desfavorecimentos numa sociedade estruturalmente machista.

(10e)	O **reconhecimento** da categoria de gênero	permite	a percepção de privilégios e desfavorecimentos numa sociedade estruturalmente machista.

Mais uma vez, as duas possibilidades de estruturação do sujeito são sintaticamente possíveis. A primeira equivale a um período complexo cujo sujeito é uma **oração subjetiva**; a segunda, a um período simples, cujo sujeito é uma **expressão nominal**. Apropriar-se dessa variação sintática aumenta as possibilidades de estruturação consciente dos períodos de um texto escrito.

Por fim, vale apresentar o diagrama do período complexo (10), em que também são delimitados os constituintes da oração subjetiva introduzida por infinitivo sem sujeito:

<table>
<tr><th colspan="4">Período complexo (10)</th></tr>
<tr><th colspan="2">S</th><th>V</th><th>C</th></tr>
<tr><td colspan="2">Oração subjetiva</td><td rowspan="3">permite</td><td rowspan="3">a percepção de privilégios e desfavorecimentos numa sociedade estruturalmente machista.</td></tr>
<tr><td>V</td><td>C</td></tr>
<tr><td>Reconhecer</td><td>a categoria de gênero</td></tr>
</table>

7.7 ORAÇÕES SUBJETIVAS INTRODUZIDAS POR ELEMENTO INTERROGATIVO

Tal qual uma oração subjetiva introduzida por infinitivo sem sujeito, uma **oração subjetiva introduzida por elemento interrogativo**, como “o que” ou “quem”, pode vir posicionada no início de um período complexo:

(11) O que as entidades estão reivindicando **poderá propiciar** aos estudantes oportunidades de respeito aos seus corpos e aos corpos das demais pessoas.

A locução verbal “poderá propiciar” é o constituinte V principal do período complexo (11). Seu sujeito é o constituinte sublinhado “O que as entidades estão reivindicando”. Nele há outra locução verbal (*estão reivindicando*). Trata-se, portanto, de uma oração subjetiva:

<table>
<tr><th colspan="6">Período complexo (11)</th></tr>
<tr><th colspan="3">S</th><th>V</th><th>C = OI</th><th>C = OD</th></tr>
<tr><td colspan="3">Oração subjetiva introduzida por elemento interrogativo</td><td rowspan="3">poderá propiciar</td><td rowspan="3">aos estudantes</td><td rowspan="3">oportunidades de respeito aos seus corpos e aos corpos das demais pessoas.</td></tr>
<tr><td>C</td><td>S</td><td>V</td></tr>
<tr><td>O que</td><td>as entidades</td><td>estão reivindicando</td></tr>
</table>

Vale ressaltar, em (11), o complemento duplo da locução verbal “poderá propiciar”: o objeto indireto (OI) “aos estudantes” e o objeto direto (OD) “oportunidades de respeito aos seus corpos e aos corpos das demais pessoas”. Os complementos exigidos pelo verbo “propiciar” advêm do esquema sintático “propiciar algo a alguém” ou “propiciar a alguém algo” — em geral, a ordem não é importante e os objetos direto e indireto são intercambiáveis na estrutura.

Eis mais um exemplo, agora com a palavra interrogativa “quem” encabeçando a oração subjetiva:

(12) Quem leu o livro **deve se lembrar** das mulheres brasileiras, na década de 1930, sem plenos direitos políticos, como, por exemplo, o direito ao voto.

Os constituintes principais do período complexo (12) são o sujeito oracional sublinhado — ou seja, uma oração subjetiva —, a locução verbal em negrito e seu complemento, introduzido pela preposição "de". O diagrama permite visualizar, com mais clareza, outros aspectos estruturais desse período:

<table>
<tr><th colspan="3">Período complexo (12)</th></tr>
<tr><th>S</th><th>V</th><th>C</th></tr>
<tr><td><table><tr><th colspan="3">Oração subjetiva introduzida por elemento interrogativo</th></tr><tr><th>S</th><th>V</th><th>C</th></tr><tr><td>Quem</td><td>leu</td><td>o livro</td></tr></table></td><td>deve se lembrar</td><td>das mulheres brasileiras, na década de 1930, sem plenos direitos políticos, como, por exemplo, o direito ao voto.</td></tr>
</table>

Atente-se ao extenso complemento verbal "das mulheres brasileiras, na década de 1930, sem plenos direitos políticos, como, por exemplo, o direito ao voto". Esse complemento apresenta, em sua estrutura interna, dois adjuntos adverbiais delimitados por vírgulas, os quais *não* funcionam como constituintes principais do período. Dito de outro modo, **esses adjuntos adverbiais são constituintes do complemento verbal do período, e não do próprio período**. Essa particular estrutura sintática do complemento verbal do período (11) é representada no seguinte diagrama:

<table>
<tr><th colspan="4">C</th></tr>
<tr><td>das mulheres brasileiras</td><td>, na década de 1930,</td><td>sem plenos direitos políticos</td><td>, como, por exemplo, o direito ao voto</td></tr>
</table>

Voltando aos diagramas dos períodos complexos (11) e (12), é clara a natureza subordinada de uma oração subjetiva, pois os constituintes dessa oração formam, em seu todo, um dos constituintes principais do período, o sujeito.

Uma diferença entre a oração subjetiva do período (11) e a oração subjetiva do período (12) está na ordem de seus respectivos constituintes: em (11), há uma oração subjetiva na sequência CSV; já em (12), a oração subjetiva está na ordem direta SVC. Isso porque o elemento interrogativo "o que", que introduz a oração subjetiva em (11), é o complemento verbal da oração, ao passo que o elemento interrogativo "quem", que abre a oração subjetiva do período (12), é o sujeito da oração:

C	S	V	C
o que	as entidades	estão reivindicando	
isso	as entidades	estão reivindicando	
	as entidades	estão reivindicando	isso

S	V	C
quem	leu	o livro
ela	leu	o livro

Por fim, cabem mais duas observações sobre as orações subjetivas introduzidas por elementos interrogativos.

Primeiramente: uma oração subjetiva desse tipo, se for separada dos outros constituintes do período complexo, equivale à mesma estrutura de um **período interrogativo simples e perfeito**: em (11), temos "O que as entidades estão reivindicando?"; em (12), "Quem leu o livro?". Ter isso em mente poderá evitar desvios comuns de pontuação. E aqui já se apresenta a segunda observação.

Talvez por sua completude estrutural, uma oração subjetiva introduzida por elemento interrogativo costuma ser entoada na fala com uma leve pausa entre ela e o verbo principal do período complexo:

(11) O que as entidades estão reivindicando **[pausa]** poderá propiciar...

(12) Quem leu o livro **[pausa]** deve se lembrar...

Esse fenômeno acaba sugerindo que há uma vírgula entre esse tipo de oração subjetiva e o verbo ou locução verbal do qual ele é sujeito. Entretanto, a vírgula não se justifica, uma vez que a relação sujeito/verbo está na ordem direta (SV) e não há nenhum constituinte inserido entre os dois.

Portanto, períodos complexos como "Quem viu viu", "Quem sabe sabe", "Quem viver verá", "Quem avisa amigo é", "Quem desdenha quer comprar", já cristalizados em nossos usos linguísticos como fórmulas prontas ou mesmo provérbios, seguem o mesmo procedimento de composição dos períodos (11) e (12), não havendo, por esta razão, vírgulas após seus respectivos sujeitos:

(13)

Quem viu	viu.

(14)

Quem sabe	sabe.

(15)

Quem viver	verá.

(16)

Quem avisa	amigo	é.

(17)

Quem desdenha	quer	comprar.

7.8 VOZ ATIVA E VOZ PASSIVA

Nesta gramática, a expressão "voz passiva" já foi rapidamente mencionada (v. seção 3.2), mas o fenômeno sintático não chegou a ser desenvolvido.

Voz é a forma sintática que a oração ou o período assumem para atribuir uma função semântica ao sujeito: função de **agente**, quando na **voz ativa**; ou função de **paciente**, quando na **voz passiva**.

São várias as funções semânticas do sujeito. Aqui, elas aparecem reduzidas a duas: agente e paciente. Trabalhar com esse par é suficiente ao tipo e à finalidade da análise sintática que se explora nesta gramática.

Para maior clareza entre as oposições "função semântica agente e função semântica paciente" e "voz ativa e voz passiva", segue, primeiramente, a análise de uma estrutura na **voz ativa**:

(18) Um incidente violento entre a polícia e frequentadores gays e travestis de um bar em Nova York iniciou uma nova fase do ativismo.

A estrutura (18) é um período simples, formado por apenas uma oração na **voz ativa**. O período está na ordem direta SVC. Seu sujeito tem função semântica, isto é, tem sentido de **agente**: afinal, foi "um incidente violento entre a polícia e frequentadores gays e travestis de um bar em Nova York" que "iniciou uma nova fase do ativismo". A ação executada pelo sujeito-agente é a ação de "iniciar" alguma coisa.

O diagrama abaixo delimita os principais constituintes do período (18):

(18)	Um incidente violento entre a polícia e frequentadores gays e travestis de um bar em Nova York	iniciou	uma nova fase do ativismo.

Esse período pode ser reorganizado com o complemento verbal "uma nova fase do ativismo" na posição de sujeito. Eis o resultado dessa manobra sintática:

(18a)	Uma nova fase do ativismo	foi iniciada	por um incidente violento entre a polícia e frequentadores gays e travestis de um bar em Nova York.

Assim como (18), o período (18a) é um período simples na ordem SVC. Ele também só tem um constituinte verbal: a locução "foi iniciada". A diferença é que esse período está estruturado na **voz passiva**. Isso porque seu sujeito, antes complemento verbal em (18), não é mais *agente* do verbo, mas sim **paciente**, o elemento que sofre a ação verbal. Em outras palavras, "uma nova fase do ativismo", embora sujeito, não "iniciou" alguma coisa, mas sim "foi iniciada" pelo agente "um incidente violento entre a polícia e frequentadores gays e travestis de um bar em Nova York", agora complemento do período.

Seguem, novamente, os dois diagramas, dessa vez com a especificação das funções semânticas *agente* e *paciente*:

(18)

S = Agente	V	C = Paciente
Um incidente violento entre a polícia e frequentadores gays e travestis de um bar em Nova York	iniciou	uma nova fase do ativismo.

(18a)

S = Paciente	V	C = Agente
Uma nova fase do ativismo	foi iniciada	por um incidente violento entre a polícia e frequentadores gays e travestis de um bar em Nova York.

Esse tipo de "complemento-agente" do período (18a) é denominado **agente da passiva** (v. seção 3.2). A razão desse nome é clara: todo agente da passiva é um complemento de uma locução verbal de uma oração ou de um período na voz passiva. O termo, portanto, reflete a semântica de agente do constituinte, e não sua sintaxe de complemento verbal.

Numa síntese diagramática, a transformação da voz ativa para a voz passiva sempre vai obedecer aos seguintes movimentos:

VOZ ATIVA	S^1 (agente)	V^1	C^1
VOZ PASSIVA	$C^1 = S^2$ (paciente)	V^2 = Locução Verbal (verbo *ser* + particípio de V^1)	por + $S^1 = C^2$ (agente da passiva)

Além de um sujeito-paciente e um complemento-agente, também fazem parte da voz passiva uma locução verbal e a preposição "por" introduzindo o agente da passiva.

O esquema anterior pode ser preenchido com outro exemplo de transformação de um período na voz ativa (19) para a voz passiva (19a):

(19)	O psicólogo G. Weinberg	propôs	o conceito de homofobia.
(19a)	O conceito de homofobia	foi proposto	pelo psicólogo G. Weinberg.

A contração da preposição "por" com o artigo "o" resulta na forma "pelo" do agente da passiva "pelo psicólogo G. Weinberg", no período (19a). Essa contração é intuitiva, mas tê-la em consciência pode ser importante ao estabelecimento de certos paralelismos sintáticos.

Como o próprio esquema parafrástico sugere, para que haja a transformação de um período na voz ativa para a voz passiva, o período na voz ativa deve apresentar:

- um verbo que exija complemento, ou seja, um **verbo transitivo** (afinal, se não houver complemento, este não poderá vir a ser sujeito);
- um complemento verbal sem preposição, ou seja, um **objeto direto**.

Se essas condições não forem estabelecidas, forçar a estrutura do período para a voz passiva leva-o à agramaticalidade:

(20) Os esforços políticos para promoção dos direitos dos homossexuais remontam à Europa do século XIX.

(20a) *À Europa do século XIX é remontada pelos esforços políticos para promoção dos direitos dos homossexuais.

A tentativa de transformar o período (20), que está na voz ativa, numa estrutura na voz passiva resultou na construção agramatical (20a), pois a forma verbal "remontam" requer, nessa acepção, um complemento preposicionado (*remontar **a** algum lugar e tempo*). Em outros termos, "remontam" não é um verbo transitivo direto (que solicita objeto direto), requisito fundamental ao movimento parafrástico "voz ativa → voz passiva".

Logo no início desta seção, foi dito que as funções semânticas do sujeito não se resumem a **agente** e **paciente**. Agora, esse ponto pode ser brevemente desenvolvido.

A rigor, nem sempre o sujeito de um verbo transitivo direto numa estrutura na voz ativa é um **agente**, assim como nem sempre o complemento do mesmo verbo na mesma estrutura é um **paciente**. Por exemplo:

(21) Ana ainda ama a ex-namorada.

No período (21), o sujeito "Ana" é mais um **experienciador** do que um agente, ou seja, é um elemento que experimenta um fenômeno interno, psicológico. Já o complemento "a ex-namorada" é mais um **estímulo** desencadeador do estado psicológico do sujeito do que um paciente. Afinal, "a ex-namorada" pode nem ter conhecimento do amor de "Ana", isto é, pode nem estar sendo afetada pela experiência de amar do sujeito.

Apesar dessas diferenças semânticas que envolvem as construções transitivas diretas na voz ativa, sua transformação em estruturas na voz passiva sempre será possível:

(22) A ex-namorada ainda é amada por Ana.

Diferenciar se o sujeito de uma oração na voz ativa é realmente agente ou não é uma preocupação possível das pesquisas linguísticas desenvolvidas sobre o tema.

Focar na oposição agente/paciente, contudo, é suficiente para compreender a **sintaxe** que possibilita esse tipo de transformação, revelada na estrutura:

S V C (sem preposição)

7.9 ORAÇÕES SUBJETIVAS EM CONSTRUÇÕES PASSIVAS

A **oração subjetiva em construção passiva** é mais um tipo de oração subjetiva presente em períodos complexos por subordinação:

(23) Na Rússia, apenas em 1993, foi decidido que a homossexualidade não seria considerada um crime.

Há duas locuções verbais no período (23): "foi decidido" e "não seria considerada". Trata-se, portanto, de um período complexo. Cada locução está vinculada a um sujeito específico. O sujeito da locução "seria considerada" é o constituinte "a homossexualidade", uma estrutura relativamente fácil de identificar, dada sua simplicidade composicional e sua posição canônica pré-verbal (SV). O teste da substituição (v. seção 4.2) confirma essa análise: a troca do constituinte "a homossexualidade" por outro no plural demandará, consequentemente, a pluralização da locução verbal "não seria considerada":

(23a) Na Rússia, apenas em 1993, foi decidido que diferentes orientações sexuais **não seriam consideradas** crime.

Voltando ao período (23), a identificação do sujeito da locução verbal "foi decidido" pode ser facilitada pela aplicação do teste da pronominalização (v. seção 4.3) ao trecho "que a homossexualidade não seria considerada um crime". Tal procedimento deixa claro que o sujeito da locução é uma oração subjetiva:

(23) Na Rússia, apenas em 1993, **foi decidido** <u>que a homossexualidade não seria considerada um crime</u>.

(23b) Na Rússia, apenas em 1993, **foi decidido** <u>isso</u>.

O par (23) e (23b) mostra que, se o pronome "isso" é o sujeito da locução verbal "foi decidido", o trecho "que a homossexualidade não seria considerada um crime" é também sujeito da mesma locução verbal. Ainda se pode confirmar que "isso" é, sim, esse sujeito, substituindo o pronome por um constituinte no plural, o que vai exigir a consequente pluralização da locução verbal:

(23c) Na Rússia, apenas em 1993, **foram decididas** <u>essas questões</u>.

Achados os respectivos sujeitos das locuções verbais do período (23) e constatando que um deles é uma oração subjetiva (*que a homossexualidade não seria considerada um crime*), pode-se estabelecer que a locução verbal que não faz parte da oração subjetiva (*foi decidido*) é o constituinte verbal principal do período complexo, assim delimitado:

(23)	Na Rússia,	apenas em 1993,	foi decidido	que a homossexualidade não seria considerada um crime.

Também é possível representar o período complexo (23) num diagrama que detalha, além dos constituintes principais do período complexo, os constituintes da oração subjetiva:

<table>
<tr><th colspan="7">Período complexo (23)</th></tr>
<tr><th>A</th><th>A</th><th>V</th><th colspan="4">S</th></tr>
<tr><td rowspan="3">Na Rússia,</td><td rowspan="3">apenas em 1993,</td><td rowspan="3">foi decidido</td><th colspan="4">Oração subjetiva</th></tr>
<tr><td></td><th>S</th><th>V</th><th>C</th></tr>
<tr><td>que</td><td>a homossexualidade</td><td>não seria considerada</td><td>um crime.</td></tr>
</table>

O período complexo (23) está na voz passiva. A diferença em relação aos períodos na voz passiva anteriormente analisados é que:

- o sujeito da voz passiva, dessa vez, é uma oração subjetiva: "que a homossexualidade não seria considerada um crime";
- o agente da passiva não está explícito: "foi decidido **por quem** que a homossexualidade não seria considerada um crime?".

Apesar da omissão do agente da passiva, ainda é possível parafrasear o período (23) da voz passiva para a voz ativa. Nesse caso, substitui-se o agente da passiva ausente, que ocuparia o lugar de sujeito, pelo pronome oblíquo átono "se", responsável por sua indeterminação:

(23d) Na Rússia, apenas em 1993, **se** decidiu que a homossexualidade não seria considerada um crime.

Como o pronome "se" está ocupando o lugar do sujeito, o diagrama de constituintes principais do novo período complexo, agora na voz ativa, pode ser representado assim:

(23d)	Na Rússia,	apenas em 1993,	se	decidiu	que a homossexualidade não seria considerada um crime.

Ainda sobre (23d), convém dizer que, na modalidade escrita formal do português brasileiro contemporâneo, a ordem "se decidiu" (SV) ou "decidiu-se" (VS) é questão de escolha do escritor (v. capítulo 16).

Seguindo o mesmo raciocínio que levou à transformação do período (23) no período (23d), é possível parafrasear os períodos complexos (24) e (25), reestruturando-os da voz passiva para a voz ativa:

(25) É sabido que a mulher vem resistindo a papéis sociais historicamente construídos e compartilhados.

(25) Foi solicitado que os parlamentares aprovem uma legislação criminal contra violência física, discursos de ódio e homicídios por causa da orientação sexual ou identidade de gênero da vítima.

O primeiro passo é identificar a principal locução verbal (*verbo ser + verbo no particípio*) do período complexo na voz passiva e sua respectiva oração subjetiva, iniciada pelo conectivo "que":

(24)	É sabido	**que** a mulher vem resistindo a papéis sociais historicamente construídos e compartilhados.

(25)	Foi solicitado	**que** os parlamentares aprovem uma legislação criminal contra violência física, discursos de ódio e homicídios por causa da orientação sexual ou identidade de gênero da vítima.

Em seguida, na ausência de um complemento **agente da passiva** que se transforme em sujeito (afinal, "é sabido **por quem**?"; "foi solicitado **por quem**?"), o pronome oblíquo átono "se" ocupará esse lugar, se encaixando antes ou depois do verbo principal da locução verbal, agora não mais no particípio:

(24a)	Sabe	-se	**que** a mulher vem resistindo a papéis sociais historicamente construídos e compartilhados.

(25a)	Se	solicitou	**que** os parlamentares aprovem uma legislação criminal contra violência física, discursos de ódio e homicídios por causa da orientação sexual ou identidade de gênero da vítima.

As orações subjetivas dos períodos na voz passiva (24) e (25) passaram a ser complementos verbais dos períodos na voz ativa (24a) e (25a). O mesmo aconteceu, anteriormente, na transformação do período (23) para o período (23d). Como consistem em orações em forma de complemento verbal, elas podem ser denominadas **orações completivas** (v. seção 8.1).

Vale dizer que, nos períodos acima, o **agente** poderia ser explicitado. Nas estruturas passivas, ele viria em forma de agente da passiva (complemento), como nos períodos (23e), (24b) e (25b):

	Voz passiva → V C S		
	Locução verbal	Agente da passiva	Oração subjetiva
(23e)	Foi decidido	pelos russos	**que** a homossexualidade não seria considerada um crime.
(24b)	É sabido	pelos mais empáticos	**que** a mulher vem resistindo a papéis sociais historicamente construídos e compartilhados.
(25b)	Foi solicitado	por grupos militantes	**que** os parlamentares aprovem uma legislação criminal contra violência física, discursos de ódio e homicídios por causa da orientação sexual ou identidade de gênero da vítima.

Nessas estruturas, o agente da passiva (em verde) costuma realmente vir logo após a locução verbal, entre V e S. Embora haja um deslocamento na ordem direta SVC, que se apresenta como VCS, não são necessárias vírgulas delimitando os constituintes principais do período. Porém, o agente da passiva pode vir entre vírgulas, por uma questão de ênfase ou para atingir maior clareza quando se trata de um constituinte de grande extensão, como é o caso do constituinte sublinhado a seguir:

(24c) É sabido**,** <u>por todos aqueles pesquisadores que estudam diversidade de gênero</u>**,** que a mulher vem resistindo a papéis sociais historicamente construídos e compartilhados.

Também é possível que o agente da passiva dessas estruturas (23e), (24b) e (25b) seja deslocado para o início de seus respectivos períodos. Convém, todavia, uma vírgula, para marcar a antecipação do complemento verbal (o agente de passiva) em relação à locução verbal:

	Voz passiva → C, V S		
	Agente da passiva	Locução verbal	Oração subjetiva
(23f)	Pelos russos**,**	foi decidido	**que** a homossexualidade não seria considerada um crime.

(24d)	Pelos mais empáticos,	é sabido	**que** a mulher vem resistindo a papéis sociais historicamente construídos e compartilhados.

(25c)	Por grupos militantes,	foi solicitado	**que** os parlamentares aprovem uma legislação criminal contra violência física, discursos de ódio e homicídios por causa da orientação sexual ou identidade de gênero da vítima.

Embora menos comum, a antecipação do agente da passiva nesses três últimos períodos serve para enfatizar, por exemplo, que quem decidiu algo foram *os russos* (e não outro povo) ou que quem solicitou algo foram *grupos militantes* (e não outros grupos).

Já nas estruturas ativas, o agente (não mais agente da passiva, naturalmente) viria na forma de sujeito, ocupando o lugar do pronome "se", como nos períodos (23g), (24e) e (25d), a seguir:

	Voz ativa → S V C		
	S	V	Oração completiva
(23g)	Os russos	decidiram	**que** a homossexualidade não seria considerada um crime.
(24e)	Os mais empáticos	sabem	**que** a mulher vem resistindo a papéis sociais historicamente construídos e compartilhados.
(25d)	Grupos militantes	solicitaram	**que** os parlamentares aprovem uma legislação criminal contra violência física, discursos de ódio e homicídios por causa da orientação sexual ou identidade de gênero da vítima.

Os tempos verbais da voz ativa precisam acompanhar os tempos verbais da voz passiva correspondente. Assim, manteve-se:

- o **pretérito perfeito do indicativo**:
  # "foi decidido", em (23e), se transformou em "decidiram", em (23g);
  # "foi solicitado", em (25c), resultou em "solicitaram", em (25d);
- o **presente do indicativo**:
  # "é sabido", em (24d), se tornou "sabem", em (24e).

Ao buscar a necessária harmonização entre os tempos verbais dos períodos de textos escritos, é bom lembrar esse detalhe morfológico.

Por fim, como visto nos exemplos (23), (24) e (25), **o agente da passiva nem sempre vem expresso no período**. E há diferentes razões para isso:

(a) Não se sabe quem foi o agente e não se tem, portanto, como identificá-lo expressamente. É o caso, por exemplo, de um jornalista que, num noticiário televisivo, reporta, da seguinte maneira, uma ação cujo autor é desconhecido:

(26) A agressão aos dois transexuais foi praticada no início da tarde e a polícia ainda está tentando identificar seus autores.

(b) O agente é facilmente identificado e, por isso, não é necessário explicitá-lo. É o caso do exemplo (23), em que o agente é o Poder Legislativo do país em questão:

(23) Na Rússia, apenas em 1993, foi decidido que a homossexualidade não seria considerada um crime.

(c) O agente é conhecido, mas se prefere ocultá-lo por diferentes razões discursivas. Por exemplo, para não chamar a atenção sobre ele e dar destaque apenas ao fato, como se este último não tivesse um autor:

(27) A equiparação legal da homofobia ao racismo foi decidida no momento certo e passa a ser um elemento importante na luta pelo reconhecimento da diversidade.

Ou para não enfraquecer o argumento, deixando sugerido que se trata de um agente "universal" (todos) e não de uma pessoa ou de um grupo (alguns), como no período (24):

(24) É sabido que a mulher vem resistindo a papéis sociais historicamente construídos e compartilhados. [Todos sabem que...]

8

ORAÇÕES SUBORDINADAS COMPLETIVAS

OBJETIVOS DO CAPÍTULO:

- apresentar a oração subordinada que corresponde ao complemento verbal de um período complexo, ou seja, a oração subordinada completiva e algumas de suas possibilidades estruturais;
- apresentar a oração subordinada completiva nominal, que resulta do encaixamento de uma oração no interior de um constituinte, atuando como complemento de um substantivo, adjetivo ou advérbio.

8.1 COMPLEMENTO VERBAL EM FORMA DE ORAÇÃO

O funcionamento sintático das **orações subordinadas completivas** — ou simplesmente **orações completivas** — num período complexo é da mesma natureza que os procedimentos de subordinação que estruturam as orações subjetivas apresentadas na seção 7.2. A analogia entre esses dois tipos de orações subordinadas (subjetivas e completivas) é evidente:

Sujeito em forma de oração → **oração subjetiva**
Complemento verbal em forma de oração → **oração completiva**

O quadro acima mostra que, em períodos complexos formados por subordinação, enquanto a oração subjetiva atua sintaticamente como sujeito do período, a oração completiva equivale a seu complemento verbal.

Eis um primeiro exemplo:

(1) O novo ativismo percebeu que as teorias psicológicas, psiquiátricas e psicanalíticas contribuíam para a manutenção do estigma em torno da homossexualidade.

O período (1) tem dois constituintes verbais em sua composição: as formas "percebeu" e "contribuíam". Trata-se, por conseguinte, de um período complexo.

Para saber se esse período complexo é formado por estruturas coordenadas ou subordinadas, é preciso identificar os outros constituintes relacionados a cada uma das formas verbais.

Chega-se, então, aos possíveis sujeitos desses verbos, aplicando-lhes testes de delimitação de constituintes (v. capítulo 4) e observando relações de concordância verbal. Por sua posição inicial no período e sua brevidade, é certo que o constituinte "O novo ativismo" é o sujeito da forma verbal "percebeu". Com relação ao sujeito da outra forma verbal, "contribuíam", as substituições e os destaques promovidos em (2) e (3), a seguir, facilitam sua identificação:

(1) O novo ativismo percebeu que as teorias psicológicas, psiquiátricas e psicanalíticas **contribuíam** para a manutenção do estigma em torno da homossexualidade.

(2) O novo ativismo percebeu que essas teorias **contribuíam** para a manutenção do estigma em torno da homossexualidade.

(3) O novo ativismo percebeu que essa teoria **contribuía** para a manutenção do estigma em torno da homossexualidade.

O teste da substituição e a observância das relações de concordância realizados nos períodos (2) e (3) garantem que, no período (1), o constituinte "as teorias psicológicas, psiquiátricas e psicanalíticas" é o sujeito de "contribuíam". Segue novamente o período (1), dessa vez com as duas formas verbais em negrito e seus respectivos sujeitos sublinhados:

(1) O novo ativismo[a] **percebeu**[a] que as teorias psicológicas, psiquiátricas e psicanalíticas[b] **contribuíam**[b] para a manutenção do estigma em torno da homossexualidade.

Os dois diagramas abaixo representam as estruturas SV identificadas no período (1):

(a)	O novo ativismo	percebeu	[...]
(b)	as teorias psicológicas, psiquiátricas e psicanalíticas	contribuíam	[...]

As reticências entre colchetes — **[...]** — estão ocupando os lugares dos complementos verbais necessários às estruturas (a) e (b). Afinal, "O novo ativismo percebeu" e "as teorias psicológicas, psiquiátricas e psicanalíticas contribuíam":

- não equivalem a agrupamentos de palavras dotados de completude lógico-semântica;
- não apresentam condições de serem avaliadas como verdadeiras ou falsas;
- não expressam um juízo, seja uma afirmação, uma negação, uma dúvida ou uma ordem.

Em outras palavras, essas estruturas (a) e (b) são orações sintaticamente incompletas. De certo modo, elas demandam perguntas como: "O novo ativismo percebeu **o quê?**"; "as teorias psicológicas, psiquiátricas e psicanalíticas contribuíam **para quê** ou **com o quê?**". As respostas a essas perguntas devem corresponder aos complementos verbais de ambas as orações.

Então, quais são os constituintes que completam as estruturas (a) e (b)? Primeiramente, atente-se à correspondência sintática entre os períodos (1) e (4), promovida pelo teste da pronominalização (v. seção 4.3):

(1) O novo ativismo percebeu que as teorias psicológicas, psiquiátricas e psicanalíticas contribuíam para a manutenção do estigma em torno da homossexualidade.

(4) O novo ativismo percebeu isso.

É evidente a função de complemento verbal desempenhada pelo pronome "isso" no período (4). De modo análogo, o complemento da estrutura "O novo ativismo percebeu" em (1) deverá ser "que as teorias psicológicas, psiquiátricas e psicanalíticas contribuíam para a manutenção do estigma em torno da homossexualidade". Já se pode, portanto, preencher o complemento verbal da estrutura (a):

(a)	O novo ativismo	percebeu	que as teorias psicológicas, psiquiátricas e psicanalíticas contribuíam para a manutenção do estigma em torno da homossexualidade.
(b)	as teorias psicológicas, psiquiátricas e psicanalíticas	contribuíam	[...]

Resta saber qual é o complemento da forma verbal "contribuíam", presente na estrutura (b). Em outras palavras, é preciso responder à pergunta: "as teorias psicológicas, psiquiátricas e psicanalíticas contribuíam" **com o quê** ou **para quê**? A resposta está explícita na continuidade do próprio período (1): "contribuíam para a manutenção do estigma em torno da homossexualidade". Enfim, pode-se completar as orações (a) e (b), referentes às duas estruturas SVC que compõem o período complexo (1):

(a)	O novo ativismo	percebeu	que as teorias psicológicas, psiquiátricas e psicanalíticas contribuíam para a manutenção do estigma em torno da homossexualidade.
(b)	as teorias psicológicas, psiquiátricas e psicanalíticas	contribuíam	para a manutenção do estigma em torno da homossexualidade.

Note-se que:

- a estrutura **(a)** equivale ao período complexo (1), do início ao fim;
- a estrutura **(b)** equivale ao complemento verbal da estrutura (a) - ou seja, ao complemento verbal do período complexo (1) — sem o conectivo "que".

Segue um novo diagrama para (a) e (b). Ele detalha a subordinação da estrutura (b) em relação à estrutura (a), ou seja, a oração (b) funcionando agora como complemento verbal do período (1):

<table>
<tr><th colspan="6">(a) = Período complexo (1)</th></tr>
<tr><th>S</th><th>V</th><th colspan="4">C</th></tr>
<tr><td rowspan="3">O novo ativismo</td><td rowspan="3">percebeu</td><th colspan="4">(b) = Oração completiva</th></tr>
<tr><td></td><th>S</th><th>V</th><th>C</th></tr>
<tr><td>que</td><td>as teorias psicológicas, psiquiátricas e psicanalíticas</td><td>contribuíam</td><td>para a manutenção do estigma em torno da homossexualidade.</td></tr>
</table>

Feita essa análise, é possível voltar ao ponto de partida deste capítulo: um **complemento verbal** em forma de oração é uma **oração subordinada completiva.**

O último diagrama deixa claro que, no período complexo (1), o constituinte "que as teorias psicológicas, psiquiátricas e psicanalíticas contribuíam para a manutenção do estigma em torno da homossexualidade" é:

- uma ORAÇÃO, pois contém a forma verbal "contribuíam";
- uma oração SUBORDINADA, pois depende sintaticamente do período complexo do qual é constituinte, ou seja, funciona como um dos constituintes principais do período complexo;
- uma oração subordinada COMPLETIVA, pois funciona como complemento verbal do período complexo.

Em suma, uma **oração subordinada completiva** — ou, de modo mais simples, uma **oração completiva** — é um constituinte que se encaixa sintaticamente num período incompleto — em que falta o complemento verbal —, para desempenhar justamente a função de complemento verbal desse período, transformando-o num período complexo.

Como na oração subjetiva, o período incompleto em que se encaixa uma oração completiva é chamado **estrutura matriz**. Assim, no período complexo (1), a estrutura matriz é formada pelos constituintes SV, ou seja, "O novo ativismo percebeu". Eis a figura que representa esse processo de encaixamento da oração completiva:

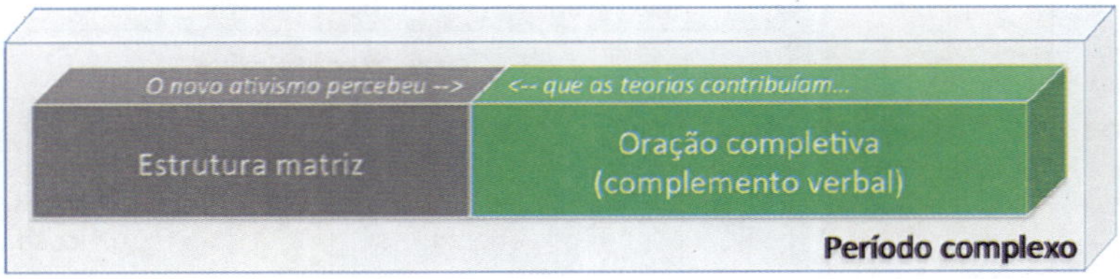

Também de modo semelhante às orações subjetivas, as orações completivas costumam ser introduzidas pela conjunção "que", principal conectivo responsável pelo encaixe da oração completiva à estrutura matriz. O período (1) é um bom exemplo. Porém, não raramente a conjunção "se" também ocorre em processos de subordinação envolvendo orações completivas:

(5) Os embates da vida hão de perguntar se a igualdade entre os gêneros é uma utopia ou uma ficção.

O diagrama abaixo detalha a estrutura matriz e a oração completiva (a ela subordinada) do período complexo (5):

	Estrutura matriz		Oração completiva
(5)	Os embates da vida	hão de perguntar	**se** a igualdade entre os gêneros é uma utopia ou uma ficção.

O diagrama mostra que o período complexo (5) segue a ordem SVC, sendo o constituinte V a locução verbal "hão de perguntar", cujo complemento é "se a igualdade entre os gêneros é uma utopia ou uma ficção". Acontece que esse complemento contém a forma verbal "é", ou seja, trata-se de uma **oração completiva**. Como foi visto no exemplo (1), a estratégia de substituir o constituinte em forma de oração pelo pronome "isso" garante, por equivalência sintática, que a oração, realmente, é uma oração completiva:

	Período simples		
(5a)	Os embates da vida	hão de perguntar	**isso.**

É possível, também, delimitar os constituintes da oração completiva "se a igualdade entre os gêneros é uma utopia ou uma ficção" e representá-los no interior do período complexo (5), o que resulta no seguinte diagrama, visualmente mais completo:

<table>
<tr><th colspan="6">Período complexo (5)</th></tr>
<tr><th>S</th><th>V</th><th colspan="4">C</th></tr>
<tr><td rowspan="3">Os embates da vida</td><td rowspan="3">hão de perguntar</td><th colspan="4">Oração completiva</th></tr>
<tr><td></td><th>S</th><th>V</th><th>C</th></tr>
<tr><td>se</td><td>a igualdade entre os gêneros</td><td>é</td><td>uma utopia ou uma ficção.</td></tr>
</table>

Um fator importante a ser observado é o comportamento da pontuação do período complexo envolvendo orações completivas. Por exemplo, no período complexo (5), nem seus constituintes principais SVC, nem os constituintes principais SVC de sua oração completiva devem ser separados por vírgulas, inclusive por todos esses constituintes estarem na ordem direta.

Pelas mesmas razões, as vírgulas em destaque estão inadequadamente empregadas nos períodos a seguir:

(1a) O novo ativismo percebeu[V]**,** que as teorias psicológicas, psiquiátricas e psicanalíticas contribuíam para a manutenção do estigma em torno da homossexualidade[C].

(1b) O novo ativismo percebeu que as teorias psicológicas, psiquiátricas e psicanalíticas[S], contribuíam[V] para a manutenção do estigma em torno da homossexualidade.

Em (1a), a vírgula adicionada não está adequada por vir entre os constituintes V (*percebeu*) e C (*que as teorias psicológicas, psiquiátricas e psicanalíticas contribuíam para a manutenção do estigma em torno da homossexualidade*) do período complexo. Em (1b), a inadequação da nova vírgula provém da separação que ela estabelece entre os constituintes S (*as teorias psicológicas, psiquiátricas e psicanalíticas*) e V (*contribuíam*) da oração completiva.

Contudo, novos constituintes (adjuntos adverbiais, por exemplo) podem ser inseridos entre esses constituintes já estabelecidos no período, de maneira que vírgulas sejam necessárias:

(1c) O novo ativismo percebeu**,** não antes de muita luta**,** que as teorias psicológicas, psiquiátricas e psicanalíticas**,** mesmo sem intenção**,** contribuíam para a manutenção do estigma em torno da homossexualidade.

Quando se compreende o jogo hierárquico do processo de subordinação — e os diagramas coloridos ajudam muito nesse entendimento —, a sintaxe se revela de uma maneira bem especial.

8.2 MODOS VERBAIS NAS ORAÇÕES COMPLETIVAS

Igualmente às orações subjetivas, as orações completivas apresentam verbos nos modos **indicativo** ou **subjuntivo**, a depender da semântica de sua estrutura matriz e de acordo com a seguinte correlação:

- Estrutura matriz com VERBO ASSEVERATIVO (declarativo/perceptivo)
  ↓
  Oração completiva no MODO INDICATIVO
- Estrutura matriz com VERBO NÃO ASSEVERATIVO
  ↓
  Oração completiva no MODO SUBJUNTIVO

Os períodos complexos (1) e (5), analisados na seção anterior, são formados por orações completivas com verbos no modo **indicativo**, demandados por estruturas matrizes com verbos asseverativos, mais precisamente "percebeu" (perceptivo) e "hão de perguntar" (declarativo):

(1) O novo ativismo percebeu que as teorias psicológicas, psiquiátricas e psicanalíticas **contribuíam** para a manutenção do estigma em torno da homossexualidade.

(5) Os embates da vida hão de perguntar se a igualdade entre os gêneros **é** uma utopia ou uma ficção.

Agora, observe-se o período (6) e a distribuição de seus constituintes num diagrama que esmiúça a oração completiva subordinada ao período:

(6) A Procuradoria pediu que o órgão **promova** campanhas de conscientização, enfrentamento e prevenção às práticas de homofobia e transfobia nos estádios.

<table>
<tr><th colspan="6">Período complexo (6)</th></tr>
<tr><th>S</th><th>V</th><th colspan="4">C</th></tr>
<tr><td rowspan="3">A procuradoria</td><td rowspan="3">pediu</td><th colspan="4">Oração completiva</th></tr>
<tr><td></td><th>S</th><th>V</th><th>C</th></tr>
<tr><td>que</td><td>o órgão</td><td>promova</td><td>campanhas de conscientização, enfrentamento e prevenção às práticas de homofobia e transfobia nos estádios.</td></tr>
</table>

O modo verbal da oração completiva do período (6) é o **subjuntivo**, diferentemente do modo verbal das orações completivas dos períodos (1) e (5), que estão no indicativo. Aqui, o modo subjuntivo é demandado porque a estrutura matriz é constituída pelo verbo "pedir", não asseverativo.

Assim como acontece com as orações subjetivas, quando uma oração completiva com verbo no **modo indicativo** é apartada de seu conectivo, o resultado é um período simples, gramaticalmente perfeito; por sua vez, quando o procedimento é realizado com uma oração completiva no **modo subjuntivo**, o período simples que dele resulta tende à agramaticalidade. São exemplos os resultados das operações realizadas nas orações completivas dos períodos (1), (5) e (6):

(1d) As teorias psicológicas, psiquiátricas e psicanalíticas **contribuíam** para a manutenção do estigma em torno da homossexualidade. [modo indicativo]

(5b) A igualdade entre os gêneros **é** uma utopia ou uma ficção. [modo indicativo]

(6a) *O órgão **promova** campanhas de conscientização, enfrentamento e prevenção às práticas de homofobia e transfobia nos estádios. [modo subjuntivo]

Apesar de haver essa regularidade entre a semântica da estrutura matriz e o modo verbal da oração completiva, ela não é incondicional. Essa correspondência já está previamente estabelecida no conhecimento gramatical da maioria dos falantes brasileiros e, por consequência, é fácil de ser implementada em textos escritos espontâneos ou mais monitorados.

8.3 ORAÇÕES COMPLETIVAS PREPOSICIONADAS

Já se sabe que um complemento verbal pode ou não ser introduzido por uma preposição (v. seção 3.3). Os complementos verbais **sem** preposição são chamados de **objetos diretos** e os **com** preposição, de **objetos indiretos**. Por exemplo:

(7) Os ativistas afirmam <u>algo importante</u>. [objeto direto]

(8) Os ativistas desconfiam <u>de algo importante</u>. [objeto indireto]

O complemento verbal é o constituinte "algo importante" no período simples (7) e "de algo importante" no período simples (8). A única diferença entre os dois complementos é a preposição "de", ausente no primeiro (objeto direto) e presente no segundo (objeto indireto), em decorrência da diferença entre as regências dos verbos "afirmar X" e "desconfiar de X".

O capítulo 10 é dedicado à abordagem do fenômeno sintático denominado **regência verbal**, em que são apresentadas as relações entre certos verbos e as preposições que costumam introduzir seus complementos. Por enquanto, basta enfatizar que alguns verbos, como "afirmar", regem complementos sem preposição (*algo importante*); enquanto outros, como "desconfiar", exigem complementos preposicionados (*de algo importante*).

Essa mesma regularidade regencial é prevista para os complementos verbais em forma de oração, ou seja, para as orações completivas:

(9) Os ativistas **afirmam** <u>**que** a compreensão de liberdade de um grupo pode representar a salvação e a demanda de outros grupos</u>.

(10) Os ativistas **desconfiam** <u>**de que** a compreensão de liberdade de um grupo pode representar a salvação e a demanda de outros grupos</u>.

O trecho sublinhado no período complexo (9) corresponde a uma oração completiva estruturalmente semelhante às que foram analisadas neste capítulo. A oração complementa a forma verbal "afirmam", que rege complemento sem preposição; e se conecta à sua estrutura matriz pela conjunção "que".

Já o trecho sublinhado no período (10) equivale a uma **oração completiva preposicionada**. Ela ocorre devido à regência da forma verbal "desconfiam", que demanda, em períodos simples, complementos verbais introduzidos pela preposição "de". O período simples (8), já analisado, atesta isso:

(8) Os ativistas **desconfiam** <u>**de** algo importante</u>.

De modo análogo, pode-se também escrever:

(10) Os ativistas **desconfiam** <u>**de que** a compreensão de liberdade de um grupo pode representar a salvação e a demanda de outros grupos</u>.

No português brasileiro, independentemente da modalidade (fala ou escrita) e do registro (mais formal ou mais informal), a presença da preposição é obrigatória em complementos não oracionais, como se vê em (8). Por outro lado, quando o complemento é uma oração completiva, como em (10), a preposição pode ser elidida sem prejuízo à compreensão do período. A eliminação da preposição "de" de ambos os períodos serve como teste de gramaticalidade:

(8a) *Os ativistas **desconfiam Ø** algo importante.

(10a) Os ativistas **desconfiam Ø** que a compreensão de liberdade de um grupo pode representar a salvação e a demanda de outros grupos.

O período simples (8a), sem a preposição "de", é malformado do ponto de vista sintático, ao contrário do período complexo (10a). Diante disso, é possível afirmar que as **orações completivas preposicionadas, em geral, são opcionais no português brasileiro, inclusive em sua modalidade escrita formal**. Isso significa que podemos escolher, por exemplo, qual das opções sintáticas dos pares a seguir mais nos agrada:

(11) Eles **insistiram em** que demandas de mulheres brancas e de classe média não abarcam experiências de mulheres negras e pobres.

(11a) Eles **insistiram Ø** que demandas de mulheres brancas e de classe média não abarcam experiências de mulheres negras e pobres.

(12) Quem nos lê deve se **lembrar de** que, até a década de 1930 no Brasil, as mulheres não possuíam plenos direitos políticos, como, por exemplo, o direito ao voto.

(12a) Quem nos lê deve se **lembrar Ø** que, até a década de 1930 no Brasil, as mulheres não possuíam plenos direitos políticos, como, por exemplo, o direito ao voto.

(13) Parte da sociedade **duvidou de** que um candidato declaradamente racista, machista, misógino e homofóbico pudesse ganhar as eleições presidenciais de 2018.

(13a) Parte da sociedade **duvidou Ø** que um candidato declaradamente racista, machista, misógino e homofóbico pudesse ganhar as eleições presidenciais de 2018.

(14) A maioria dos professores **gostaria de** que um grupo maior pudesse discutir sobre possíveis abordagens pedagógicas de combate ao preconceito.

(14a) A maioria dos professores **gostaria Ø** que um grupo maior pudesse discutir sobre possíveis abordagens pedagógicas de combate ao preconceito.

(15) Todos os dirigentes comprometidos e esclarecidos **sonham com** que seu time ajude a coibir comportamentos homofóbicos nos estádios.

(15a) Todos os dirigentes comprometidos e esclarecidos **sonham Ø** que seu time ajude a coibir comportamentos homofóbicos nos estádios.

As variantes sintáticas preposicionadas ou não preposicionadas são, portanto, alternativas igualmente válidas ao texto escrito formal. Porém, a segunda opção de cada par — a oração completiva sem a preposição demandada pelo verbo da estrutura matriz —, além de simplificar a sintaxe, costuma deixar o período mais direto, mais claro.

Cabe ainda salientar que, a depender do verbo da estrutura matriz, preposicionar certas orações completivas no português brasileiro contemporâneo tende à agramaticalidade. São exemplos os dois pares seguintes de oração completiva, em que a agramaticalidade do primeiro período de cada par decorre justamente da presença da preposição:

(16) *Alguns entrevistados não **acreditavam** <u>**em** que mulheres profissionalmente bem sucedidas poderiam sofrer formas de discriminação e violência de gênero</u>.

(16a) Alguns entrevistados não **acreditavam** <u>**Ø** que mulheres profissionalmente bem sucedidas poderiam sofrer formas de discriminação e violência de gênero.</u>

(17) *Um grupo de apoiadores do presidente não se **conformou** <u>**com** que o STF tenha aprovado a criminalização da homofobia</u>.

(17a) Um grupo de apoiadores do presidente não se **conformou** <u>**Ø** que o STF tenha aprovado a criminalização da homofobia</u>.

Não é preciso memorizar quais verbos aceitam preposições que, ao mesmo tempo, são tão comuns em períodos simples (por exemplo, "eu acredito **em** você", "eu me conformo **com** o resultado"), mas tão estranhas em períodos complexos cujos complementos são orações completivas, como se vê em (16) e (17). A capacidade analítica associada à intuição de falante nativo do português brasileiro permite a escolha da variante mais compreensível e gramaticalmente adequada.

Por fim, convém apontar que orações completivas em cuja estrutura matriz ocorrem verbos como "ser" ou "fazer", que não costumam reger complementos preposicionados em períodos simples, podem ser opcionalmente introduzidas por preposições em determinados contextos:

(18) A queixa dos professores **é** <u>**de** que o currículo não pode privilegiar uma forma de vida como modelo para todas as pessoas</u>.

(18a) A queixa dos professores **é** <u>**Ø** que o currículo não pode privilegiar uma forma de vida como modelo para todas as pessoas</u>.

(19) Por muito tempo, a ideia de homofobia como doença **fez** <u>**com** que o ônus do preconceito recaísse sobre a vítima</u>.

(19a) Por muito tempo, a ideia de homofobia como doença **fez** <u>**Ø** que o ônus do preconceito recaísse sobre a vítima</u>.

Não custa repetir que as quatro variantes acima apresentadas são possíveis na escrita formal: as orações completivas preposicionadas — em (18) e (19) — e as orações completivas não preposicionadas — em (18a) e (19a).

8.4 ORAÇÕES COMPLETIVAS REDUZIDAS DE INFINITIVO (E DE GERÚNDIO)

Após as análises de uma série de orações completivas realizadas nas seções anteriores, pode-se esquematizar o encaixe de uma oração completiva na ordem direta em sua estrutura matriz, também na ordem direta, por meio do seguinte modelo (o constituinte A também pode vir em outras posições da estrutura matriz):

ESTRUTURA MATRIZ	ORAÇÃO COMPLETIVA
(A) (S) V	(preposição) + conectivo "que/se" + forma verbal no indicativo ou subjuntivo

Corresponde perfeitamente a essa estrutura o período (19a), recentemente apresentado. Ele segue reproduzido, agora com a oração completiva sublinhada, e com a forma verbal e o conectivo "que" dessa oração completiva destacados:

(19a) Por muito tempo, a ideia de homofobia como doença fez **que** o ônus do preconceito **recaísse** sobre a vítima.

Tal como foi feito com as orações subjetivas, pode-se **reduzir** a oração completiva acima eliminando o conectivo "que" e alterando a forma verbal "recaísse" para sua forma no infinitivo, "recair":

(19b) Por muito tempo, a ideia de homofobia como doença fez o ônus do preconceito **recair** sobre a vítima.

Orações completivas como a do período (19b) costumam ser chamadas de **orações completivas reduzidas de infinitivo**.

Não é preciso se inquietar quanto à memorização da terminologia envolvida nos subtipos das orações completivas. A atenção deve incidir no domínio das possibilidades parafrásticas, adequadas à escrita formal.

Assim, para maior apropriação estrutural das orações completivas reduzidas de infinitivo, seguem os diagramas completos dos períodos (19a) e (19b):

<table>
<tr><th colspan="7">Período complexo (19a)</th></tr>
<tr><th rowspan="2">A</th><th rowspan="2">S</th><th rowspan="2">V</th><th colspan="4">C</th></tr>
<tr><th colspan="4">Oração completiva com conectivo</th></tr>
<tr><td rowspan="2">Por muito tempo,</td><td rowspan="2">a ideia de homofobia como doença</td><td rowspan="2">fez</td><td></td><td>S</td><td>V</td><td>C</td></tr>
<tr><td>que</td><td>o ônus do preconceito</td><td>recaísse</td><td>sobre a vítima.</td></tr>
</table>

<table>
<tr><th colspan="6">Período complexo (19b)</th></tr>
<tr><th>A</th><th>S</th><th>V</th><th colspan="3">C</th></tr>
<tr><td rowspan="3">Por muito tempo,</td><td rowspan="3">a ideia de homofobia como doença</td><td rowspan="3">fez</td><td colspan="3">Oração completiva reduzida de infinitivo</td></tr>
<tr><td>S</td><td>V</td><td>C</td></tr>
<tr><td>o ônus do preconceito</td><td>recair</td><td>sobre a vítima.</td></tr>
</table>

Períodos complexos como (19a) e (19b) são diferentes do ponto de vista sintático, mas equivalentes em sentido. Usar um ou outro é questão de gosto pessoal, de estilo. Cabe a escolha, portanto, do modelo de oração completiva — **com conectivo** ou **reduzida de infinitivo** — mais adequado ao que se pretende dizer.

Eis mais dois exemplos de pares parafrásticos em que a primeira oração completiva é desenvolvida com conectivo e a segunda, reduzida de infinitivo. Para melhor visualização das estruturas, as orações completivas aparecem sublinhadas nos períodos:

(20) Para sua circulação em alguns espaços de seu próprio local de trabalho, a militar confessa **que se cobre** com uma manta.

(20a) Para sua circulação em alguns espaços de seu próprio local de trabalho, a militar confessa **se cobrir** com uma manta.

(21) O reconhecimento da categoria de gênero revela **que** algumas pessoas **são** privilegiadas e outras, desfavorecidas em nossas sociedades por conta dessa característica.

(21a) O reconhecimento da categoria de gênero revela algumas pessoas **serem** privilegiadas e outras, desfavorecidas em nossas sociedades por conta dessa característica.

(21b) O reconhecimento da categoria de gênero revela **serem** algumas pessoas privilegiadas e outras, desfavorecidas em nossas sociedades por conta dessa característica.

A forma verbal dessas orações completivas tem um sujeito elíptico em (20) e explícito em (21), com o qual concorda em pessoa e número: "a militar confessa que **[ela] se cobre**" e "revela que **algumas pessoas são**", respectivamente. A concordância verbal se mantém quando, nas sucessivas paráfrases, a oração completiva é reduzida de infinitivo: "[ela] se cobrir" e "algumas pessoas serem" / "serem algumas pessoas". Além disso, a presença do verbo "ser" na oração completiva (com conectivo ou reduzida), em geral, permite a ordem SV (*algumas pessoas serem*) ou VS (*serem algumas pessoas*).

Segue a análise de mais um par parafrástico:

(22) Tais sociedades consideram **que** não **há** hierarquias ou privilégios entre as diferentes formas de afeto entre humanos.

(22a) Tais sociedades consideram não **haver** hierarquias ou privilégios entre as diferentes formas de afeto entre humanos.

No período (22), a oração completiva sublinhada não tem sujeito, dado o caráter impessoal do verbo "haver" quando este equivale à ideia de "existir". Logo, o constituinte "hierarquias ou privilégios entre as diferentes formas de afeto entre humanos" é *complemento verbal* na oração completiva, e não *sujeito*. Isso explica a forma verbal "há" estar no singular e o constituinte em questão, no plural, pois, sendo sujeito, a concordância verbal seria obrigatória (v. capítulo 14).

Também por essa razão, na passagem da oração completiva à estrutura reduzida de infinitivo, no período (22a), a forma verbal no infinitivo se mantém no singular: "haver". Estaria, portanto, em desacordo com as convenções sintáticas da norma-padrão brasileira escrever:

(22b) *Tais sociedades consideram não **haverem** hierarquias ou privilégios entre as diferentes formas de afeto entre humanos.

Observe-se, agora, outros dois pares de orações completivas parafrásticas:

(23) A entrevistada afirma **que conhece** vários militares declaradamente contrários a mulheres no Exército.

(23a) A entrevistada afirma **conhecer** vários militares declaradamente contrários a mulheres no Exército.

(24) A entrevistada afirma **que conheceu** vários militares declaradamente contrários a mulheres no Exército.

(24a) A entrevistada afirma **ter conhecido** vários militares declaradamente contrários a mulheres no Exército.

Aqui a atenção deve se voltar, primeiramente, aos tempos das formas verbais das orações completivas sublinhadas nos períodos (23) e (24), quando no modo indicativo: "conhece" está no **presente do indicativo** e "conheceu", no **pretérito perfeito do indicativo**. Nas correspondentes orações completivas reduzidas de infinitivo, nos períodos (23a) e (24a), a forma verbal no presente do indicativo se transforma no **infinitivo presente** "conhecer" e a forma verbal no pretérito perfeito do indicativo, no **infinitivo pretérito** "ter conhecido", uma locução verbal. Essa equivalência é uma regularidade da norma brasileira de referência. Eis mais um exemplo:

(25) A Organização Mundial de Saúde afirma **que retirou** a homossexualidade de sua lista de transtornos mentais.

(25a) A Organização Mundial de Saúde afirma **ter retirado** a homossexualidade de sua lista de transtornos mentais.

Tanto nos períodos (23), (23a), (24) e (24a) quanto nos períodos (25) e (25a), o sujeito do verbo da estrutura matriz é o mesmo do verbo da oração completiva: "a entrevistada afirma que [a entrevistada] conhece"; "a Organização Mundial de Saúde afirma que [a Organização Mundial de Saúde] retirou". Note-se, porém, como se comporta um período complexo por subordinação semelhante a (23), (24) e (25), mas com sujeitos distintos:

(26) A antropóloga afirma **que** a Organização Mundial de Saúde **retirou** a homossexualidade de sua lista de transtornos mentais desde 1990.

(26a) *A antropóloga afirma a Organização Mundial de Saúde **ter retirado** a homossexualidade de sua lista de transtornos mentais desde 1990.

No par de períodos acima, a regularidade da transformação de uma oração completiva com conectivo em uma oração completiva reduzida de infinitivo não se sustenta: o período (26a) é agramatical. Todavia, como o verbo da oração completiva é uma locução, por vezes a interpolação do sujeito entre os verbos auxiliar e principal da locução é o suficiente para eliminar a agramaticalidade do período:

(26b) A antropóloga afirma **ter** a Organização Mundial de Saúde **retirado** a homossexualidade de sua lista de transtornos mentais desde 1990.

Não é necessário, porém, memorizar essas e outras razões sintático-semânticas que possibilitam a transformação de uma **oração completiva com conectivo** em uma **oração completiva reduzida de infinitivo**. Saber realizar esse movimento parafrástico é o mais relevante: nossa intuição sintática — de brasileiros(as) letrados(as) em português brasileiro — vai ser capaz de reconhecer a gramaticalidade ou agramaticalidade dos períodos resultantes desse tipo de transformação.

Finalmente, a oração completiva também pode ser **reduzida de gerúndio**, embora este seja um procedimento sintático menos comum. Segue um exemplo de oração completiva com conectivo cuja paráfrase reduzida só não fica agramatical se o verbo estiver no gerúndio, não no infinitivo. A propósito, o período (15), de onde partem as paráfrases (15b) e (15c), já foi apresentado:

(15) Todos os dirigentes comprometidos e esclarecidos sonham com **que** seu time **ajude** a coibir comportamentos homofóbicos nos estádios.

(15b) Todos os dirigentes comprometidos e esclarecidos sonham com seu time **ajudando** a coibir comportamentos homofóbicos nos estádios.

(15c) *Todos os dirigentes comprometidos e esclarecidos sonham com seu time **ajudar** a coibir comportamentos homofóbicos nos estádios.

Se o objetivo não for fazer pesquisas científicas sobre a sintaxe do português brasileiro, não é preciso se inquietar com as razões sintático-semânticas que permitem ou impedem as transformações acima apresentadas. Basta ter em mente essas possibilidades parafrásticas e tentar colocá-las em prática, a serviço dos sentidos que se quer construir. A gramaticalidade ou a agramaticalidade resultante das transformações será facilmente percebida pela intuição de falante do português brasileiro.

8.5 ORAÇÕES COMPLETIVAS INTRODUZIDAS POR INFINITIVO SEM SUJEITO

Nesta gramática, já foram exploradas orações *subjetivas* introduzidas por infinitivo sem sujeito (v. seção 7.6). Para rememorar sua estrutura, observe-se o período complexo (27):

(27) Falar sobre homofobia nas escolas **não significa** levantar bandeira e escrever conteúdo na lousa.

Em (27), o constituinte sublinhado é sujeito da forma verbal negativa "não significa". Ele é introduzido por um verbo no infinitivo (*falar*); consiste, portanto, numa oração subjetiva. Todavia, apesar do verbo no infinitivo, essa oração subjetiva não é reduzida, sobretudo porque esse verbo (*falar*) não tem sujeito próprio. Esse tipo de estrutura é denominado de **oração** SUBJETIVA **introduzida por infinitivo sem sujeito**.

Acontece que esse mesmo tipo de oração pode exercer, no período complexo, além da função de sujeito, a função de complemento verbal. Por analogia, isso transformaria a estrutura numa **oração** COMPLETIVA **introduzida por infinitivo sem sujeito**. No período (27), além da oração subjetiva já comentada, há duas orações completivas introduzidas por infinitivo sem sujeito, coordenadas entre si por meio do conectivo "e", conforme representado no diagrama:

<table>
<tr><th colspan="8">Período complexo (27)</th></tr>
<tr><th>S</th><th>V</th><th colspan="6">C</th></tr>
<tr><td rowspan="3">Falar sobre homofobia nas escolas</td><td rowspan="3">não significa</td><th colspan="2">Oração completiva 1</th><td rowspan="3">e</td><th colspan="3">Oração completiva 2</th></tr>
<tr><th>V</th><th>C</th><th>V</th><th>C</th><th>A</th></tr>
<tr><td>levantar</td><td>bandeira</td><td>escrever</td><td>conteúdo</td><td>na lousa.</td></tr>
</table>

Como nas orações subjetivas, o verbo das orações completivas 1 e 2 — ambas introduzidas por infinitivo sem sujeito — se relacionam, em forma e sentido, a substantivos: "levantar" e "levantamento"; "escrever" e "escrita". Uma possível paráfrase para esse período complexo (27), portanto, seria:

(27a) Falar sobre homofobia nas escolas não significa o **levantamento** de bandeira e a **escrita** de conteúdo na lousa.

O período, antes complexo, passou a ser simples, já que seu complemento verbal (a estrutura sublinhada) deixou de ser duas orações coordenadas e passou a ser duas expressões nominais coordenadas.

Uma observação sobre o período (27a): é verdade que, no contexto temático da diversidade de gênero e orientação sexual, talvez "levantar bandeira" seja uma expressão mais usada do que "o levantamento de bandeira". Porém, (27) e (27a) são períodos sintaticamente adequados e relacionáveis. Sendo assim, embora essa possibilidade parafrástica costume ser útil em várias situações de escrita formal, é preciso não esquecer que mudanças na sintaxe podem comprometer o sentido que se pretende alcançar.

8.6 ORAÇÕES COMPLETIVAS INTRODUZIDAS POR ELEMENTO INTERROGATIVO

Uma oração completiva também pode ser introduzida por uma palavra ou expressão interrogativa. Além dos elementos "o que" e "quem", frequentes nas orações subjetivas de mesma estrutura (v. seção 7.7), também podem aparecer nessa posição, entre outros, "qual", "quanto", "por que" e, sobretudo, "como". Eis um exemplo:

(28) Os Estudos Feministas, de Gênero e de Sexualidades evidenciam **como** algumas construções são nocivas às pessoas diferentes do normal e natural imposto pela sociedade.

O complemento da forma verbal "evidenciam" é a sequência sublinhada no período complexo (28). A forma verbal "são", no interior deste complemento, faz dele uma oração completiva introduzida por elemento interrogativo, no caso, a palavra "como", em negrito. Segue o período diagramado:

<table>
<tr><th colspan="6">Período complexo (28)</th></tr>
<tr><th>S</th><th>V</th><th colspan="4">C</th></tr>
<tr><td rowspan="3">Os Estudos Feministas, de Gênero e de Sexualidades</td><td rowspan="3">evidenciam</td><th colspan="4">Oração completiva introduzida por elemento interrogativo</th></tr>
<tr><td></td><th>S</th><th>V</th><th>C</th></tr>
<tr><td>como</td><td>algumas construções</td><td>são</td><td>nocivas às pessoas diferentes do normal e natural imposto pela sociedade.</td></tr>
</table>

A regularidade estrutural apresentada na explanação das orações subjetivas introduzidas por elementos interrogativos (v. seção 7.7) continua valendo para as completivas: quando se separa uma oração completiva dos outros constituintes do período, ela resulta num **período interrogativo simples e perfeito**. Por exemplo, a oração completiva do período (28), se "destacada" de sua estrutura matriz, pode ser assim apresentada:

(28a) **Como** algumas construções são nocivas às pessoas diferentes do normal e natural imposto pela sociedade?

Como já explanado, as orações completivas podem ser preposicionadas quando o verbo da estrutura matriz exige um complemento com preposição. Também apresentam tal característica certas orações completivas introduzidas por pronome interrogativo:

(29) A categoria "gênero" também se relaciona **a como** lemos as pessoas a nossa volta.

Em (29), a forma verbal "se relaciona" rege um complemento preposicionado por "a". O modelo sintático é: "Algo se relaciona **a** alguma coisa". Ocupa o espaço do constituinte "alguma coisa" a oração "como lemos as pessoas a nossa volta", conforme se vê na estrutura diagramada a seguir:

<table>
<tr><th colspan="9">Período complexo (29)</th></tr>
<tr><th>S</th><th>A</th><th>V</th><th colspan="6">C</th></tr>
<tr><td rowspan="3">A categoria "gênero"</td><td rowspan="3">também</td><td rowspan="3">se relaciona</td><th colspan="6">Oração completiva introduzida por pronome interrogativo (preposicionada)</th></tr>
<tr><td colspan="2"></td><th>S</th><th>V</th><th>C</th><th>A</th></tr>
<tr><td>a</td><td>como</td><td>Ø</td><td>lemos</td><td>as pessoas</td><td>a nossa volta.</td></tr>
</table>

Há algumas possibilidades parafrásticas (e menos sintéticas) de escrever essas orações completivas introduzidas pelo pronome interrogativo "como". São exemplos as seguintes paráfrases dos períodos (28) e (29):

(28) Os Estudos Feministas, de Gênero e de Sexualidades evidenciam **como** algumas construções são nocivas às pessoas diferentes do normal e natural imposto pela sociedade.

(28b) Os Estudos Feministas, de Gênero e de Sexualidades evidenciam **o modo como** algumas construções são nocivas às pessoas diferentes do normal e natural imposto pela sociedade.

(28c) Os Estudos Feministas, de Gênero e de Sexualidades evidenciam **a maneira como** algumas construções são nocivas às pessoas diferentes do normal e natural imposto pela sociedade.

(28d) Os Estudos Feministas, de Gênero e de Sexualidades evidenciam **a forma como** algumas construções são nocivas às pessoas diferentes do normal e natural imposto pela sociedade.

(29) A categoria "gênero" também se relaciona **a como** lemos as pessoas a nossa volta.

(29a) A categoria "gênero" também se relaciona **ao modo como** lemos as pessoas a nossa volta.

(29b) A categoria "gênero" também se relaciona **à maneira como** lemos as pessoas a nossa volta.

(29c) A categoria "gênero" também se relaciona **à forma como** lemos as pessoas a nossa volta.

Voltando a atenção, agora, às duas últimas paráfrases de ambos os períodos, note-se que as do período (29) apresentam **acento grave** (`) em "à maneira como" e "à forma como" e as do período (28) grafam essas mesmas expressões sem acento.

O acento grave indica a fusão de duas vogais "a", normalmente o encontro entre a preposição "a" e o artigo "a", nessa ordem (v. capítulo 12). É o que acontece, por exemplo, no período (29b):

(29b)	se relaciona **a** [PREPOSIÇÃO]	**a** maneira como [...] [ARTIGO]
	se relaciona	**à** maneira como [...] [PREPOSIÇÃO + ARTIGO]

A fusão que se vê, em (29b), entre a preposição "a" — exigida pela forma verbal "se relaciona" — e o artigo "a" da expressão "a maneira como" não acontece, por exemplo, em (28c), pois a forma verbal "evidenciam" não demanda preposição regendo seu complemento:

(28c)	evidenciam [Ø PREPOSIÇÃO]	**a** maneira como [...] [ARTIGO]

8.7 ORAÇÕES COMPLETIVAS NA VOZ PASSIVA

Primeiramente, vale retomar a transformação de uma oração na voz ativa em uma oração na voz passiva, a partir da análise de um período simples:

(30)	Constantemente,	diferentes pessoas	atravessavam	as fronteiras sexuais e de gênero.
(30a)	Constantemente,	as fronteiras sexuais e de gênero	eram atravessadas	por diferentes pessoas.

O período simples (30), na voz ativa, foi transformado no período simples (30a), na voz passiva. Acontece que esses mesmos períodos podem exercer a função de complemento verbal de um período complexo. Observe-se, por exemplo, o encaixe do período (30a) — período simples e na voz passiva — na estrutura matriz "Os fatos revelam", resultando no período complexo (30b):

(30b) Os fatos revelam que, constantemente, as fronteiras sexuais e de gênero eram atravessadas por diferentes pessoas.

Assim, é denominada **oração completiva na voz passiva** a estrutura "conectivo" + "período simples na voz passiva" em função de complemento verbal num período complexo. O diagrama de cores delimita os constituintes do período (30b), bem como os constituintes internos da oração completiva na voz passiva:

<table>
<tr><th colspan="7">Período complexo (30b)</th></tr>
<tr><th>S</th><th>V</th><th colspan="5">C</th></tr>
<tr><td rowspan="3">Os fatos</td><td rowspan="3">revelam</td><th colspan="5">Oração completiva na voz passiva</th></tr>
<tr><td></td><th>A</th><th>S</th><th>V</th><th>C</th></tr>
<tr><td>que</td><td>, constantemente,</td><td>as fronteiras sexuais e de gênero</td><td>eram atravessadas</td><td>por diferentes pessoas.</td></tr>
</table>

Note-se que o adjunto adverbial da oração completiva vem entre vírgulas por estar entre o conectivo "que" e o sujeito "as fronteiras sexuais e de gênero", interferindo na ordem direta SVCA. Contudo, pela curta dimensão do constituinte interpolado, o par de vírgulas poderia ser dispensado sem prejudicar a pontuação do período.

Outro aspecto a ser observado no diagrama é que o complemento verbal da oração completiva equivale a seu **agente da passiva**. Vale dizer que um agente da passiva também pode vir em forma de oração, como mostra o constituinte em negrito no período (30c):

(30c) Os fatos revelam que, constantemente, as fronteiras sexuais e de gênero eram atravessadas **por quem tinha imensa coragem.**

O raciocínio é análogo: se no período (30b) o constituinte "por diferentes pessoas" é o agente da passiva de sua oração completiva, no período (30c), esse agente da passiva é o constituinte em negrito "por quem tinha imensa coragem".

Acontece que:

- todo agente da passiva é um complemento verbal;
- e todo complemento verbal em forma de oração é uma oração completiva.

Portanto, em (30c), há uma oração completiva dentro da outra, hierarquizadas de modo semelhante a uma matriosca[1]:

<table>
<tr><th colspan="10">Período complexo (30c)</th></tr>
<tr><th>S</th><th>V</th><th colspan="8">C</th></tr>
<tr><td rowspan="5">Os fatos</td><td rowspan="5">revelam</td><th colspan="8">1ª oração completiva [voz passiva]</th></tr>
<tr><td></td><th>A</th><th>S</th><th>V</th><th colspan="4">C</th></tr>
<tr><td rowspan="3">que</td><td rowspan="3">, constantemente,</td><td rowspan="3">as fronteiras sexuais e de gênero</td><td rowspan="3">eram atravessadas</td><th colspan="4">2ª oração completiva [agente da passiva da 1ª oração completiva]</th></tr>
<tr><td></td><th>S</th><th>V</th><th>C</th></tr>
<tr><td>por</td><td>quem</td><td>tinha</td><td>imensa coragem.</td></tr>
</table>

Vale registrar que a 2ª oração completiva do período (30c) é também uma oração completiva introduzida por elemento interrogativo, precisamente pelo pronome "quem".

8.8 ORAÇÕES COMPLETIVAS NOMINAIS

Ainda no campo das orações completivas, cabe apresentar um tipo de oração que, diferentemente de todas as outras vistas até agora, não complementa um verbo, mas uma palavra de outra classe, mais precisamente um **advérbio**, um **nome adjetivo** ou, com mais frequência, um **nome substantivo**. É justamente por isto que essas orações completivas são chamadas **nominais**: elas tendem a completar **nomes**. Eis um exemplo:

(31) *A população pesquisada tem esperança.

O período simples (31), fora de algum contexto, não tem completude sintático-semântica. Em outras palavras, não há possibilidade de avaliá-lo como *verdadeiro* ou *falso*. Falta, claramente, um constituinte para que o período se complete: o nome "esperança" exige um complemento. Por exemplo, "A população pesquisada tem esperança **de quê**?" é uma pergunta que clama ser feita. O período, então, pode ser assim completado:

(31a) A população pesquisada tem **esperança** <u>de que as futuras gerações de pessoas trans não enfrentem tanto preconceito</u>.

[1] Matriosca ou boneca russa é um brinquedo tradicional da Rússia, em que uma série de bonecas, feitas geralmente de madeira, são colocadas umas dentro das outras, da maior (exterior) até a menor.

O constituinte sublinhado em (31a) funciona como complemento do nome "esperança". Trata-se, portanto, de um **complemento nominal**. O nome "esperança" rege seu complemento por meio da preposição "de": "A população pesquisada tem esperança" de que alguma coisa vai acontecer, no caso "de que as futuras gerações de pessoas trans não enfrentem tanto preconceito".

Mas ocorre que o complemento de "esperança" apresenta uma forma verbal: "enfrentem". Isso faz dele uma oração e, por conseguinte, uma **oração completiva nominal**. Eis a estrutura diagramada:

<table>
<tr><th colspan="8">Período complexo (31a)</th></tr>
<tr><th>S</th><th>V</th><th colspan="6">C</th></tr>
<tr><td rowspan="3">A população pesquisada</td><td rowspan="3">tem</td><td rowspan="3">esperança</td><th colspan="5">Oração completiva nominal</th></tr>
<tr><td colspan="2"></td><th>S</th><th>V</th><th>C</th></tr>
<tr><td>de</td><td>que</td><td>as futuras gerações de pessoas trans</td><td>não enfrentem</td><td>tanto preconceito.</td></tr>
</table>

A figura acima revela que a oração completiva nominal *não equivale* a um constituinte principal do período complexo, mas *faz parte de* um de seus constituintes principais — no caso em análise, o **complemento verbal**. Entretanto, orações completivas nominais também podem estar contidas em **sujeitos** ou **adjuntos adverbiais** de períodos complexos, como revelam, respectivamente, os exemplos (32) e (33):

(32) A certeza de que são mulheres habita a cabeça de várias meninas trans desde a infância.

(33) A mulher foi privada do voto até os anos 1930, devido à compreensão de que ela seria biologicamente menos racional que o homem.

No período complexo (32):

- o constituinte "A certeza de que são mulheres" é sujeito da forma verbal "habita";
- o núcleo desse sujeito é o nome "certeza", cujo complemento é a oração "de que são mulheres";
- por ser complemento do nome "certeza", a oração "de que são mulheres" é uma **oração completiva nominal** e integra o **sujeito** do período complexo.

Tudo isso pode ser visualizado no seguinte diagrama:

<table>
<tr><th colspan="4">Período complexo (32)</th></tr>
<tr><th>S</th><th>V</th><th>C</th><th>A</th></tr>
<tr><td>A certeza
<table>
<tr><th colspan="5">Oração completiva nominal</th></tr>
<tr><td></td><td></td><th>S</th><th>V</th><th>C</th></tr>
<tr><td>de</td><td>que</td><td>Ø</td><td>são</td><td>mulheres</td></tr>
</table>
</td><td>habita</td><td>a cabeça de várias meninas trans</td><td>desde a infância.</td></tr>
</table>

Importante dizer que uma oração completiva nominal, a princípio, é também uma oração completiva preposicionada, pois a palavra não verbal (o nome "certeza") a rege por meio de uma preposição específica: "de". A propósito, "de" é a preposição mais recorrente para introduzir orações completivas nominais.

Entretanto, como foi visto no estudo da oração completiva preposicionada, também aqui a preposição pode ser elidida dos complementos oracionais sem prejuízos sintático-semânticos. Assim, pode-se escolher escrever:

(32a) A certeza **Ø** que são mulheres habita a cabeça de várias meninas trans desde a infância.

Além dessa possibilidade parafrástica, essa oração completiva nominal do período (32) também poderia ser escrita em sua forma **reduzida de infinitivo**. Dessa vez, o que se elide é o conectivo "que", sendo a preposição "de" necessária à boa formação sintática. Eis o novo período, já diagramado:

<table>
<tr><th colspan="4">Período complexo (32b)</th></tr>
<tr><th>S</th><th>V</th><th>C</th><th>A</th></tr>
<tr><td>A certeza
<table>
<tr><th colspan="4">Oração completiva nominal reduzida de infinitivo</th></tr>
<tr><td></td><th>S</th><th>V</th><th>C</th></tr>
<tr><td>de</td><td>Ø</td><td>serem</td><td>mulheres</td></tr>
</table>
</td><td>habita</td><td>a cabeça de várias meninas trans</td><td>desde a infância.</td></tr>
</table>

Agora, segue a análise do período complexo (33), repetido aqui:

(33) A mulher foi privada do voto até os anos 1930, devido à compreensão de que ela seria biologicamente menos racional que o homem.

Nesse período:

- há dois adjuntos adverbiais, devidamente separados por vírgulas: "até os anos 1930" e "devido à compreensão de que elas seriam biologicamente menos racionais que os homens";

- o segundo adjunto adverbial é composto pelas expressões "devido a" e "a compreensão", que se fundem e ganham o acento indicativo de crase: "devido à compreensão";
- o nome "compreensão" exige um complemento, que aparece em forma de oração: "de que elas seriam biologicamente menos racionais que os homens";
- essa oração, portanto, é uma **oração completiva nominal** e integra o segundo **adjunto adverbial** (A^2) do período complexo.

O seguinte diagrama evidencia essas informações:

<table>
<tr><th colspan="5">Período complexo (33)</th></tr>
<tr><th>S</th><th>V</th><th>C</th><th>A¹</th><th colspan="2">A²</th></tr>
<tr><td>A mulher</td><td>foi privada</td><td>do voto</td><td>até os anos 1930,</td><td>devido à compreensão</td><td><table>
<tr><th colspan="5">Oração completiva nominal</th></tr>
<tr><th></th><th></th><th>S</th><th>V</th><th>C</th></tr>
<tr><td>de</td><td>que</td><td>ela</td><td>seria</td><td>biologicamente menos racional que o homem.</td></tr>
</table></td></tr>
</table>

Naturalmente, outras formas de escrever essa oração completiva nominal seriam:

- elidindo a preposição "de":

(33a) A mulher foi privada do voto até os anos 1930, devido à compreensão **Ø** que ela seria biologicamente menos racional que o homem.

- elidindo o conectivo "que", transformando a oração completiva numa reduzida de infinitivo:

(33b) A mulher foi privada do voto até os anos 1930, devido à compreensão de **Ø** ela **ser** biologicamente menos racional que o homem.

- promovendo, em (33b), a contração da preposição "de" com o pronome "ela":

(33c) A mulher foi privada do voto até os anos 1930, devido à compreensão **dela ser** biologicamente menos racional que o homem.

Nesse leque de possibilidades, a contração "dela" em (33c) pode ser vista com maus olhos por alguns escritores conservadores, mas ela também é uma construção legítima da norma brasileira de referência e pode, portanto, ser usada em textos escritos formais.

Ainda um comentário a respeito do período (33): note-se que ele está na voz passiva. O agente da passiva não aparece na estrutura, mas sua explicitação pode trazer ao período novos sentidos. Por exemplo: "A mulher foi privada do voto pelo patriarcado até os anos 1930 [...]" ou "A mulher foi privada do voto pelo machismo dos governantes até os anos 1930 [...]". As consequências de se ocultar ou esconder o agente da passiva já foram tratadas no capítulo 7.

9

ORAÇÕES SUBORDINADAS ADVERBIAIS

OBJETIVO DO CAPÍTULO:

- apresentar a oração subordinada que corresponde ao adjunto adverbial de um período complexo, ou seja, a oração subordinada adverbial e algumas de suas possibilidades estruturais.

9.1 ADJUNTO ADVERBIAL EM FORMA DE ORAÇÃO

Neste capítulo, mais um processo de subordinação envolvendo orações será apresentado. Outra vez, o raciocínio sintático acompanha a terminologia gramatical, pois o encaixe sintático da oração adverbial é análogo aos encaixes sintáticos das orações subjetivas e completivas:

Sujeito em forma de oração → **oração subjetiva**
Complemento (verbal ou não) em forma de oração → **oração completiva**
Adjunto adverbial em forma de oração → **oração adverbial**

Conforme o quadro acima, uma oração adverbial é um constituinte principal do período complexo que apresenta características sintáticas semelhantes às dos adjuntos adverbiais.

Justamente por ser um constituinte sintático equivalente ao adjunto adverbial, uma oração adverbial, diferentemente de uma oração subjetiva ou completiva, não é uma necessidade sintática do verbo, nem, por conseguinte, uma exigência à boa formação lógico-semântica do período. Como já exposto, essa não obrigatoriedade sintática do adjunto adverbial lhe permite maior mobilidade entre os constituintes principais do período.

Um exemplo:

(1) Desde que suas ideias não se convertam em discursos de ódio contra a comunidade LGBT, líderes religiosos podem pregar suas convicções.

A análise do período indica que há dois constituintes verbais em sua composição: a forma verbal negativa e pronominal "não se convertam"[1] e a locução verbal "podem pregar". Pode-se afirmar, portanto, que (1) é um período complexo.

---

[1] Na seção 2.6 do capítulo 2, foram apresentados argumentos a favor de uma análise sintática que considera o termo negativo "não" como parte do constituinte verbal a ele relacionado. Nessa mesma seção, também foi dito que os pronomes oblíquos átonos "se", "me", "te" e "nos", quando presentes em verbos pronominais, são considerados como parte do constituinte verbal.

Para saber se o período é formado por estruturas coordenadas ou subordinadas, é preciso identificar os constituintes imediatamente relacionados a cada uma de suas formas verbais. Não é difícil perceber que há, em (1), duas estruturas SVC particulares:

		S	V	C
(a)	Desde que	suas ideias	não se convertam	em discursos de ódio contra a comunidade LGBT,
(b)		líderes religiosos	podem pregar	suas convicções.

Essas duas estruturas SVC, ainda que completas, estão sintaticamente vinculadas. A forma verbal "convertam", por estar no modo subjuntivo, e o conectivo "Desde que" fazem com que a estrutura (a) não se sustente sozinha. A leitura em voz alta de (a) e, depois, (b) confirma que apenas uma das duas estruturas é uma estrutura autônoma, gramaticalmente bem formada do ponto de vista lógico-semântico: a estrutura (b). Mesmo se o conectivo "Desde que" for desconsiderado, a forma verbal "converta" ainda impede a boa formação sintática de (a): "suas ideias não se convertam em discurso de ódio contra a comunidade LGBT" soa agramatical.

Agora, observe-se o período (2):

(2) Desde ontem, líderes religiosos podem pregar suas convicções.

Trata-se de um período simples, formado por um único constituinte verbal, a locução "podem pregar". O período é facilmente diagramado na figura a seguir:

	A	S	V	C
(2)	Desde ontem,	líderes religiosos	podem pregar	suas convicções.

É evidente que "Desde ontem" é um adjunto adverbial, como mostra o diagrama acima. A vírgula que o sucede decorre dele não estar na ordem direta SVCA, mas sim na primeira posição do modelo, resultando num período de estrutura interna **A,SVC** (v. capítulo 3).

Na sequência, convém comparar o período (2) ao período (1), repetido abaixo:

(1) Desde que suas ideias não se convertam em discursos de ódio contra a comunidade LGBT, líderes religiosos podem pregar suas convicções.

A estrutura sintática de ambos os períodos é idêntica. Embora (2) seja um período simples e (1), um período complexo, os constituintes "Desde ontem" e "Desde que suas ideias não se convertam em discurso de ódio contra a comunidade LGBT" ocupam a mesma posição sintática em seus respectivos períodos. De modo análogo à diagramação do período (2), o período (1) pode ser assim diagramado:

	A	S	V	C
(1)	Desde que suas ideias não se convertam em discursos de ódio contra a comunidade LGBT,	líderes religiosos	podem pregar	suas convicções.

Entretanto, já foi visto que o adjunto adverbial do período (1) também é constituído por um sujeito, um verbo e um complemento, como mostra o diagrama repetido a seguir:

		S	V	C
(a)	Desde que	suas ideias	não se convertam	em discursos de ódio contra a comunidade LGBT,

Finalmente, pode-se fundir essa estrutura (a) à estrutura (b), apresentada mais uma vez:

	S	V	C
(b)	líderes religiosos	podem pregar	suas convicções.

Essa fusão entre (a) e (b) resulta no período complexo (1). O diagrama a seguir representa visualmente a subordinação da estrutura (a) à estrutura (b):

<table>
<tr><th colspan="7">Período complexo (1)</th></tr>
<tr><th colspan="4">Estrutura (a)</th><th colspan="3">Estrutura (b)</th></tr>
<tr><th colspan="4">A</th><th>S</th><th>V</th><th>C</th></tr>
<tr><th colspan="4">Oração adverbial</th><td rowspan="3">líderes religiosos</td><td rowspan="3">podem pregar</td><td rowspan="3">suas convicções.</td></tr>
<tr><td></td><th>S</th><th>V</th><th>C</th></tr>
<tr><td>Desde que</td><td>suas ideias</td><td>não se convertam</td><td>em discursos de ódio contra a comunidade LGBT,</td></tr>
</table>

Esse último diagrama mostra que, no período complexo (1), o constituinte "Desde que suas ideias não se convertam em discursos de ódio contra a comunidade LGBT" é:

- uma ORAÇÃO, pois contém a forma verbal "convertam";
- uma oração SUBORDINADA, pois depende sintaticamente do período complexo do qual é constituinte, ou seja, funciona como um dos constituintes principais do período complexo;
- uma oração subordinada ADVERBIAL, pois funciona como adjunto adverbial do período complexo.

Em síntese, uma **oração subordinada adverbial** (ou, simplesmente, uma **oração adverbial**) é um constituinte que se *adjunge* a um período já completo, desempenhando nesse período, portanto, a função de adjunto adverbial.

Adjungir (do latim *adjungere*) significa juntar, associar, reunir. É dessa palavra que vem o termo "adjunto" (do latim *adjunctus*). Os dois capítulos anteriores mostraram que o processo de subordinação da oração subjetiva e da oração completiva equivale ao **encaixe** sintático dessas orações num período incompleto, ao passo que este capítulo demonstra que o processo de subordinação da oração adverbial consiste na sua **adjunção** a um período já completo.

Tal qual acontece com um adjunto adverbial não oracional, a adjunção de uma oração adverbial costuma ser possível em diferentes posições lineares: por exemplo, no início ou no fim do período, como, respectivamente, em (1) e (1a), ou ainda entre dois de seus constituintes principais, como em (1b):

(1) <u>Desde que suas ideias não se convertam em discursos de ódio contra a comunidade LGBT</u>, líderes religiosos podem pregar suas convicções.

(1a) Líderes religiosos podem pregar suas convicções, <u>desde que suas ideias não se convertam em discursos de ódio contra a comunidade LGBT</u>.

(1b) Líderes religiosos, <u>desde que suas ideias não se convertam em discursos de ódio contra a comunidade LGBT</u>, podem pregar suas convicções.

Embora haja algumas orações adverbiais mais presas à direita ou à esquerda do período, essa liberdade de posicionamento da maioria, comum à categoria, não é própria da oração subjetiva ou da oração completiva, constituintes oracionais efetivamente encaixados numa estrutura matriz.

Por isso, uma oração adverbial talvez nem devesse ser chamada de oração subordinada[2]. Entretanto, preferiu-se manter o uso do termo "subordinada" nesta gramática porque a ideia de **subordinação** aqui enfatizada equivale ao funcionamento do constituinte oracional como **sujeito**, **complemento** (verbal ou não) ou **adjunto adverbial** de um período.

De qualquer maneira, cabe precisar, no quadro a seguir, essa diferença entre a articulação sintática envolvida nos dois primeiros tipos de oração subordinada (subjetiva e completiva) e a articulação que acontece nas orações subordinadas adverbiais:

[2] Outro nome para o fenômeno da adjunção de orações é **hipotaxe adverbial**. Nesses termos, a oração subordinada adverbial costuma ser denominada **oração hipotática**.

Oração subordinada	Articulação sintática	Função do constituinte
Oração subjetiva	ENCAIXE da oração numa estrutura matriz	Sujeito
Oração completiva	ENCAIXE da oração numa estrutura matriz	Complemento
Oração adverbial	ADJUNÇÃO da oração num período completo	Adjunto adverbial

Diferentemente de uma oração subjetiva ou completiva, uma oração adverbial não é encaixada numa estrutura matriz, mas adjungida a um período completo. Eis a figura que representa esse processo de adjunção da oração adverbial:

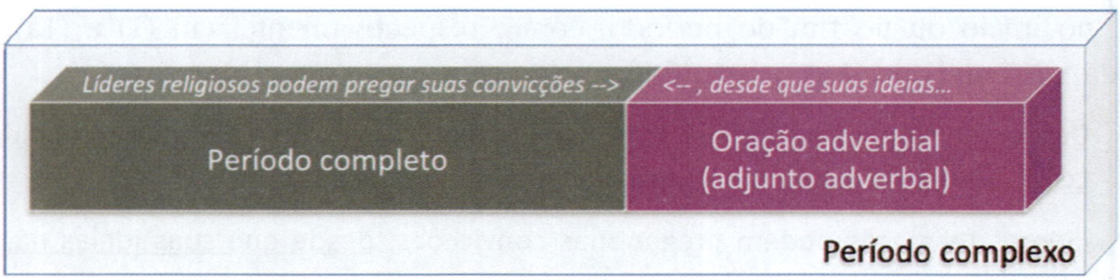

Na figura acima, a oração adverbial é apresentada após o período completo, ou seja, na ordem direta SVCA, sendo o constituinte A justamente a oração adverbial. Exemplifica essa ordem direta o período (1a). Entretanto, a posição da oração adverbial é flexível: como já apresentado, ela também pode vir antes do período completo — como em (1) — ou em seu interior — como em (1b). Eis os exemplos repetidos aqui:

(1) Desde que suas ideias não se convertam em discursos de ódio contra a comunidade LGBT, líderes religiosos podem pregar suas convicções.

(1a) Líderes religiosos podem pregar suas convicções, desde que suas ideias não se convertam em discursos de ódio contra a comunidade LGBT.

(1b) Líderes religiosos, desde que suas ideias não se convertam em discursos de ódio contra a comunidade LGBT, podem pregar suas convicções.

9.2 CONECTIVOS DE ORAÇÕES ADVERBIAIS

Outra diferença entre as orações adverbiais e as demais orações subordinadas (subjetivas e completivas) está no amplo leque de conectivos que podem introduzir aquelas. No exemplo (1), esse conectivo foi a expressão "desde que", que indica, no período analisado, *condição*. Mas a lista de conectivos é imensa e aberta: inclui desde palavras como "quando" ou "embora", indicando respectivamente *tempo* e *ressalva*, a expressões mais elaboradas, algumas das quais finalizadas com a conjunção "que", como "a não ser que", também indicando *condição*.

Eis mais alguns exemplos de oração adverbiais, dessa vez com os conectivos mencionados no parágrafo anterior. Atente-se à diversidade de posições das orações adverbiais sublinhadas nos períodos:

(3) **Quando** entram nas salas de aula, os estudantes não abandonam suas experiências de gênero e desejo.

(4) Os números refletem as últimas lutas contra o machismo, **embora** as mulheres ainda não ocupem nem metade dos cargos políticos.

(5) Todo homem — **a não ser que** esteja desejando explicitamente ser machista — deveria guardar suas opiniões sobre as barrigas, bundas ou dobras de qualquer mulher.

No período complexo (3), o trecho "os estudantes não abandonam suas experiências de gênero e desejo" se revela um período simples já completo, em que "os estudantes" é o sujeito, "não abandonam" é o constituinte verbal e "suas experiências de gênero e desejo", o complemento verbal. Antecede essa estrutura completa SVC o adjunto adverbial "Quando entram nas salas de aula", introduzido pelo conectivo "Quando". Esse adjunto adverbial, por ser uma oração, equivale a uma oração adverbial. A vírgula que o sucede separa o adjunto adverbial em forma de oração da estrutura SVC. A ordem aqui é: **A,SVC**.

Segue a representação diagramática do período sintetizando todas essas informações descritivas (note-se o registro entre colchetes do sujeito da oração adverbial, elidido no período):

<table>
<tr><th colspan="4">Período complexo (3)</th></tr>
<tr><th>A</th><th>S</th><th>V</th><th>C</th></tr>
<tr><td><table>
<tr><th colspan="4">Oração adverbial</th></tr>
<tr><th></th><th>S</th><th>V</th><th>C</th></tr>
<tr><td>Quando</td><td>[os estudantes]</td><td>entram</td><td>na sala de aula,</td></tr>
</table></td><td>os estudantes</td><td>não abandonam</td><td>suas experiências de gênero e desejo.</td></tr>
</table>

No período (4), a oração adverbial é "embora as mulheres ainda não ocupem nem metade dos cargos políticos". Essa oração sucede a estrutura completa "Os números refletem as últimas lutas contra o machismo", na ordem SVC. Segue o diagrama do período:

<table>
<tr><th colspan="8">Período complexo (4)</th></tr>
<tr><th>S</th><th>V</th><th>C</th><th colspan="5">A</th></tr>
<tr><td rowspan="3">Os números</td><td rowspan="3">refletem</td><td rowspan="3">as últimas lutas contra o machismo,</td><td colspan="5">Oração adverbial</td></tr>
<tr><td></td><td>S</td><td>A</td><td>V</td><td>C</td></tr>
<tr><td>embora</td><td>as mulheres</td><td>ainda</td><td>não ocupem</td><td>nem metade dos cargos políticos.</td></tr>
</table>

O diagrama mostra que, dessa vez, o lugar da oração adverbial é o fim do período, configurando a ordem direta: **SVC,A.** Entretanto, aqui há uma vírgula separando a oração adverbial do resto do período, o que normalmente não aconteceria se o adjunto adverbial não fosse uma oração (v. seção 3.4).

A propósito, é bom ressaltar que, no que diz respeito à pontuação, **uma oração adverbial costuma vir virgulada, mesmo que ela esteja posicionada no fim do período**. É o que acontece com o período (4) e com o período (1a), analisado anteriormente.

Porém, nem sempre a vírgula será obrigatória. É o que ocorre, por exemplo, com a mudança de posição da oração adverbial do período (3):

(3) **Quando** entram nas salas de aula, os estudantes não abandonam suas experiências de gênero e desejo.

(3a) Os estudantes não abandonam suas experiências de gênero e desejo **quando** entram nas salas de aula.

(3b) Os estudantes não abandonam suas experiências de gênero e desejo**, quando** entram nas salas de aula.

É válida a pontuação das três opções. Inclusive, se o objetivo não for dar alguma ênfase na informação veiculada pela oração adverbial sublinhada em (3a), não haverá razão para a vírgula aí, embora ela seja sintaticamente possível. O mesmo vale para os períodos (3c) e (3d):

(3c) Os estudantes não abandonam suas experiências de gênero e desejo **onde** quer que estejam.

(3d) Os estudantes não abandonam suas experiências de gênero e desejo**, onde** quer que estejam.

Entretanto, como sugerido anteriormente, a vírgula é obrigatória em períodos como (1a) e (4), já vistos antes:

(1a) Líderes religiosos podem pregar suas convicções, **desde que** suas ideias não se convertam em discursos de ódio contra a comunidade LGBT.

(4) Os números refletem as últimas lutas contra o machismo, **embora** as mulheres ainda não ocupem nem metade dos cargos políticos.

A razão para essa obrigatoriedade ou facultatividade da vírgula antecedendo orações adverbiais está na semântica da oração adverbial. Ao indicar circunstâncias de *tempo* ou *espaço*, situando o período numa dessas duas dimensões, a vírgula tende a não ser necessária, ainda que possível. É o que acontece, por exemplo, com as quatro transformações do período (3): os períodos (3a) a (3d).

Já quando a oração adverbial não se resume às circunstâncias temporais e espaciais do período, mas expressa uma *condição*, uma *ressalva* ou outro sentido em relação à informação que lhe antecede, a vírgula tende à obrigatoriedade.

Uma observação: *tender à obrigatoriedade* não *é o mesmo que ser obrigatória*. Caberia uma pesquisa linguística que investigasse as condições sintáticas, semânticas e contextuais envolvidas na virgulação das orações adverbiais. Essa flexibilidade normativa, todavia, não deve ser motivo de preocupação no processo de produção de textos escritos formais, pois a consciência sintática de quem escreve costuma trazer boas respostas em momentos de impasse. Na dúvida, é bom lembrar que a separação da oração adverbial com uma vírgula geralmente vai ser possível.

Por fim, cabe analisar a oração subordinada do período complexo (5), repetido a seguir:

(5) Todo homem — **a não ser que** esteja desejando explicitamente ser machista — deveria guardar suas opiniões sobre as barrigas, bundas ou dobras de qualquer mulher.

Aqui, a oração adverbial "a não ser que esteja desejando explicitamente ser machista" aparece interpolada entre o sujeito "Todo homem" e a locução verbal "deveria guardar". Essa interpolação se dá por meio de **travessões**. O travessão é um sinal de pontuação que pode fazer o papel das vírgulas nessas ocorrências sintáticas, embora o uso destas últimas seja mais frequente.

Note-se que a locução verbal dessa oração adverbial presente no período (5) apresenta um complemento em forma de oração, ou seja, uma oração completiva. A oração "explicitamente ser machista" é complemento da locução verbal "esteja desejando". Trata-se de uma oração completiva dentro de uma oração adverbial, uma bela hierarquia de estruturas oracionais subordinadas. Todos esses processos de subordinação podem ser observados através do diagrama do período (5):

<table>
<tr><th colspan="9">Período complexo (5)</th></tr>
<tr><th>S</th><th colspan="6">A</th><th>V</th><th>C</th></tr>
<tr><td rowspan="5">Todo homem</td><th colspan="6">Oração adverbial</th><td rowspan="5">deveria guardar</td><td rowspan="5">suas opiniões sobre as barrigas, bundas ou dobras de qualquer mulher.</td></tr>
<tr><td></td><th>S</th><th>V</th><th colspan="3">C</th></tr>
<tr><td rowspan="3">— a não ser que</td><td rowspan="3">[ele]</td><td rowspan="3">esteja desejando</td><th colspan="3">Oração completiva</th></tr>
<tr><th>A</th><th>V</th><th>C</th></tr>
<tr><td>explicitamente</td><td>ser</td><td>machista —</td></tr>
</table>

9.3 ORAÇÕES ADVERBIAIS REDUZIDAS

O seguinte modelo representa a adjunção de uma oração adverbial a um período já completo:

PERÍODO COMPLETO (S) V (C) (A),	ORAÇÃO ADVERBIAL conectivo + forma verbal no indicativo ou subjuntivo

Já se sabe que a vírgula antes de uma oração adverbial na posição acima nem sempre é obrigatória (mas também, como se verá, nem sempre é possível). Entretanto, por ela ser bastante recorrente em boa parte dos processos de subordinação adverbial, preferiu-se deixá-la no modelo.

O período (6) corresponde perfeitamente a esse modelo. Ele aparece com sua oração adverbial sublinhada, e com sua forma verbal e o conectivo "até que" em negrito:

(6) Ela esteve no armário por longas décadas, **até que chegou** ao limite.

Os constituintes S, C e A aparecem entre parênteses no modelo por não serem constituintes absolutamente indispensáveis ao período completo — sobretudo o constituinte A, que pode ser eliminado do período sem prejuízos sintáticos ou lógico-semânticos. O período (6), por exemplo, poderia ser reelaborado sem o adjunto adverbial "por longas décadas":

(6a) Ela esteve no armário, **até que chegou** ao limite.

Outra característica do modelo é que ele pressupõe períodos completos na ordem direta SVCA. Todavia, conforme já demonstrado, os constituintes principais de um período nem sempre se apresentam na ordem direta. Por exemplo, o adjunto adverbial "por longas décadas" pode ser deslocado para o início do período:

(6b) Por longas décadas, ela esteve no armário, **até que chegou** ao limite.

Embora não seja o caso da oração adverbial no período (6), vale lembrar que a maioria das orações adverbiais podem ser deslocadas para o início ou para o meio do período.

Em suma, a adjunção adverbial ao período completo costuma ser bastante flexível. Portanto, o modelo apresentado acima deve funcionar não como uma "camisa de força analítica", mas como um **modelo de referência**, que prevê essa flexibilidade estrutural, inclusive nos constituintes internos da oração adverbial.

Também atesta tal flexibilidade estrutural das orações adverbiais o que se pode denominar de **orações adverbiais reduzidas**. Assim como é possível transformar orações subjetivas e completivas com o conectivo "que" em orações reduzidas, pode-se, por exemplo, **reduzir de infinitivo** a oração adverbial grifada em (6b). Basta eliminar o "que" do conectivo "até que" e alterar a forma verbal "chegou" para sua forma no infinitivo ("chegar") ou no infinitivo pretérito ("ter chegado"):

(6c) Por longas décadas, ela esteve no armário, **até chegar** ao limite.

(6d) Por longas décadas, ela esteve no armário, **até ter chegado** ao limite.

Uma oração adverbial como as sublinhadas nos períodos (6c) e (6d) costuma ser chamada de **oração adverbial reduzida de infinitivo**. Para maior compreensão das estruturas subordinadas aí envolvidas, os diagramas dos períodos (6b), (6c) e (6d) podem ser cotejados:

<table>
<tr><th colspan="8">Período complexo (6b)</th></tr>
<tr><th>A</th><th>S</th><th>V</th><th>C</th><th colspan="4">A</th></tr>
<tr><td rowspan="3">Por longas décadas,</td><td rowspan="3">ela</td><td rowspan="3">esteve</td><td rowspan="3">no armário,</td><th colspan="4">Oração adverbial</th></tr>
<tr><td></td><th>S</th><th>V</th><th>C</th></tr>
<tr><td>até que</td><td>[ela]</td><td>chegou</td><td>ao limite.</td></tr>
</table>

<table>
<tr><th colspan="8">Período complexo (6c)</th></tr>
<tr><th>A</th><th>S</th><th>V</th><th>C</th><th colspan="4">A</th></tr>
<tr><td rowspan="3">Por longas décadas,</td><td rowspan="3">ela</td><td rowspan="3">esteve</td><td rowspan="3">no armário,</td><th colspan="4">Oração adverbial reduzida de infinitivo</th></tr>
<tr><td></td><th>S</th><th>V</th><th>C</th></tr>
<tr><td>até</td><td>[ela]</td><td>chegar</td><td>ao limite.</td></tr>
</table>

<table>
<tr><th colspan="8">Período complexo (6d)</th></tr>
<tr><th>A</th><th>S</th><th>V</th><th>C</th><th colspan="4">A</th></tr>
<tr><td rowspan="3">Por longas décadas,</td><td rowspan="3">ela</td><td rowspan="3">esteve</td><td rowspan="3">no armário,</td><th colspan="4">Oração adverbial reduzida de infinitivo</th></tr>
<tr><td></td><th>S</th><th>V</th><th>C</th></tr>
<tr><td>até</td><td>[ela]</td><td>ter chegado</td><td>ao limite.</td></tr>
</table>

Períodos complexos como (6b), (6c) e (6d) são diferentes do ponto de vista sintático, mas, em geral, equivalentes em sentido. Como a oração adverbial reduzida de infinitivo torna o período mais conciso, certos gramáticos afirmam que os períodos (6c) e (6d) são mais elegantes que o período (6b). Porém, **cabe a quem escreve escolher o modelo de oração adverbial que lhe parecer mais claro ao que pretende dizer**. Afinal, as três possibilidades são legítimas na norma-padrão brasileira.

Diferentemente das orações subjetivas e completivas, as orações adverbiais reduzidas de infinitivo permanecem adjungidas por meio de um conectivo, embora haja transformações nesse conectivo. De modo geral, quando se trata de uma expressão conectiva constituída por "que", esse elemento tende a ser eliminado e o conectivo passa a ser a forma restante. Exemplificam essa tendência os períodos (6b), (6c) e (6d), já mencionados. Neles, a sequência "até que chegou" foi reduzida a "até chegar" e "até ter chegado". Eis mais um exemplo:

(7) Aquelas mulheres batalharam em silêncio nas cidades esvaziadas, **para que** a retaguarda se **mantivesse** sólida e a ordem do país **fosse** conservada.

(7a) Aquelas mulheres batalharam em silêncio nas cidades esvaziadas, **para** a retaguarda se **manter** sólida e a ordem do país **ser** conservada.

Os períodos acima estão numa relação parafrástica, sendo o segundo uma oração adverbial reduzida de infinitivo em relação ao primeiro. São estas as diferenças entre (7) e (7a): a conjunção "que" do conectivo "para que" foi eliminada; os verbos no modo subjuntivo — "mantivesse" e "fosse" — passaram a formas no infinitivo, respectivamente "manter" e "ser". E não custa repetir: ambas as estruturas são sintaticamente possíveis na norma-padrão brasileira.

Contudo, nem sempre o conectivo que introduz uma oração adverbial é uma expressão formada pela conjunção "que". Por exemplo, o período (8) contém uma oração adverbial introduzida pelo conectivo "quando", sem "que". Mesmo assim, a transformação dessa oração adverbial numa oração reduzida é possível. Na verdade, há até mesmo duas possibilidades de fazer isso:

(8) O ministro e presidente do Supremo Tribunal Federal, Dias Toffoli, **quando deu** o último voto na sessão, disse que a questão da criminalização da homofobia deveria ser ponto pacífico em pleno século 21.

(8a) O ministro e presidente do Supremo Tribunal Federal, Dias Toffoli, **ao dar** o último voto na sessão, disse que a questão da criminalização da homofobia deveria ser ponto pacífico em pleno século 21.

(8b) O ministro e presidente do Supremo Tribunal Federal, Dias Toffoli, **dando** o último voto na sessão, disse que a questão da criminalização da homofobia deveria ser ponto pacífico em pleno século 21.

A oração adverbial do período (8) se transformou, no período (8a), numa **oração adverbial reduzida de infinitivo**. Isso aconteceu por meio da substituição do conectivo "quando" pelo conectivo "ao" e da mudança do verbo (*deu*), agora no infinitivo (*dar*).

Já no período (8b), também houve uma transformação da oração adverbial, mas em **oração adverbial reduzida de gerúndio**. Nesse caso, não há conectivo, somente a forma verbal no gerúndio (*dando*). As três possibilidades — (8), (8a) e (8b) — estão adequadas sintaticamente e, nesse exemplo, apresentam sentidos razoavelmente equivalentes.

Além das orações adverbiais reduzidas de infinitivo ou gerúndio, há também a **oração adverbial reduzida de particípio**. Nesse caso, a paráfrase não costuma preservar exatamente o sentido original do período, conforme se vê em (8c):

(8c) O ministro e presidente do Supremo Tribunal Federal, Dias Toffoli, **dado** o último voto na sessão, disse que a questão da criminalização da homofobia deveria ser ponto pacífico em pleno século 21.

O sentido dos períodos (8), (8a) e (8b) foi levemente alterado no período (8c). Nos três primeiros, foi necessariamente o ministro Dias Toffoli que deu o último voto na sessão. Além disso, também nesses períodos, as ações de "dar o último voto" e "dizer algo" são concomitantes.

Já no período (8c), o último voto pôde ter sido dado por outra pessoa que não o referido ministro. O particípio "dado" também sugere que a ação de "dar o último voto" tenha sido realizada antes da afirmação de que a "a questão da criminalização da homofobia deveria ser ponto pacífico em pleno século 21".

Portanto, **diferentes nuances de sentido podem ser construídas a partir da redução de uma oração adverbial**. O desenvolvimento dessa percepção sintático-semântica traz enormes benefícios à capacidade de escrita de textos formais.

Segue mais um exemplo:

(9) Ele tem esperança de que, num futuro próximo, **quando surgirem** mais pessoas declaradamente trans, elas não enfrentarão tanta discriminação.

(9a) Ele tem esperança de que, num futuro próximo, **surgindo** mais pessoas declaradamente trans, elas não enfrentarão tanta discriminação.

Os períodos (9) e (9a) trazem orações adverbiais equivalentes, sendo a segunda reduzida da primeira. Há, porém, uma diferença semântica bastante sutil, mas que deve ser levada em consideração na escolha da estruturação sintática mais adequada ao que se quer dizer. Em (9), a oração adverbial "quando surgirem mais pessoas declaradamente trans" pressupõe que essas pessoas certamente vão surgir; já em (9a), o gerúndio "surgindo" atenua a certeza de, "num futuro próximo", "surgirem mais pessoas declaradamente trans". Nesse caso, o sentido da oração adverbial reduzida de gerúndio se aproxima mais do sentido apresentado nessa outra paráfrase, com o conectivo de *condição* "se":

(9b) Ele tem esperança de que, num futuro próximo, **se surgirem** mais pessoas declaradamente trans, elas não enfrentarão tanta discriminação.

Por fim, vale atentar à recorrência de **orações adverbiais reduzidas de gerúndio** na escrita formal do português brasileiro contemporâneo. Há, contudo, quem diga que um bom escritor precisa evitar verbos no gerúndio. Essa afirmação é um equívoco. As orações adverbiais reduzidas de gerúndio são construções legítimas da língua e não há por que escapar delas na escrita de períodos bem formados. Eis mais alguns exemplos:

(10) **Traçando** paralelo com ofensas racistas, o país criminalizou a homofobia em outubro de 2018.

(11) As feministas, **usando** suas capacidades de liderança e pensamento crítico, fizeram muito bem seu papel persuasivo.

(12) Manifestações religiosas não podem se converter em discursos de ódio, **incitando** hostilidade ou a violência contra a comunidade LGBT.

(13) A defesa de direitos humanos não pode servir à universalização de condutas e relações humanas, **apagando** a diversidade.

(14) A União alega que apenas segue o regimento da carreira militar, **argumentando** que a vítima prestou concurso para um quadro que só aceita homens.

Cada um dos cinco períodos complexos acima contém uma oração subordinada adverbial reduzida de gerúndio, que aparece sublinhada. Essas orações se posicionam em lugares diferentes dos períodos: no início do período (10); no meio do período (11), precisamente entre os constituintes principais S e V; e no final dos demais períodos. Como foi visto, essa posição não é fixa: **atende ao projeto de dizer do escritor**.

Outra diferença entre essas cinco orações adverbiais reduzidas de gerúndio está nos sentidos que elas promovem aos seus respectivos períodos complexos. Esses sentidos nem sempre podem ser circunscritos em classificações fechadas e precisas: por vezes, eles se mostram difusos, sutis ou mesmo ambíguos. Caso essas orações adverbiais sejam parafraseadas, essas diferenças semânticas vão levar a estruturas sintáticas também diferentes.

Por exemplo, no período (10), a oração adverbial mistura *tempo concomitante* e *comparação de ações*. Uma possibilidade parafrástica é (10a):

(10) **Traçando** paralelo com ofensas racistas, o país criminalizou a homofobia em outubro de 2018.

(10a) **Ao traçar** paralelo com ofensas racistas, o país criminalizou a homofobia em outubro de 2018.

Já no período (11), há as ideias de *modo* e *instrumento*; em (12), o *modo* também se faz presente, associado, dessa vez, à *consequência*; em (13), pode-se construir uma ideia tanto de *causa* quanto de *consequência* ou *resultado*, a depender da argumentação pretendida e desenvolvida; finalmente, em (14), há um misto de sentidos envolvendo *modo* e *causa*. A seguir, compare-se cada um desses períodos a uma possibilidade parafrástica envolvendo suas respectivas orações adverbiais (nem todas as orações adverbiais sublinhadas serão transformadas em outras orações adverbiais):

(11) As feministas, **usando** suas capacidades de liderança e pensamento crítico, fizeram muito bem seu papel persuasivo.

(11a) As feministas, **por meio de** suas capacidades de liderança e pensamento crítico, fizeram muito bem seu papel persuasivo.

(12) Manifestações religiosas não podem se converter em discursos de ódio, **incitando** hostilidade ou a violência contra a comunidade LGBT.

(12a) Manifestações religiosas não podem se converter em discursos de ódio, **de maneira a incitar** hostilidade ou a violência contra a comunidade LGBT.

(13) A defesa de direitos humanos não pode servir à universalização de condutas e relações humanas, **apagando** a diversidade.

(13a) A defesa de direitos humanos não pode servir à universalização de condutas e relações humanas **e, consequentemente, apagar** a diversidade.

(14) A União alega que apenas segue o regimento da carreira militar, **argumentando** que a vítima prestou concurso para um quadro que só aceita homens.

(14a) A União alega que apenas segue o regimento da carreira militar, **mediante o argumento** que a vítima prestou concurso para um quadro que só aceita homens.

As subclassificações de orações adverbiais a partir de critérios semânticos (*oração adverbial causal*, *comparativa*, *condicional*, *temporal* etc.), tão comuns nas lições escolares de gramática tradicional, se encontram fora do escopo desta obra. Isso porque são as práticas de leitura e escrita que vão levar ao domínio desses movimentos parafrásticos. O importante aqui é saber que sentidos diversos se estruturam em orações adverbiais, mas também em expressões adverbiais, orações coordenadas, entre outras possibilidades sintáticas, como atestam as paráfrases realizadas acima.

10

REGÊNCIA VERBAL

OBJETIVOS DO CAPÍTULO:

- abordar a regência verbal, ou seja, o regime sintático dos verbos, marcado pela exigência de complemento (com ou sem preposição) ou pela sua dispensa;
- apresentar um guia normativo da regência verbal na modalidade escrita formal do português brasileiro contemporâneo.

10.1 O QUE É REGÊNCIA?

A regência é um fenômeno gramatical que pode envolver tanto verbos quanto nomes (substantivos e adjetivos) e advérbios. Esse conceito será introduzido a partir da observação do fenômeno no âmbito dos verbos. Tal processo de regência costuma ser denominado **regência verbal**.

Primeiramente, atente-se às formas verbais, em negrito, dos períodos simples (1) a (4), bem como a seus respectivos complementos sublinhados:

(1) Pandemias **afetam** a economia global.

(2) Pandemias **necessitam** de uma vacina rápida e barata.

(3) Pandemias **revelam** à humanidade alguns de seus problemas mais graves.

(4) Pandemias raramente **acontecem**.

Dos quatro verbos acima, em decorrência de seus significados em períodos específicos, três exigem complementos de estruturas diferentes e um dispensa qualquer complemento:

- **afetam** requer um objeto direto, ou seja, um complemento sem preposição;
- **necessitam** pede um objeto indireto, isto é, um complemento com preposição;
- **revelam** solicita dois complementos, um objeto indireto (*à humanidade*) e um objeto direto (*alguns de seus problemas mais graves*);
- e **acontecem** dispensa complementos.

Na seção 3.3 desta gramática, a exigência ou não de complementos verbais e a relação de dependência sintática que se estabelece entre **verbo** e **complementos** já foram apresentadas. Em síntese, um termo (o verbo), em seu regime sintático, **rege** outro (o complemento verbal, com ou sem preposição) ou o dispensa. Essa relação, marcada pela exigência ou não de complemento e pelo emprego ou não de preposição, é chamada **regência verbal**.

O quadro a seguir, elaborado a partir da análise dos períodos (1) a (4), sumariza o processo sintático de regência verbal na modalidade escrita formal do português brasileiro contemporâneo. Ele favorece a sistematização e mesmo a ampliação do repertório terminológico para a lida com algumas orientações normativas envolvendo regência verbal:

REGÊNCIA VERBAL	
VERBO | TERMO REGENTE	COMPLEMENTO VERBAL | TERMO REGIDO
TRANSITIVO DIRETO afetam	COMPLEMENTO DIRETO (SEM PREPOSIÇÃO) a economia global
TRANSITIVO INDIRETO necessitam	COMPLEMENTO INDIRETO (COM PREPOSIÇÃO) de uma vacina rápida e barata
TRANSITIVO DIRETO E INDIRETO revelam	COMPLEMENTO INDIRETO à humanidade COMPLEMENTO DIRETO alguns de seus problemas mais graves
INTRANSITIVO acontecem	[SEM COMPLEMENTO]

Essas quatro possibilidades de regência verbal são as mais frequentes na estruturação de períodos na norma-padrão brasileira. Todavia, há também outras duas possibilidades estruturais menos frequentes, mas igualmente necessárias a nosso repertório sintático. Eis a primeira:

(5) Especialistas **denominam** "fadiga da quarentena"[1] o colapso dos mecanismos de alerta do corpo humano ante um perigo[2].

O período (5) é um período simples, estruturado a partir da forma verbal "denominam". Esse verbo demanda dois complementos, mas nenhum deles aparece, em (5), antecedido de preposição, conforme representado no diagrama:

	S	V	C (direto)	C (direto)
(5)	Especialistas	denominam	"fadiga da quarentena"	o colapso dos mecanismos de alerta do corpo humano ante um perigo.

Por apresentar **dois complementos diretos** ("fadiga da quarentena" e "o colapso dos mecanismos de alerta do corpo humano ante um perigo"), um termo regente como "denominam" pode ser classificado de **verbo bitransitivo direto**. Essa terminologia não corresponde às lições da gramática tradicional dos últimos 70 anos, a qual costuma apresentar um desses complementos como "objeto direto" e o outro como "predicativo do objeto". Entretanto, o uso dos termos *verbo bitransitivo direto* e *complementos diretos* é mais produtivo e coerente à proposta descritiva desta gramática, de estruturação de períodos na norma-padrão do português brasileiro contemporâneo.

Geralmente, uma regência bitransitiva direta é apenas uma das variantes de um conjunto maior de possibilidades sintáticas, como se observa a partir de outras regências verbais do período (5), também adequadas às convenções gramaticais da escrita formal contemporânea:

(5a) Especialistas denominam "fadiga da quarentena"[1] ao colapso dos mecanismos de alerta do corpo humano ante um perigo[2].

(5b) Especialistas denominam de "fadiga da quarentena"[1] o colapso dos mecanismos de alerta do corpo humano ante um perigo[2].

(5c) Especialistas denominam por "fadiga da quarentena"[1] o colapso dos mecanismos de alerta do corpo humano ante um perigo[2].

Os períodos (5a), (5b) e (5c) deixam claro que o verbo "denominar", nessa acepção semântica e nesse contexto sintático, pode se apresentar como **verbo bitransitivo direto**, isto é, com dois complementos diretos, mas também como **verbo transitivo direto e indireto**, ou seja, com um complemento direto e outro indireto. Além disso, o complemento em que a preposição incide pode variar, bem como a própria preposição — "a", "de" e "por", por exemplo.

Outra possibilidade de estruturação sintática envolvendo um segundo tipo de regência verbal pouco usual pode ser estudada a partir da análise do período (6):

(6) Os professores do futuro **vão falar** aos seus alunos[1] sobre a tal pandemia de 2020[2].

No período simples acima, a locução verbal "vão falar" se relaciona a um sujeito e a dois complementos antecedidos por preposições ("a" e "sobre"), ou seja, dois complementos indiretos:

	S	V	C (indireto)	C (indireto)
(6)	Os professores do futuro	vão falar	aos seus alunos	sobre a tal pandemia de 2020.

De modo análogo ao que foi proposto para o verbo bitransitivo direto do período (5), cabe chamar o verbo "falar", na acepção semântica e no contexto sintático do período (6), de **verbo bitransitivo indireto**, por apresentar **dois complementos indiretos**: "aos seus alunos" e "sobre a tal pandemia de 2020". Esse gesto analítico e classificatório também está ausente das aulas de gramática tradicional, dos livros didáticos e dos manuais escolares, apesar de trazer consigo economia terminológica, precisão descritiva e relevância pedagógica.

Também é comum que a regência bitransitiva indireta de certos verbos seja apenas uma dentre outras variantes sintáticas. Servem de exemplo o período (7), que traz o verbo "agradecer" numa regência bitransitiva indireta, e o período (7a), com o mesmo verbo, no mesmo período, mas numa regência alternativa — transitiva direta e indireta:

(7) Os governadores agradeceram ao povo[1] pelo uso de máscara de proteção[2].

(7a) Os governadores agradeceram ao povo[1] o uso de máscara de proteção[2].

O quadro a seguir amplia as possibilidades de regência verbal já apresentadas, ao incluir o verbo bitransitivo direto, o verbo bitransitivo indireto e seus respectivos pares de complementos diretos e indiretos:

REGÊNCIA VERBAL	
VERBO | TERMO REGENTE	COMPLEMENTO VERBAL | TERMO REGIDO
TRANSITIVO DIRETO afetam	COMPLEMENTO DIRETO (SEM PREPOSIÇÃO) a economia global
TRANSITIVO INDIRETO necessitam	COMPLEMENTO INDIRETO (COM PREPOSIÇÃO) de uma vacina rápida e barata
TRANSITIVO DIRETO E INDIRETO revelam	COMPLEMENTO INDIRETO à humanidade COMPLEMENTO DIRETO alguns de seus problemas mais graves
INTRANSITIVO acontecem	[SEM COMPLEMENTO]
BITRANSITIVO DIRETO denominam	COMPLEMENTO DIRETO "fadiga da quarentena" COMPLEMENTO DIRETO o colapso dos mecanismos de alerta do corpo humano ante um perigo
BITRANSITIVO INDIRETO falar	COMPLEMENTO INDIRETO aos seus alunos COMPLEMENTO INDIRETO sobre a tal pandemia de 2020

De certo modo, a escolha entre um complemento com preposição e outro sem preposição, ou entre uma preposição ou outra regendo um determinado complemento é uma questão de intuição sintática. Contudo, algumas particularidades da sintaxe de regência dos verbos a tornam objeto de reflexão gramatical necessário à compreensão de determinadas orientações normativas, conforme se mostrará a seguir.

10.2 POR QUE DAR ATENÇÃO À REGÊNCIA VERBAL?

É importante saber que **muitos verbos podem ter duas ou mais regências validadas por algumas boas gramáticas contemporâneas e alguns bons dicionários de regência verbal**. Entretanto, algumas dessas variantes de regência são avaliadas como "erradas" e interditadas da escrita formal por uma série de gramáticas e dicionários desatualizados, bem como por livros didáticos e *sites* de dúvidas gramaticais na internet que pouco dialogam com as pesquisas e os debates linguísticos acerca de questões normativas. Ser, portanto, sensível a esse amplo espectro de variação de regência e a partir dele saber fazer escolhas gramaticais seguras e adequadas também deve fazer parte do saber sintático de quem escreve.

Eis um exemplo de verbo cuja regência pode variar entre **transitiva direta** (sem preposição) e **transitiva indireta** (com preposição), mesmo em situações de escrita formal:

(8) Pandemias **desobedecem** certos padrões de contágio.

(8a) Pandemias **desobedecem a** certos padrões de contágio.

Os períodos (8) e (8a) são praticamente idênticos, exceto pela ausência/presença da preposição "a" encabeçando a regência da forma verbal "desobedecem". Se for feita uma consulta rápida numa ferramenta de busca de informações na internet, como o Google, digitando, por exemplo, "regência do verbo desobedecer", vai surgir uma série de *sites*, alguns infelizmente bastante populares, dizendo que esse verbo estabelece regência com a presença obrigatória da preposição "a", como em (8a). A possibilidade do verbo ser usado como transitivo direto, como se vê no período (8), raramente é mencionada nesses espaços virtuais de dicas de gramática; quando isso acontece, essa variante costuma ser associada à oralidade e à informalidade.

Tal prescrição, **simplista e cientificamente infundada**, consiste num lastimável equívoco normativo e se repete com um conjunto grande de verbos, cuja regência mais conservadora, geralmente aquela prescrita em antigas gramáticas tradicionais de língua portuguesa, aparece como a *única* possibilidade permitida na escrita formal. Acontece que essas gramáticas espelham a norma-padrão portuguesa do século 19, evidentemente distante, em espaço e tempo, da norma-padrão brasileira do século 21.

A verdade é que as duas regências do verbo "desobedecer" — e, de modo análogo, também do verbo "obedecer" — fazem parte, indubitavelmente, da **norma brasileira de referência**. Assim, se pode usar "desobedecer X" ou "desobedecer a X": ambas as possibilidades já estão legitimadas em gramáticas e dicionários elaborados a partir de pesquisas e debates no âmbito dos estudos linguísticos contemporâneos. **É livre, portanto, a escolha de uma ou outra regência verbal, mesmo em contextos escritos e formais.**

Nesse ponto, caberia perguntar: a regência estabelecida com a presença da preposição (como "desobedecer a X") sempre será a regência mais conservadora?

Não necessariamente. Observe-se:

(9) Pandemias **implicam** grave ameaça à saúde pública global.

(9a) Pandemias **implicam em** grave ameaça à saúde pública global.

A variação de regência do verbo “implicar”, no sentido de “ocasionar”, “acarretar”, se assemelha à variação de regência do verbo “desobedecer”. Porém, a variante mais conservadora é a regência transitiva direta: “implicar X”. Assim, dessa vez, é somente a regência sem preposição que costuma aparecer em instrumentos normativos obsoletos e *sites* de internet que replicam acriticamente esse tipo de prescrição redutora. Entretanto, tanto o período (9) quanto o período (9a) estão adequados à norma-padrão brasileira de hoje. Mais uma vez, a escolha de qual regência usar na escrita formal é livre.

Outra razão para estar sensível às questões sintáticas envolvendo regência verbal é o fato de que, **quando se muda a transitividade de certos verbos ou se troca sua preposição regente, eles podem adquirir outros significados**. O par de exemplos a seguir ilustra o segundo movimento:

(10) Pandemias **resultam em** milhares de mortes por todo o planeta.

(10a) Pandemias **resultam da** disseminação de doenças contagiosas em escala mundial.

A forma verbal “resultam” é transitiva indireta tanto no período (10) quanto no período (10a). Entretanto, as preposições regentes são diferentes nos dois períodos. Em (10), o complemento de “resultam”, regido pela preposição “em”, expressa uma **consequência**: “milhares de mortes por todo o planeta” é consequência das pandemias. Nesse caso, “resultar em” equivale a “ocasionar”, “trazer como resultado”. Já em (10a), o complemento de “resultam”, regido pela preposição “de” (*de* + *a* = *da*), expressa uma **causa**: “a disseminação de doenças contagiosas em escala mundial” é causa das pandemias. Nesse período, “resultar de” é sinônimo de “provir”, “decorrer”.

Seguem mais dois bons motivos para se dar atenção à regência verbal:

(11) Pandemias **mostram à** população mundial[1] **as** consequências nefastas das ações antrópicas[2].

(12) Pandemias são epidemias **com que** todos os chefes de Estado **se preocupam**, exceto aqueles de inclinação fascista.

No período (11), as respectivas presença e ausência de acento grave nos complementos verbais “à população mundial” e “as consequências nefastas das ações antrópicas” são orientações normativas que dependem da compreensão da regência bitransitiva do verbo “mostrar”, ou seja, “mostrar a alguém algo” (v. seção 12.1).

Já no período (12), a preposição “com” introduzindo a oração relativa sublinhada se justifica a partir da compreensão não só da estrutura da oração relativa, mas também da regência do verbo pronominal “preocupar-se”, verbo transitivo indireto em que a preposição “com” é uma exigência sintática (“preocupar-se com”). A capacidade de estruturar adequadamente algumas orações relativas está ligada à compreensão acerca do processo sintático de regência (v. seção 13.6).

10.3 GUIA NORMATIVO DE REGÊNCIA VERBAL

Esta seção apresenta um guia normativo com a regência de 200 verbos que ocorrem, com certa frequência, em textos acadêmicos e jornalísticos.

Em geral, a regência verbal não é um problema para quem escreve. O conhecimento intuitivo da língua é suficiente para construir os enunciados com adequação normativa. No entanto, se houver alguma dúvida sobre a regência verbal, na norma brasileira de referência, de um desses 200 verbos, o usuário desta gramática poderá se valer do referido guia, que serve como uma fonte de consulta rápida e objetiva.

A listagem das acepções de cada um desses verbos e suas regências possíveis não é exaustiva. Os verbos são palavras de grande dinamismo semântico e sintático. Em geral, admitem vários sentidos e diferentes regências. Por isso, pretender exaustividade será sempre quimérico. Consultas constantes a dicionários complementam o estudo dos significados e das regências possíveis de cada verbo.

Antes de apresentar o guia, é importante explicitar os critérios de seleção dos 200 verbos e o modo de organização da lista.

10.3.1 O projeto

A regência verbal, por sua relativa variabilidade, é um dos temas que não podem faltar em qualquer gramática da norma brasileira de referência. Entretanto, não caberia aqui apenas repetir aquela tradicional listinha — tão comum em gramáticas escolares e livros didáticos — de verbos e suas regências, apresentadas, em geral, de forma categórica e sem uma efetiva sustentação nos fatos e nos estudos linguísticos.

Buscou-se, então, sistematizar um quadro honesto e realista de regências verbais efetivamente correntes na modalidade escrita formal do português brasileiro contemporâneo.

Num primeiro momento, foi feito um amplo levantamento do tema em gramáticas tradicionais e de linguistas, incluindo também gramáticas da fala. Eis as treze obras consultadas, listadas em ordem alfabética[1]:

1. ALMEIDA, Napoleão Mendes de. *Gramática Metódica da Língua Portuguesa*. São Paulo: Saraiva, 2009.
2. AZEREDO, José Carlos de. *Gramática Houaiss da Língua Portuguesa*. 4ª ed. São Paulo: Publifolha: Instituto Houaiss, 2018.

[1] As gramáticas 5, 8 e 11 do conjunto não foram utilizadas por não apresentarem exemplos de regências cuja inclusão fosse pertinente aos propósitos do guia normativo de regência verbal.

3. BAGNO, Marcos *Gramática pedagógica do português brasileiro*. São Paulo: Parábola Editorial, 2012.
4. BECHARA, Evanildo. *Moderna gramática portuguesa*. 37ª ed. Rio de Janeiro: Nova Fronteira, 2009.
5. CASTILHO, Ataliba Teixeira de. *Nova gramática do português brasileiro*. São Paulo: Contexto, 2010.
6. CEGALLA, Domingos Paschoal. *Novíssima gramática da língua portuguesa*. 48ª ed. São Paulo: Companhia Editora Nacional, 2008.
7. CUNHA, Celso; CINTRA, Lindley. *Nova gramática do português contemporâneo*. 5ª ed. Rio de Janeiro: Lexikon, 2008.
8. FERRAREZI JUNIOR, Celso; TELES, Ieda Maria. *Gramática do brasileiro*: uma nova forma de entender nossa língua. Rio de Janeiro: Globo, 2008.
9. HAUY, Amini Boainain. *Gramática da língua portuguesa padrão*. São Paulo: Editora da Universidade de São Paulo, 2014.
10. MOURA NEVES, Maria Helena de. *A gramática do português revelada em textos*. São Paulo: Editora Unesp, 2018.
11. PERINI, Mário A. *Gramática descritiva do português brasileiro*. Petrópolis, RJ: Editora Vozes, 2016.
12. ROCHA LIMA, Carlos Henrique da. *Gramática normativa da língua portuguesa*. 49ª ed. Rio de Janeiro: José Olympio, 2011.
13. VITRAL, Lorenzo. *Gramática Inteligente do Português do Brasil*. São Paulo: Contexto, 2017.

Nesse levantamento[2], foram encontrados 977 verbos diferentes com suas respectivas indicações de regências. Destes, 103 apareceram em, pelo menos, duas gramáticas e 44 se repetiram em três ou mais.

Do conjunto dos 977 verbos, foram selecionados, numa primeira rodada, 300. Em seguida, com base nos critérios expostos na subseção 10.3.2, a lista foi reduzida para 200, dando especial atenção aos verbos que têm maior frequência nos gêneros acadêmicos e jornalísticos.

Consolidado esse quadro, cotejamos as regências levantadas para cada um desses 200 verbos com o que dizem a respeito os principais e mais respeitados instrumentos normativos que tratam de regência verbal em língua portuguesa. Nessa etapa, as fontes da pesquisa foram quatro:

1. FERNANDES, Francisco. *Dicionário de verbos e regimes*. 44ª ed. São Paulo: Editora Globo, 2003 [1940].

[2] Tal levantamento foi desenvolvido pelo então graduando Thiago Nascimento Dantas, num projeto de iniciação científica (UFPB/CNPq cota 2019-2020) que conjugava linguística aplicada e historiografia da linguística, no interior do grupo de pesquisa "HGEL – Historiografia, Gramáticas e Ensino de Línguas". Espelho do grupo na Plataforma Lattes/CNPq: http://dgp.cnpq.br/dgp/espelhogrupo/6433198070413694.

2. NASCENTES, Antenor. *O problema da regência*. 2ª ed. Rio de Janeiro: Livraria Freitas Bastos, 1960 [1944].
3. LUFT, Celso P. *Dicionário prático de regência verbal*. 8ª ed. 9ª impr. São Paulo: Ática, 2006 [1987].
4. BORBA, Francisco da S. (Coord.). *Dicionário gramatical de verbos do português contemporâneo do Brasil*. São Paulo: Editora da Universidade Estadual Paulista, 1990.

É importante, neste ponto, fazer breves comentários sobre cada uma dessas fontes para que se possa aquilatar a importância e os limites de cada uma.

O *Dicionário de verbos e regimes*, de Francisco Fernandes, foi publicado em 1940. Foi revisado pelo autor, reconhecido filólogo e lexicógrafo, até sua 4ª edição, de 1954. Teve inúmeras reimpressões e, embora desatualizado, continua sendo uma importante fonte de consulta, em razão de suas criteriosas abonações retiradas da literatura pregressa.

O livro *O problema da regência*, de Antenor Nascentes, um dos nossos mais importantes filólogos, rastreia os movimentos das regências verbais desde o latim, sem deixar de observar as mudanças que foram ocorrendo na própria história do português. Esse livro foi revisado pelo autor até sua 2ª edição, de 1960. Está também relativamente desatualizado, mas é fonte de consulta obrigatória pelos dados históricos, pelas abonações literárias ou por acolher regências inovadoras da sintaxe brasileira.

Celso Pedro Luft, outro de nossos destacados filólogos, no seu *Dicionário prático de regência verbal*, publicado no início da década de 1990, consolidou a tradição e atualizou substancialmente as informações, dando também a devida atenção a muitas das inovações da sintaxe brasileira. Suas abonações, contudo, foram ainda retiradas só da literatura, mas incluindo autores brasileiros modernos.

Por fim, o *Dicionário gramatical de verbos do português contemporâneo*, publicado em 1992 e organizado por Francisco da Silva Borba, um dos nossos mais respeitados lexicógrafos, dá um salto qualitativo nas abonações porque resultou do grande *corpus* de língua escrita organizado na Universidade Estadual Paulista (UNESP), *campus* de Araraquara. Trata-se de um *corpus* constituído com dados da escrita brasileira desde 1950, incluindo, pela primeira vez, além da literatura, fontes acadêmicas, jornalísticas e técnicas.

Ao fazer o cotejo da lista de 200 verbos com esses quatro importantes instrumentos de referência, ficou provado o que já era claramente percebido: **a regência verbal da modalidade escrita formal do português brasileiro contemporâneo é bastante variável e as condenações da tradição a determinados usos não têm efetiva sustentação nem nos dados, nem nos instrumentos normativos**.

Há nisso um tremendo paradoxo: os instrumentos normativos são, em geral, mais flexíveis do que o discurso categórico que prevalece no sistema escolar, na mídia, no trabalho de revisores, nas provas de concursos e nos testes de escolaridade.

A cultura filológica e linguística — apesar de, algumas vezes, se mover com certa timidez ou ambiguidade — tem claramente se afastado, em boa medida, da prescrição cega e da interdição categórica. Até porque o uso da língua desmente qualquer dessas atitudes inflexíveis.

Desse modo, convém insistir: não há razão que justifique um discurso curto e estreito a propósito de regência verbal, pois se trata de um fenômeno variável na própria modalidade escrita formal do português brasileiro contemporâneo. Não há qualquer razão para insistir em condenações de usos correntes, pois elas são, no fundo, arbitrárias. E menos razão ainda para não reconhecer todos os usos formais correntes como legítimos e próprios da norma brasileira de referência.

10.3.2 Critérios de seleção dos verbos e regências

A base da seleção dos verbos que compõem o guia de regência verbal foi a escrita acadêmica e jornalística. Assim, verbos pouco frequentes nesses dois domínios não foram considerados. Da mesma forma, não estão nessa lista verbos de nuance arcaica ou de domínios formais e ultraformais muito específicos, como o domínio jurídico.

Desde que registradas, com certa frequência, no uso escrito formal, foram incluídas regências que são, às vezes, marcadas por atitudes curtas, pseudopuristas. Pela mesma razão, foram legitimados certos usos que não estão dicionarizados ou gramatizados. Em alguns poucos casos, foram registradas regências ou acepções resultantes da observação direta dos fatos.

Sempre que, nos dicionários consultados, eram encontrados juízos contraditórios a propósito da regência de determinado verbo, todas as possibilidades foram incluídas. Assume-se que a divergência apenas revela que os fatos foram olhados de pontos de observação diferentes.

Desse modo, trabalhou-se com as múltiplas possibilidades de variação na escrita formal independentemente do juízo de valor imputado a certas variantes em algumas gramáticas ou dicionários, ou da relação que se prescreve entre cada variante e certo grau de formalidade em outras gramáticas ou dicionários. Em todos esses casos, o uso foi sempre a baliza do guia.

10.3.3 A forma de apresentação do guia de regência verbal

O guia está organizado em três colunas: a primeira contém os verbos, a segunda, as regências e a terceira, os exemplos.

O verbete da maioria dos verbos está subdividido em subcategorias para acomodar os diferentes tipos de regência possíveis na norma-padrão brasileira.

Por não se tratar de uma lista de significados, as acepções não são explicitadas, embora os exemplos sugiram essas acepções e os contextos de uso de cada verbo. Em cada exemplo, o verbo é grafado em maiúscula e seu(s) respectivo(s) complemento(s), sempre que houver, é (são) sublinhado(s).

A utilização da terminologia e a classificação das transitividades dos verbos mantêm coerência com o modelo SVCA. Assim, por exemplo, em "Os pesquisadores procederam honestamente", considerando que "Os pesquisadores procederam" não é uma oração completa e "honestamente" é um constituinte sem preposição, esse verbo é classificado como transitivo direto.

Os termos "transitivo direto" e "transitivo indireto" são usados para acolher complementos, respectivamente, sem e com preposição, independentemente de os complementos com preposição serem objetos indiretos tradicionais, ou seja, substituíveis pelo pronome oblíquo *lhe*. Essa escolha terminológica impacta o ensino normativo desse pronome (v. seção 15.5).

Ainda sobre a terminologia empregada no guia e considerando as simplificações que foram feitas na análise sintática dos períodos, os termos "bitransitivo direto" e "bitransitivo indireto" são introduzidos para classificar estruturas como "A orientadora aconselhou o aluno cumprir os prazos" e "O professor agradeceu a todos pela participação", respectivamente. Ou ainda, para classificar estruturas como "O gramático denomina idiotismos certas construções portuguesas" e "O gramático denomina de idiotismos a certas construções portuguesas", respectivamente.

Verbos pronominais (por exemplo: *abster-se*, *acomodar-se*, *aconselhar-se*) merecem um verbete particular quando:

- a análise sintática de um período com verbo pronominal é diferente da análise sintática de um período com verbo não pronominal correspondente (sem o pronome *se*);
- há sentidos diferentes entre o verbo pronominal e o verbo não pronominal correspondente;
- há uma implicação normativa relevante envolvendo a regência do verbo pronominal.

A maioria dos exemplos são reais, retirados de textos acadêmicos ou jornalísticos. Alguns foram adaptados e simplificados, em razão de objetividade e clareza. Também por essa razão, prevalecem no guia períodos simples, de constituintes curtos. Foram evitados pronomes de um modo geral, sobretudo os oblíquos, para não entrar nos méritos normativos envolvendo seu emprego (v. capítulo 15). Os exemplos sempre apresentam transitividade completa, embora alguns complementos possam ser, eventualmente, eliminados.

As regências em variação poderiam ter suas variantes apresentadas como uma regência tradicional/conservadora e outra contemporânea. Entretanto, isso não foi feito, para que as formas variantes não fossem, mesmo sem querer, hierarquizadas (o consulente poderia interpretar a forma mais tradicional como a mais adequada). O objetivo foi apresentar as duas variantes em iguais condições de uso. Em suma, duas ou mais variantes de uma regência variável — uma conservadora e outra(s) inovadora(s), por exemplo — são todas legítimas e bem documentadas no guia. Desse modo, é facultativo usar uma ou outra.

Feitas essas considerações, eis o guia normativo de regência verbal:

Guia normativo de regência verbal na modalidade escrita formal do português brasileiro contemporâneo

Verbos	Regências	Exemplos
1. ABDICAR	TRANSITIVO DIRETO	Em 7 de abril de 1831, D. Pedro I ABDICOU o trono a favor de seu filho.
	TRANSITIVO INDIRETO	O MEC ABDICOU de seu papel de coordenador nacional da educação do país.
2. ABSTER-SE	TRANSITIVO INDIRETO	O ministro de Ciência e Tecnologia SE ABSTEVE de comentar a decisão do governo.
3. ACARRETAR	TRANSITIVO DIRETO	A execução dos projetos propostos ACARRETA um custo administrativo excessivo.
	TRANSITIVO INDIRETO	Um aumento de 1% na velocidade dos carros ACARRETA em aumento de 3% no risco de acidentes.
	TRANSITIVO DIRETO E INDIRETO	A fascinação pela civilização maia não ACARRETOU ao pesquisador uma compreensão da sua mitologia.
4. ACOMODAR-SE	TRANSITIVO INDIRETO	Os brasileiros SE ACOMODARAM à crença de que desastres simplesmente acontecem. O futebol brasileiro SE ACOMODOU com a ideia de ser cinco vezes campeão mundial.
5. ACONSELHAR	TRANSITIVO DIRETO E INDIRETO	ACONSELHAMOS o presidente dos EUA a olhar para o passado e o presente de seu próprio país. ACONSELHAMOS ao presidente dos EUA olhar para o passado e o presente de seu próprio país. ACONSELHAMOS os consumidores sobre não fazer esse tipo de saque.
	BITRANSITIVO DIRETO	A orientadora ACONSELHOU o aluno cumprir os prazos.
	BITRANSITIVO INDIRETO	A orientadora ACONSELHOU ao aluno a cumprir os prazos.
6. ACONSELHAR-SE	TRANSITIVO INDIRETO	O candidato, ao escrever seu programa de governo, SE ACONSELHOU com vários economistas de renome.
7. ACUDIR	TRANSITIVO DIRETO	O governo de Porto Rico não dispunha de suficientes recursos para ACUDIR as vítimas do furacão Maria.
	TRANSITIVO INDIRETO	O governo de Porto Rico não dispunha de suficientes recursos para ACUDIR às vítimas do furacão Maria.

8. ADAPTAR-SE	TRANSITIVO INDIRETO	Os alunos adolescentes SE ADAPTARAM rapidamente às aulas online.
9. AGRADAR	INTRANSITIVO	O clube gastou uma fortuna com o novo jogador e ele acabou não AGRADANDO.
	TRANSITIVO DIRETO	O Palmeiras ganhou o jogo, mas não AGRADOU os torcedores.
	TRANSITIVO INDIRETO	A canção AGRADOU ao público.
10. AGRADAR-SE	TRANSITIVO INDIRETO	Há anos a escritora não visitava o Rio de Janeiro e SE AGRADOU muito de rever o mar e as montanhas.
11. AGRADECER	TRANSITIVO DIRETO E INDIRETO	O pesquisador AGRADECEU aos informantes a participação.
	BITRANSITIVO INDIRETO	O pesquisador AGRADECEU aos informantes pela participação.
12. ALERTAR	TRANSITIVO DIRETO E INDIRETO	A Associação de Supermercados de Goiás ALERTOU seus sócio da possibilidade de desabastecimento. Sanitaristas ALERTARAM a população sobre um possível surto de meningite. Os hospitais ALERTARAM o governo federal para a queda no estoque de analgésicos e sedativos. Os importadores ALERTARAM seus clientes contra o produto importado ilegalmente.
13. ALUDIR	TRANSITIVO INDIRETO	A frase "contemplador de canecos", que dá nome ao quadro, era usada para ALUDIR a pessoas cobiçosas.
14. ANSIAR	TRANSITIVO DIRETO	A maior contradição da personagem do romance, segundo o narrador, é ANSIAR a liberdade individual.
	TRANSITIVO INDIRETO	Para não mais ANSIAR por novas mensagens, coloque o celular em um lugar de difícil alcance.
15. ANTECEDER	TRANSITIVO DIRETO	A salada de folhas verdes pode ANTECEDER o salmão glaceado, servido com farofa crocante.
	TRANSITIVO INDIRETO	A salada de folhas verdes pode ANTECEDER ao salmão glaceado, servido com farofa crocante.
16. APOIAR-SE	TRANSITIVO INDIRETO	Aline, de pé, no ônibus, SE APOIOU com a mão esquerda à barra de ferro para não cair. Aline, de pé, no ônibus, SE APOIOU com a mão esquerda sobre a barra de ferro para não cair. Essa vertente política SE APOIOU no princípio da tolerância zero com aglomerações. Para sua tese, a doutoranda SE APOIOU na teoria dos atos de fala.
17. APROVEITAR	TRANSITIVO DIRETO	Meu pai APROVEITOU a oportunidade e concluiu seu curso de Direito.
	TRANSITIVO INDIRETO	O Quênia APROVEITARÁ de sua experiência e posição para dar novo impulso à agenda ambiental global.

18. APROVEITAR-SE	TRANSITIVO INDIRETO	Partimos do princípio de que ninguém SE APROVEITARÁ da autoavaliação.
19. ASPIRAR	TRANSITIVO DIRETO	Fernando ASPIRA o ar frio da manhã, sorri e não se incomoda com os estragos do cachorro.
	TRANSITIVO DIRETO	O ministro argentino foi aplaudido quando disse que nenhum país ASPIRAVA a hegemonia sobre os outros.
	TRANSITIVO INDIRETO	Scorsese ASPIRAVA ao Oscar de melhor direção.
20. ASSEMELHAR-SE	TRANSITIVO INDIRETO	Hoje em dia, o puro exercício do jornalismo SE ASSEMELHA a um conflito. O futebol australiano SE ASSEMELHA com o futebol americano.
21. ASSISTIR	TRANSITIVO DIRETO	A lista pode incluir coisas simples como jogar futebol, ASSISTIR filmes, passear com o cachorro. A religiosa ficou em Bragança paulista por dez anos, sem nunca deixar de ASSISTIR os doentes.
	TRANSITIVO INDIRETO	Uma diversão dos fãs é ASSISTIR a todos os vídeos com erros de gravação. A irmandade nunca deixou de ASSISTIR aos necessitados. ASSISTE ao autor o direto sobre todos os seus produtos.
22. ATENDER	TRANSITIVO DIRETO	A escolha da localização foi feita para ATENDER a expansão da empresa no Brasil. O infectologista disse que o país não terá condições de ATENDER mais pessoas nos hospitais.
	TRANSITIVO INDIRETO	Soluções práticas e criativas foram adotadas para ATENDER a uma demanda do isolamento social. As escolas públicas passaram a ATENDER a alunos de menor nível socioeconômico.
23. ATER-SE	TRANSITIVO INDIRETO	Em seus relatórios, os diplomatas devem ATER-SE aos fatos objetivos. A maior parte do tempo letivo terá de SE ATER nas novas diretrizes curriculares.
24. ATINGIR	TRANSITIVO DIRETO	Um pequeno vazamento de óleo chegou a ATINGIR o meio da praia.
	TRANSITIVO INDIRETO	Nenhum candidato ATINGIU ao resultado esperado.
25. ATIRAR	TRANSITIVO INDIRETO	Ninguém assumiu que ATIROU nos trabalhadores sem-terra.
	TRANSITIVO DIRETO E INDIRETO	O prefeito de Nova York ATIROU seu futuro político na incerteza. Durante a tentativa de golpe no Peru, a polícia ATIROU bolas de gude na população. O filho do artista foi acusado de ATIRAR objeto contra a namorada e proferir diversos insultos racistas.

26. ATREVER-SE	TRANSITIVO INDIRETO	Na época, nenhum editor SE ATREVEU a publicar a série de contos eróticos. Um dia, um adolescente SE ATREVEU em convidar um monstro da música para tocar em sua escola.
27. AVISAR	TRANSITIVO DIRETO E INDIRETO	Vai que alguém diz que AVISOU a empresa do problema e ela ainda não o solucionou? O delegado AVISOU seus superiores sobre a movimentação policial. A direção da emissora AVISOU aos artistas remanescentes o encerramento do núcleo de humor.
	BITRANSITIVO DIRETO	A companhia AVISOU o sindicato dos metroviários a venda do edifício onde está sua sede.
	BITRANSITIVO INDIRETO	A empresa AVISOU ao governo do Estado sobre a intenção de vender sua participação no consórcio.
28. BASTAR	TRANSITIVO INDIRETO	Para os que ainda têm dúvida, BASTA rever o zero a zero contra o México. BASTAVAM ao cantor um pedaço de papel e um lápis para compor uma música nova.
	INTRANSITIVO	BASTA a maioria da população exigir o impeachment do presidente.
29. BATER	TRANSITIVO DIRETO	Os dois países BATERAM a marca histórica de comércio, superando US$ 100 bilhões.
	TRANSITIVO INDIRETO	Os agentes federais BATERAM às portas de cada um dos quartos do hotel. BATERAM na porta e o escritor pensou que eram seus vizinhos.
	INTRANSITIVO	BATERAM duas horas da manhã quando os assaltantes romperam a passagem.
30. BUSCAR	TRANSITIVO DIRETO	O jornal BUSCOU informações dos órgãos oficiais de saúde sobre a chamada mistura vacinal.
	TRANSITIVO INDIRETO	A jornalista BUSCOU por máscaras em mais de 30 farmácias.
31. CARECER	INTRANSITIVO	Não CARECIA risada tão sarcástica.
	TRANSITIVO INDIRETO	O médico disse CARECER de mais dados para determinar a propensão do vírus infectar crianças.
32. CEDER	INTRANSITIVO	Na decisão do campeonato, o alambrado do estádio CEDEU.
	TRANSITIVO INDIRETO	O governo CEDEU às pressões dos caminhoneiros.
	TRANSITIVO DIRETO E INDIRETO	A junta CEDEU o poder a um governo transitório. João CEDEU sua parte da herança para o irmão menor.
33. CHAMAR	TRANSITIVO DIRETO	Parece que o empresário CHAMOU seu assessor para se sentir mais seguro.

	TRANSITIVO INDIRETO	Parece que o empresário CHAMOU por seu assessor para se sentir mais seguro.
	TRANSITIVO DIRETO E INDIRETO	CHAMO idiotismos a certas construções portuguesas. CHAMO de idiotismos certas construções portuguesas. CHAMO por idiotismos certas construções portuguesas.
	BITRANSITIVO DIRETO	CHAMO idiotismos certas construções portuguesas.
	BITRANSITIVO INDIRETO	CHAMO de idiotismos a certas construções portuguesas. CHAMO por idiotismos a certas construções portuguesas.
34. CHAMAR-SE	TRANSITIVO DIRETO	A vereadora assassinada pelos milicianos SE CHAMAVA Marielle Franco.
35. CHEGAR	INTRANSITIVO	Na madrugada de domingo, CHEGARAM os calafrios e a febre.
	TRANSITIVO INDIRETO	Depois de muito estudo, CHEGAMOS a essa triste conclusão. A música CHEGOU nas plataformas de streaming nesta quinta-feira.
36. COBRAR	TRANSITIVO DIRETO E INDIRETO	O banco COBROU dos aposentados uma taxa exorbitante. A cantina da escola teve de COBRAR aos alunos todas as despesas que ainda não foram pagas.
37. COEXISTIR	INTRANSITIVO	Naquela aldeia perdida nas montanhas do Himalaia, dois mundos COEXISTIAM.
	TRANSITIVO INDIRETO	Ninguém pode COEXISTIR com insegurança jurídica.
38. COMPARAR	TRANSITIVO DIRETO E INDIRETO	O analista COMPAROU os netos com os avós. O analista COMPAROU os netos aos avós.
39. COMPARECER	TRANSITIVO INDIRETO	O ator não COMPARECEU ao evento de premiação. Só duas testemunhas COMPARECERAM no tribunal.
40. COMUNGAR	TRANSITIVO DIRETO	Os pintores COMUNGAVAM a origem humilde e não as concepções estéticas.
	TRANSITIVO INDIRETO	Meu avô não COMUNGAVA com as novidades tecnológicas do mundo moderno. O amigo não COMUNGAVA de suas convicções políticas. Os dois irmãos COMUNGAVAM nos ideais políticos.
41. COMUNICAR	TRANSITIVO DIRETO E INDIRETO	A deputada COMUNICOU ao presidente da Câmara o fim dos trabalhos da comissão.
42. CONFIAR	TRANSITIVO INDIRETO	A senadora disse que CONFIOU nas informações sem verificar sua veracidade.
	TRANSITIVO DIRETO E INDIRETO	A senhora disse que CONFIOU ao suposto amigo sua senha do banco.
43. CONFORMAR-SE	TRANSITIVO INDIRETO	O diretor do clube não SE CONFORMOU com a divisão do dinheiro dos ingressos. A atriz nunca SE CONFORMOU à atenção que o pai dedicava à irmã.

44. CONSISTIR	TRANSITIVO INDIRETO	Sob a lei francesa, o crime de corrupção pode CONSISTIR em simples promessas de vantagens.
	TRANSITIVO INDIRETO	A dieta da atleta, depois da cirurgia, deve CONSISTIR, inicialmente, de água, sucos e gelatina.
45. CONTAMINAR-SE	TRANSITIVO INDIRETO	Muita gente SE CONTAMINOU com o vírus durante as festas de fim de ano. O médico acredita que SE CONTAMINOU da nova variante do coronavírus no hospital onde trabalha.
46. CONTENTAR-SE	TRANSITIVO INDIRETO	O nadador brasileiro nunca SE CONTENTOU com o papel de coadjuvante. O diretor nunca SE CONTENTOU em fazer filmes sobre temas políticos. O menino não SE CONTENTOU de fazer a coleção sozinho.
47. CONTER-SE	TRANSITIVO INDIRETO	O STF não SE CONTEVE em preencher os contornos dos direitos previstos na Constituição.
48. CONTRIBUIR	TRANSITIVO INDIRETO	A chegada maciça de imigrantes CONTRIBUIU ao crescimento de movimentos nacionalistas.
	BITRANSITIVO INDIRETO	A pesquisadora CONTRIBUIU com sua tese para a modernização da gestão hospitalar.
49. CONVENCER	TRANSITIVO DIRETO E INDIRETO	O candidato CONVENCEU muita gente de que era um político liberal.
	BITRANSITIVO DIRETO	O historiador acabou por CONVENCER os presentes que o arsênico foi a causa da morte de Napoleão.
50. CONVIDAR	TRANSITIVO DIRETO E INDIRETO	O escritor CONVIDOU os visitantes a um giro pelo centro do Rio de Janeiro. O embaixador CONVIDOU todos os participantes do congresso para um jantar nos jardins da embaixada.
51. CONVOCAR	TRANSITIVO DIRETO E INDIRETO	A secretaria de saúde está CONVOCANDO os idosos à vacinação contra o vírus da gripe. O presidente CONVOCOU os ministros para uma reunião urgente.
52. COOPERAR	TRANSITIVO INDIRETO	As autoridades chinesas se comprometeram a fazer todos os esforços para COOPERAR com o Brasil. As pessoas fazem o que podem para COOPERAR na crise causada pelo coronavírus. Japão e Estados Unidos vão COOPERAR para o fornecimento de peças essenciais do chip.
53. COTEJAR	TRANSITIVO DIRETO	A degustação foi planejada para COTEJAR grandes vinhos franceses.
	TRANSITIVO DIRETO E INDIRETO	O desembargador pediu vistas, dizendo que gostaria de COTEJAR os fatos com decisões recentes do STF.
54. CUIDAR	TRANSITIVO INDIRETO	O presidente CUIDOU de esconder os retrocessos ocorridos em sua administração. A Corte regional não CUIDOU em reconstruir a verdade.

55. CUMPRIR	TRANSITIVO DIRETO	Após desembarcar em Portugal, os brasileiros precisam CUMPRIR uma quarentena de 14 dias.
	TRANSITIVO INDIRETO	O governo brasileiro garantiu que destinará recursos para CUMPRIR com os compromissos de diminuir o desmatamento da Amazônia.
56. CUSTAR	INTRANSITIVO	CUSTA muito atrair investimentos estrangeiros ecologicamente responsáveis.
	TRANSITIVO INDIRETO	Os filhos CUSTARAM a deixar o pai no asilo. CUSTOU ao partido reconhecer a derrota nas eleições.
	BITRANSITIVO INDIRETO	CUSTOU ao primeiro-ministro a fazer seus conterrâneos aderirem ao novo acordo.
	TRANSITIVO DIRETO E INDIRETO	A Segunda Guerra Mundial CUSTOU aos países envolvidos cerca de 60 milhões de vidas.
57. DAR	TRANSITIVO DIRETO E INDIRETO	Os anticoncepcionais DERAM o controle da fertilidade às mulheres. As autoridades europeias DERAM o aval para a presença de público nos estádios.
	TRANSITIVO DIRETO E INDIRETO	A atriz acaba de DAR à luz seu primeiro filho com o cineasta norte-americano Dave McCary.
	TRANSITIVO DIRETO E INDIRETO	O pai do menino Pedro, de 8 anos, DEU a televisão pelo computador.
58. DAR-SE (O TRABALHO)	TRANSITIVO DIRETO	Os outros não SE DAVAM o trabalho.
	TRANSITIVO INDIRETO	Quem contesta o tamanho das terras indígenas no Brasil deveria SE DAR ao trabalho de questionar os laudos antropológicos feitos para demarcá-las.
59. DECLINAR	TRANSITIVO DIRETO	O ator DECLINOU o convite para fazer uma nova novela.
	TRANSITIVO INDIRETO	O juiz poderá DECLINAR de sua competência e remeter os autos para a Justiça Eleitoral.
60. DENOMINAR	TRANSITIVO DIRETO E INDIRETO	DENOMINO idiotismos a certas construções portuguesas. DENOMINO de idiotismos certas construções portuguesas. DENOMINO por idiotismos certas construções portuguesas.
	BITRANSITIVO DIRETO	DENOMINO idiotismos certas construções portuguesas.
	BITRANSITIVO INDIRETO	DENOMINO de idiotismos a certas construções portuguesas. DENOMINO por idiotismos a certas construções portuguesas.
61. DEPARAR	TRANSITIVO INDIRETO	Ao chegar à fazenda, o pesquisador DEPAROU com um ovo de dinossauro.
62. DEPARAR-SE	TRANSITIVO INDIRETO	Há 200 anos, um fazendeiro SE DEPAROU com a hoje famosa escultura Vênus de Milo soterrada. Uma boa oportunidade SE DEPAROU ao prefeito.
63. DESAGRADAR	TRANSITIVO DIRETO	Para não DESAGRADAR o Congresso, foi preciso costurar um acordo com os parlamentares.
	TRANSITIVO INDIRETO	O presidente do clube disse que o relator conseguiu DESAGRADAR a gregos e troianos.

64. DESCULPAR	TRANSITIVO DIRETO E INDIRETO	Ninguém DESCULPOU o jogador pela agressão ao juiz. A deputada americana não aceita DESCULPAR o FBI do erro cometido. O futuro dirá se poderemos DESCULPAR ao Conselho o apoio a terapias não comprovadas cientificamente.
65. DESERTAR	TRANSITIVO DIRETO	Muitos parlamentares disseram à reportagem que têm a intenção de DESERTAR a votação.
	TRANSITIVO INDIRETO	O senador disse que não há chance de DESERTAR da missão de ser candidato a presidente.
66. DESFRUTAR	TRANSITIVO DIRETO	Depois da pandemia, muitos vão querer DESFRUTAR momentos de descontração nos lugares públicos.
	TRANSITIVO INDIRETO	O governo não sabe se os britânicos poderão DESFRUTAR das férias de verão no exterior.
67. DESOBEDECER	TRANSITIVO DIRETO	Martin Luther King dizia que é nosso dever moral e obrigação DESOBEDECER uma lei injusta.
	TRANSITIVO INDIRETO	Na democracia, não existe hipótese de DESOBEDECER ao Supremo Tribunal Federal.
68. DESONERAR	TRANSITIVO DIRETO	O governo quer DESONERAR as exportações.
	TRANSITIVO DIRETO E INDIRETO	O ministro disse que o projeto pretende DESONERAR as empresas dos encargos trabalhistas.
69. DIGNAR-SE	TRANSITIVO DIRETO	O Conselho Nacional de Justiça não SE DIGNOU julgar o vazamento de dados sob sigilo.
	TRANSITIVO INDIRETO	O único que SE DIGNOU a dar uma declaração sobre as ocorrências foi o chefe da Coordenadoria. O treinador nem SE DIGNOU de aparecer na apresentação de sua nova equipe.
70. DISSUADIR	TRANSITIVO DIRETO E INDIRETO	O governador tentou DISSUADIR o deputado de assumir o cargo de ministro. A mídia do país não perdeu tempo em DISSUADIR os eleitores a comparecer às urnas por causa do vírus.
71. DISTRIBUIR	TRANSITIVO DIRETO E INDIRETO	O ator disse que ia DISTRIBUIR seu cachê com as instituições de caridades indicadas. O motorista DISTRIBUI máscaras gratuitamente entre os passageiros. O ator vai DISTRIBUIR a famílias necessitadas mais de dez toneladas de comida.
72. DIZER	TRANSITIVO DIRETO E INDIRETO	O ministro não DISSE a verdade aos senadores. O ministro não DISSE a verdade para os senadores. Os advogados DISSERAM ao tribunal que seu cliente sente ser emocionalmente incapaz.
	BITRANSITIVO INDIRETO	As operadoras DISSERAM ao ministro para ele não bloquear a participação da empresa chinesa.
73. EMPRESTAR	TRANSITIVO DIRETO E INDIRETO	O Real Madrid EMPRESTOU o jogador uruguaio ao La Coruña durante toda a temporada. A funcionária disse que tinha EMPRESTADO para um colega de trabalho a chave de sua casa. Dois anos depois, a Argentina EMPRESTOU do FMI trezentos milhões de dólares.

<table>
<tr><td rowspan="2">74. ENSINAR</td><td>TRANSITIVO DIRETO E INDIRETO</td><td>A pandemia ENSINOU todos nós a trabalhar de maneira diferente.
O jornalismo responsável ENSINOU à população o uso correto da máscara e a higienização das mãos.</td></tr>
<tr><td>BITRANSITIVO INDIRETO</td><td>O avô ENSINOU aos netos a amar guardadinho no peito.</td></tr>
<tr><td>75. EQUIPARAR</td><td>TRANSITIVO DIRETO E INDIRETO</td><td>O presidente EQUIPAROU a covid-19 a uma “gripezinha”.
O aumento EQUIPAROU os salários dos procuradores do Executivo com os do Legislativo.</td></tr>
<tr><td>76. ESCAPAR</td><td>TRANSITIVO INDIRETO</td><td>O time não tem como ESCAPAR do rebaixamento.
O pintor escondia barras de chocolate no relógio de parede para ESCAPAR ao controle dos familiares.</td></tr>
<tr><td>77. ESCUSAR-SE</td><td>TRANSITIVO INDIRETO</td><td>O ministro SE ESCUSOU a mencionar detalhes do documento assinado com a China.
A paciente SE ESCUSOU de fazer o procedimento indicado porque alguém lhe disse que era perigoso.</td></tr>
<tr><td>78. ESFORÇAR-SE</td><td>TRANSITIVO INDIRETO</td><td>O ministério não SE ESFORÇOU pela aprovação da reforma tributária.
Os casos não repercutiram na imprensa e a diretoria do estabelecimento SE ESFORÇOU em ocultá-los.
Ela está satisfeita com a retomada das aulas porque a escola SE ESFORÇOU a não perder qualidade.
A atriz falou do quanto SE ESFORÇOU para conseguir se dedicar à carreira.</td></tr>
<tr><td rowspan="2">79. ESQUECER</td><td>TRANSITIVO DIRETO</td><td>Os generais ESQUECERAM as lições aprendidas por duas gerações de altos oficiais militares.</td></tr>
<tr><td>TRANSITIVO INDIRETO</td><td>Os americanos deixaram a política de lado e até ESQUECERAM das diferenças com a Venezuela.
As autoridades prometeram vacinas da Índia, mas ESQUECERAM de combinar com o governo indiano.</td></tr>
<tr><td rowspan="2">80. ESQUECER-SE</td><td>TRANSITIVO INDIRETO</td><td>Os imigrantes armênios nunca SE ESQUECERAM de sua história trágica.
Os advogados de defesa SE ESQUECERAM de arrolar outras testemunhas importantes.
Os eleitores SE ESQUECERAM de que o candidato prometeu não concorrer à reeleição.</td></tr>
<tr><td>TRANSITIVO DIRETO</td><td>Muitas participantes do show disseram que SE ESQUECERAM que estavam sendo filmadas.</td></tr>
<tr><td>81. ESQUIVAR-SE</td><td>TRANSITIVO INDIRETO</td><td>O entrevistado SE ESQUIVOU de dar sua opinião sobre quem ganharia o prêmio.
A secretária de saúde SE ESQUIVOU a apontar os responsáveis pelo atraso da vacinação.</td></tr>
<tr><td rowspan="2">82. EVITAR</td><td>TRANSITIVO DIRETO</td><td>A vitória do último domingo EVITOU o rebaixamento do time para a segunda divisão.
O diretor da empresa EVITOU citar nomes.</td></tr>
<tr><td>TRANSITIVO INDIRETO</td><td>O ministro EVITOU de comentar a afirmação de que a produção de vacinas está atrasada.</td></tr>
</table>

83. EXIGIR	TRANSITIVO DIRETO E INDIRETO	As aulas remotas EXIGIRAM aos alunos acesso a computadores e celulares. As provas intensas EXIGIRAM dos atletas muita força física e mental.
84. EXIMIR	TRANSITIVO DIRETO E INDIRETO	O comandante decidiu EXIMIR o general ao castigo. A decisão EXIMIU a Confederação Brasileira de Ginástica da responsabilidade.
85. EXPLICAR	TRANSITIVO DIRETO E INDIRETO	O pesquisador EXPLICOU a seus seguidores as principais formas de contaminação pelo vírus. O pesquisador EXPLICOU para seus seguidores as principais formas de contaminação pelo vírus.
86. FALAR	TRANSITIVO INDIRETO	A maioria dos entrevistados disse ter muito medo de FALAR no microfone. Segundo a enquete, FALAR ao microfone é um dos maiores desafios para os estudantes do ensino médio.
	TRANSITIVO DIRETO E INDIRETO	Todos FALARAM a mesma coisa ao policial.
	BITRANSITIVO INDIRETO	Todos os moradores FALARAM aos agentes de saúde sobre o mau cheiro da água.
87. FALTAR	TRANSITIVO INDIRETO	O secretário disse que nunca FALTOU ao dever. O porta-voz disse que nunca FALTOU com a verdade.
88. FAZER	BITRANSITIVO DIRETO	O ministro FEZ seu secretário porta-voz da decisão de aumentar o preço da energia elétrica.
	TRANSITIVO DIRETO	Os ministros FIZERAM que os pobres fossem beneficiados.
	TRANSITIVO INDIRETO	Os ministros FIZERAM com que os pobres fossem beneficiados.
89. GOSTAR	TRANSITIVO INDIRETO	“Quem não GOSTA de um presentinho?”, perguntou o colunista sem qualquer intimidação? Os congressistas não GOSTARAM de que a empresa não tenha mandado seu diretor-presidente.
	TRANSITIVO DIRETO	Os entrevistadores GOSTARAM que tenho noções básicas de informática.
90. HABILITAR	TRANSITIVO DIRETO E INDIRETO	A comissão chegou à conclusão de que são poucas as escolas profissionais que HABILITAM seus alunos ao trabalho.
	TRANSITIVO DIRETO E INDIRETO	Os investimentos que foram feitos HABILITARAM o setor elétrico a enfrentar situações de crise.
91. HABITUAR	TRANSITIVO DIRETO E INDIRETO	É preciso HABITUAR a população a todos esses cuidados. O professor defendeu a redução do intervencionismo estatal para HABITUAR o país com as práticas econômicas liberais.
92. HESITAR	TRANSITIVO DIRETO	No início da competição, a nadadora disse que HESITOU pular na água.

	TRANSITIVO INDIRETO	O ministério parece HESITAR em dar uma previsão segura para a retomada econômica. A população não deve HESITAR a procurar atendimento. O médico disse que, às vezes, HESITA sobre recomendar determinada medicação. O freguês talvez HESITE, na hora da verdade, entre comer uma joaninha ou mastigar um besouro.
93. HONRAR-SE	TRANSITIVO INDIRETO	A secretaria NOS HONROU em dar o nome de nosso avô à escola. O embaixador disse que SE HONRAVA de ter acompanhado o presidente pelo continente africano. Os vereadores ME HONRARAM com a concessão do título de cidadão benemérito.
94. IGUALAR	TRANSITIVO INDIRETO	Paris não IGUALA com o Rio de Janeiro quando o quesito é beleza natural Paris não IGUALA ao Rio de Janeiro quando o quesito é beleza natural.
95. IGUALAR-SE	TRANSITIVO INDIRETO	O Vasco não SE IGUALA com os líderes do Campeonato Brasileiro. Subir ao pódio significa para Hamilton SE IGUALAR ao francês Alain Prost.
96. IMPEDIR	TRANSITIVO DIRETO	A pandemia IMPEDIU a realização de perícias presenciais.
	TRANSITIVO DIRETO E INDIRETO	A Covid-19 IMPEDIU o radialista de comandar as edições do programa. A crise não IMPEDIU ao país acumular novas reservas cambiais.
97. IMPLICAR	TRANSITIVO INDIRETO	Apesar dos elogios, muita gente continuou a IMPLICAR com a atriz. A compra de máscaras cirúrgicas pela população poderá IMPLICAR em desabastecimento desses produtos para os serviços de saúde.
	TRANSITIVO DIRETO	O não cumprimento do acordo pode IMPLICAR cobrança de multa.
	TRANSITIVO DIRETO E INDIRETO	O juiz disse que os procuradores não tinham provas para IMPLICAR o ex-policial em homicídio.
98. IMPOR	TRANSITIVO DIRETO E INDIRETO	Não cabe ao tribunal, neste momento, IMPOR qualquer obrigatoriedade ao Poder Executivo. Na Inglaterra, não há outra opção a não ser IMPOR um novo confinamento para os cidadãos.
99. IMPORTAR	TRANSITIVO INDIRETO	O aumento do preço do gás parece não estar IMPORTANDO aos consumidores. O aumento do preço do gás parece não estar IMPORTANDO para os consumidores.
100. IMPORTAR-SE	TRANSITIVO INDIRETO	Hollywood não SE IMPORTOU com os problemas do ator. O governo pouco SE IMPORTOU da reforma tributária.

101. INCIDIR	INTRANSITIVO	Muitos erros INCIDIRAM e o ministro acabou sendo demitido no mês passado.
	TRANSITIVO INDIRETO	O aumento INCIDIU principalmente nos repasses do governo federal aos Estados. A maior parte do desconto se dá nos juros que INCIDEM sobre o valor original.
102. INCITAR	TRANSITIVO DIRETO E INDIRETO	O comediante aproveita seus shows para INCITAR o público ao exame crítico de seus preconceitos.
103. INCORPORAR	TRANSITIVO DIRETO E INDIRETO	O professor INCORPOROU o gosto pelos esportes na vida dos filhos. O restaurante INCORPOROU flores às suas saladas.
104. INCUMBIR	TRANSITIVO DIRETO E INDIRETO	O governo da época INCUMBIU o Marechal Rondon da ampliação da rede telegráfica no Norte do país. A Constituição INCUMBIU ao Ministério Público a defesa da ordem jurídica.
105. INDAGAR	TRANSITIVO DIRETO E INDIRETO	O jornalista INDAGOU das testemunhas as causas do acidente. O jornalista INDAGOU às testemunhas as causas do acidente.
	BITRANSITIVO INDIRETO	O delegado INDAGOU ao preso do destino das joias roubadas. O delegado INDAGOU ao preso sobre o destino das joias roubadas.
106. INDISPOR-SE	TRANSITIVO INDIRETO	Ao longo do mandato, o governador SE INDISPÔS com uma série de antigos aliados.
107. INDUZIR	TRANSITIVO DIRETO E INDIRETO	As novas estratégias do time INDUZIRAM os adversários aos erros defensivos. As distorções tributárias INDUZIRAM as empresas na sonegação.
108. INFORMAR	TRANSITIVO DIRETO E INDIRETO	O ministro INFORMOU ao povo a situação do país. O ministro INFORMOU o povo da situação do país. O ministro INFORMOU o povo sobre a situação do país. O ministro INFORMOU o povo a respeito da situação do país.
109. INFORMAR-SE	TRANSITIVO INDIRETO	Para manter sua segurança, o turista deve SE INFORMAR do percurso e da estrutura da operadora. Os pais devem SE INFORMAR sobre o período de aulas presenciais. As grávidas devem SE INFORMAR com seus médicos no momento de tomar a vacina.
110. INTERESSAR	TRANSITIVO DIRETO	Temas sobre a natureza costumam INTERESSAR os alunos.
	TRANSITIVO INDIRETO	O filme deve INTERESSAR aos apreciadores de histórias de suspense.
111. INTERESSAR-SE	TRANSITIVO INDIRETO	O diretor revigorou a tradição do cinema japonês de SE INTERESSAR pelas pessoas comuns. O escritor passou a SE INTERESSAR nas culturas formadoras do Brasil.

112. INTERPOLAR	TRANSITIVO DIRETO E INDIRETO	Uma recomendação importante é INTERPOLAR sempre o trabalho com o lazer. O ensaísta INTERPOLOU os exemplos entre os dois eixos. É sempre adequado INTERPOLAR exemplos no texto.
113. INTERPOR	TRANSITIVO DIRETO E INDIRETO	A empresa quer INTERPOR barreiras entre o remetente e o destinatário. A prefeitura carioca vai INTERPOR embargo de declaração à decisão do ministro do STF. O advogado disse que seu cliente vai INTERPOR recurso contra a decisão que favoreceu o INSS.
114. IR	TRANSITIVO INDIRETO	Depois de décadas de opressão, a população egípcia decidiu IR às ruas e exigir mudanças. O operário disse que tinha de IR para o centro e o metrô estava parado. A enfermeira disse que, embora vacinada, pretende continuar a IR no supermercado com duas máscaras.
115. JUNTAR	TRANSITIVO DIRETO E INDIRETO	A defesa do empresário JUNTOU alguns documentos novos aos autos. Para comprar o apartamento, o advogado disse que JUNTOU suas economias com os recursos de um empréstimo bancário.
	TRANSITIVO DIRETO	A campanha por doações ao projeto "comida para todos" já JUNTOU dois milhões de reais.
116. LANÇAR	TRANSITIVO DIRETO E INDIRETO	O partido LANÇOU a líder comunitária como candidata à vereadora.
	BITRANSITIVO DIRETO	O partido LANÇOU a líder comunitária candidata a vereadora.
117. LEMBRAR	TRANSITIVO DIRETO E INDIRETO	A data LEMBRA a todo mundo a importância de prevenir doenças do sistema digestório. O presidente russo LEMBROU o ocidente europeu de suas capacidades de bloqueio econômico.
	TRANSITIVO DIRETO	Tiroteios LEMBRAM tempos de guerra. Vale LEMBRAR um trecho do monólogo.
	TRANSITIVO INDIRETO	Nunca é demais LEMBRAR da coleção "Pensamento Feminista".
118. LEMBRAR-SE	TRANSITIVO INDIRETO	Os gestores devem sempre SE LEMBRAR de suas obrigações constitucionais. A cantora disse que sempre SE LEMBRA de fazer os exercícios vocais antes de cada apresentação. Poucos SE LEMBRARAM de que era preciso adiar as viagens de férias.
	TRANSITIVO DIRETO	A torcida nem SE LEMBROU que era a terceira vitória seguida do Tricolor.
119. LEVAR	TRANSITIVO DIRETO E INDIRETO	O técnico argentino LEVOU a equipe tricolor ao título do Campeonato em 2017. A empresa se justificou, afirmando que foi a primeira a LEVAR o novo medicamento para as farmácias. O cantor LEVOU o amigo numa festa, donde saiu a inspiração para a música que compuseram juntos.

120. LIGAR	TRANSITIVO DIRETO E INDIRETO	Inauguradas em 2004 e 2006, as pontes LIGAM o Acre à Bolívia e ao Peru. As mulheres do grupo LIGARAM o show com os debates sobre desigualdades de gênero.
121. MANDAR	TRANSITIVO DIRETO E INDIRETO	O Ministério alega que MANDOU todos os livros didáticos às escolas em tempo hábil. O Ministério alega que MANDOU todos os livros didáticos para as escolas em tempo hábil.
122. MINISTRAR	TRANSITIVO DIRETO E INDIRETO	O médico MINISTROU antibióticos à paciente durante 12 horas, mas a medicação não funcionou. 45 professores MINISTRARAM aulas online para 3 mil alunos.
123. MORAR	TRANSITIVO INDIRETO	O rapper MORA na comunidade desde os 11 anos.
	TRANSITIVO INDIRETO	O escritor MORAVA na rua do Ouvidor. O escritor MORAVA à rua do Ouvidor.
124. NAMORAR	TRANSITIVO DIRETO	A modelo disse que NAMORA o tatuador há seis meses.
	TRANSITIVO INDIRETO	A arquiteta resolveu adotar o menino como filho porque NAMORA com o pai dele há dois anos.
	INTRANSITIVO	A colunista escreveu, na sua última postagem, que não viaja, não se exercita, não NAMORA e não bebe.
125. NECESSITAR	TRANSITIVO DIRETO	O atleta não NECESSITOU atendimento médico.
	TRANSITIVO INDIRETO	O hospital informou que nenhum usuário que NECESSITOU de oxigênio ficou sem ser assistido.
126. NIVELAR	TRANSITIVO DIRETO	A erosão NIVELOU o terreno.
	TRANSITIVO DIRETO E INDIRETO	Os resultados NIVELARAM os alunos das escolas públicas aos das escolas particulares. Os resultados NIVELARAM os alunos das escolas públicas com os das escolas particulares.
127. NUTRIR-SE	TRANSITIVO INDIRETO	NUTRIR-SE de referências estéticas é fundamental para enriquecer nossa visão do mundo. NUTRIR-SE com amor e cuidados não depende só da boa vontade alheia.
128. OBEDECER	TRANSITIVO DIRETO	Metade dos entrevistados afirmou que OBEDECE todas as medidas restritivas para evitar a disseminação da Covid-19.
	TRANSITIVO INDIRETO	Sua publicação OBEDECE ao propósito de estimular o debate dos problemas brasileiros.
129. OBRIGAR	TRANSITIVO DIRETO E INDIRETO	O projeto OBRIGA as empresas a observar a ordem de prioridade de vacinação do SUS.
130. OCUPAR-SE	TRANSITIVO INDIRETO	Durante o debate, os candidatos SE OCUPARAM muito com questões irrelevantes. Elas SE OCUPARAM em retratar histórias de pacientes que se recuperaram da doença. Os três autores SE OCUPARAM de fazer a lista dos grandes nomes da ciência nacional.

131. PAGAR	TRANSITIVO DIRETO	A empresa PAGOU os familiares do funcionário um mês depois do acidente. O enfermeiro disse ter PAGADO a matrícula do curso em fevereiro.
	TRANSITIVO INDIRETO	O baterista teve de PAGAR pelo excesso de peso no voo.
	TRANSITIVO DIRETO E INDIRETO	A equipe paulistana PAGOU cerca de três milhões de euros à equipe ucraniana. O jornal americano disse que a empresa PAGOU propina para o funcionário que aprovava as compras.
132. PARTICIPAR	TRANSITIVO INDIRETO	Cerca de 20 empresários PARTICIPARAM da reunião com o vice-presidente. O presidente dos EUA agradeceu a todos os líderes que PARTICIPARAM na cúpula sobre o clima.
133. PASSAR	TRANSITIVO DIRETO E INDIRETO	A secretaria já PASSOU o pedido à loja, mas não há previsão de entrega do material. A secretaria já PASSOU o pedido para a loja, mas não há previsão de entrega do material.
134. PEDIR	TRANSITIVO DIRETO E INDIRETO	Diante da seca atual, as autoridades terão de PEDIR rigorosa economia de água e luz à população. O sindicato que representa os funcionários da fábrica PEDIU à empresa que assegure o emprego durante a pandemia.
	BITRANSITIVO INDIRETO	O presidente PEDIU às agências de inteligência de seu país para que identifiquem a origem do vírus. Um dos membros da banda PEDIU ao público para aplaudir os profissionais da saúde.
135. PERDOAR	TRANSITIVO DIRETO	Os internautas não PERDOARAM os comentários da apresentadora.
	TRANSITIVO DIRETO E INDIRETO	Os fãs nunca PERDOARAM ao cantor a incursão pela música pop romântica. A torcida não PERDOOU o jogador pelo pênalti cobrado mal.
136. PERGUNTAR	TRANSITIVO DIRETO E INDIRETO	Os jornalistas tiveram a coragem de PERGUNTAR à atriz sua idade.
	BITRANSITIVO INDIRETO	Os moradores PERGUNTARAM ao prefeito dos resultados da análise da água. Os diretores PERGUNTARAM ao engenheiro químico pela fórmula do refrigerante. Os alunos PERGUNTARAM ao professor sobre a cadeia alimentar do urso polar.
137. PERMITIR	TRANSITIVO DIRETO	Há cláusulas que PERMITEM compras adicionais de pelo menos 600 milhões de doses de vacina.
	TRANSITIVO DIRETO E INDIRETO	O tempo sem trabalho se transformou num período de estudos que PERMITIRAM à gerente demitida virar professora em cursos de gestão. O delegado não PERMITIU os jornalistas a entrar na sala.

138. PERSEVERAR	INTRANSITIVO	É preciso PERSEVERAR, mesmo que as dificuldades pareçam insuperáveis.
	TRANSITIVO INDIRETO	O governo não tem nenhuma convicção de que é preciso PERSEVERAR no ajuste fiscal.
139. PERSUADIR	TRANSITIVO DIRETO E INDIRETO	A publicidade tenta PERSUADIR os consumidores de uma compra mesmo desvantajosa. Os resultados das pesquisas PERSUADIRAM o candidato a manter sua candidatura. O jornal PERSUADIU ao cartunista que autorizasse a publicação de suas histórias em quadrinhos. Os aliados PERSUADIRAM o presidente a recuar.
140. POSPOR	TRANSITIVO DIRETO E INDIRETO	Nesses casos, é mais comum POSPOR o verbo ao sujeito.
141. PRECAVER-SE	TRANSITIVO INDIRETO	O ministério teve algumas oportunidades de SE PRECAVER do furacão que se formava à sua frente. O governante sensato sabe que pode estar errado e procura SE PRECAVER contra seus próprios vieses.
142. PRECEDER	TRANSITIVO DIRETO	Náuseas, vômitos e dores abdominais podem PRECEDER os sintomas respiratórios da covid-19.
	TRANSITIVO INDIRETO	A sustentação oral do representante do Ministério Público deve PRECEDER à sustentação da defesa.
	TRANSITIVO DIRETO E INDIRETO	A Redação do jornal PRECEDEU seu manifesto iracundo com uma manchete patética.
143. PRECISAR	TRANSITIVO INDIRETO	O país PRECISA de mais investimento nessa área. PRECISAMOS de que ele diga a verdade. O treinador sabia que PRECISAVA de ser duro.
	TRANSITIVO DIRETO	O país PRECISA mais investimento nessa área. PRECISAMOS que ele diga a verdade. O treinador sabia que PRECISAVA ser duro. Não sabe PRECISAR a quantia que perdeu.
144. PREFERIR	TRANSITIVO DIRETO E INDIRETO	PREFERIR a derrota prévia à dúvida da vitória é desperdiçar a oportunidade de merecer a vitória. Os trabalhadores intelectuais PREFEREM um modelo de trabalho remoto ou híbrido do que um modelo inteiramente presencial.
145. PRESCINDIR	TRANSITIVO DIRETO	O financiamento imobiliário não pode PRESCINDIR a poupança compulsória dos trabalhadores.
	TRANSITIVO INDIRETO	Sem PRESCINDIR dos recursos sensoriais da linguagem, a autora lida com os jogos de poder que incidem nas relações domésticas.
146. PRESIDIR	TRANSITIVO DIRETO	O assessor disse que o secretário vai começar a PRESIDIR todas as reuniões sobre a covid-19.
	TRANSITIVO INDIRETO	O cineasta mexicano foi o último a PRESIDIR ao júri do Festival de Cannes em 2019.

147. PRESTAR (ATENÇÃO)	TRANSITIVO DIRETO E INDIRETO	Descobrimos que o governo não PRESTOU ATENÇÃO aos fatos. O debate avançou porque o diretor PRESTOU ATENÇÃO nas minhas ponderações.
148. PREVALECER	TRANSITIVO DIRETO E INDIRETO	Muitos deixam PREVALECER o viés da crença sem fundamento sobre o princípio cientifico do ceticismo.
	TRANSITIVO INDIRETO	Os valores do jornalismo profissional devem PREVALECER à cacofonia própria do meio digital.
149. PREVENIR	TRANSITIVO DIRETO E INDIRETO	Os serviços sanitários britânicos PREVENIRAM os europeus de uma nova onda da pandemia. As mudanças experimentadas PREVENIRAM o Japão contra uma crise de grande intensidade. O instituto de meteorologia PREVENIU os moradores de Nova York para a possibilidade de uma nevasca de grandes proporções.
150. PROCEDER	INTRANSITIVO	Esse argumento não PROCEDE.
	TRANSITIVO DIRETO	Os pesquisadores PROCEDERAM honestamente.
	TRANSITIVO INDIRETO	O amor PROCEDE da paixão. O presidente da junta eleitoral mandou PROCEDER ao recolhimento dos títulos. O presidente da junta eleitoral mandou PROCEDER com o recolhimento dos títulos.
151. PROIBIR	TRANSITIVO DIRETO	A lei eleitoral PROÍBE o uso de verba pública em atos de campanha.
	TRANSITIVO DIRETO E INDIRETO	O regimento do Exército PROÍBE a qualquer oficial da ativa a participação em atos políticos. Os senadores russos aprovaram uma lei que PROÍBE qualquer pessoa considerada extremista de disputar eleições no país.
152. PROPOR-SE	TRANSITIVO DIRETO	Os últimos presidentes do Tribunal SE PROPUSERAM mudar a cultura jurídica que prevaleceu no passado.
	TRANSITIVO INDIRETO	As atletas SE PROPUSERAM a jogar defensivamente para evitar qualquer possibilidade de derrota.
153. PROSSEGUIR	TRANSITIVO DIRETO	Editores e repórteres PROSSEGUIRAM sua missão de informar a população sobre os riscos da pandemia.
	TRANSITIVO INDIRETO	Alguns senadores se dispuseram a PROSSEGUIR com a farsa do presidente derrotado nas eleições. As lideranças parlamentares PROSSEGUIRAM nas negociações até a madrugada de sexta-feira.
154. QUERER	TRANSITIVO DIRETO	"Vai QUERER carne ou massa?" Essa pergunta elementar sempre me tirava dos meus devaneios. A cantora disse que QUER sua tranquilidade mais do que seu sucesso.
	TRANSITIVO INDIRETO	A cantora disse que QUER à sua tranquilidade mais do que ao seu sucesso.

155. RECOMPENSAR	TRANSITIVO DIRETO E INDIRETO	Os agentes RECOMPENSARAM o grupo de meninos com uma visita guiada pelo parque nacional.
156. REINCIDIR	INTRANSITIVO	Os erros REINCIDIRAM.
	TRANSITIVO INDIRETO	Abandonar a meta fiscal será REINCIDIR no mesmo erro que nos jogou na crise de dois anos atrás. O imposto REINCIDIU sobre o alimento.
157. RELACIONAR	TRANSITIVO DIRETO E INDIRETO	O presidente da Associação Brasileira de Imprensa RELACIONOU o ataque ao jornalista com as repetidas manifestações de hostilidade à imprensa. A vice-presidente dos EUA, a primeira pessoa de ascendência asiática a ocupar o cargo, RELACIONOU o ataque ao histórico de racismo do país.
158. REMONTAR	TRANSITIVO DIRETO	A narrativa do filme REMONTA o não lugar da mulher na esfera pública desde a Grécia antiga.
	TRANSITIVO INDIRETO	A primeira menção escrita aos números negativos REMONTA à publicação desse livro.
159. RENUNCIAR	TRANSITIVO DIRETO	O marido da rainha RENUNCIOU o título de príncipe da Grécia e da Dinamarca.
	TRANSITIVO INDIRETO	O primeiro-ministro Cameron RENUNCIOU ao cargo após fazer a aposta fatal.
160. REPARTIR	TRANSITIVO DIRETO E INDIRETO	Os partidos terão de REPARTIR recursos de seu fundo eleitoral entre candidatos brancos e negros. O objetivo do programa é REPARTIR os benefícios da pesquisa e as futuras vacinas com todos os países. A decisão é REPARTIR esses ganhos por todos os municípios envolvidos no projeto. Sempre será preciso REPARTIR cargos aos aliados.
161. REQUERER	TRANSITIVO DIRETO E INDIRETO	Os Estados atingidos pelas enchentes REQUERERAM ajuda ao ministério da Economia.
162. RESGUARDAR	TRANSITIVO DIRETO E INDIRETO	É necessário RESGUARDAR de ataques a liberdade de expressão.
163. RESIDIR	TRANSITIVO INDIRETO	O ator ainda RESIDE em Curitiba, mesmo após contrato com a emissora carioca. O escritor RESIDIA na rua do Ouvidor. O escritor RESIDIA à rua do Ouvidor.
164. RESIGNAR-SE	TRANSITIVO INDIRETO	A enfermeira Maria Avelar diz SE RESIGNAR com as artimanhas do destino. O Congresso parece SE RESIGNAR à usurpação de seus poderes.
165. RESPONDER	TRANSITIVO DIRETO	Um governo que demorou nove meses para RESPONDER a carta da Pfizer RESPONDEU em dez minutos que vai fazer a Copa América.
	TRANSITIVO INDIRETO	Os novos limites de tempo para o INSS RESPONDER aos segurados passam a valer daqui a seis meses. O empresário disse que não pode RESPONDER pelos atos de seus funcionários.
	TRANSITIVO DIRETO E INDIRETO	Questionado, o acusado RESPONDEU ao delegado que não havia abordado a vítima.

166. RESULTAR	TRANSITIVO INDIRETO	A instalação da Comissão RESULTOU de decisão endossada por 10 dos 11 ministros do STF. Os brasileiros disseram que o trabalho em casa RESULTOU em maior volume de horas trabalhadas.
167. RETROCEDER	TRANSITIVO INDIRETO	As verbas de livre manejo nas universidades federais RETROCEDERAM ao patamar de uma década atrás. A opinião do articulista é de que o cinema RETROCEDEU para um nível inimaginável de caretice.
168. REVERTER	TRANSITIVO INDIRETO	O funcionário aposentado REVERTEU à ativa.
	TRANSITIVO INDIRETO	A renda do espetáculo REVERTERÁ em benefício dos desabrigados. A renda do espetáculo REVERTERÁ aos desabrigados. A renda do espetáculo REVERTERÁ para os desabrigados.
	TRANSITIVO DIRETO	Alguns países já REVERTERAM a decisão de pausar o uso do imunizante.
169. REVESTIR	TRANSITIVO DIRETO E INDIRETO	O partido fez tudo para REVESTIR a convenção de muito simbolismo. A rede de supermercados decidiu REVESTIR seus carrinhos com um tecido que inibe a ação do vírus.
170. SACRIFICAR	TRANSITIVO DIRETO E INDIRETO	A atriz disse que SACRIFICOU duas décadas de sua vida à carreira.
171. SATISFAZER	TRANSITIVO DIRETO	É inaceitável SATISFAZER interesses particulares na gestão pública.
	TRANSITIVO INDIRETO	A atual edição do programa teve de SATISFAZER a uma fila de patrocinadores.
172. SATISFAZER-SE	TRANSITIVO INDIRETO	A União Europeia não devia SE SATISFAZER com as garantias vazias do governo russo.
173. SEGUIR	TRANSITIVO DIRETO	O ódio costuma SEGUIR o casamento desfeito.
	TRANSITIVO INDIRETO	O ódio costuma SEGUIR ao casamento desfeito.
174. SERVIR	TRANSITIVO DIRETO	O governo deve trabalhar para SERVIR o povo. O diretor do clube alegou que o jogador já SERVIU o exército.
	TRANSITIVO INDIRETO	Não quis abrir mão de um projeto de vida para SERVIR ao mundo capitalista. O estádio Serra Dourada vai SERVIR de suporte ao torneio. Essa madeira SERVE à construção de barcos. Essa madeira SERVE para a construção de barcos. O rapaz alegou que, por motivos de consciência, não pode SERVIR às Forças Armadas. O fato é que o atleta SERVIU na marinha e não no exército.
	TRANSITIVO DIRETO E INDIRETO	A mãe dos gêmeos disse que realizava outras atividades depois de SERVIR o jantar a todos. Depois do discurso do ministro, a empresa SERVIU um coquetel para os convidados. O inspetor disse que a merenda escolar não está SERVINDO os alunos de proteína suficiente.

175. SOBREPUJAR	TRANSITIVO DIRETO	A evolução de seres unicelulares SOBREPUJOU uma série de barreiras.
176. SOBRESSAIR(-SE)	TRANSITIVO INDIRETO	Até que ponto esse fato deve SE SOBRESSAIR à performance dos atletas? Há muitas candidatas ao título e Júlia precisa SE SOBRESSAIR entre elas para ter sucesso. A regra básica é que o alho não deve SOBRESSAIR dentre todos os demais temperos. A diretora, às vezes, deixa suas habilidades técnicas SE SOBRESSAÍREM das necessidades internas do filme. Qual aspecto vai SE SOBRESSAIR no caso da China?
177. SOCORRER	TRANSITIVO DIRETO	A lei Aldir Blanc foi criada para SOCORRER o setor cultural, afetado pela pandemia do coronavírus.
178. SOCORRER-SE	TRANSITIVO INDIRETO	Os pais ganharam o direito de SE SOCORRER de serviços médicos existentes no exterior.
179. SUBMETER	TRANSITIVO DIRETO E INDIRETO	A diretoria executiva vai SUBMETER suas conclusões ao conselho de administração da estatal.
180. SUBSISTIR	INTRANSITIVO	Os dois grandes tipos da história antropológica SUBSISTIRAM.
	TRANSITIVO INDIRETO	Movimentos monarquistas SUBSISTIRAM à proclamação da República.
181. SUBTRAIR	TRANSITIVO DIRETO E INDIRETO	Os desinvestimentos SUBTRAÍRAM das reservas da companhia 72 milhões de barris de petróleo. As autoridades federais americanas SUBTRAÍRAM vários direitos aos imigrantes ilegais.
182. SUCEDER	INTRANSITIVO	SUCEDEU que minha ausência foi comemorada.
	TRANSITIVO DIRETO	Só elas podem garantir que não haja algo como a guerra civil que SUCEDEU a retirada do exército russo.
	TRANSITIVO INDIRETO	A fragmentação que SUCEDEU ao colapso do império romano ajudou a produzir a pujança da região. Seria a repetição do que SUCEDEU com os migrantes venezuelanos em Roraima.
183. SUJEITAR	TRANSITIVO INDIRETO	A empresa foi acusada de SUJEITAR seus operários a jornadas extenuantes.
184. SUJEITAR-SE	TRANSITIVO INDIRETO	A ditadura perseguiu funcionários públicos que não SE SUJEITARAM ao arbítrio.
185. TARDAR	TRANSITIVO INDIRETO	Trovões ao longe anunciam a iminência da chuva, que não TARDA a despencar. A pergunta TARDA em ser respondida pelas autoridades sanitárias.
186. TEIMAR	TRANSITIVO INDIRETO	Grande parte da população TEIMA em achar que a vida voltou ao normal. A personagem do livro TEIMA com tudo e com todos, apesar de raramente ter razão.

187. TESTEMUNHAR	TRANSITIVO DIRETO	É possível TESTEMUNHAR a marcação das aves com anilhas para estudos biológicos.
	TRANSITIVO INDIRETO	O deputado não devia ir além de TESTEMUNHAR sobre os fatos que presenciou. O senador disse que, se for intimado, vai TESTEMUNHAR a favor do ex-presidente. É difícil ver um comandante TESTEMUNHAR contra um de seus policiais.
	TRANSITIVO DIRETO E INDIRETO	O idoso se ofereceu para TESTEMUNHAR aos investigadores o que tinha presenciado.
188. TOCAR	TRANSITIVO DIRETO	Uma das medidas importantes é não TOCAR o rosto com as mãos sem antes desinfectá-las.
	TRANSITIVO INDIRETO	Uma das medidas importantes é não TOCAR no rosto com as mãos sem antes desinfectá-las.
189. TORNAR	TRANSITIVO INDIRETO	A secretária de saúde TORNOU a defender o uso de máscaras e o distanciamento social.
190. TRANSBORDAR	TRANSITIVO DIRETO	A população TRANSBORDOU alegria com a inauguração da passarela sobre a rodovia.
	TRANSITIVO INDIRETO	A personagem épica TRANSBORDOU de tristeza ao saber da morte de seu amado guerreiro.
191. TRATAR	TRANSITIVO DIRETO	O medicamento é usado para TRATAR convulsões associadas ao complexo de esclerose tuberosa. É preciso TRATAR o tema com muita sensibilidade.
	TRANSITIVO INDIRETO	É preciso TRATAR da cárie em gabinetes odontológicos móveis. Esta é a segunda viagem do ministro para TRATAR do 5G.
	TRANSITIVO DIRETO E INDIRETO	O advogado não TRATOU o juiz por meritíssimo.
192. TRATAR-SE	TRANSITIVO INDIRETO	TRATA-SE de um ambiente cada vez mais diverso e inclusivo, graças às políticas de ações afirmativas.
193. UNIR	TRANSITIVO DIRETO E INDIRETO	As autoridades regionais UNIRAM esforços para reduzir impactos a estratégias para garantir que ninguém passe fome. A conferência sobre o clima UNIU metas ambiciosas com vontade política.
194. USAR	TRANSITIVO DIRETO	O diretor acompanhou projetos bem sucedidos porque USARAM as plataformas a seu favor.
	TRANSITIVO INDIRETO	A servidora USOU de influência para conseguir a assinatura do contrato.
195. VANGLORIAR-SE	TRANSITIVO INDIRETO	Quem enche a boca para SE VANGLORIAR da sua consistência e autocontrole só pode receber da psicanálise um sonoro bocejo. Nunca vi o magistrado SE VANGLORIAR por sua vasta cultura jurídica.

196. VELAR	TRANSITIVO DIRETO	A impossibilidade de VELAR os parentes mortos e o sentimento de medo são dois assuntos frequentes.
	TRANSITIVO INDIRETO	O Regimento Interno considera atribuição do presidente VELAR pelas prerrogativas da corte.
197. VISAR	TRANSITIVO DIRETO	O funcionário VISOU o passaporte do imigrante. Os bombardeios VISARAM os túneis que têm finalidade militar. Com o concurso, a secretária VISOU um cargo melhor. As novidades VISARAM retomar a ideia de que a melhor solução é a educação.
	TRANSITIVO INDIRETO	Com o concurso, a secretária VISOU a um cargo melhor. Ele VISOU a mostrar o palácio aos convidados.
198. VOLTAR	TRANSITIVO INDIRETO	O deputado fez um discurso contundente e VOLTOU a seu lugar no plenário. O jornalista continuou a trabalhar nos EUA e, mais tarde, VOLTOU para o Reino Unido.
	TRANSITIVO DIRETO E INDIRETO	O atendente afirma que VOLTOU sua atenção para o interior do quarto, mas não viu ninguém lá. A escritora VOLTOU seu olhar à galeria onde estava o retrato do amigo que seria homenageado.
199. VOLTAR-SE	TRANSITIVO INDIRETO	Os esforços de vários governos estaduais SE VOLTARAM para a vacinação da maioria da população. Os sindicatos trabalhistas SE VOLTARAM contra seu criador e o presidente ficou sem saída.
200. ZELAR	TRANSITIVO DIRETO	Nem todos sabem, mas ZELAR o meio ambiente é um dever constitucional de todo cidadão.
	TRANSITIVO INDIRETO	O advogado explica que o síndico tem o dever de ZELAR pelo bem comum.

Como se pode ver por este guia normativo, **a regência verbal é bastante variável na modalidade escrita formal do português brasileiro contemporâneo**. Isso é sinal de riqueza linguística. Resulta da prática da escrita formal ao longo da história. A língua, portanto, oferece aos usuários amplas possibilidades de escolhas expressivas. A finalidade do guia foi tanto mostrar essa diversidade quanto servir de apoio para consultas.

11

REGÊNCIA NOMINAL

OBJETIVOS DO CAPÍTULO:

- abordar a regência nominal, ou seja, o regime sintático de alguns nomes (substantivos e adjetivos) e advérbios, marcado pela exigência de complemento preposicionado;
- apresentar um guia normativo da regência nominal na modalidade escrita formal do português brasileiro contemporâneo.

11.1 O QUE É REGÊNCIA NOMINAL?

A seção 10.1 mostrou que a *regência* é um processo sintático não exclusivo de verbos, mas também próprio de alguns nomes (substantivos e adjetivos) e de alguns advérbios. Cabe agora desenvolver essa ideia.

De início, é importante rememorar a categoria gramatical **complemento nominal** (v. seção 8.8), analisando o período a seguir:

(1) A entrevistada acha que já está **imune** à covid-19, mas permanece **ansiosa** por uma vacina, pois o **medo** do desemprego e a **falta** da família a fazem sofrer diariamente.

Os constituintes sublinhados "à covid-19", "por uma vacina", "do desemprego" e "da família" são **complementos nominais**, pois complementam, respectivamente, os seguintes nomes em negrito: os adjetivos "imune" e "ansiosa" e os substantivos "medo" e "falta". Esses nomes demandam complementos *regidos* por preposições: "imune a", "ansiosa por", "medo de" e "falta de". Portanto, trata-se também de uma relação de regência, a que se pode chamar **regência nominal**. Observe-se o quadro:

REGÊNCIA NOMINAL		
NOME | TERMO REGENTE		COMPLEMENTO NOMINAL | TERMO REGIDO (COM PREPOSIÇÃO)
SUBSTANTIVO	medo	do desemprego
	falta	da família
ADJETIVO	imune	à covid-19
	ansiosa	por uma vacina

Além de substantivos ou adjetivos, a regência nominal também pode ser observada em *advérbios*, particularmente em alguns terminados em *-mente*, que acabam exigindo a preposição dos adjetivos de que derivam[1]. Eis alguns exemplos:

[1] Esse processo sintático também pode ser denominado **regência adverbial**, mas prefere-se aqui a denominação genérica **regência nominal**, em analogia a **complemento nominal**, que também abarca o domínio tanto de nomes (substantivos e adjetivos) quanto de advérbios.

(2) A pandemia, **juntamente** com a crise econômica e social, pode acabar impulsionando o trabalho infantil.

(3) A maioria dos entrevistados manifestaram-se **favoravelmente** ao isolamento social.

(4) Alguns acreditam que é melhor comprar a primeira vacina que chegar ao mercado, **independentemente** do país que a produzir.

O quadro abaixo apresenta os elementos das regências nominais destacadas nos períodos (2), (3) e (4):

REGÊNCIA NOMINAL	
ADVÉRBIO | TERMO REGENTE	COMPLEMENTO NOMINAL | TERMO REGIDO (COM PREPOSIÇÃO)
juntamente	com a crise econômica e social
favoravelmente	ao isolamento social
independentemente	do país que a produzir

11.2 GUIA NORMATIVO DE REGÊNCIA NOMINAL

Ao contrário da regência verbal, a regência nominal não é um tópico gramatical que costuma gerar grandes dúvidas ou controvérsias na escolha da preposição que deverá reger o complemento nominal. Seguir a intuição de falante nativo costuma ser suficiente para não haver problemas. Talvez por isso sejam poucos os bons instrumentos normativos que se preocupam em listar substantivos, adjetivos, advérbios e suas respectivas regências.

De todo modo, essa gramática adota procedimentos metodológicos semelhantes ao processo de elaboração do *guia de regência verbal na modalidade escrita formal do português brasileiro contemporâneo* (v. seção 10.3):

- seleção, confronto e síntese de dados de gramáticas e dicionários de regência nominal[2];
- listagem da regência de alguns substantivos, adjetivos e advérbios, cuja eventual consulta poderá ser útil na produção de textos escritos e formais.

[2] Foram consultadas todas as mesmas treze gramáticas utilizadas na elaboração do trabalho com a regência verbal, mas apenas duas puderam ser aproveitadas: a *Moderna Gramática Portuguesa*, de Evanildo Bechara (2009), e a *Novíssima gramática da língua portuguesa*, de Domingos Paschoal Cegalla (2008). Os dicionários de regência nominal consultados foram: *Dicionário de regimes de substantivos e adjetivos*, de Francisco Fernandes (1974), e *Dicionário prático de regência nominal*, de Celso Pedro Luft (2003).

Feitas essas breves considerações, eis o guia normativo de regência nominal:

Guia normativo de regência nominal na modalidade escrita formal do português brasileiro contemporâneo		
Substantivos, adjetivos e advérbios	Preposições regentes	Exemplos
1. acessível	a	O juiz proferiu sua sentença em linguagem **acessível** *ao leigo*.
2. adequado	a	A empresa preparou um contrato **adequado** *a cada tipo de cliente*.
3. alheio	a	A população estava **alheia** *aos riscos do coronavírus*.
	de	O Judiciário não pode se comportar como um poder **alheio** *dos anseios da sociedade*.
4. aliado	a	O auxílio emergencial, **aliado** *ao aumento do consumo de comida*, gerou parte da atual pressão inflacionária.
	com	O uso de máscara, **aliado** *com o distanciamento social*, diminui significativamente a propagação do vírus.
5. análogo	a	O médico explicou que se trata de um fármaco **análogo** *à cafeína*.
6. ansioso	de	A médica estava **ansiosa** *de notícias de seus pacientes*.
	para	O cantor disse estar **ansioso** *para voltar aos palcos*.
	por	O autor do filme esperou **ansioso** *pelo prêmio*.
7. apto	a	O prefeito está **apto** *a realizar suas atividades profissionais* sem maiores restrições de saúde.
	para	O aparelho foi instalado e está **apto** *para uso*.
8. atencioso	com	A jogadora foi sempre muito **atenciosa** *com os fãs*.
9. atento	a	Quem trabalha com orquestra tem de ficar **atento** *a boas melodias e harmonias*.
	em	Durante a filmagem, é preciso estar **atento** *em pequenos detalhes*.
10. aversão	a	Os empresários brasileiros têm **aversão** *a riscos*.
	por	O ministro tem **aversão** *por alianças e organizações multilaterais*.
11. avesso	a	O governo se mostra **avesso** *à ciência e ao livre pensamento*.
12. benéfico	a	Um entendimento melhor entre Washington e Moscou poderia ser **benéfico** *a toda a comunidade internacional*.
13. caminho	a	Leitora registra **caminho** *ao ponto mais alto do Brasil*.
	até	Leitora registra **caminho** *até o ponto mais alto do Brasil*.
	para	A falta de articulação com o Congresso abriu **caminho** *para a crise política*.
14. circunvizinho	a	Foram registradas mais de 200 colisões entre aeronaves e pássaros no espaço aéreo **circunvizinho** *aos aeroportos*.
	de	Os edifícios **circunvizinhos** *do parque* têm o metro quadrado mais caro da cidade.

15. COERENTE	COM	A decisão da China de criar uma nova companhia é uma estratégia **coerente** *com a retomada do consumo no país.*
16. COERENTEMENTE	COM	Nosso compromisso como educadores é o de agir **coerentemente** *com princípios éticos.*
17. COMPATÍVEL	COM	A decisão representa um aperfeiçoamento institucional **compatível** *com as práticas democráticas.*
18. COMPREENSÍVEL	A	Em geral, o discurso jurídico não é **compreensível** *à maior parte da população.*
19. CONCOMITANTE	A	Os linfócitos T têm ação próxima e **concomitante** *à dos anticorpos.*
	COM	É importante que a produção da vacina se dê de forma quase **concomitante** *com a sua aprovação pela ANVISA.*
20. CONCOMITANTEMENTE	A	**Concomitantemente** *ao aumento de especialidades médicas,* houve a proliferação de modalidades de exames.
	COM	Todas as negociações ocorreram **concomitantemente** *com a campanha eleitoral.*
21. CONFORME	A	É urgente construir uma sociedade **conforme** *aos imperativos da justiça.*
	COM	O projeto deve estar **conforme** *com o disposto na Constituição Federal.*
22. CONSTITUÍDO	COM	O Fundo Eleitoral é **constituído** *com recursos do Tesouro Nacional.*
	DE	Podemos pensar no Universo como **constituído** sobretudo *de hidrogênio.*
	POR	O litoral da Guiné-Bissau é **constituído** *por um cordão de ilhas que forma o arquipélago dos Bijagós.*
23. CONTENTE	COM	O garoto nem sempre parece **contente** *com os testes que tem de fazer como astro mirim.*
	DE	Qualquer empregador estaria **contente** *de contratar os funcionários da fábrica que acaba de encerrar suas atividades.*
	EM	O professor disse que estava muito **contente** *em comemorar o Dia Nacional da Ciência.*
	POR	Anselmo Duarte estava muito **contente** *por fazer o filme na Bahia.*
24. CONTÍGUO	A	O governo estadual tem pronto o projeto de um distrito industrial alfandegário **contíguo** *ao aeroporto.*
25. CONTRÁRIO	A	O novo presidente dos EUA já se declarou **contrário** *aos assentamentos feitos por Israel na Cisjordânia.*
26. CÚMPLICE	DE	Nenhum país quer ser **cúmplice** *do colapso da floresta amazônica.*
	EM	A imprensa, ao dar espaço excessivo a esses movimentos, torna-se **cumplice** *na normalização do ódio.*
27. CURIOSO	DE	O matemático sul-africano ficou **curioso** *de saber se todo mapa poderia ser colorido com apenas quatro cores.*
	PARA	Todos estavam **curiosos** *para ver que cara tinha aquele adolescente com uma carreira tão incomum.*
	POR	O ministro disse que estava **curioso** *por saber como os acontecimentos evoluiriam.*

28. DESFAVORÁVEL	A	A situação ficou ainda mais **desfavorável** *aos trabalhadores* do que estava antes da reforma trabalhista.
	PARA	O cenário está cada vez mais **desfavorável** *para a produção nacional de automóveis.*
29. DESLEAL	A	O governador disse que não vai revelar as medidas em estudo para não ser **desleal** *aos seus secretários.*
	COM	O candidato disse que nunca foi **desleal** *com ninguém.*
30. DESPREZO	A	O que ocorreu foi uma manifestação clara de **desprezo** *ao resultado das eleições.*
	DE	O ministro pediu desculpas em nome da polícia nacional por qualquer violação da lei ou **desprezo** *das regras.*
	POR	É uma guerra política que demonstra o **desprezo** *pelas vidas dos brasileiros.*
31. DESSEMELHANTE	A	Haverá a emergência gradual de outro caldeirão cultural na Europa, não **dessemelhante** *ao americano.*
	DE	Além do caráter **dessemelhante** *do novo público*, houve a situação de um artista de convicções individuais.
32. DÚVIDA	ACERCA DE	O diretor do Instituto disse que não há qualquer **dúvida** *acerca da eficiência dos dois imunizantes.*
	DE	Não há **dúvida** *de que o ano de 2020 foi absolutamente incomum para todos nós.*
	EM	O matemático alemão não teve **dúvida** *em apontar o problema e a sua solução.*
	SOBRE	Qualquer **dúvida** *sobre o processo* será tratada pela assessoria jurídica da empresa.
33. EMPENHO	CONTRA	A Dinamarca colhe hoje os frutos de mais de 350 anos de **empenho** *contra a corrupção no setor público e privado.*
	DE	O economista calculou a quantidade de vidas salvas e o **empenho** *de cada engenheiro.*
	EM	Parabenizo os pesquisadores do Instituto Butantan pelo **empenho** *na busca da vacina contra o Sars-COV-2.*
	POR	No lugar onde essas pessoas vivem, existe muito **empenho** coletivo *por fazer brotar comida em qualquer pedaço de chão.*
34. EQUIVALENTE	A	A Câmara dos Representantes americana é **equivalente** *à Câmara dos Deputados brasileira.*
35. ESSENCIAL	A	O livro tem de ter menor tributação porque, como comida e remédios, é **essencial** *à civilização.*
	PARA	A estabilidade política é **essencial** *para o desenvolvimento econômico do país.*
36. ESTRANHO	A	O lugar não é **estranho** *a Fernanda Montenegro*, que rodou nos pilotis daquele prédio trechos do filme *Central do Brasil.*
	PARA	É um momento **estranho** *para conversarmos sobre cinema*, mas, pelo menos, é uma distração.
37. EXCLUÍDO	DE	Criticado publicamente e **excluído** *das decisões*, só sobrou ao ministro o pedido de demissão.

38. FÁCIL	A	Atingir, em suas partituras, a coerência em termos de motivos não era **fácil** *ao compositor.*
	DE	Os cientistas defenderam a vacina, dizendo que ela é segura e mais **fácil** *de ser aplicada.*
	PARA	Não será um jogo **fácil** *para o Palmeiras.*
39. FALHO	DE	Os empresários reprovaram o programa **falho** *de concessões à iniciativa privada.*
	EM	Desde o início, o projeto era **falho** *em vários pontos.*
40. FAVORÁVEL	A	Boas leis ajudam a criar um ambiente **favorável** *à democracia e a outras virtudes públicas.*
41. FAVORAVELMENTE	A	O ministro se posicionou **favoravelmente** *aos benefícios obtidos por empresas que investem em energia solar.*
42. FECUNDO	EM	A sua proposta artística é muito **fecunda** *em criar imagens tecnologicamente surpreendentes.*
43. FÉRTIL	A	A desigualdade social cria terreno **fértil** *à disseminação do vírus*, especialmente entre os mais vulneráveis.
	DE	A nova revista é uma fonte **fértil** *de informações sobre o cenário artístico local.*
	EM	Gostaríamos que as redes sociais fossem um campo **fértil** *em ideias, proposições, críticas e debates.*
44. FIEL	A	O Atlético de Madri preferiu se manter **fiel** *a seu estilo defensivo.*
45. HORROR	A	Os brasileiros que viveram na juventude as angústias da luta contra o Paraguai, adquiriram **horror** *à guerra.*
	DE	Os sachês de ketchup das lanchonetes são um **horror** *de design, de funcionalidade e de estética.*
	POR	O escritor disse que sentia **horror** *por uma sociedade que criava um estado policial.*
46. HOSTIL	A	O ambiente artístico na época ainda era **hostil** *à fotografia.*
	COM	Seu jeito tranquilo e interiorano deu lugar a um trato mais **hostil** *com adversários, árbitros e jornalistas.*
47. IDÊNTICO	A	Um momento histórico nunca é **idêntico** *a outro.*
48. IMPRÓPRIO	PARA	Não há nenhum documento das autoridades ambientais e sanitárias que declare aquela área **imprópria** *para banho.*
49. IMUNE	A	Ninguém está **imune** *a dificuldades na vida.*
	DE	A Comissão está trabalhando para garantir uma justiça digital **imune** *de incidentes.*
50. INDEPENDENTE	DE	O deputado começou a trilhar um caminho político **independente** *de seu partido.*
51. INDEPENDENTEMENTE	DE	Todo cidadão pode ser atendido em qualquer serviço de saúde, **independentemente** *de seu local de moradia.*
52. INDULGENTE	COM	O filme como um todo é muito **indulgente** *com a cultura do lucro a qualquer preço.*
53. INERENTE	A	O direito ao sigilo é **inerente** *à proteção da dignidade, intimidade e vida privada dos pacientes.*

54. INFERIOR	A	A medida estabelece como beneficiárias famílias cuja renda mensal per capita seja **inferior** *a um quarto do salário mínimo.*
55. INTERESSE	DE	Eu nunca poderia imaginar que a gravadora tivesse **interesse** *de fazer um trabalho comigo.*
	EM	A escola identificou que 60% das famílias tinham **interesse** *em enviar os filhos para as atividades extracurriculares.*
	POR	Os estudantes demonstraram o **interesse** *por um debate sobre a tradução que ultrapassasse elementos mais técnicos.*
56. INTERLIGADO	A	Londres tem um dos sistemas de metrô mais extensos do mundo, devidamente **interligado** *a seu maior aeroporto.*
	COM	A prefeitura está concluindo a construção de um terminal de ônibus que será **interligado** *com as estações de trem e metrô.*
57. JUNTO	A	O estilo do cantor ajuda a elevar sua popularidade, especialmente **junto** *a uma geração mais jovem.*
	DE	É preciso preencher um formulário com a apresentação do repórter, **junto** *de um plano de trabalho e orçamento.*
58. LEAL	A	Eu continuo realmente **leal** *a certos pressupostos modernistas sobre a arte em geral.*
	COM	O jogador disse que, renovando ou não o contrato, vai ser **leal** *com o clube* até o fim do campeonato.
59. NECESSÁRIO	A	O Congresso Nacional ainda não conseguiu alcançar o consenso **necessário** *à modificação do sistema tributário.*
60. NEGLIGENTE	EM	Pelo depoimento das testemunhas, ficou muito claro que o especialista foi **negligente** *em seu comentário.*
61. PARALELO	A	O aqueduto segue um caminho **paralelo** *ao mar Mediterrâneo.*
62. PASSÍVEL	DE	No Código de Trânsito Brasileiro, a fuga do local do acidente é considerada uma infração **passível** *de multa e detenção.*
63. PECULIAR	A	Muitos de seus textos exploram aquele abismo, **peculiar** *ao Brasil*, que há entre as línguas escrita e falada.
64. PENDENTE	DE	O decreto está **pendente** *de regulamentação*, mas busca atrair investimento estrangeiro para o Brasil.
65. PREFERÊNCIA	POR	As marcas brasileiras querem desbancar a **preferência** *por chocolate importado.*
66. PREFERÍVEL	A	Uma norma geral definitiva é **preferível** *a arranjos provisórios para o enfrentamento do problema.*
67. PROEMINÊNCIA	DE	Nesses filmes, a **proeminência** *de uma pauta social* condiciona o julgamento de suas qualidades estéticas.
	SOBRE	Esta consulta foi a forma encontrada pelo candidato para ganhar **proeminência** *sobre os outros atores políticos.*
68. PROPÍCIO	A	A seca e os ventos fortes da estação tornam o cenário mais **propício** *à propagação de grandes incêndios florestais.*
	PARA	Com solo **propício** *para o crescimento de videiras*, o Estado é o maior responsável pela produção de vinho nos EUA.
69. PRÓXIMO	A	Há dois anos era mais fácil encontrar imóveis **próximos** *a uma estação de metrô.*
	DE	O cantor, quando adolescente, gostava de ir à biblioteca que ficava **próxima** *de sua casa.*

70. RELATIVAMENTE	A	A historiografia sobre a economia brasileira no século 19 explica nosso atraso **relativamente** *à economia americana.*
71. RENTE	A	Na limpeza dos córregos urbanos, a primeira equipe que avança leva foices para cortar o mato **rente** *à raiz.*
72. RESPEITO	A	A agenda é baseada em valores compartidos pelos dois países, como, por exemplo, **respeito** *à democracia.*
	COM	Tomar vacinas é um ato de **respeito** *com você mesmo*, mas especialmente um ato de **respeito** *com o próximo.*
	DE	A diretora da Vigilância Sanitária nos orientava no combate à covid-19 e tinha o **respeito** *de todos que a ouviam.*
	PARA COM	Devemos ter o maior **respeito** *para com essas pessoas que arriscam a vida para salvar a de outros.*
	POR	A vida social seria, obviamente, impossível sem um mínimo de **respeito** *por regras comuns.*
73. SITUADO	A	Os alunos vinham de um bairro **situado** *a pelo menos três quilômetros da escola.*
	EM	**Situado** *em uma encosta*, o jardim é cercado de enormes cactos oriundos de diversas partes do mundo.
	ENTRE	O sudoeste da China, **situado** *entre as placas tectônicas euroasiática e indiana*, sofre com frequentes terremotos.
74. SOLIDÁRIO	COM	O Brasil sempre foi um país **solidário** *com seus vizinhos latino-americanos e caribenhos.*
75. SUSCETÍVEL	A	Parte da população ainda é **suscetível** *a promessas ilusórias* em época de campanha eleitoral.
	DE	Qualquer que seja a circunstância, o uso indevido da imagem de uma pessoa é **suscetível** *de lhe trazer danos morais.*
76. ÚLTIMO	A	O assistente de VAR observou que o alviverde Luan foi o **último** *a atingir a bola.*
	EM	O atleta uruguaio foi o **último** *em tomar o bastão*, mas correu de maneira extraordinária com o apoio do público.
77. UNIÃO	A	Sua **união** *ao grupo que defendia o projeto de revitalização da área* era apenas oportunismo.
	COM	Com as exigências da nova lei, o partido está buscando sua **união** *com outras duas agremiações.*
	ENTRE	Ao proporcionar a **união** *entre talentos da música brasileira*, oferecemos ao público formas de entretenimento em casa.
78. VERSADO	EM	A imprensa deveria tratar dos problemas na perspectiva de quem não é **versado** *em economia.*
79. VISÍVEL	A	As tabelas devem estar fixadas em todos os cartórios, em local bem **visível** *ao público.*
80. VIZINHO	A	Agentes realizaram higienização e desinfecção da escola no Cruzeiro, bairro **vizinho** *ao Plano Piloto*, em Brasília.
	COM	O prédio onde está instalado o aparelho de projeção da imagem é **vizinho** *com um posto de gasolina.*
	DE	A orquestra fará ensaios e apresentará concertos num local **vizinho** *da Estação Tiradentes do Metrô.*

Como se pode ver por este guia, **a regência nominal é também bastante variável na norma-padrão brasileira**. De novo, é sinal de riqueza linguística. A prática da escrita formal ao longo da história vai ampliando as possibilidades expressivas, oportunizando a quem escreve escolher as regências que mais lhe agradam. Importante repetir: a regência nominal não é tema de controvérsias normativas. Basta, então, seguir a intuição sintática e as preferências expressivas.

12

CRASE

OBJETIVO DO CAPÍTULO:

- apresentar o fenômeno da crase e desenvolver estratégias mais simples e seguras para o uso adequado do acento grave.

12.1 ENTENDENDO A CRASE

Esta gramática já fez referência ao processo sintático que resulta no uso do **acento grave** (`) em textos escritos formais (v. seção 1.8). Foi dito ali que esse acento indica a fusão (ou crase) de duas vogais "a", geralmente uma **preposição** e um **artigo feminino**. Diante disso, vale analisar o seguinte período:

(1) A ciência permite <u>**à** humanidade</u> combater <u>**a** desinformação</u> diante da natural apreensão provocada por uma pandemia.

No período (1), a presença do acento indicativo de crase em "à humanidade", bem como sua ausência em "a desinformação" se devem, respectivamente, às regências das formas verbais "permite" e "combater".

As possíveis regências do verbo "permitir" podem ser checadas no guia normativo de regência verbal apresentado na seção 10.3 (verbete 137). O guia indica que esse verbo possibilita construções transitivas como, por exemplo, "permitir a alguém fazer algo", em que "a alguém" e "fazer algo" são seus dois complementos: o primeiro, precedido de preposição, o objeto indireto; e o segundo, sem preposição, o objeto direto. No caso do período (1), o objeto indireto é "à humanidade" e o objeto direto é "combater a desinformação".

Por sua vez, o verbo "combater", presente no objeto direto "combater a desinformação", é claramente transitivo direto, ou seja, seu complemento não é introduzido por preposição. Seu modelo de regência é "combater algo".

O diagrama a seguir apresenta a análise da regência das duas formas verbais do período (1), "permite" e "combater":

(1)

S	V	C = OI	C = OD
A ciência	permite	**à** humanidade	combater **a** desinformação
		preposição "a" + artigo "a"	artigo "a"

Se o acento indicativo de crase, na grande maioria das vezes em que ocorre, serve para explicitar a fusão entre uma preposição e um artigo feminino, é fácil desenvolver o domínio desse seu uso mais recorrente. Isso porque a presença ou ausência desse acento tendem a estar ancoradas na noção de regência verbal, como no período (1), ou de regência nominal, como analisado a seguir:

(2) No Brasil, o sanitarista Oswaldo Cruz adotou medidas impopulares no combate **à** febre amarela.

(3) Os ditadores são sempre os mais alérgicos **às** emoções que costumam salvar e unir a humanidade.

Nos períodos (2) e (3), os nomes "combate" e "alérgicos" exigem complementos regidos pela preposição "a". O modelo de regência é "o combate a algo" e "alérgicos a algo". Os complementos nominais em análise têm núcleos femininos e determinados pelo artigo "a": "o combate a" + "a febre amarela" e "alérgicos a" + "as emoções que costumam salvar e unir a humanidade".

Os diagramas dos períodos (2) e (3) ilustram o fenômeno da crase nos complementos nominais sublinhados:

(2)

A	S	V	C	A
No Brasil,	o sanitarista Oswaldo Cruz	adotou	medidas impopulares	no combate **à** febre amarela.

preposição "a" + artigo "a"

(3)

S	V	A	C
Os ditadores	são	sempre	os mais alérgicos **às** emoções [...]

preposição "a" + artigo "as"

Diante do fato do acento grave incidir na fusão da preposição "a" com os artigos femininos "a" e "as", um teste bastante útil para ter certeza da necessidade do acento é a substituição do constituinte de núcleo feminino, em que ele supostamente deve incidir, por um constituinte de núcleo masculino.

Pode haver dúvida, por exemplo, quanto ao uso ou não do acento grave no constituinte "a pandemia", no seguinte período:

(4) O tratamento dado **a pandemia** no Brasil tem sido especialmente catastrófico para nós.

Atente-se à regência da palavra anterior (no caso, o particípio do verbo "dar") e aplique-se o teste da substituição mencionado. O novo constituinte só precisa ter núcleo masculino e encaixe lógico-semântico no período. Afinal, trata-se de um teste sintático. Uma sugestão:

(4a) O tratamento dado **ao analfabetismo** no Brasil tem sido especialmente catastrófico para nós.

preposição "a" + artigo "o"

A construção "tratamento dado **ao** analfabetismo" revela a justaposição da preposição "a" — "tratamento dado *a* algo" — e do artigo "o". Logo, por analogia, a construção sintática adequada é:

(4b) O tratamento dado **à pandemia** no Brasil tem sido especialmente catastrófico para nós.

preposição "a" + artigo "a"

12.2 MEMORIZAR INÚMERAS REGRAS DE CRASE É DE FATO NECESSÁRIO?

As lições de gramática na escola costumam investir pouco na consciência sintática dos estudantes e muito na memorização acrítica de uma série de regras desnecessárias ao domínio de certas regularidades estruturais da escrita formal. A abordagem do acento grave é um bom exemplo disso, pois ela costuma ser feita a partir de um conjunto exaustivo e pouco compreensível de instruções normativas.

Entretanto, em determinados contextos, essas "dicas de crase" podem não funcionar se não houver consciência sintática por parte de quem as emprega. Além disso, a maioria delas são absolutamente desnecessárias quando de fato se compreende o processo sintático que ocasiona a crase das vogais "a" e, consequentemente, o emprego do acento grave.

Diante disso, pode-se analisar, em relação à regra geral da crase já comentada, a presença ou a ausência do acento grave em alguns períodos. Observe-se o primeiro:

(5) A lembrança dos mortos representava sofrimento àquelas pessoas que haviam escapado dos contágios.

No período (5), o acento sinaliza a crase entre a preposição "a" e o pronome demonstrativo "aquelas", consequência da regência do verbo "representar", transitivo direto e indireto. O diagrama facilita a compreensão desse processo sintático:

(5)

S	V	C = OD	C = OI
A lembrança dos mortos	representava	sofrimento	**àquelas** pessoas [...]

preposição "a" + pronome "aquelas"

A partir da diagramação acima, pode-se concluir que, de modo análogo à fusão da preposição "a" com os artigos "a" e "as", o acento grave também serve para indicar a crase entre tal preposição e os pronomes demonstrativos "aquilo", "aquela", "aquelas", "aquele" e "aqueles". Note-se que a lista inclui os demonstrativos "aquele" e "aqueles", contrariando a famosa "dica de crase" que interdita o acento "antes de palavras masculinas". Eis um exemplo:

(6) A situação pandêmica requer um modelo de Estado oposto **à**quele defendido pelo governo brasileiro.

preposição "a" + artigo "a"

No período (6), o acento grave em "aquele", pronome demonstrativo masculino, decorre da regência do nome "oposto", que requer a presença da preposição "a" — "oposto a algo" — introduzindo o complemento nominal "àquele [modelo] defendido pelo governo brasileiro".

Por outro lado, nem todo complemento nominal com núcleo feminino e regido pela preposição "a" requer acento grave. Precisa-se prestar atenção se, naquele contexto específico, o artigo feminino "a" ou "as" é necessário ou mesmo possível, para que, assim, a crase com a preposição "a" aconteça e seja sinalizada com o acento:

(7) Todo empregado com suspeita de contágio teve direito a licença de duas semanas.

No período (7), o complemento nominal "licença", exigido pela regência "direito a algo", não necessariamente precisa ser determinado pelo artigo "a". A substituição da palavra "licença" por um nome masculino — "descanso", por exemplo — deixa isso claro:

(7a) Todo empregado com suspeita de contágio teve direito a descanso de duas semanas.

Se em (7a) o nome "descanso" não foi especificado pelo artigo masculino "o" (do contrário, a paráfrase seria "direito ao descanso"), então em (7) não há artigo feminino "a" em "direito a licença". Ou seja, o que existe em "direito a licença" é exclusivamente a preposição "a", sem fusão com qualquer artigo e, consequentemente, sem acento grave.

Também não há acento grave em "ir a festas", como se vê no próximo período:

(8) Eleitores do presidente parecem não ter medo ou vergonha de ir a festas em plena pandemia.

No período (8), o modelo de regência verbal é "ir a algum lugar", ou seja, a preposição "a" é obrigatória. Entretanto, o nome "festas", usado no período para se referir a "festas em geral", não está sendo determinado por um artigo. Se o estivesse, tal artigo seria "as", no plural, concordando com "festas", e não "a", no singular. Logo, o "a" de "ir a festas" não equivale a um processo de crase, mas apenas à preposição "a", que rege o complemento do verbo "ir", tal qual a preposição "para" poderia reger. Note-se a substituição da preposição "a" pela preposição "para" e a evidência da ausência de artigo:

(8a) Eleitores do presidente parecem não ter medo ou vergonha de ir para festas em plena pandemia.

Em suma, a segurança no emprego do acento indicativo de crase em períodos como esses decorre mais da compreensão efetiva da regra geral de uso do acento grave do que da memorização de uma série de supostas regras específicas sobre esse tema gramatical.

Cabe reforçar essa ideia a partir da análise de outros exemplos:

(9) Quatro meses após o primeiro caso comprovado da doença no Brasil, ainda estamos aprendendo a lidar com os sintomas mais correntes.

(10) O poder de convencimento da Organização está agora sendo exercida de maneira nunca antes vista, e tem havido amplo apoio público a ela.

(11) A perda repentina de pelo menos um terço da população da Europa não conduziu a uma redistribuição uniforme da riqueza.

(12) Determinações biológicas específicas precisaram se articular a essa base social para resultar na pandemia experimentada em 2020.

(13) Há uma preocupação de governadores de que a Anvisa possa sofrer uma interferência nesse processo e isso atrase o aval a alguma vacina.

(14) A varíola, importante problema de saúde pública na Europa, atingia a todas as classes sociais.

(15) Durante a pandemia, o auxílio emergencial deveria ter sido ofertado somente a quem realmente necessita.

(16) Os governos precisam preparar planos relativos a quando e como suspender aulas em caso de agravamento da pandemia da gripe suína.

Os trechos sublinhados nos períodos (9) a (16) têm em comum a ausência de acento grave na preposição "a", pois não há crase entre ela e um eventual artigo.

Para explicar a sintaxe dos trechos sublinhados, não é necessário postular regras específicas de crase como, por exemplo, "não há crase antes de verbo" ou "não há crase antes de pronome". Afinal, tais fórmulas exigem pouca reflexão gramatical e não se aplicam em todas as construções sintáticas possíveis. Não é por meio delas que se alcança autonomia na estruturação de textos escritos.

Cabe analisar, então, a construção sintática dos trechos sublinhados nos períodos acima, valendo-se da compreensão da regra geral do emprego do acento grave, ou seja, de que a crase entre duas vogais "a" normalmente se dá pela fusão da preposição "a" e do artigo feminino "a" ou "as". Para isso, atente-se ao seguinte quadro:

Período	Termo regente (verbo ou nome)	Complemento verbal ou nominal	
		Preposição	Termo regido
(9)	aprendendo (v)	a	**lidar** com os sintomas mais recorrentes
(10)	apoio (n)	a	**ela**
(11)	conduziu (v)	a	**uma** redistribuição uniforme da riqueza
(12)	se articular (v)	a	**essa** base social
(13)	aval (n)	a	**alguma** vacina
(14)	atingia (v)	a	**todas** as classes sociais
(15)	ofertado (v)	a	**quem** realmente necessita
(16)	relativos (n)	a	**quando** e **como** suspender aulas

No quadro acima, todos os verbos ou nomes da coluna "termo regente" exigem a preposição "a" introduzindo seus respectivos complementos verbais ou nominais. Por sua vez, os termos regidos são iniciados por palavras que não podem ser antecedidas pelo artigo feminino "a" (elas estão em negrito); não cabe, portanto, o acento grave sobre o elemento "a" presente nesses períodos, por este ser apenas uma preposição.

Para confirmar essa impossibilidade do uso do acento grave, basta construir novos períodos em que os termos regidos sejam, por exemplo, sujeitos introduzidos pelo artigo feminino "a":

	S	V	C
(9a)	*A **lidar** com os sintomas mais recorrentes	é	difícil.
(10a)	*A **ela**	é	difícil.
(11a)	*A **uma** redistribuição uniforme da riqueza	é	difícil.
(12a)	*A **essa** base social	é	difícil.
(13a)	*A **alguma** vacina	é	difícil.
(14a)	*A **todas** as classes sociais	são	difíceis.
(15a)	*A **quem** realmente necessita	é	difícil.
(16a)	*A **quando** e **como** suspender aulas	é	difícil.

Os exemplos (9a) a (16a) deixam claro que o artigo feminino "a", ao introduzir os sujeitos, torna os períodos agramaticais. Não há como antepor o artigo "a" às palavras em negrito, isto é, ao infinitivo verbal "lidar"; ao pronome "ela", como a qualquer outro pronome pessoal; às palavras "uma", "essa", "alguma", "todas", que ocupam o lugar sintático que seria do artigo "a"; às palavras interrogativas "quem", "quando", "como", entre outras.

É importante frisar: não é preciso memorizar essas palavras em negrito; basta se apoiar na consciência sintática e na compreensão do que seja a crase para analisar essas e outras diferentes construções que podem gerar dúvidas quanto ao emprego do acento grave.

12.3 USAR OU NÃO O ACENTO GRAVE: ÚLTIMAS CONSIDERAÇÕES

Dando continuidade à abordagem do tema **crase**, segue a análise de mais alguns períodos que podem gerar dúvidas quanto ao uso ou não do acento grave. Eis o primeiro:

(17) Alguns estudantes que moram a 260 km de Natal têm dificuldade de acompanhar as aulas com transmissão no rádio.

No período (17), não há acento grave no trecho sublinhado porque o elemento "a" equivale somente a uma preposição. A sintaxe da língua inviabiliza a presença do artigo "a" antes de "260 km". Afinal, trata-se de uma palavra masculina plural, de modo que o artigo compatível seria "os" e não "a", como, por exemplo, em:

(17a) Os 260 km que separam as duas cidades dificultam o acompanhamento das aulas transmitidas pelo rádio.

O período (17a) prova que a ausência do acento grave no período (17) não decorre simplesmente da presença de um numeral qualquer, mas sim do substantivo que acompanha esse numeral — um nome masculino, "km (quilômetros)".

Em contraste, observe-se o período (18):

(18) Dormindo às duas horas da manhã e acordando às cinco, a enfermeira também se queixa de problemas e maus tratos físicos e psicológicos.

Em (18), os constituintes "às duas horas da manhã" e "às cinco", de modo diferente do constituinte "a 260 km", receberam acentos graves porque há, em ambos, a fusão da preposição "a" — motivada pelas regências verbais "dormindo **a** tal hora" e "acordando **a** tal hora" — e do artigo feminino plural "as", que antecede "duas horas" e "cinco horas", expressões femininas e definidas. As análises dos três processos sintáticos podem ser comparadas a seguir:

(17) Alguns estudantes que moram **a** 260 km de Natal [...]

↓ preposição "a"

(18) Dormindo **às** duas horas da manhã e acordando **às** cinco [...]

às → preposição "a" + artigo "as"; **às** → preposição "a" + artigo "as"

Veja-se, agora, o que aconteceria com os acentos graves se o período (18) fosse reescrito assim:

(18a) Dormindo a uma hora da manhã [...]

(18b) Dormindo das duas até as cinco horas da manhã [...]

(18c) Dormindo de duas até cinco horas da manhã [...]

Mesmo indicando horas, nenhum dos três trechos acima recebeu acento grave, pois não houve fusão da preposição "a" com o artigo "a" ou "as". Atestam isso os seguintes desmembramentos analíticos:

(18a) Dormindo **a uma** hora da manhã [...]

preposição "a" | numeral "uma"

preposição "até" | artigo "as"

(18b) Dormindo **das** duas **até as** cinco horas da manhã [...]

preposição "de" + artigo "as"

(18c) Dormindo **de** duas **até** cinco horas da manhã [...]

preposição "de" | preposição "até"

Com toda certeza, apenas a memorização de uma série de regras de crase — por exemplo, "antes de numerais indicando horas deve-se usar acento grave" — não garante o uso apropriado do acento grave. As construções envolvendo o fenômeno da crase são muito variadas. É preciso, então, entender esse funcionamento gramatical de modo geral e analisar a sintaxe de cada trecho em sua individualidade. Só assim será possível decidir acertadamente pelo uso ou não do acento grave.

Veja mais um exemplo:

(19) Em referência à sua vocação fisiológica contra invasores, uma dessas células foi denominada "natural killer".

No período (19), o nome "referência" é regido pela preposição "a". Essa preposição se funde ao artigo "a" da expressão "a sua vocação", resultando na crase "à". Entretanto, a presença desse artigo é facultativa em expressões referenciais com pronomes possessivos. Ou seja, pode-se escrever "a sua vocação" ou "sua vocação", indiferentemente. Com isso, a construção "referência a sua vocação", sem o acento grave, é também possível. Segue a análise das duas possibilidades sintáticas:

(19) Em referência **à** sua vocação fisiológica contra invasores [...]

preposição "a" + artigo "a"

(19a) Em referência **a** sua vocação fisiológica contra invasores [...]

↓

preposição "a"

Um dos poucos usos do acento grave que não se fundamenta exatamente no raciocínio sintático desenvolvido até aqui se encontra nos períodos abaixo:

(20) À medida que crescia a catástrofe econômica desencadeada pelos *lockdowns*, cada vez mais pessoas se dispuseram a dizer "chega".

(21) É preciso constituir um exército sanitário de reserva para estar à frente da pandemia.

(22) A revolta da Vacina, no Brasil de 1904, decorrente da imunização à força, deixou um lastro de 30 mortos e 945 presos.

(23) Alguns fatores estão relacionados com o agravamento dos sintomas à noite.

(24) Às vezes os sintomas demoram um pouco para aparecerem.

(25) Milhões de pessoas não puderam se manter em casa à espera da vacina.

(26) Máscaras e álcool em gel não entraram em nosso cotidiano à toa.

(27) Compras à vista devem ser prioridade, pois permitem negociação de redução de valores.

Locuções adverbiais, conjuntivas ou prepositivas, de gênero feminino, como as sublinhadas nos períodos (20) a (27), recebem o acento grave de acordo com as convenções ortográficas oficiais. Essa é uma regra útil para ser memorizada, e as expressões acima podem ajudar a inferir outras que levam acento grave, tais quais "à maneira de", "à vista de", "às custas de", "à deriva", "às cegas", "à revelia de" etc.

Uma exceção importante de ser mencionada nesse caso do acento grave nas locuções femininas diz respeito à expressão "a distância" em "educação a distância", a qual não recebe acento grave. Por fim, não custa insistir que o acento grave só incide em locuções femininas. Assim, expressões como "a propósito", "a rigor", "a prazo", entre outras formadas por nomes masculinos, não recebem acento.

13

ORAÇÕES SUBORDINADAS RELATIVAS

OBJETIVOS DO CAPÍTULO:

- dar continuidade à abordagem da subordinação de orações, ou seja, dos processos pelos quais orações inteiras são encaixadas como constituintes de outras;
- apresentar a oração subordinada que corresponde ao adjunto adnominal ou ao aposto, ou seja, a oração relativa restritiva ou explicativa, respectivamente;
- descrever diferentes estruturas que podem ser construídas com pronomes relativos.

13.1 O QUE É SUBORDINAÇÃO DE ORAÇÕES RELATIVAS?

O fenômeno da subordinação de orações relativas pode ser apresentado a partir da análise do período (1) e de seus desdobramentos:

(1) Pandemias são epidemias amplamente disseminadas.

O período (1) é um período simples, formado pelos constituintes na ordem SVC:

	S	V	C
(1)	Pandemias	são	epidemias amplamente disseminadas.

O diagrama mostra que o complemento verbal do período (1) é formado por três palavras. Uma delas é o **núcleo do complemento verbal**: o substantivo "epidemias".

O raciocínio para identificar o núcleo do complemento verbal é o mesmo utilizado no processo de identificação do núcleo de um sujeito (v. seção 3.2). Afinal, um constituinte que ocupa a posição de complemento verbal num período poderia perfeitamente ocupar a posição de sujeito em outros períodos, como exemplifica a inversão dos constituintes S e C do período (1):

(1a) Epidemias amplamente disseminadas são pandemias.

No período (1a), o constituinte "epidemias amplamente disseminadas" é o sujeito; consequentemente, "epidemias" é o núcleo do sujeito. Ou seja: posicionando-se como sujeito ou complemento verbal, o constituinte "epidemias amplamente disseminadas" sempre terá por núcleo o nome "epidemias".

Dessa forma, por seu caráter nuclear, o substantivo "epidemias" prescinde da qualificação "amplamente disseminadas" para completar o período (1). Em outras palavras, se a expressão "amplamente disseminadas" for retirada do período, este continuará bem formado do ponto de vista lógico-semântico (v. seção 2.6). A estrutura restante permanecerá completa, haja vista a possibilidade de continuar sendo julgada *verdadeira* ou *falsa*:

(1b)

S	V	C
Pandemias	são	epidemias.

Pode-se dizer, portanto, que a expressão “amplamente disseminadas”, que qualifica “epidemias”, apresenta comportamento sintático semelhante (mas não idêntico) ao de um **adjunto adverbial**: do ponto de vista lógico-semântico, sua presença não é obrigatória ao período, muito embora agregue à estrutura novas informações — que podem ser até mesmo imprescindíveis, a depender dos propósitos do escritor num determinado contexto de uso.

O diagrama a seguir representa o comportamento sintático do constituinte “amplamente disseminadas” no período (1):

(1)

S	V	C	
Pandemias	são	epidemias	amplamente disseminadas.

A despeito da não obrigatoriedade do constituinte “amplamente disseminadas” à boa formação do período em termos lógico-semânticos, esse constituinte faz parte da estrutura interna do complemento verbal. Por isso, diferentemente dos adjuntos adverbiais, sua posição tende a ser fixa, tanto em relação ao núcleo “epidemias” quanto em relação ao período como um todo. Não é possível, por exemplo, escrever:

(1c) *Pandemias são **amplamente disseminadas** epidemias.

(1d) ***Amplamente disseminadas** pandemias são epidemias.

Dito de outro modo, os limites do constituinte laranja são os limites do constituinte verde em que ele se insere, cujo núcleo “epidemias” é por ele qualificado. Trata-se, é claro, de um processo de **adjunção**, mas de adjunção a um nome-núcleo: “epidemias”. Uma *adjunção adnominal*, portanto.

Assim, é possível dizer que o constituinte “amplamente disseminadas” é um **adjunto adnominal**. Nesta gramática, o modelo de representação sintática por meio de diagramas adota a cor laranja para representar os adjuntos adnominais, a fim de diferenciá-los graficamente dos adjuntos adverbiais, representados no modelo pela cor rosa.

A estrutura interna do adjunto adnominal é muito variada. Algumas possibilidades podem ser observadas em outros três períodos semelhantes ao período (1), nos quais os adjuntos adnominais estão em destaque:

(2) Pandemias são epidemias **globais**.

(3) Pandemias são epidemias **de larga escala**.

(4) Pandemias são epidemias **com milhares de mortes por todo o planeta**.

Esses novos períodos, com seus respectivos adjuntos adnominais circunscritos aos limites dos complementos verbais, podem ser assim representados:

	S	V	C	
(2)	Pandemias	são	epidemias	globais.
(3)				de larga escala.
(4)				com milhares de mortes por todo o planeta.

Tendo isso claro, já se pode analisar o período (5):

(5) Pandemias são epidemias que se espalham pelo mundo.

Assim como nos períodos (2), (3) e (4), há também, no interior do complemento verbal do período (5), um adjunto adnominal, representando em laranja no diagrama abaixo:

	S	V	C	
(5)	Pandemias	são	epidemias	que se espalham pelo mundo.

No período (5), o constituinte "que se espalham pelo mundo" qualifica o nome "epidemias", agora núcleo do complemento verbal "epidemias que se espalham pelo mundo". O processo de adjunção é igual ao que acontece com os constituintes na cor laranja presentes nos diagramas dos períodos (1) a (4): "amplamente disseminadas", "globais", "de larga escala" e "com milhares de mortes por todo o planeta". Todos esses constituintes fazem parte da estrutura interna do complemento verbal e qualificam o núcleo "epidemias". São, portanto, **adjuntos adnominais**.

Entretanto, há uma diferença entre o adjunto adnominal no período (5) e os adjuntos adnominais nos demais períodos. É que, em (5), o constituinte "que se espalham pelo mundo" apresenta a forma verbal "se espalham". Portanto, trata-se de um adjunto adnominal em forma de oração; ou melhor, em forma de **oração subordinada**, pois "que se espalham pelo mundo" depende sintaticamente de um constituinte principal do período complexo: funciona como adjunto adnominal do complemento verbal do período.

Por fim, uma oração subordinada como "que se espalha pelo mundo", presente no período (5), costuma ser denominada:

- **oração adjetiva**, por qualificar um nome (*epidemias*) tal qual um adjetivo o faria;
- ou **oração relativa**, por ser introduzida por um pronome relativo (*que*).

Nessa estrutura oracional, o termo "que" não é uma conjunção, mas um **pronome relativo,** pois remete sintático-semanticamente a um nome antecedente (*epidemias*). Essa importante diferença entre uma conjunção e um pronome relativo será desenvolvida ainda neste capítulo (v. seção 13.4).

O diagrama a seguir sintetiza o que foi exposto até aqui:

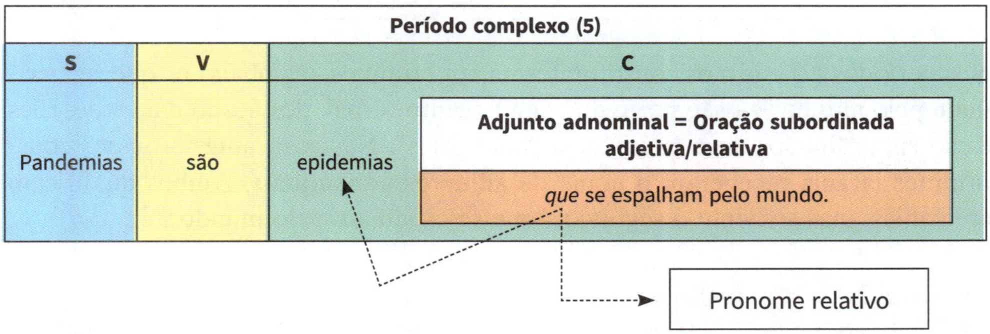

Entre as duas possibilidades terminológicas que podem denominar esse tipo de oração subordinada, prefere-se, nesta gramática, "oração relativa" do que "oração adjetiva". Isso porque toda oração adjetiva/relativa é introduzida por um pronome relativo, mas nem toda oração adjetiva/relativa é propriamente um adjunto adnominal que qualifica um núcleo nominal, tal qual um adjetivo. Em outras palavras, **há orações relativas que não funcionam como adjuntos adnominais**, conforme se verá adiante, na seção 13.3.

Por ora, seguem mais quatro exemplos de períodos complexos contendo orações relativas semelhantes à oração relativa do período (5), "que se espalham pelo mundo":

(6) Pandemias são epidemias **que** afetam a economia global.

(7) Pandemias são epidemias **que** necessitam de uma vacina rápida e barata.

(8) Pandemias são epidemias **que** revelam à humanidade alguns de seus problemas mais graves.

(9) Pandemias são epidemias **que** raramente acontecem.

Nos períodos complexos (6) a (9), as orações relativas aparecem sublinhadas e os pronomes relativos, em negrito. As próximas seções são dedicadas à análise detalhada dessas e de outras orações relativas.

13.2 ORAÇÕES SUBORDINADAS RELATIVAS RESTRITIVAS

Com o propósito de apresentar o primeiro tipo de oração subordinada relativa, convém retomar a diagramação dos períodos (2) e (5):

	S	V	C	
(2)	Pandemias	são	epidemias	globais.
(5)	Pandemias	são	epidemias	que se espalham pelo mundo.

Nos períodos (2) e (5), os constituintes na cor laranja — "globais" e "que se espalham pelo mundo" — são parte do complemento verbal, destacado em verde. Eles estão subordinados ao nome-núcleo "epidemias". Na seção anterior, esses constituintes laranja receberam o nome de **adjuntos adnominais**. Ambos qualificam epidemias, mas somente o segundo, "que se espalham pelo mundo", é:

- uma ORAÇÃO, pois contém a forma verbal "se espalham";
- uma oração SUBORDINADA, pois aparece dentro de um constituinte do período complexo (nesse caso, dentro de um complemento verbal, mas também poderia ocorrer dentro de um sujeito ou de um adjunto adverbial);
- uma oração subordinada RELATIVA, pois é introduzida por um pronome relativo ("que"), que remete sintático-semanticamente a um nome antecedente ("epidemias").

Essas informações podem ser transferidas para o diagrama do período (5), repetido aqui:

Período complexo (5)			
S	**V**	**C**	
			Adjunto adnominal = Oração subordinada adjetiva/relativa
Pandemias	são	epidemias	*que* se espalham pelo mundo.

Pronome relativo

Por economia terminológica, esta gramática se refere à **oração subordinada relativa** como simplesmente **oração relativa**. Mas vale ter em mente que uma oração relativa é também uma oração subordinada: o encaixe do constituinte laranja dentro de um constituinte maior no diagrama do período (5) evidencia isso muito bem.

Atente-se agora à pontuação do período (2a), em particular à pontuação de seu complemento verbal "epidemias globais". Não há vírgula separando o nome-núcleo "epidemias" do seu adjunto adnominal em forma de adjetivo, "globais". Dificilmente se pensaria em escrever esse período desta forma:

(2a) *Pandemias são epidemias, globais.

De modo análogo, não precisa haver vírgula entre o nome-núcleo "epidemias" e a oração relativa "que se espalham pelo mundo", já que ela qualifica, tal como um adjetivo, o substantivo "epidemias". Em outras palavras, também seria inadequado escrever:

(5a) *Pandemias são epidemias, que se espalham pelo mundo.

Em suma: a pontuação apropriada aos dois períodos é a seguinte:

(2) Pandemias são epidemias **globais**.

(5) Pandemias são epidemias **que se espalham pelo mundo**.

Note-se, agora, que tanto "globais" quanto "que se espalham pelo mundo" são adjuntos adnominais que limitam, especificam, **restringem** a significação do nome antecedente, "epidemias". Nesse caso, não se está fazendo referência a qualquer tipo de epidemia, mas se **restringindo** às "epidemias globais", às "epidemias que se espalham pelo mundo". Por essa razão, orações relativas como "que se espalham pelo mundo" são denominadas **orações subordinadas relativas restritivas** ou simplesmente **orações restritivas**.

Em tese, qualquer adjetivo ou constituinte de valor adjetivo pode ser substituído por uma oração restritiva. As operações a seguir servem de exemplo:

(10) Por conta das barreiras geográficas do Estado, existem muitas pessoas <u>desesperadas</u>.

(10a) Por conta das barreiras geográficas do Estado, existem muitas pessoas <u>que estão desesperadas</u>.

(11) As medicações <u>defendidas pelo governo federal</u> não têm eficácia comprovada no tratamento do coronavírus.

(11a) As medicações <u>que têm sido defendidas pelo governo federal</u> não têm eficácia comprovada no tratamento do coronavírus.

(12) A médica se tornou conhecida por causa de sua atitude racista contra cubanos <u>participantes de um curso do Programa Mais Médicos</u>.

(12a) A médica se tornou conhecida por causa de sua atitude racista contra cubanos <u>que participavam de um curso do Programa Mais Médicos</u>.

As orações sublinhadas nos períodos (10a), (11a) e (12a) são orações restritivas. Introduzidas pelo pronome relativo "que", restringem os respectivos nomes-núcleo que as antecedem, tal qual fazem o adjetivo ou os constituintes de valor adjetivo sublinhados nos períodos (10), (11) e (12).

Esses períodos contendo orações restritivas podem ser assim diagramados:

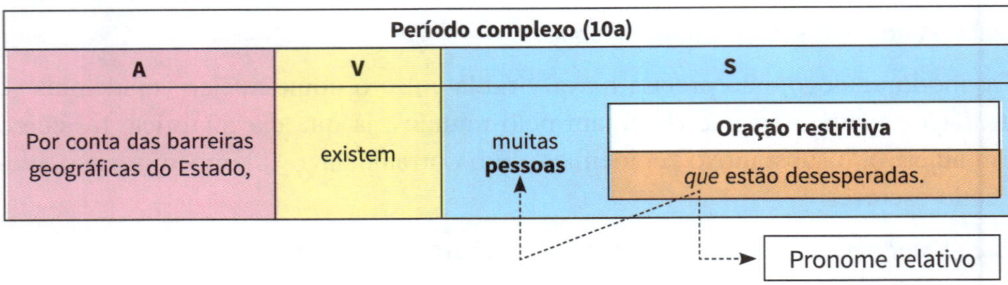

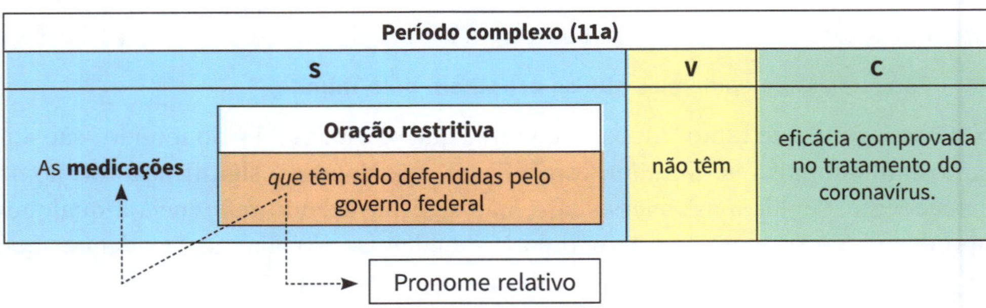

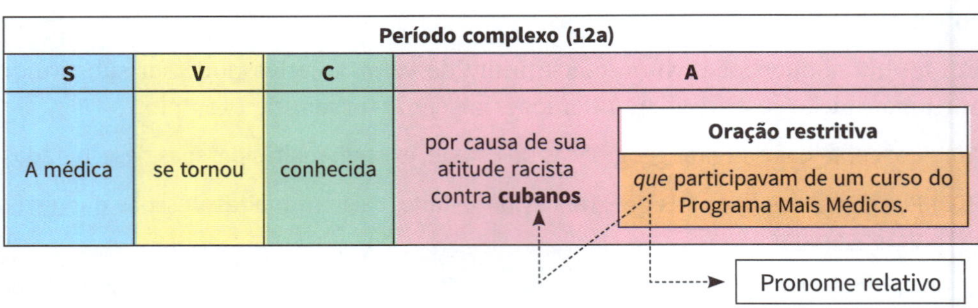

Os diagramas atestam que orações restritivas podem estar inseridas em complementos verbais, sujeitos ou adjuntos adverbiais. Mais uma vez, observe-se não haver vírgula separando a oração restritiva do nome retomado pelo pronome relativo.

13.3 ORAÇÕES SUBORDINADAS RELATIVAS EXPLICATIVAS

Além das orações restritivas, outro tipo de oração subordinada introduzida por pronome relativo são as orações subordinadas relativas explicativas ou, simplesmente, **orações explicativas**.

Diferentemente de uma oração restritiva, uma oração explicativa **não** equivale a um adjunto adnominal de um constituinte principal do período. Sua subordinação sintática será de outra natureza. Isso pode ser esclarecido a partir dos exemplos (13) e (13a):

(13) O Museu do Louvre, monumento parisiense de portas abertas desde a Segunda Guerra Mundial, fechou na última semana.

(13a) O Museu do Louvre, que sempre esteve aberto desde a Segunda Guerra Mundial, fechou na última semana.

O exemplo (13) é um período simples, fácil de ser diagramado. Seu sujeito contém um **aposto** (v. seção 3.5), representado em roxo no diagrama a seguir:

(13)

S		V	A
	Aposto		
O Museu do Louvre	, monumento parisiense de portas abertas desde a Segunda Guerra Mundial,	fechou	na última semana.

Equivalente em estrutura ao período (13), o período (13a), de modo análogo, também contém um aposto: "que sempre esteve aberto desde a Segunda Guerra Mundial". Todavia, esse aposto é:

- uma ORAÇÃO, pois contém a locução verbal "esteve aberto";
- uma oração SUBORDINADA, pois aparece dentro de um constituinte do período complexo (nesse caso, dentro de um sujeito, mas também poderia ocorrer dentro de um complemento verbal ou de um adjunto adverbial);
- uma oração subordinada RELATIVA, pois é introduzida por um pronome relativo ("que"), que remete sintático-semanticamente a um nome antecedente ("Museu do Louvre").

Note-se, porém, que essa oração subordinada relativa — "que sempre esteve aberto desde a Segunda Guerra Mundial" — não limita, não especifica, não restringe a significação do nome antecedente "Museu do Louvre", cujo referente já é uma entidade única, singular, independentemente das qualidades que um aposto pode lhe acrescentar. A propósito, "do Louvre" já restringe o museu, já demarca que não se está estamos falando de qualquer museu.

Não cabe, portanto, a classificação *restritiva* à oração subordinada relativa "que sempre esteve aberto desde a Segunda Guerra Mundial", própria dos adjuntos adnominais. O mais comum é denominar esse tipo de subordinada relativa de **oração explicativa**, por funcionar sintática e semanticamente como um aposto, qualificando um antecedente, informando e **explicando** algo a seu respeito.

O diagrama a seguir sintetiza o raciocínio até aqui desenvolvido:

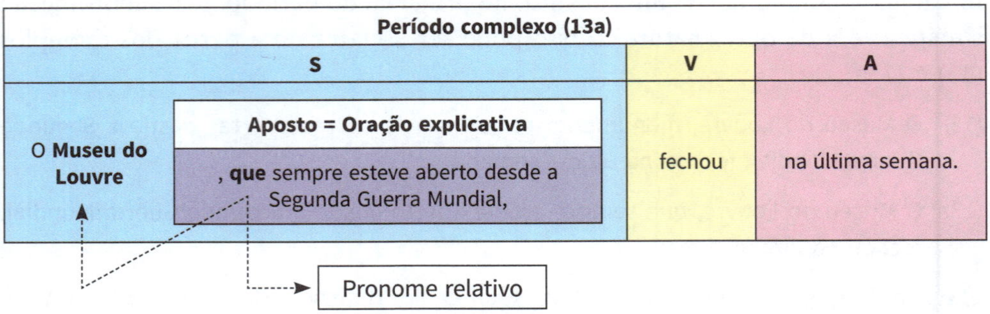

Para reforçar essa diferença entre uma oração restritiva e uma oração explicativa, o aposto "que sempre esteve aberto desde a Segunda Guerra Mundial" do período (13a) pode ser transformado num adjunto adnominal; em outras palavras, uma oração explicativa pode ser transformada numa oração restritiva. Compare-se o diagrama (13a) com o diagrama (13b):

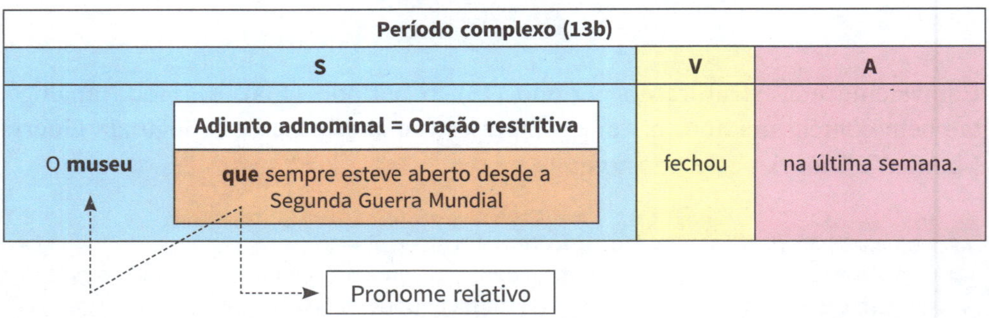

Além da cor roxa na oração explicativa e da cor laranja na oração restritiva, a oração explicativa em (13a) aparece entre vírgulas, o que é sintaticamente coerente, já que se trata de um aposto. Por sua vez, não há vírgulas na oração restritiva em (13b), por funcionar como um adjetivo ou locução adjetiva.

Outra diferença: em (13b) o nome próprio "Museu do Louvre" foi trocado por "museu", nome comum, não especificado. Assim, a função de restrição, especificação do museu, antes proporcionada por "do Louvre", passou a ser estabelecida pela oração restritiva em laranja. Em (13a), a pergunta "que museu?" seria respondida com "o Museu do Louvre"; já em (13b), a mesma pergunta seria respondida com "o museu que não fechava suas portas desde a Segunda Guerra Mundial".

O seguinte esquema comparativo pode, assim, ser estabelecido:

Adjunto adnominal → Oração restritiva → Sem vírgula

Aposto → Oração explicativa → Com vírgula

Eis mais um exemplo:

(14) A covid-19, que inicialmente atingiu a população mais rica do país, agora faz vítimas entre os de menor renda.

O aposto, no período (14), é facilmente identificável. Trata-se da oração explicativa "que inicialmente atingiu a população mais rica do país". Embora qualifique o antecedente "covid-19", essa oração não é responsável por especificar de que doença se está falando, pois o nome "covid-19" já delimita, restringe o referente. Não é o que acontece em (15):

(15) As máscaras que os trabalhadores adquiriram não estão de acordo com as normas técnicas brasileiras.

A oração relativa "que os trabalhadores adquiriram" delineia quais máscaras estão sendo referidas no período. Ou seja, do universo global de máscaras, a oração restringe um conjunto específico: "as máscaras que os trabalhadores adquiriram". Trata-se de um adjunto adnominal do nome "máscaras" em forma de oração relativa; uma oração restritiva, portanto.

Cabe reforçar essa distinção entre as orações explicativas e restritivas, analisando os diagramas dos períodos (14) e (15):

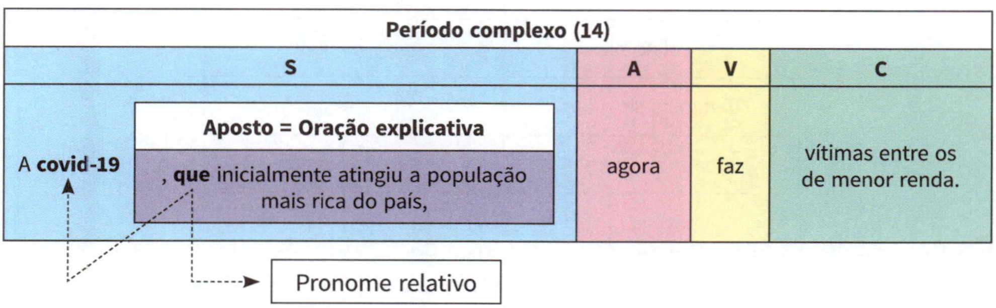

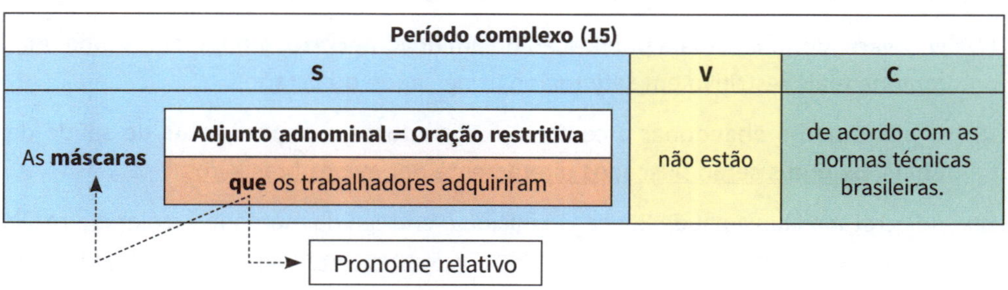

É importante deixar claro que uma oração explicativa, da mesma forma que uma oração restritiva, também pode aparecer no final do período. Nesse caso, evidentemente, a oração explicativa será antecedida por uma vírgula (e não intercalada por vírgulas). Observe-se, por exemplo, a oração explicativa sublinhada a seguir, aposto do complemento verbal "o setor de turismo da Nova Zelândia":

(16) A fronteira fechada está afetando pesadamente o setor de turismo da Nova Zelândia, que era a maior fonte de receita cambial do país antes da pandemia.

13.4 PRONOMES RELATIVOS "O QUAL", "OS QUAIS", "A QUAL", "AS QUAIS"

Até aqui, foram analisadas orações subordinadas relativas (restritivas ou explicativas) introduzidas pelo pronome relativo "que". Entretanto, há outros pronomes relativos que podem encabeçar esse tipo de estrutura subordinada. A família de pronomes relativos **"o qual | os quais | a qual | as quais"**, por exemplo, é bastante utilizada na escrita formal. Assim, é importante usar esses elementos com segurança.

Para tanto, em primeiro lugar, convém saber que, em geral, o pronome relativo "que" pode ser substituído por um dos pronomes da família "o qual | os quais | a qual | as quais", de acordo com o gênero e o número de seu antecedente:

Antecedente	Pronome relativo
masculino singular	que = o qual
masculino plural	que = os quais
feminino singular	que = a qual
feminino plural	que = as quais

Eis um exemplo para cada pronome relativo da família. As orações relativas seguem sublinhadas. Atente-se à concordância de gênero e à de número dos pronomes relativos com seus respectivos antecedentes em negrito:

(17) O governador anunciou a publicação de um novo **decreto**, **o qual** impôs uma quarentena mais restritiva em sete regionais de saúde do Estado.

(18) O plano não é abandonar a compra dos **produtos e suprimentos** de saúde da China, **os quais** serão buscados diretamente por aviões brasileiros.

(19) A Secretaria Municipal de Educação iniciou a entrega da merenda escolar em razão da **pandemia** da covid-19, **a qual** exigiu a suspensão emergencial das aulas das redes de ensino.

(20) Manter o atual calendário eleitoral é uma tentativa de excluir milhões de **pessoas** do processo democrático, **as quais** deixariam de comparecer às urnas com medo de contrair covid-19.

Todas as orações subordinadas relativas presentes nos períodos (17) a (20) são orações explicativas. Não se trata de uma coincidência: os pronomes da família **"o qual | os quais | a qual | as quais"** costumam se adequar mais facilmente às orações subordinadas relativas **explicativas**, em detrimento das **restritivas**, nas quais o pronome **"que"** se torna preferencial, quase exclusivo.

Para deixar mais clara essa distinção, seguem duas orações relativas quaisquer, introduzidas pelo pronome relativo "que", sendo a primeira explicativa e a segunda restritiva:

(21) Qualquer plano de reabertura da economia sem o retorno da escola presencial tende a ampliar as **desigualdades** de gênero e de raça, **que** já são elevadas no Brasil.

(22) Produtores de teatro de São Paulo se mostraram cautelosos com o anúncio das **regras que** preveem a reabertura de cinemas e teatros.

Os antecedentes das orações relativas dos períodos (21) e (22) são, respectivamente, "desigualdades" e "regras", nomes femininos plurais. Em tese, ambos poderiam ser substituídos pelo pronome relativo feminino plural "as quais". Eis, porém, o resultado da permuta:

(21a) Qualquer plano de reabertura da economia sem o retorno da escola presencial tende a ampliar as **desigualdades** de gênero e de raça, **as quais** já são elevadas no Brasil.

(22a) *Produtores de teatro de São Paulo se mostraram cautelosos com o anúncio das **regras as quais** preveem a reabertura de cinemas e teatros.

Enquanto o período (21a) apresenta amarração sintática tão boa quanto a do período (21), o período (22a) não está plenamente adequado às convenções da escrita formal. Na verdade, convém escrever "regras **que** preveem a reabertura de cinemas e teatros", como em (22), justamente por se tratar de uma oração restritiva.

Em suma, **embora o pronome "o qual" e suas respectivas flexões funcionem da mesma forma que o pronome relativo "que", eles nem sempre são perfeitamente intercambiáveis, sobretudo nas orações restritivas**. Entretanto, como a palavra "que" pode ser tanto uma conjunção quanto um pronome relativo, é importante usar essa estratégia de substituição do "que" por "o qual | os quais | a qual | as quais" quando for preciso tomar decisões gramaticais desse tipo nas práticas de escrita. A propósito, veja-se este exemplo:

(23) A matéria informou **que** aproximadamente 72% das famílias brasileiras **que** acessaram o auxílio emergencial tenham sido içadas da situação de extrema pobreza.

No período (23), a palavra "que" ocorre duas vezes. Ao tentar substituir ambas as formas por um dos pronomes da família "o qual | os quais | a qual | as quais", percebe-se que a substituição do primeiro "que" é impossível. Trata-se, portanto, de uma **conjunção**. Já a substituição do segundo "que" por "as quais" é semanticamente aceitável — embora não recomendada do ponto de vista sintático, porque "que acessaram o auxílio emergencial" é uma oração restritiva. Essa operação evidencia, assim, que a segunda ocorrência de "que" é um **pronome relativo**.

Em outras palavras, o **"que" conjunção** funciona como mero conector de uma oração subordinada subjetiva ou completiva a uma estrutura matriz. Esse "que" não tem, portanto, antecedente no período. Já o **"que" pronome relativo**, que abre uma oração subordinada relativa, tem um antecedente no período, e isso é demonstrável pela sua substituição por outro pronome relativo, como "o qual", "os quais", "a qual" ou "as quais".

13.5 ORAÇÕES RELATIVAS REDUZIDAS

Como foi visto nas seções 7.5, 8.4 e 9.3, respectivamente, orações subjetivas, completivas e adverbiais podem ser reduzidas de infinitivo, gerúndio ou particípio. Em linhas gerais, essa redução consiste na eliminação da conjunção "que" e na alteração da forma verbal que a sucede, devendo esta, na oração reduzida, se apresentar no infinitivo, gerúndio ou particípio.

O par de períodos a seguir exemplifica tal processo de redução de orações subordinadas. O primeiro (24) traz uma oração completiva com conectivo; o período (24a) traz a mesma oração, agora reduzida de infinitivo:

(24) O cientista afirma <u>**que** não há ainda estudos contundentes sobre a falibilidade dos imunizantes diante das novas cepas identificadas ao redor do mundo</u>.

(24a) O cientista afirma <u>não **haver** ainda estudos contundentes sobre a falibilidade dos imunizantes diante das novas cepas identificadas ao redor do mundo</u>.

Procedimento estrutural semelhante também pode ocorrer com uma série de orações relativas. A diferença está no conectivo eliminado: nas orações subjetivas, completivas e adverbiais reduzidas, a conjunção "que" sai de cena; nas orações relativas reduzidas, o pronome relativo "que" é o elemento suprimido.

Eis um exemplo em que a **oração relativa explicativa** presente no primeiro período é **reduzida de gerúndio** no segundo:

(25) A corrosão do governo federal é ainda mais grave devido ao **caos** na saúde em Manaus, <u>**que** periga ser repetido em outros estados</u>.

(25a) A corrosão do governo federal é ainda mais grave devido ao **caos** na saúde em Manaus, <u>**perigando** ser repetido em outros estados</u>.

No período (25), "caos" é o antecedente do pronome relativo "que"; já no período (25a), esse nome passa a estabelecer uma relação subjetiva (de sujeito) com a forma verbal "perigando". Ser capaz de operar essas transformações estruturais é bastante útil à prática da escrita formal.

Segue mais um exemplo. Agora, a transformação de uma **oração relativa restritiva** em **reduzida de particípio**:

(26) Wallace Cardoso, ou apenas Wall, **alcunha <u>que</u>** <u>usa em seus shows de rap</u>, tinha planos ambiciosos para 2020, mas apareceu uma pandemia no meio do caminho.

(26a) Wallace Cardoso, ou apenas Wall, **alcunha <u>usada</u>** <u>em seus shows de rap</u>, tinha planos ambiciosos para 2020, mas apareceu uma pandemia no meio do caminho.

A oração relativa restritiva sublinhada no período (26) é o adjunto adnominal de "alcunha", núcleo do aposto "alcunha que usa em seus shows de rap". Nela, o pronome relativo "que" retoma o núcleo "alcunha". Na estrutura reduzida, presente no período (26a), esse pronome desaparece e o nome "alcunha" passa a manter uma relação subjetiva diretamente com o particípio "usada".

Por fim, orações relativas também podem ser reduzidas de infinitivo. Entretanto, o processo de redução tende a promover mudança de sentido em relação ao período original:

(27) Eles verificaram a **plataforma <u>que</u>** <u>faz o acompanhamento digital e em tempo real do registro das pessoas vacinadas</u>.

(27a) Eles verificaram a **plataforma <u>fazer</u>** <u>o acompanhamento digital e em tempo real do registro das pessoas vacinadas</u>.

É perceptível a diferença de sentido entre os períodos acima. Em (27), a plataforma verificada não estava necessariamente em ação, ao contrário do que se entende a partir de (27a).

Conhecer as orações relativas reduzidas é importante à produção escrita formal. Trata-se de mais uma possibilidade sintática que a língua oferece e que pode ser explorada como recurso expressivo.

13.6 ORAÇÕES RELATIVAS PREPOSICIONADAS

Há um outro tipo de oração relativa bastante frequente na escrita formal. Seu uso adequado e seguro requer a compreensão de certos procedimentos de estruturação sintática, os quais envolvem regência e, naturalmente, subordinação.

Observe-se o período a seguir:

(28) Em todas as lives de que participaram durante a pandemia, houve dois temas bastante recorrentes.

Diagramando os constituintes principais do período (28), constata-se que há uma oração relativa restritiva:

<table>
<tr><th colspan="4">Período complexo (28)</th></tr>
<tr><td colspan="2">A</td><td>V</td><td>C</td></tr>
<tr><td rowspan="2">Em todas as lives</td><td>Oração restritiva</td><td rowspan="2">houve</td><td rowspan="2">dois temas bastante recorrentes.</td></tr>
<tr><td>de que participaram durante a pandemia,</td></tr>
</table>

Essa oração, entretanto, é encabeçada não apenas por um pronome relativo. Além do pronome "que", introduz a estrutura subordinada a preposição "de", em negrito no diagrama — "de que".

É importante compreender as razões sintáticas que demandam uma preposição antecedendo o pronome relativo. Afinal, a tendência dos brasileiros, principalmente na fala, é construir a relativa cortando a preposição, como no período (28a):

(28a) Em todas as lives Ø que participaram durante a pandemia, houve dois temas bastante recorrentes.

Cabem aqui duas perguntas:

- Os períodos (28) e (28a) são igualmente aceitáveis na norma-padrão brasileira?
- Por qual razão é preciso colocar a preposição "de" numa oração relativa como (28)?

A resposta à primeira pergunta é polêmica. Períodos como (28a), em que a preposição é *cortada* da oração relativa (denominada, por isso, **oração relativa cortadora**), ocorrem em textos acadêmicos e jornalísticos com relativa frequência. É isso que mostram algumas pesquisas linguísticas sobre o tema. A grande maioria de nossos instrumentos normativos, todavia, não legitimam o uso de relativas cortadoras. Ou seja, ainda há incertezas quanto a efetiva incorporação dessas estruturas à norma de referência brasileira. Assim, a depender do contexto e dos leitores, o escritor pode ter seu texto criticado ou corrigido, caso opte por utilizá-las.

Já a resposta à segunda pergunta é objetiva. Exige apenas perspicácia sintática. Tome-se novamente o período (28), agora com a oração relativa sublinhada e o antecedente do pronome relativo em negrito:

(28) Em todas as **lives** <u>de que participaram durante a pandemia</u>, houve dois temas bastante recorrentes.

A preposição "de" introduzindo a oração relativa do período (28) — "de que participaram durante a pandemia" — decorre da regência transitiva indireta do verbo "participar": "participar **de** algo". No caso do período em questão, "participaram **de** *lives*". Eis a operação sintática em cena:

Verbo transitivo indireto (com preposição)		Oração relativa preposicionada
participaram de lives	--------→	lives **de que participaram**

Orações relativas preposicionadas podem ser construídas com outros pronomes relativos, além do "que", e outras preposições, além do "de". Também não se resumem a orações relativas **restritivas**; ou seja, orações relativas **explicativas** podem ser igualmente preposicionadas. Segue um exemplo:

(29) Leia a **entrevista** da revista *El Confidencial* com o cientista italiano Sergio Romagnani, <u>na qual ele narra a bem-sucedida luta das autoridades contra o vírus na região do Vêneto</u>.

O período (29) contém uma oração subordinada relativa explicativa, introduzida pela preposição "em" e pelo pronome relativo "a qual". A contração dos dois elementos resulta no conectivo "na qual", conforme registra o diagrama abaixo:

Período complexo (29)		
V	**C**	
Leia	a entrevista da revista *El Confidencial* com o cientista italiano Sergio Romagnani,	**Oração explicativa** **na qual** ele narra a bem-sucedida luta das autoridades contra o vírus na região do Vêneto.

Preposição "em" + Pronome relativo "a qual"

Por que a preposição que introduz essa oração explicativa é "em", e não "de" ou outra qualquer?

Mais uma vez, atente-se ao comportamento sintático do verbo da oração relativa, nesse caso, à sintaxe do verbo "narrar". Trata-se de um verbo transitivo direto, cujo complemento é "a bem-sucedida luta das autoridades contra o vírus na região do Vêneto", ou seja, um complemento sem preposição. Entretanto, o período também mostra que "ele narra a bem-sucedida luta" ***em** algum lugar*, especificamente ***na** entrevista*, referente retomado pelo pronome relativo "na qual". É isso que justifica a preposição. Observe a transformação:

Verbo + adjunto adverbial (com preposição)		Oração relativa preposicionada
ele narra na entrevista	--------→	entrevista **na qual ele narra**

13.7 PRONOMES RELATIVOS "CUJO", "CUJOS", "CUJA", "CUJAS"

Existe uma família de pronomes relativos cujo uso precisa ser deliberadamente ensinado, pois eles são exclusivos dos textos escritos formais. Trata-se da família **"cujo | cujos | cuja | cujas",** que introduz, como os outros pronomes relativos, orações relativas restritivas e explicativas.

Pode até parecer sofisticação sintática, mas o uso adequado do pronome "cujo" e de suas flexões consegue acrescentar, de modo econômico e coesivo, informações importantes ao texto, além de promover clareza e elegância à escrita.

Segue um exemplo:

(30) O Ministério da Saúde incluiu os Estados Unidos na lista de **países** cujo histórico recente de viagens deve ser observado pela rede de saúde.

A oração relativa sublinhada no período (30) é uma **oração restritiva**, ou seja, uma oração que funciona como **adjunto adnominal**. A análise seguinte esclarece essa afirmação:

Primeiramente, observe-se, num período semelhante, o adjunto adnominal de "países":

(30a) O Ministério da Saúde incluiu os Estados Unidos na lista de países em observação.

No período (30a), o constituinte "em observação" qualifica o nome "países", sendo, portanto, seu adjunto adnominal. O diagrama a seguir representa a sintaxe do período (30a), cujos constituintes principais são SVCC. O primeiro complemento verbal é um objeto direto e o segundo, um objeto indireto. O adjunto adnominal "em observação", na cor laranja, está no interior do objeto indireto:

	S	V	C = OD	C = OI	
(30a)	O Ministério da Saúde	incluiu	os Estados Unidos	na lista de países	**Adjunto adnominal** em observação.

De modo análogo, esse diagrama do período (30a) pode ser aproveitado para encaixar os constituintes do período (30):

	S	V	C = OD	C = OI	
(30)	O Ministério da Saúde	incluiu	os Estados Unidos	na lista de **países**	**Oração restritiva** **cujo histórico** recente de viagens deve ser observado pela rede de saúde.

Pronome relativo

Além da fundamental característica dos pronomes relativos de se relacionarem a um nome antecedente, o pronome relativo "cujo" também opera um movimento para frente, produzindo o sentido de posse, pertença, parentesco, qualidade entre o nome que o antecede e o nome que o sucede. Em (30), esses nomes são "países" e "histórico", articulados por "cujo".

O sentido de posse estabelecido pela preposição "de" e a operação sintática decorrente do uso do "cujo" podem ser observados no esquema abaixo:

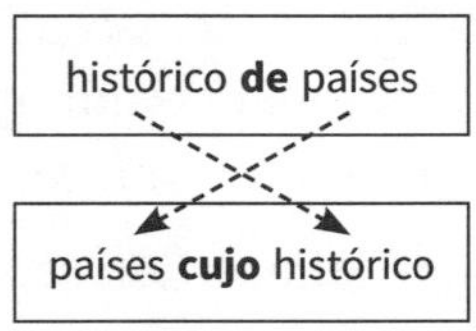

Duas observações são importantes neste ponto. A primeira diz respeito à **concordância em gênero e número do pronome relativo "cujo" com o nome que o sucede**. Ou seja, no exemplo acima, a forma "cujo", no masculino singular, foi selecionada por conta do nome "histórico", também no masculino singular. Se, por exemplo, ao invés de "histórico" fosse "história", nome feminino singular, o pronome selecionado seria "cuja": "países cuja história". Já se fosse "histórias", nome feminino plural, seria selecionado o pronome relativo "cujas": "países cujas histórias".

A segunda observação ajuda quem escreve a não cometer um lapso de norma-padrão bastante repetido quando se tenta, sem suficiente segurança gramatical, estruturar períodos com o pronome "cujo" e suas flexões. Trata-se da seguinte regra: **não cabe artigo depois de "cujo"**. Em outras palavras, é um equívoco escrever, por exemplo, "países cujo *o* histórico", "países cujos *os* históricos", "países cuja *a* história" ou ainda "países cujas *as* histórias".

Eis mais um exemplo do uso adequado desse pronome relativo peculiar. Dessa vez, o período analisado traz o relativo "cujas" (feminino plural) introduzindo uma oração explicativa, que segue sublinhada:

(31) A propagação do vírus reflete em alguma medida a dimensão social da **globalização**, **cujas** principais características são a mobilidade e a densidade populacional.

A oração explicativa sublinhada no período (31) funciona como um **aposto** do elemento anterior "globalização". Ratifica essa análise a comparação entre (31) e (31a):

(31a) A propagação do vírus reflete em alguma medida a dimensão social da **globalização**, processo de aprofundamento internacional de mobilidade e densidade populacional.

O período (31a) pode ser diagramado assim:

(31a)

S	V	A	C	
				Aposto
A propagação do vírus	reflete	em alguma medida	a dimensão social da globalização,	processo de aprofundamento internacional de mobilidade e densidade populacional.

Não há dúvida de que o constituinte "processo de aprofundamento internacional de mobilidade e densidade populacional" é um aposto do termo "globalização", ambos constitutivos do complemento da forma verbal "reflete".

De maneira análoga, pode-se aproveitar a estrutura do diagrama acima para representar sintaticamente o período (31):

(31)

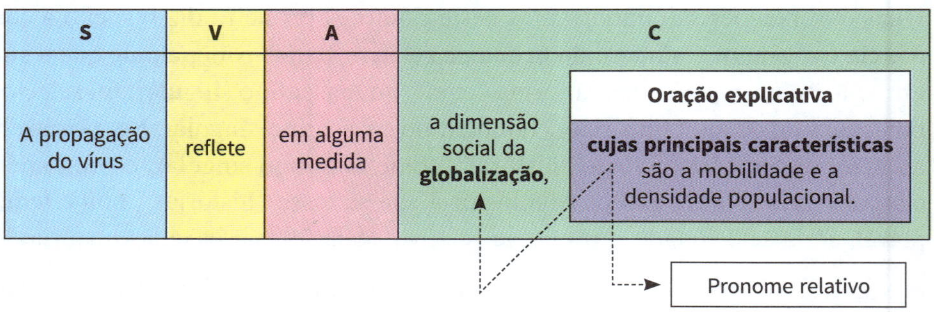

Em (31), o aposto de "globalização" veio em forma de oração; portanto, em forma de oração subordinada relativa explicativa, introduzida pelo pronome relativo "cujas". A relação e o movimento sintático estabelecidos são:

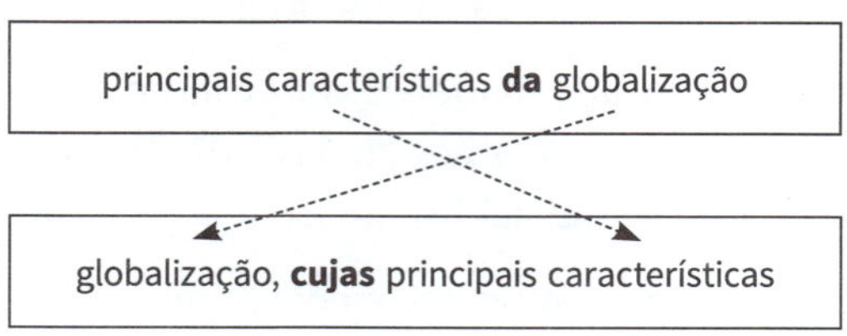

Antes de encerrar a discussão sobre a família do *cujo*, vale a pena ressaltar um fato muito peculiar do português brasileiro formal contemporâneo. Os estudos linguísticos vêm mostrando que esse grupo de pronomes relativos já não é mais tão frequente na fala e está ficando restrito à escrita. Em outras palavras, o uso do pronome *cujo* e de suas flexões está distante da intuição gramatical dos falantes brasileiros. É preciso, por isso, uma atenção especial para dominar seu uso, considerando que esses pronomes requerem uma articulação sintática bem engenhosa.

13.8 PRONOMES RELATIVOS "ONDE" E "AONDE"

As formas "onde" e "aonde" também podem introduzir orações relativas, em particular quando tais formas se relacionam a um nome antecedente que indica **lugar**, **espaço**:

(32) O Estado brasileiro mais pressionado no início da pandemia foi o **Amazonas**, **onde** o número de mortes por covid-19 disparou.

A oração sublinhada no período (32) retoma, tal qual um **aposto**, o nome "Amazonas", lugar "onde o número de mortes por covid-19 disparou". Trata-se, portanto, de uma **oração relativa explicativa**.

Normalmente, as orações relativas introduzidas por "onde" podem ser reescritas assim:

(32a) O Estado brasileiro mais pressionado no início da pandemia foi o **Amazonas**, **em que** o número de mortes por covid-19 disparou.

A diferença entre os dois períodos reside no elemento relativo que estabelece a retomada do nome "Amazonas": em (32), essa retomada se dá pelo pronome relativo "onde"; em (32a), pela combinação da preposição "em", que indica lugar, e do pronome relativo "que". Ambas as orações são relativas explicativas, sendo a segunda uma **oração relativa preposicionada** (v. seção 13.6).

Pode-se, assim, estabelecer a seguinte equivalência:

Oração relativa		Oração relativa preposicionada
onde	=	**em que**

Para confirmar essa equivalência, eis mais um exemplo:

(33) A enfermeira de Campo Largo está com covid-19 e talvez tenha trazido o vírus do **hospital** **onde** trabalha.

No período (33), a oração sublinhada "onde trabalha" restringe, delimita o sentido do nome "hospital". Não se trata de qualquer hospital, mas sim do "hospital onde [a enfermeira de Campo Largo] trabalha". Logo, há aqui um **adjunto adnominal** em forma de **oração relativa restritiva**. Introduz essa oração o pronome relativo "onde", mais uma vez, permutável por "em que":

(33a) A enfermeira de Campo Largo está com covid-19 e talvez tenha trazido o vírus do **hospital** **em que** trabalha.

Cabe dizer que ambos os elementos relativos – "onde" e "em que" – são equivalentes e adequados à modalidade escrita formal do português brasileiro.

Atente-se, agora, às seguintes reescritas dos períodos (32) e (33):

(32b) O Estado brasileiro mais pressionado no início da pandemia foi o **Amazonas**, aonde o número de mortes por covid-19 disparou.

(33b) A enfermeira de Campo Largo está com covid-19 e talvez tenha trazido o vírus do **hospital** aonde trabalha.

O discurso normativo raso, destituído de fundamentação linguística adequada, tenta estabelecer, sem sucesso, uma distinção entre "onde" e "aonde". Essa distinção se basearia na ideia de movimento do verbo. Assim, só se deveria escrever "hospital *onde* trabalha" e "hospital *aonde* vai", pois o verbo "trabalhar" não indica movimento, ao contrário do verbo "ir". Em outras palavras, "onde" equivaleria somente a "em que lugar" e "aonde", a "a que lugar".

No entanto, a história e os usos reais da língua apontam para uma efetiva indistinção entre esses dois pronomes. Eles são, em geral, equivalentes, intercambiáveis, não apenas quando funcionam como pronomes relativos, mas também quando usados de outros modos, como, por exemplo, em contextos interrogativos:

(34) **Onde** deveria estar o presidente de um país numa situação como essa?

(34a) **Aonde** deveria estar o presidente de um país numa situação como essa?

Segue mais um exemplo da equivalência entre as formas "onde" e "aonde", dessa vez introduzindo oração relativa com verbo indicando movimento, contexto sintático em que, numa visão gramatical equivocada, só caberia o uso de "aonde":

(35) Pouco depois dos primeiros casos de Aids em 1981, não havia um único **país** aonde a desconhecida doença não tivesse chegado.

(35a) Pouco depois dos primeiros casos de Aids em 1981, não havia um único **país** onde a desconhecida doença não tivesse chegado.

Ambos os períodos acima estão adequados à norma-padrão brasileira, de modo que se pode estabelecer a seguinte igualdade, a despeito de vozes dissonantes:

onde	=	**aonde**

Para finalizar, seguem mais dois períodos que exemplificam orações relativas (uma restritiva, outra explicativa) encabeçadas por "onde" ou "aonde":

(36) As autoridades foram visitar a fábrica **onde/aonde** a produção do IFA ocorrerá.

(37) A reportagem enfatizou a cidade de Recife, **onde/aonde** 70% dos entrevistados utilizavam a proteção.

Os diagramas abaixo representam a estrutura de cada um desses períodos:

(36)

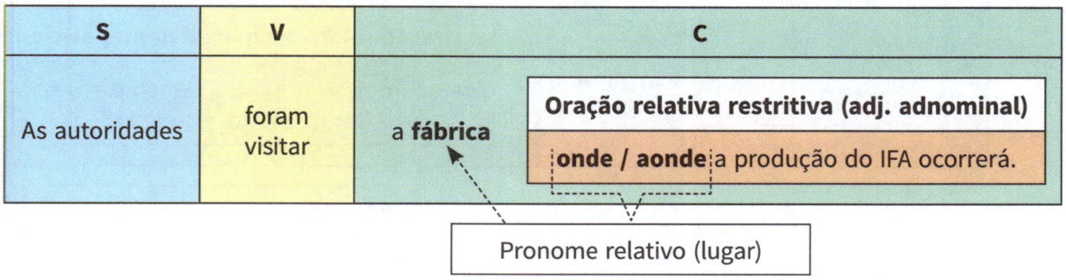

(37)

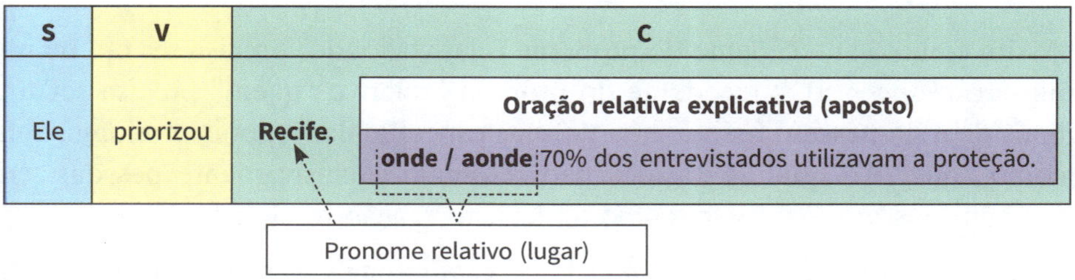

A língua sempre surpreende com variações expressivas que vão se acumulando historicamente. Alguns gramáticos tentam impor restrições a essas variações, mas a realidade dinâmica do uso da língua não se submete necessariamente a limitações muito estritas. Vale mais a pena sempre explorar as alternativas expressivas que a língua oferece.

13.9 OUTROS PRONOMES RELATIVOS: "QUEM" E "QUANDO"

Além do pronome "que", da família "o qual | os quais | a qual | as quais", da família "cujo | cujos | cuja | cujas" e do par "onde | aonde", outras formas gramaticais também podem funcionar como pronomes relativos.

Observe-se, por exemplo, o período (38), em que figura uma oração relativa:

(38) A primeira fase da vacinação inclui os **profissionais** da saúde, <u>**de quem** depende o atendimento aos pacientes hospitalizados com covid-19</u>.

A oração "de quem depende o atendimento aos pacientes hospitalizados com covid-19" é um aposto do constituinte "os profissionais da saúde". A retomada desse constituinte se dá por meio da forma gramatical "quem", que funciona como um pronome relativo. Antecede esse pronome relativo a preposição "de", devido à regência do verbo "depender": "depende *de* quem". Em suma, a oração em questão é uma **oração relativa explicativa preposicionada**, conforme ilustra o diagrama:

(38)

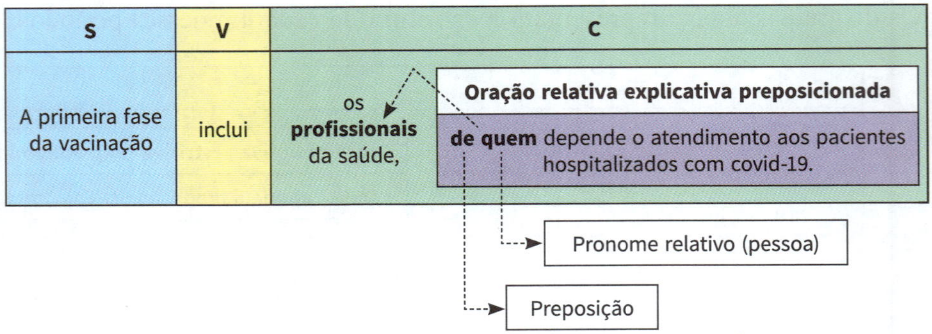

Assim como o antecedente do pronome relativo "onde" precisa ser um ou mais de um *lugar/espaço*, o antecedente do pronome relativo "quem" precisa ser uma ou mais de uma **pessoa**. Essa é uma de suas especificidades, pois pronomes relativos como "que", "o qual" e flexões não retomam exclusivamente pessoas, embora também possam fazer isso, como na transformação a seguir:

(38a) A primeira fase da vacinação inclui os **profissionais** da saúde, **dos quais** depende o atendimento aos pacientes hospitalizados com covid-19.

Outra especificidade do pronome relativo "quem" é o fato de ele costumar introduzir orações relativas *preposicionadas*, como no período (38). Segue outro exemplo:

(39) Ao descobrir a doença, a médica se afastou de todos os **colegas** **com quem** trabalhava.

No período (39), a oração especifica o sentido de "todos os colegas", delimitando o escopo semântico da expressão apenas aos colegas "com quem [a médica] trabalhava". Trata-se, portanto, de um adjunto adnominal em forma de oração. Mais uma vez, o nome retomado pelo pronome relativo "quem" — no caso, "colegas" — indica *pessoas*. E a preposição "com", antecedendo o pronome relativo, decorre da construção "trabalhava *com* quem". Em suma, a oração "com quem trabalhava" é uma **oração relativa restritiva preposicionada**.

Outro elemento gramatical que pode funcionar como um pronome relativo, introduzindo orações relativas é "quando", pronome de comportamento sintático semelhante ao par "onde | aonde"; todavia, "quando" não retoma um *lugar*, mas sim um **tempo**. Um exemplo:

(40) A professora voltou às turmas presenciais em **novembro de 2020**, **quando** as escolas de ensino médio retornaram.

A oração relativa sublinhada no período (40) é o aposto "quando as escolas de ensino médio retornaram", referente ao tempo em questão, "novembro de 2020". O diagrama abaixo traz outras informações a respeito da sintaxe do período e, em particular, da oração relativa:

	S	V	C	A
(40)	A professora	voltou	às turmas presenciais	em **novembro de 2020**, **Oração relativa explicativa:** **quando** as escolas de ensino médio retornaram.

Pronome relativo (tempo)

13.10 FUNÇÃO SINTÁTICA DOS PRONOMES RELATIVOS

A última seção deste capítulo se dedica à análise das funções sintáticas dos constituintes principais das orações relativas, o que inclui a função sintática dos pronomes relativos. Tal procedimento analítico é importante para o refinamento da consciência sintática de quem escreve, favorecendo a tomada de decisões gramáticas seguras.

Nos diagramas elaborados até aqui para as orações relativas, elas foram apresentadas como unidades indivisíveis, coloridas de laranja (se orações restritivas) ou de roxo (se orações explicativas). Vale a repetição de dois exemplos:

	S		A	V	C
(14)	A covid-19	**Aposto = Oração explicativa:** , que inicialmente atingiu a população mais rica do país,	agora	faz	vítimas entre os de menor renda.

	S		V	C
(15)	As máscaras	**Adjunto adnominal = Oração restritiva:** que os trabalhadores adquiriram	não estão	de acordo com as normas técnicas brasileiras.

Essas orações relativas (explicativa e restritiva) também podem ser divididas em seus constituintes principais, seguindo o modelo SVCA de análise. Observe-se, primeiramente, a oração explicativa:

Oração explicativa do período (14)			
S	**A**	**V**	**C**
que	inicialmente	atingiu	a população mais rica do país

Antecedente: A covid-19

O pronome relativo "que" na oração explicativa "que inicialmente atingiu a população mais rica do país" é sujeito do verbo "atingiu". Isso se confirma trocando o pronome "que" por seu nome antecedente e verificando qual tipo de constituinte é o nome antecedente na nova oração. No exemplo em análise, essa troca resultaria na oração "A covid-19 inicialmente atingiu a população mais rica do país". Evidentemente, "A covid-19" é o sujeito do verbo "atingiu"; logo, o pronome relativo "que" atua como sujeito dessa oração relativa explicativa.

Veja-se agora o diagrama referente à oração restritiva:

Oração restritiva do período (15)		
C	**S**	**V**
que	os trabalhadores	adquiriram

→ Antecedente: as máscaras

Aplicando a mesma estratégia de substituição do pronome "que" por seu antecedente, chega-se agora à nova oração "as máscaras os trabalhadores adquiriram" ou, na ordem direta, "os trabalhadores adquiriram as máscaras". Fica evidente que "as máscaras" é complemento do verbo "adquiriram"; portanto, o pronome relativo "que" é complemento verbal da oração relativa restritiva.

Eis mais um exemplo, a partir da retomada do diagrama a seguir, que apresenta os constituintes principais de uma oração relativa restritiva preposicionada:

	A		**V**	**C**
(28)	Em todas as lives	**Oração relativa restritiva preposicionada** de que participaram durante a pandemia,	houve	dois temas bastante recorrentes.

O pronome relativo "que", introduzido pela preposição "de", ocupa a posição de qual constituinte na oração relativa? A diagramação abaixo responde essa pergunta:

Oração restritiva do período (28)			
C = OI	**S**	**V**	**A**
de que	Ø	participaram	durante a pandemia

→ Antecedente: todas as lives

No período (28), o pronome "que" exerce o papel de complemento verbal, mais especificamente de objeto indireto (antecedido pela preposição "de") da oração relativa. Isso pode ser confirmado substituindo o "que" pelo antecedente "todas as lives". O resultado seria a oração "de todas as lives Ø participaram durante a pandemia" ou, na ordem direta, "Ø participaram de todas as lives durante a pandemia".

Por fim, um último exemplo, embora com ele não se consiga esgotar esse assunto. Trata-se do período (37), já analisado:

(37)

S	V	C	
			Aposto = Oração relativa explicativa
Ele	priorizou	Recife,	onde 70% dos entrevistados utilizavam a proteção.

No período (37), a oração relativa explicativa "onde 70% dos entrevistados utilizavam a proteção" é introduzida pelo pronome relativo "onde", que retoma o lugar "Recife". Eis o diagrama indicando os constituintes internos da oração relativa:

Oração explicativa do período (37)			
A	**S**	**V**	**C**
onde	70% dos entrevistados	utilizavam	a proteção

onde → Antecedente: [em] Recife

A substituição do pronome relativo "onde" por seu antecedente, resulta na oração "em Recife 70% dos entrevistados utilizavam a proteção". Note-se que, nesse exemplo, tivemos de acrescentar a preposição "em" antes do antecedente para que a estrutura pudesse ficar gramatical. Mas isso não interfere no fato sintático de que o pronome "onde" é adjunto adverbial da oração relativa.

14

CONCORDÂNCIA VERBAL

OBJETIVOS DO CAPÍTULO:

- conceituar concordância e diferenciar seus dois tipos: a concordância verbal e a concordância nominal;
- abordar a concordância verbal, ou seja, o processo sintático em que a forma do verbo (ou da locução verbal) da oração é determinada pelo seu sujeito, em termos de pessoa gramatical e flexão de número;
- apresentar um guia normativo da concordância verbal na modalidade escrita formal do português brasileiro contemporâneo.

14.1 O QUE É CONCORDÂNCIA?

O fenômeno gramatical conhecido por **concordância** é presença garantida na pauta normativa da escrita formal. Isso porque a compreensão das relações sintáticas entre os principais constituintes do período, bem como entre seus constituintes internos, requer o domínio de diferentes tipos de concordância.

A concordância pode ser definida como um **processo sintático em que a forma de uma palavra é determinada pela forma de outra palavra ou grupo de palavras, em termos de pessoa gramatical (primeira, segunda ou terceira), flexão de número (singular ou plural) e/ou flexão de gênero (masculino ou feminino).**

É mais fácil entender esse conceito a partir da análise dos períodos a seguir, em que aparecem em negrito as palavras (ou grupo de palavras) que determinam a pessoa, o número e/ou o gênero de outras:

(1) O **biólogo** nasceu no **Rio Grande do Sul**, mas entrou em contato com a **língua** portuguesa somente na **idade** escolar.

(2) Essa **variante** linguística vai desaparecer em pouco tempo.

(3) **Nós** ainda não chegamos a um **acordo** definitivo para escrever todas as **palavras** da mesma **forma** em todos os **países** lusófonos.

(4) Ocorreram, nesse mesmo período, alguns **contatos** forçados com o **português**.

O quadro a seguir, a ser lido da esquerda para a direita, detalha as relações de concordância estabelecidas a partir das palavras destacadas nos períodos (1) a (4).

As **formas determinadas**, presentes na segunda coluna do quadro (*O*, *nasceu*, *entrou*, *o*, *a*, *portuguesa* etc.), concordam em pessoa gramatical, flexão de número e/ou flexão de gênero com as **formas determinantes** da primeira coluna (*biólogo*, *Rio Grande do Sul*, *língua*, *idade* etc.).

Período	Forma determinante	Forma(s) determinada(s)	Concordância		
			Pessoa gramatical	Flexão de número	Flexão de gênero
(1)	biólogo	O	-	singular	masculino
		nasceu / entrou	terceira	singular	-
	Rio Grande do Sul	o	-	singular	masculino
	língua	a / portuguesa	-	singular	feminino
	idade	a / escolar	-	singular	feminino
(2)	variante	Essa	-	singular	feminino
		linguística	-	singular	feminino
		vai desaparecer	terceira	singular	-
(3)	Nós	chegamos	primeira	plural	-
	acordo	um / definitivo	-	singular	masculino
	palavras	todas / as	-	plural	feminino
	forma	a / mesma	-	singular	feminino
	países	todos / os / lusófonos	-	plural	masculino
(4)	contatos	ocorreram	terceira	plural	-
		alguns / forçados	-	plural	masculino
	português	o	-	singular	masculino

Se as formas determinadas forem verbos, como as que aparecem destacadas em amarelo, as relações serão de **concordância verbal**. Esse tipo de concordância ajusta a **pessoa** e o **número** do verbo à pessoa e ao número da forma determinante, um substantivo ou pronome (núcleo do constituinte sujeito).

Já se as formas determinadas não forem verbos, como as que aparecem nas demais células, as relações são de **concordância nominal**. Nesse caso, a concordância ajusta o **número** e o **gênero** das formas determinadas (artigos, adjetivos, pronomes possessivos etc.) ao número e o gênero do substantivo (ou pronome) determinante.

Nesta gramática, o foco de estudos incidirá na concordância verbal em detrimento da concordância nominal. Isso porque, em geral, não há dúvidas na realização da concordância nominal. São poucos os tipos de estrutura em que o fenômeno ocorre, o que facilita a identificação dos elementos (adjetivos, artigos, pronomes) relacionados com o substantivo (ou pronome) determinante da concordância e que adotam seu gênero e número.

Já a concordância verbal ocorre num conjunto muito amplo e diversificado de estruturas, como se mostrará adiante. Por isso, é preciso dedicar mais atenção a ela.

14.2 REGRA GERAL DE CONCORDÂNCIA VERBAL

O quadro a seguir destaca apenas as relações de concordância verbal presentes no quadro anterior:

Período	Forma determinante	Forma(s) determinada(s)	Concordância		
			Pessoa gramatical	Flexão de número	Flexão de gênero
(1)	biólogo	nasceu / entrou	terceira	singular	—
(2)	variante	vai desaparecer	terceira	singular	—
(3)	Nós	chegamos	primeira	plural	—
(4)	contatos	ocorreram	terceira	plural	—

A partir do quadro acima e do que foi analisado até aqui, pode-se dizer que a concordância verbal é o **processo sintático em que a forma do verbo (ou da locução verbal) da oração é determinada pelo seu sujeito, em termos de pessoa gramatical (primeira, segunda ou terceira) e flexão de número (singular ou plural)**.

Na verdade, essa definição explicita a regra geral de concordância verbal na modalidade escrita formal do português brasileiro contemporâneo, que pode ser apresentada assim:

Regra geral de concordância verbal
Verbo ou locução verbal concorda com o núcleo do sujeito em pessoa e número.

Seguem outros exemplos, um pouco mais complexos:

(5) O **uso** de línguas africanas por comunidades negras rurais **aparece** em duas importantes obras editadas na década de 1990.

(6) A **análise** das línguas ditas primitivas por pessoas que sabiam o que estavam fazendo **mostrou** que não há línguas primitivas.

(7) **Produções** culturais em uma comunidade surda, objetivando verificar a inscrição do surdo num determinado tipo de trama narrativa, **foram analisadas** no quarto capítulo deste trabalho.

Nos períodos (5) a (7), estão destacadas uma forma determinante (o nome-núcleo do constituinte sujeito) e uma forma determinada (a forma verbal a ela relacionada). A concordância entre as formas destacadas resulta da aplicação inequívoca da **regra geral de concordância verbal**. Além disso, especificamente no período (7), o particípio "analisadas" também concorda em gênero com "produções", núcleo do sujeito.

A maioria das dúvidas de concordância verbal pode ser plenamente resolvida quando se compreende e se aplica tal regra geral. Em suma, para a atribuição adequada das marcas de concordância, deve-se identificar o núcleo do sujeito — "uso", "análise" e "produções", nos exemplos (5) a (7) — e levar o verbo à pessoa e ao número gramaticais correspondentes. E, no caso dos particípios, essa concordância também alcança a flexão de gênero.

Em contextos oracionais mais complexos, nos quais **o sujeito é muito longo ou seu núcleo está bem distante do verbo**, o estabelecimento da concordância adequada vai requerer de quem escreve um pouco de análise sintática. É o caso dos períodos em questão, cujos núcleos do sujeito em negrito não estão adjacentes aos verbos correspondentes.

Soma-se a isso o fato de que, no período (5), por exemplo, o sujeito "O uso de línguas africanas por comunidades negras rurais", repleto de palavras no plural, pode induzir o emprego da forma verbal "aparecem", também no plural, em desacordo com o número do nome "uso", núcleo do sujeito.

Arranjo sintático semelhante ocorre no período (6), com o sujeito complexo "A análise das línguas ditas primitivas por pessoas que sabiam o que estavam fazendo", em que apenas o núcleo "análise" está no singular, com o qual a forma verbal "mostrou", bem distante desse núcleo, concorda em número. Diante desse cenário, não é difícil um desvio de concordância verbal acontecer em textos escritos, mesmo naqueles mais monitorados.

Já no período (7), é o núcleo do sujeito que aparece no plural ("Produções"), em desacordo com o número de diferentes nomes que o seguem: "comunidade", "inscrição", "surdo", "determinado", "tipo", "trama". Alguém de consciência sintática pouco sensível aos aspectos da escrita formal talvez tivesse dificuldade de levar a locução verbal "foram analisadas" para o plural (e também para o feminino).

14.3 GUIA NORMATIVO DE CONCORDÂNCIA VERBAL

A compreensão da **regra geral** de concordância verbal associada a uma consciência sintática apurada resolve, sem muitos problemas, 70% das situações que costumam gerar dúvidas de concordância[1]. Observe-se o gráfico 1:

[1] Essa percentagem é resultado de um levantamento das regras de concordância verbal apresentadas nas mesmas treze gramáticas a partir das quais foi produzido o **guia normativo de regência verbal** (v. seção 10.3). O levantamento dessas regras — base do **guia normativo de concordância verbal**, exposto adiante — foi realizado pelo então estudante de iniciação científica Thiago Nascimento Dantas (UFPB/CNPq cota 2018-2019), sob orientação de Francisco Eduardo Vieira, no âmbito do projeto de pesquisa "Norma gramatical em instrumentos linguísticos do século XXI: sistematização e implicações pedagógicas" (UFPB/CCHLA/PROLING/HGEL 2017-2020).

Gráfico 1 – Possibilidades de aplicação da regra geral de concordância verbal

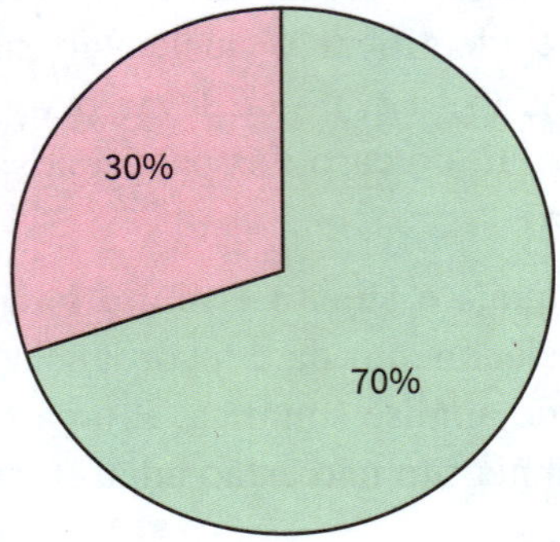

Há algo importante a ser dito sobre esses 70% de casos em que a regra geral de concordância verbal pode ser aplicada: em aproximadamente metade desses casos, **o uso da regra geral não é obrigatório, mas facultativo**. Assim, em muitas estruturas sintáticas, quem escreve poderá optar por usar, sim, a regra geral, mas também por fazer a concordância seguindo outra orientação normativa, igualmente válida. Por exemplo:

(8) A **maioria** de seus locutores **apresenta** um conhecimento passivo desse repertório lexical.

(8a) A maioria de seus **locutores apresentam** um conhecimento passivo desse repertório lexical.

Em (8), conforme prescreve a regra geral de concordância verbal, a forma verbal "apresenta" concorda em pessoa e número com "maioria", núcleo do sujeito. Já em (8a), "locutores" é a forma que determina a pessoa e o número do verbo, "apresentam". Ambas as possibilidades (*apresenta* e *apresentam*) estão adequadas à norma-padrão brasileira.

A questão que se levanta agora é como definir a pessoa e o número da forma verbal nos 30% dos casos em que a regra geral não pode ser aplicada. Nesses casos, o verbo não concorda com a pessoa e o número do núcleo do sujeito por razões diferentes. Por exemplo, no período (9), a forma verbal "é" não concorda com o sujeito plural "Cinco séculos", mas com outro constituinte do período, especificamente com o núcleo do complemento verbal, o substantivo "tempo":

(9) Cinco séculos não **é** muito **tempo** para o encerramento de certos processos de mudança linguística.

Por sua vez, no período (10), a regra geral não pode ser aplicada porque não há sujeito no período. Seus constituintes principais são somente a forma verbal

"Houve" (singular) e o complemento verbal "sucessivos rearranjos no sistema dos pronomes pessoais daquela língua" (plural):

(10) **Houve** sucessivos rearranjos no sistema dos pronomes pessoais daquela língua.

Resumindo, o processo sintático de concordância verbal na modalidade escrita formal do português brasileiro contemporâneo prevê umas dessas três possibilidades normativas:

(A) aplicação **obrigatória** da regra geral — por exemplo, períodos (1) a (7);

(B) aplicação **facultativa** da regra geral — por exemplo, períodos (8) e (8a);

(C) aplicação de regra **diferente** da regra geral — por exemplo, períodos (9) e (10).

As possibilidades (A) e (B) equivalem aos 70% das situações que costumam gerar dúvidas de concordância. No gráfico 1, esse quantitativo foi representado na cor verde. Por sua vez, a possibilidade (C) corresponde aos 30% dos casos restantes que podem gerar dúvidas de concordância, representados no mesmo gráfico na cor rosa.

A partir do gráfico 1, a ocorrência das possibilidades normativas (A), (B) e (C) foram tabuladas num novo gráfico:

Gráfico 2 – Possibilidades normativas (A), (B) e (C) de concordância verbal

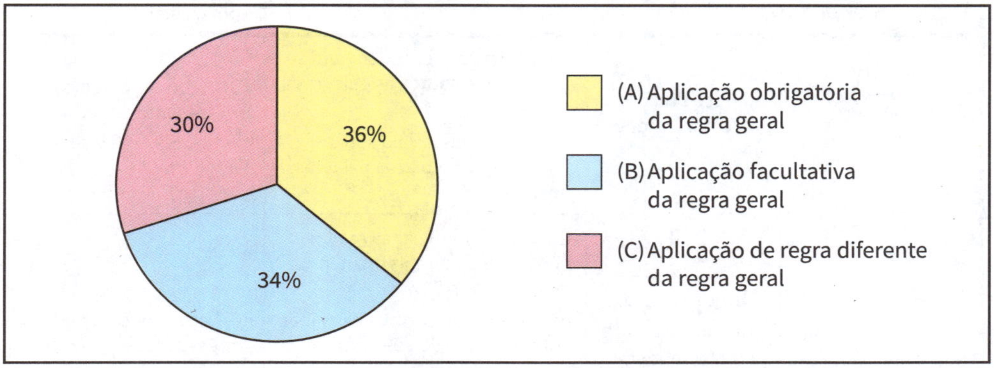

Desse modo, esse conjunto de casos — (A), (B) e (C) — passíveis de dúvidas normativas serviu de base ao **guia de concordância verbal na modalidade escrita formal do português brasileiro contemporâneo**. Antes de apresentar o guia, seguem algumas observações importantes:

Para compreender o guia normativo de concordância verbal

- São utilizados no guia os códigos (A), (B) e (C), em referência, respectivamente, à aplicação **obrigatória** da regra geral, à aplicação **facultativa** da regra geral e à aplicação de regra **diferente** da regra geral.

- Também servem aos propósitos didáticos do guia as cores que simbolizam cada grupo de possibilidades normativas no gráfico: (A) — **amarelo**; (B) — **azul**; (C) — **rosa**.
- Os verbos na relação de concordância em foco (as formas determinadas) são apresentados no guia em **negrito**, enquanto as formas determinantes seguem sublinhadas.
- O guia proporciona um panorama, ao mesmo tempo exaustivo e inteligível, em que as soluções para os problemas de concordância verbal não sejam somente memorizadas, mas sobretudo possíveis de consulta rápida, compreensível e segura.
- Para isso, o consulente do guia precisa ter conhecimento prévio de algumas categorias e procedimentos de análise sintática apresentados nesta gramática.

Finalmente, eis o guia normativo, composto por 26 casos e vários subcasos de concordância verbal, seguidos de exemplos e regras a eles relacionados:

Guia normativo de concordância verbal na modalidade escrita formal do português brasileiro contemporâneo

Casos e subcasos		Exemplos	Regras: (A) | (B) | (C)
1. Sujeito expresso pelo pronome *a gente*		A gente **pode** ser mais forte e resiliente do que imagina.	(A) Verbo na 3ª pessoa do singular, concordando com o sujeito.
2. Sujeito expresso por *quem*, *algum*, *nenhum*, *alguém*, *ninguém* ou outro pronome invariável		Quem **faz** a reserva pelo site da campanha ganha um desconto de 15%.	(A) Verbo na 3ª pessoa do singular, concordando com o sujeito.
3. Sujeito expresso por pronome relativo *que*	**a.** Precedido por um complemento do verbo *ser*	O roteirista disse: “Eu sou um homem que **coloca** as palavras no papel”. O roteirista disse: “Eu sou um homem que **coloco** as palavras no papel”.	(B) Verbo concorda com o antecedente do pronome relativo ou com o sujeito do verbo *ser*.
	b. Não precedido por um complemento do verbo *ser*	É preciso identificar as medidas que **produzem** mais ou menos resultados. Aquele que **começou** a trabalhar antes de julho de 1994 pode pedir revisão. Nossos filhos são iguais a nós, que não **gostamos** de matemática.	(C) Verbo concorda com o antecedente do pronome relativo.
	c. Na expressão *um dos... que*, sem caráter seletivo, individualizante	O ator é um dos artistas que já **receberam** a primeira dose da vacina. Robertinho Silva é um dos artistas que **está** na Mostra Jazz Campinas. O goleiro foi um dos poucos que **tiveram** atuação aceitável no campeonato.	(B) Verbo concorda com o nome ou pronome da expressão (plural) ou com a forma *um* (singular).

		O governador foi um dos poucos que **fez** críticas ao calendário de vacinação.	
	d. Na expressão *um dos... que*, com caráter seletivo, individualizante	Foi um dos deputados do partido que **assinou** o manifesto. Foi um dos teus filhos que **jantou** comigo.	(C) Verbo concorda com a forma *um* (singular).
4. Sujeito expresso pelo pronome relativo *quem*		Foi Tévez quem **abriu** o placar na derrota para os argentinos. Fui eu quem **propus** uma análise histórica para a coocorrência das formas do imperativo no português brasileiro.	(B) Verbo concorda com o pronome relativo ou com o antecedente do pronome relativo.
5. Sujeito formado por expressão partitiva (*a maioria de*, *metade de*, *parte de*, *a maior parte de...*) + substantivo ou pronome plural	**a.** Anteposto ao verbo	A maioria dos times **adota** o modelo de associação sem fins lucrativos. A maioria dos Estados **adotaram** regras próprias sobre o uso de máscaras. Em 20 anos, metade dos carros vendidos no mundo não **vai** queimar combustível. Metade dos 250 apartamentos do edifício já **foram** vendidos.	(B) Verbo concorda com o núcleo da expressão partitiva (singular) ou com o substantivo ou o pronome da expressão (plural).
	b. Posposto ao verbo	O centro da cidade é o local onde **ocorre** boa parte dos eventos da virada cultural.	(A) Verbo concorda com o núcleo da expressão partitiva (singular).
6. Sujeito indicando quantidade aproximada, representado pela expressão *cerca de*, *mais de*, *menos de*, *perto de...*		Cerca de 30 mil vagas para trabalhadores com deficiência **foi** preenchida. Na área fotografada, **restam** cerca de 6% da mata atlântica original. **Era** perto de duas horas da madrugada quando o show terminou. **Eram** perto de duas horas da madrugada quando o show terminou.	(B) Verbo concorda com núcleo da expressão (singular) ou com a quantidade aproximada.
7. Sujeito expresso por pronome indefinido ou interrogativo + *de/dentre* + substantivo ou pronome pessoal plural	**a.** Pronome indefinido ou interrogativo no singular	Qual das facetas de Leonardo da Vinci **foi** a mais desafiadora de representar? A equipe pode rejeitar a solicitação se algum dos critérios não **foi** cumprido. Nenhum deles **encontrou** qualquer dado que corroborasse a afirmação do ministro.	(A) Verbo na 3ª pessoa do singular, concordando com o pronome.

		Cada uma das variedades dialetais **terá** de ser detalhadamente descrita. Algum dentre os títulos encaminhados à editora **deverá** ser publicado este ano.	
	b. Pronome indefinido ou interrogativo no plural	Muitos de nós não **sabem** nada sobre veganismo. Muitos de nós não **sabemos** nada sobre veganismo. Quantos dentre nós **sabem** alguma coisa sobre veganismo? Quantos dentre nós **sabemos** alguma coisa sobre veganismo?	(B) Verbo na 3ª pessoa do plural, concordando com o pronome; ou verbo na 1ª ou 3ª pessoa do plural, concordando com o substantivo ou pronome pessoal que o acompanha.
8. Sujeito expresso por *mais de um...*	**a.** Uma vez	Mais de um escritor **teve** suas obras censuradas no tempo da ditadura militar.	(A) Verbo concorda com o núcleo do sujeito (singular).
	b. Duas ou mais vezes	Mais de um jornalista, mais de um fotógrafo já **presenciaram** cenas de violência contra jovens negros.	(A) Verbo concorda com os núcleos dos sujeitos (plural, como num sujeito composto).
	c. Com coletivo ou numeral seguido por especificação no plural	Mais de um milhão de criadores **compartilham** vídeos, fotos e mensagens com os assinantes.	(C) Verbo concorda com a especificação no plural.
	d. Com ideia de reciprocidade	Mais de um governante **deram-**se as mãos diante do caos político. Há obras em que **convivem** mais de um estilo.	(C) Verbo na 3ª pessoa do plural, concordando com a ideia de reciprocidade do sujeito.
9. Sujeito formado por expressão indicativa de percentagem	**a.** Seguida de substantivo	Só 15% da população **aprova** a administração do atual prefeito. 9% do entrevistados não **souberam** opinar. 1% dos entrevistados não **souberam** opinar. 1% dos entrevistados não **soube** dizer em quem votaria.	(B) Verbo concorda com o numeral ou com o substantivo.
	b. Não seguida de substantivo	Só 12% **aprovaram** a atuação dos deputados. Só 1% **aprovou** a atuação dos deputados.	(A) Verbo concorda com o numeral.
10. Sujeito formado por um numeral fracionário no singular, seguido de complemento no plural		A quarta parte dos bens **pertence** aos herdeiros. Dois quintos da herança **pertencem** aos seus sobrinhos.	(A) Verbo concorda com o numeral fracionário.

11. Sujeito coletivo	**a.** Comum, sem especificação	A equipe **trazia** a experiência do campeonato anterior. A equipe **traziam** a experiência do campeonato anterior.	(A) Verbo concorda com o núcleo do sujeito coletivo.
	b. Comum, com especificação	Uma multidão de fãs se **comprimia** na frente do palco. Uma multidão de fãs se **comprimiam** na frente do palco.	(B) Verbo concorda com o núcleo do sujeito coletivo ou com o substantivo especificador.
	c. Numérico e especificado (*par de, dúzia de, casal de*...)	Uma dúzia de pretendentes **concorre** *à vaga de prefeito de Nova York*.	(A) Verbo concordando com o núcleo do sujeito coletivo numérico (singular).
12. Sujeito expresso por *o povo* (silepse de número)	**a.** Junto ao verbo	O povo **impôs** essa vitória por meio das urnas.	(A) Verbo na 3ª pessoa do singular, concordando com o núcleo do sujeito.
	b. Distante do verbo	A multidão, naquela noite, em resposta à atitude covarde do rei, **tomou** as ruas em grande alvoroço e, carregando archotes e lanças, **avançaram** até o palácio real e ali **permaneceram** aos gritos até que o rei comunicou que estava abdicando em favor de seu sobrinho.	(B) Verbo na 3ª pessoa do singular, concordando com o núcleo do sujeito; ou verbo na 3ª pessoa do plural, concordando com o sentido plural da expressão.
13. Silepse de pessoa		**Temos** todos mais de uma vida. Os mexicanos **somos** bem diretos e desprezamos os falastrões.	(C) Verbo na 1ª pessoa do plural, concordando com o sentido coletivo (*nós*) do sujeito.
14. Sujeito expresso por topônimo ou título	**a.** Precedido de artigo plural	Os Estados Unidos **estão** expandindo sua base monetária. "Os Lusíadas" lhe **davam** outra dimensão da chegada dos portugueses à Índia.	(A) Verbo concorda com o núcleo do sujeito (plural).
	b. Precedido de artigo no singular ou não precedido de artigo	O Amazonas **é** a porta de saída da madeira contrabandeada. Minas Gerais **permanece** nos planos de férias da família. "Capitães de Areia" ainda não **saiu** da lista dos mais vendidos.	(C) Verbo concorda com um suposto substantivo elíptico: *estado, livro, rio* etc. (singular)
	c. Seguido de verbo *ser* + complemento verbal	"Os Lusíadas" **são** uma obra genial. "Os Lusíadas" **é** uma obra genial.	(B) Verbo concorda com o núcleo do sujeito ou com o núcleo do complemento verbal.
15. Sujeito com núcleo singular seguido por dois ou mais adjuntos adnominais		A responsabilidade paterna e materna **foi** delegada aos avós. A responsabilidade paterna e materna **foram** delegadas aos avós.	(B) Verbo concorda com o núcleo do sujeito (singular) ou com os adjuntos adnominais (plural).

16. Sujeito resumido ou retomado por pronome indefinido em função de aposto		A ciência, a tecnologia, a educação, a saúde, nada disso **tem** recebido verbas suficientes. Ministro e secretário-geral, cada um **tinha** uma opinião diferente sobre como enfrentar a pandemia.	(C) Verbo concorda com o aposto.
17. Sujeito simples posposto ao verbo		O ministro apresentou o acordo a que **chegaram** os países de economia mais avançada.	(A) Verbo concorda com o núcleo do sujeito posposto.
18. Sujeito composto	**a.** Por termos justapostos ou coordenados por *e*, designando diferentes referentes	A União Europeia, o Reino Unido e os Estados Unidos **aprovaram** a aplicação da vacina em crianças a partir de 12 anos. Só eu e a colega ofendida **defendemos** esse ponto de vista. Você e seus amigos **votaram** em quem nas últimas eleições?	(A) Verbo na 1ª ou 3ª pessoa do plural, se o sujeito puder ser expresso, respectivamente, por *nós* ou *vocês/eles/elas*.
18. Sujeito composto	**b.** Por termos justapostos ou ligados por *e*, designando o mesmo referente	A primeira percepção desse desejo, essa explosão inesperada do inconsciente nunca mais me **esqueceu**. O professor e pesquisador da Universidade de São Paulo **abriu** o evento.	(C) Verbo concorda com a ideia de um único indivíduo referenciado (singular).
18. Sujeito composto	**c.** Por termos (quase) sinônimos: em enumeração gradativa; constitutivos de um mesmo conjunto; em que o segundo exprime o resultado ou consequência do primeiro	O respeito, o cuidado, a atenção entre uns e outros **é** muito desejável. O mesmo argumento, o mesmo raciocínio, o mesmo exemplo **provocam** ora apoios, ora críticas. O ir e vir das decisões **desnorteou** a população. A expulsão e a suspensão do jogador **foram** inevitáveis.	(B) Verbo concorda com o sujeito em sua totalidade (singular) ou com a quantidade de núcleos (plural).
18. Sujeito composto	**d.** Por apenas um termo antecedido de artigo	A poluição e contaminação da água **pode** ser nociva às plantas.	(C) Verbo concorda com a unidade definida (singular).
18. Sujeito composto	**e.** Por termos justapostos ou coordenados por *e*, pospostos ao verbo	O jornal constatou que **faltavam** leitos e equipamentos em todos os hospitais da cidade. Os moradores declararam que, naquele bairro, sempre **faltava** água, luz e transporte.	(B) Verbo concorda com os núcleos do sujeito (plural) ou com o núcleo do sujeito mais próximo.

f. Por termos ligados por *ou*, *nem... nem* (inclusivo ou exclusivo)	O senador não quer aceitar a solução que seu partido ou a liderança do governo **oferece**. O dogmatismo ou o fundamentalismo **impedem** o debate. A artista disse que o prêmio ou uma menção honrosa **será** um importante sinal de reconhecimento do seu trabalho. O deputado da base do governo ou a deputada da oposição **serão** eleitos para presidir a Comissão de Educação. Nem o Banco Central, nem o Ministério da Economia **aprovará** uma solução que implique em inflação. Nem a onda fria, nem os ventos fortes do mar, nem o tornado subtropical **vão** afetar o clima dos próximos dias.	(B) Verbo concorda com dois ou mais núcleos do sujeito ou com o núcleo do sujeito mais próximo.
g. Por termos ligados por *ou* indicador de sinonímia	A estrutura ou o sistema **é** o objeto desse tipo de epistemologia formalista.	(C) Verbo concorda com o núcleo do sujeito mais próximo.
h. Por termos ligados por *ou* (exclusivo), com um dos núcleos no plural	As duas crianças ou o agricultor **tinham** de pular pelo menos uma refeição por dia.	(A) Verbo concorda com o núcleo do sujeito no plural.
i. Expresso por *nem eu nem você* ou outras combinações pronominais	Nem eu nem o outro ator **quisemos** mudar a situação, que nos era favorável.	(A) Verbo na 1ª ou 3ª pessoa do plural, se o sujeito puder ser expresso, respectivamente, por *nós* ou *vocês/eles/elas*.
j. Expresso por *nem um nem outro* (inclusivo)	Nem um nem outro **quiseram** mudar a situação. Nem um nem outro **quis** mudar a situação.	(B) Verbo concorda com os dois núcleos do sujeito (plural) ou com o núcleo do sujeito mais próximo.
k. Expresso por *um ou outro*	Um ou outro **quis** mudar a situação.	(C) Verbo concorda com o sujeito em sua totalidade (singular).
l. Expresso por *um e outro*	Uma e outra **quis** mudar a situação. Um e outro **quiseram** mudar a situação.	(B) Verbo concorda com a expressão em sua totalidade (singular) ou concorda com os dois núcleos do sujeito (plural).

	m. Por termos unidos por *não só... mas também*, *tanto... quanto*, *tanto... como*, *como*, *assim como*, *bem como*, *tanto quanto* e outras locuções aditivas e comparativas	Tanto a conferência de abertura quanto a primeira mesa-redonda **provocaram** muita polêmica. Tanto a secretária de saúde quanto o governador **reiteraram** que não há tratamento preventivo para o vírus. A onça pintada, como o puma, **caça** com paciente habilidade. O pesquisador, tanto quanto a médica, **disse** que a vacina é bastante eficaz.	(B) Verbo concorda com os núcleos dos sujeitos (plural) ou com o primeiro núcleo (singular).
	n. Por termos ligados por *com*	A senadora com o secretário da Comissão **davam** acolhida àquela proposta esdrúxula de reforma ortográfica. O governador, com todos os secretários, **visitou** o novo hospital de campanha.	(B) Verbo concorda com os dois núcleos do sujeito (plural), quando estes estão em pé de igualdade e o conectivo *com* equivale a *e*; ou com o primeiro núcleo (singular), quando há a intenção de realçar o segundo núcleo (entre vírgulas).
19. Sujeito indeterminado		**Informaram** que o novo lote de vacinas chegará na próxima terça-feira. Ali **vivia**-se a política, a cultura, a liberdade existencial e a alegria.	(C) Verbo na 3ª pessoa do plural; caso a indeterminação do sujeito seja indicada pelo pronome "se", verbo na 3ª pessoa do singular.
20. Sujeito oracional	**a.** Apenas uma oração	Não **admira** que eles tenham escrito sobre o Carnaval. **Compete** às prefeituras fiscalizar os hospitais privados em relação aos protocolos estabelecidos pelo Ministério da Saúde.	(A) Verbo concorda com o sujeito oracional (há apenas um).
	b. Mais de uma oração (introduzida por infinitivo)	Dedicar-se a causas sociais, respeitar as diferenças e lutar por uma sociedade mais justa nos **torna** melhores cidadãos. Dedicar-se a causas sociais, respeitar as diferenças e lutar por uma sociedade mais justa nos **tornam** melhores cidadãos.	(B) Verbo concordando com as orações representando um todo (singular) ou com a quantidade de orações, como se tratasse de um sujeito composto (plural).
21. Oração sem sujeito	**a.** Verbos *haver*, *fazer*, *chover* (e outros fenômenos da natureza), *tratar-se de*	**Havia** sinais de que os pedidos de financiamento imobiliário estavam diminuindo. Não **deve haver** vacinas disponíveis para o público em geral antes do começo do terceiro trimestre.	(C) Verbo na 3ª pessoa do singular; nas locuções verbais, verbo auxiliar na 3ª pessoa do singular.

		Faz duas semanas que o mercado de câmbio está estável. Por mais de uma década, **tem havido** recessões econômicas de algum significado. **Choveu** vários dias em seguida e o rio Negro transbordou em Manaus. **Tratava-se** de experimentos para testar a capacidade da ONU de entregar ajuda humanitária alimentar às populações afetadas pela guerra civil.	
	b. Verbo *ter* existencial	**Tinha** muitos projetos de combate à fome.	(B) Verbo na 3ª pessoa do singular (oração sem sujeito).
	c. Verbo *ser* + horas, datas e distâncias	**Era** uma hora da tarde, quando a reunião começou. Hoje **são** dezesseis de junho.	(C) Verbo concorda com a expressão numérica.
	d. Expressão *haja vista*	Políticos não costumam ter um senso estético muito apurado, **haja vista** os exemplos recentes da nossa história.	(C) Verbo na 3ª pessoa do singular, independentemente do número do substantivo seguinte, pois a expressão é invariável.
22. (Falsa) passiva sintética com termo no plural		Dependendo da época, **construíram**-se imagens diferentes dos heróis nacionais. Dependendo da época, **construiu**-se imagens diferentes dos heróis nacionais.	(B) Verbo concorda com o núcleo do sujeito da oração passiva sintética (análise tradicional) ou com o pronome *se*, sujeito em algumas análises da linguística moderna.
23. Verbo *ser*	**a.** Sujeito expresso por nome comum ou próprio no singular e complemento verbal no plural	O concorrente verdadeiro **é** os outros. A fonética **é** sons; a sintaxe **é** estruturas.	(A) Verbo concorda com o núcleo do sujeito.
	b. Sujeito expresso por nome próprio ou pronome pessoal e complemento verbal no plural	Fernando Pessoa **é** muitos poetas simultaneamente. O bairro abandonado à própria sorte **era** as preocupações do prefeito.	(A) Verbo concorda com o sujeito, independentemente do plural do complemento verbal.
	c. Sujeito expresso por *tudo*, *isso*, *aquilo*, *tudo isto*, *ninguém*, *nenhum* ou outro pronome invariável	Tudo **são** artimanhas do inconsciente. Tudo **é** alegrias em certos momentos da vida. Tudo isto **eram** sinais dos tempos.	(B) Verbo concorda com o pronome invariável (singular) ou com o núcleo do complemento verbal.

	d. Sujeito expresso por pronome interrogativo	Quem **são** os novos migrantes que chegam ao Brasil? Que **são** duzentos reais? O que **são** as horas passadas à toa?	(C) Verbo concorda com o núcleo do complemento verbal.
	e. Sujeito não animado ou de sentido coletivo (*o resto*, *o mais*, *o restante* etc.)	O resto **são** estruturas que o modelo sintático não capta. O resultado da pesquisa **são** indicadores de mudanças linguísticas. Trezentos anos de escravidão não **é** pouca coisa na história de uma sociedade.	(C) Verbo concorda com o núcleo do complemento verbal.
	f. Sujeito expresso por termo plural que denota preço, medida ou quantidade, e complemento verbal expresso por advérbios como *muito*, *pouco*, *mais*, *tanto* etc.	Dez indicações para o prêmio **é** pouco.	(C) Verbo concorda com o núcleo do complemento verbal.
	g. Pronome pessoal, seja ele sujeito ou complemento verbal	Quem aplaude a decisão **somos** nós. Ela **é** doçuras mil. Nestes tempos difíceis, o apoio infalível **são** eles.	(B) Verbo concorda com o sujeito ou com o complemento verbal.
	h. Complemento verbal representando partes do corpo da pessoa nomeada pelo sujeito	O idoso **eram** dois ouvidos abertíssimos.	(C) Verbo concorda com o complemento verbal.
	i. Expressões *é necessário*, *é proibido*	**É proibido** consultas ao arquivo fora do horário de expediente. **É necessário** a recuperação da pista da avenida. **São necessários** vários experimentos para confirmar os dados.	(B) Expressão invariável (singular) ou em concordância com o sujeito.
24. Verbos que referenciam horas		**Batiam** onze horas quando o presidente deu por encerrada a reunião. O relógio **deu** onze horas quando o presidente deu por encerrada a reunião. No relógio, **deram** seis horas quando o presidente deu por encerrada a reunião.	(A) Verbo concorda com o núcleo do sujeito, seja "horas" ou outro termo.

25. Operações aritméticas	Oito e sete **dão** quinze. Quinze dividido por cinco **são** três.	(A) Verbo concorda com o sujeito composto (plural).
26. Verbo no infinitivo com sujeito	A reportagem flagrou sete pessoas **chegarem** ao local em busca do imunizante. É preciso analisar cada situação para nós **chegarmos** fortes na fase final. Ainda há tempo para o governador **alterar** sua postura negacionista.	(A) Verbo concorda com o sujeito.

Aparentemente, o guia normativo de concordância verbal é uma lista quase interminável de casos. Mas, como foi dito antes, a maioria absoluta (casos A + casos B) se resolve pela regra geral, que está no domínio intuitivo do falante de português. Por outro lado, boa parte das regras especiais (casos C) também está nesse saber intuitivo. Assim, o quadro serve, primeiro, para se tomar consciência de como é grande o potencial expressivo do português brasileiro e de como se pode explorar essas muitas possibilidades na escrita. Além disso, o quadro serve para ser consultado quando houver dúvida de concordância verbal. Não se trata, portanto, de decorar todas as regras, mas de visitar e revisitar o guia para consolidar o conhecimento que já se tem da língua.

15

PRONOMES OBLÍQUOS E TRANSITIVIDADE

OBJETIVO DO CAPÍTULO:

- relacionar a noção de transitividade verbal aos usos dos pronomes oblíquos átonos na escrita formal do português brasileiro contemporâneo.

15.1 INTRODUZINDO A QUESTÃO NORMATIVA

Em capítulos anteriores desta gramática, o conceito de **transitividade verbal** foi trabalhado de maneira intuitiva (v., por exemplo, seções 3.3 e 8.7) ou de modo explícito e sistemático, quando foi explorado o tema da **regência verbal** (v. capítulo 10). Em linhas gerais, há seis diferentes possibilidades de regência verbal para estruturação de períodos na norma-padrão brasileira. De acordo com a presença ou ausência de complemento verbal e a depender do tipo desse complemento (sem ou com preposição), os verbos podem ser agrupados nas seguintes categorias:

V	C
TRANSITIVO DIRETO	COMPLEMENTO DIRETO (SEM PREPOSIÇÃO)
TRANSITIVO INDIRETO	COMPLEMENTO INDIRETO (COM PREPOSIÇÃO)
TRANSITIVO DIRETO E INDIRETO	COMPLEMENTO DIRETO + COMPLEMENTO INDIRETO
BITRANSITIVO DIRETO	COMPLEMENTO DIRETO + COMPLEMENTO DIRETO
BITRANSITIVO INDIRETO	COMPLEMENTO INDIRETO + COMPLEMENTO INDIRETO
INTRANSITIVO	[SEM COMPLEMENTO]

Da mesma maneira, certos elementos gramaticais analisados neste livro já foram denominados **pronomes oblíquos átonos**. Alguns deles, embora pouco frequentes na oralidade espontânea dos brasileiros, são bastante utilizados na escrita formal.

Seguem dois exemplos de pronomes oblíquos átonos, destacados no período (1):

(1) O erudito Wilhelm von Humboldt era irmão do famoso explorador e naturalista Alexander von Humboldt, que **o** ajudou nas pesquisas linguísticas fornecendo-**lhe** dados sobre diversas línguas.

Os pronomes "o" e "lhe", em contextos de escrita formal como no período (1), não são intercambiáveis entre si, de modo que o período abaixo estaria em desacordo com a norma-padrão brasileira:

(1a) *O erudito Wilhelm von Humboldt era irmão do famoso explorador e naturalista Alexander von Humboldt, que **lhe** ajudou nas pesquisas linguísticas fornecendo-**o** dados sobre diversas línguas.

A razão para esse tipo de restrição gramatical envolvendo alguns pronomes oblíquos átonos na escrita formal reside nisto: **compreender a noção de transitividade verbal e suas implicações sintáticas é fundamental para o uso, com adequação normativa, de pronomes oblíquos átonos como "o" e "lhe".**

15.2 PRONOMES OBLÍQUOS ÁTONOS "O", "OS", "A", "AS"

De início, convém analisar a sintaxe da oração em que ocorre o pronome oblíquo "o" no já mencionado período (1):

(1) O erudito Wilhelm von Humboldt era irmão do famoso explorador e naturalista Alexander von Humboldt, **que o ajudou** nas pesquisas linguísticas fornecendo-lhe dados sobre diversas línguas.

O trecho destacado em (1) — a oração "que o ajudou" — é uma **oração subordinada relativa explicativa.** Na verdade, a oração inteira é "que o ajudou nas pesquisas linguísticas <u>fornecendo-lhe dados sobre diversas línguas</u>", pois a estrutura sublinhada é uma oração subordinada (adverbial reduzida de gerúndio) à oração explicativa. Porém, para a exposição aqui pretendida, basta analisar "que o ajudou", oração mínima completa do ponto de vista lógico-semântico — já que adjuntos adverbias e, consequentemente, orações adverbiais são estruturas sintáticas opcionais à completude da oração (v. seção 2.6).

Assim, focalizando a oração mínima "que o ajudou", veja-se, primeiramente, o encaixe dessa estrutura relativa num diagrama:

(1)

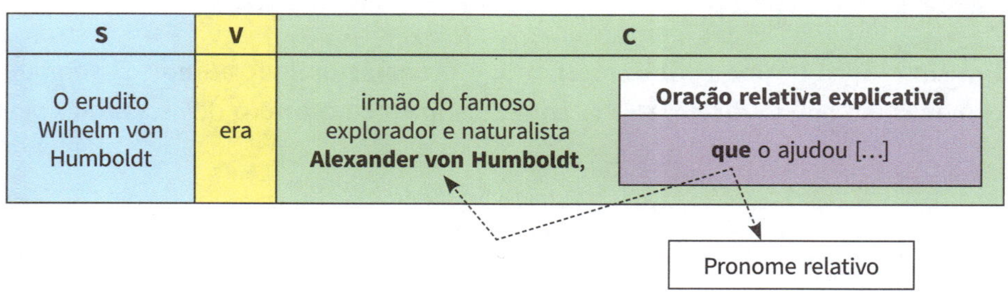

O diagrama indica que o antecedente do pronome relativo "que" é o nome "Alexander von Humboldt". Esse pronome relativo funciona como sujeito da forma verbal "ajudou". Tendo em conta as funções sintáticas dos pronomes relativos (v. seção 13.10), não é difícil perceber a correspondência sintático-semântica entre as duas orações a seguir, cujos sujeitos aparecem destacados:

que o ajudou
Alexander von Humboldt o ajudou

Se "Alexander von Humboldt" é sujeito de "ajudou", qual é a relação sintática entre o pronome oblíquo átono "o" e esta forma verbal? A resposta a essa pergunta está na comparação de mais dois pares de oração:

Alexander von Humboldt **o** ajudou
*Alexander von Humboldt ajudou **ele**

que **o** ajudou
*que ajudou **ele**

Substituindo o pronome "o" pelo pronome "ele", fica claro que o lugar sintático ocupado por "o" é o de "complemento verbal". Em contextos informais, pode-se até falar ou escrever "que ajudou ele", ao invés de "que o ajudou". Entretanto, na escrita formal, os pronomes "ele" e "o" se equivalem apenas semanticamente, mas não sintaticamente.

Em outras palavras, tais pronomes não podem ocupar os mesmos lugares sintáticos na estrutura SVC. Enquanto o pronome "ele" funciona como sujeito, o pronome "o" funciona apenas como complemento verbal:

S	**C**	**V**
ele	o	ajudou

Mas não é qualquer complemento verbal que o pronome oblíquo átono "o" pode substituir. No diagrama acima, o verbo "ajudar" é transitivo direto: necessita de um complemento sem preposição. É por isso que o pronome "o" bem se adéqua a essa estrutura sintática.

Em síntese, na norma-padrão brasileira, **o pronome oblíquo átono "o" só pode funcionar como objeto direto**, isto é, como complemento direto dos seguintes verbos:

transitivo **direto** transitivo **direto** e indireto bitransitivo **direto**

Naturalmente, as flexões de número e gênero do pronome "o" — as formas "os", "a" e "as" — também só podem funcionar como objeto direto. Eis um exemplo:

(2) As línguas ibero-românicas compartilham um substrato ibero e basco que **as** aproxima entre si e **as** diferencia dos outros membros da família das línguas românicas.

No período (2), os pronomes oblíquos átonos em destaque também são constituintes de estruturas relativas, mais especificamente constituintes de duas **orações subordinadas relativas restritivas**, coordenadas pelo conectivo "e":

(2)

S	V	C
As línguas ibero-românicas	compartilham	um **substrato** ibero e basco — **Orações relativas restritivas**: **que** as aproxima entre si **e** **[que]** as diferencia dos outros membros da família das línguas românicas.

Pronomes relativos

O antecedente do pronome relativo "que", explícito na primeira oração relativa e subentendido na segunda, é "substrato", nome-núcleo do complemento verbal. A fim de identificar as funções sintáticas dos constituintes de ambas as orações relativas, é possível realizar diferentes substituições:

que **as** aproxima
um substrato **as** aproxima
*um substrato aproxima **elas**
um substrato aproxima **as línguas ibero-românicas**

que **as** diferencia
um substrato **as** diferencia
*um substrato diferencia **elas**
um substrato diferencia **as línguas ibero-românicas**

Por meio das substituições acima, conclui-se que os dois pronomes oblíquos átonos "as" do período (2) são, respectivamente, complementos dos verbos transitivos diretos "aproxima" e "diferencia". Ambos os pronomes substituem o constituinte "as línguas ibero-românicas". Atendem, portanto, às condições normativas para seu uso na escrita formal, já que substituem complementos (ou objetos) diretos.

Observação: não por acaso os usos do pronome oblíquo átono "o" e flexões foram exemplificados com base em **orações relativas**. A ocorrência dessa família de pronomes nesse tipo de estrutura subordinada é bastante frequente na escrita formal.

Outro tipo de construção sintática, igualmente frequente em contextos formais de escrita, em que os pronomes oblíquos "o", "os", "a" e "as" podem aparecer é a seguinte:

(3) Só em 1931 o governo brasileiro oficializou a ortografia simplificada, tornando-**a** obrigatória no país em 1933.

Analisando os constituintes principais do período (3), observa-se que o pronome oblíquo átono em destaque se encontra numa **oração subordinada adverbial reduzida de gerúndio**, conforme se vê no diagrama abaixo:

(3)

A	S.	V	C	A
Só em 1931	o governo brasileiro	oficializou	a ortografia simplificada,	**Oração subordinada adverbial reduzida de gerúndio** tornando-**a** obrigatória no país em 1933.

Substituindo, na oração adverbial, o pronome "a" pelo pronome "ela", fica fácil perceber que ambos os pronomes são complementos da forma verbal "tornando", embora o pronome "ela", em posição de complemento verbal, seja vetado das práticas formais de escrita, como já foi salientado:

tornando-**a**
*tornando **ela**
tornando **a ortografia simplificada**

15.3 FORMAS ESPECIAIS: "LO", "LOS", "LA", "LAS"

Quando posicionados após o verbo que complementam, os pronomes oblíquos átonos "o", "os", "a" e "as" podem sofrer dois tipos de alteração em sua forma, a depender da terminação verbal. O primeiro tipo, provavelmente o mais frequente nos textos formais, pode ser verificado no quadro a seguir:

Formas verbais terminadas em -r [infinitivo] O pronome "o" assume a forma "lo" e a terminação verbal é suprimida.	*analisar-o → analisá-lo
	*analisar-a → analisá-la
	*analisar-os → analisá-los
	*analisar-as → analisá-las

Eis um exemplo:

(4) Todos os cidadãos da República de Cabo Verde têm o dever de conhecer <u>as línguas oficiais</u> e o direito de usar **essas línguas**.

O constituinte em negrito "essas línguas", que encerra o período (4), é complemento do verbo "usar". Ele retoma o constituinte sublinhado "as línguas oficiais", complemento do verbo "conhecer".

Na oralidade, ou mesmo em práticas de escrita menos monitoradas, seria possível retomar "as línguas oficiais" pelo pronome "elas". Porém, como já se sabe, na escrita formal essa sintaxe não é permitida:

(4a) *Todos os cidadãos da República de Cabo Verde têm o dever de conhecer as línguas oficiais e o direito de usar **elas**.

A princípio, a forma esperada para ocupar o lugar do complemento de "usar", verbo transitivo direto, é o pronome oblíquo átono "as", forma feminina e plural tal qual os constituintes "as línguas oficiais", "essas línguas" e "elas". Entretanto, como o verbo "usar" termina em "-r", para manter o complemento posicionado após o verbo é preciso suprimir a terminação "-r" e escrever **"usá-las"** (jamais "usar-as"):

(4b) Todos os cidadãos da República de Cabo Verde têm o dever de conhecer as línguas oficiais e o direito de usá-**las**.

Segue outro exemplo, desta vez com a forma pronominal oblíqua átona já transformada no período:

(5) Buscando tirar partido dos fatos linguísticos, os psicólogos têm sido levados a esclarecê-**los** com auxílio dos dados da psicologia moderna.

Em (5), a forma "-los" é complemento do verbo "esclarecer", transitivo direto. A terminação "-r" do verbo no infinitivo foi eliminada novamente e o pronome oblíquo átono "os" transformado em "-los". Atente-se às correspondências:

esclarecer **os fatos linguísticos**
*esclarecer **eles**
*esclarecer-**os**
esclarecê-**los**

Além dos verbos no infinitivo cuja terminação é "-r", as formas especiais "-lo", "-los", "-la" e "-las" também são empregadas quando sucedem formas verbais que terminam em "-z" ou "-s", conforme se pode ver acompanhando as transformações na direção das setas:

fiz a pesquisa	→	*fiz ela	→	*fiz-a	→	**fi-la**
fizemos a pesquisa	→	*fizemos ela	→	*fizemos-a	→	**fizemo-la**

Esse tipo de sintaxe, todavia, é muito pouco usado na escrita formal. Ninguém está, claro, impedido de usar essas construções, se quiser escrever num estilo ultraformal. No entanto, isso não é recomendado. São construções já arcaicas no português brasileiro e, por isso, são sentidas como excessivamente artificiais. Assim, seu uso vai, certamente, causar estranhamento nos leitores, podendo resultar em dificuldades de compreensão do texto.

15.4 FORMAS ESPECIAIS: "NO", "NOS", "NA", "NAS"

O segundo tipo de alteração nas formas pronominais oblíquas "o", "a", "os" e "as" é menos frequente que o primeiro, mas também necessário em alguns contextos sintáticos. Por isso, é importante compreendê-lo efetivamente. Observe-se o quadro:

Formas verbais terminadas em som nasal O pronome "o" assume a forma "no" e a terminação verbal se mantém.	*analisaram-o → analisaram-no
	*analisaram-a → analisaram-na
	*analisaram-os → analisaram-nos
	*analisaram-as → analisaram-nas

As formas verbais terminadas em som nasal se resumem, em geral, a dois casos:

- verbos na 3ª pessoa do plural, em diferentes tempos e modo: *analisam, analisaram, analisavam, analisariam, analisem, analisarem* etc.;
- certas flexões do verbo *pôr* e derivados: *põe, põem, dispõe, dispõem, contrapõe, contrapõem* etc.

Segue um período para análise:

(6) No século 16, a língua mais falada na costa brasileira era **o tupinambá**; os missionários utilizavam **o tupinambá** em seu trabalho catequético, dando origem a uma das chamadas línguas gerais.

No período (6), a segunda ocorrência do constituinte "o tupinambá" é complemento do verbo transitivo direto "utilizavam". Para evitar sua repetição no período, é possível substituí-lo por um pronome de gênero e número igual ao do constituinte. Já é sabido que, por pressões normativas da escrita formal, o pronome reto "ele" não pode funcionar como complemento verbal, pertencendo este lugar, em caso de complemento direto (sem preposição), ao pronome oblíquo átono "o".

Entretanto, como a forma verbal "utilizavam" termina em som nasal (representado graficamente pela letra "-m"), para manter o complemento posicionado após o verbo, é necessário escrever **"utilizavam-no"** (jamais "utilizavam-o"). Note-se a sequência das transformações:

utilizavam **o tupinambá**
*utilizavam **ele**
*utilizavam-**o**
utilizavam-**no**

Eis agora um exemplo envolvendo o verbo "pôr", que costuma se apresentar como verbo transitivo direto (*pôr algo*) e indireto (*pôr em/entre algum lugar*):

(7) O contato entre línguas tem vários possíveis efeitos e a linguística histórica, há mais de um século, põe-**no** entre as causas da mudança linguística.

No período (7), devido à nasalidade da terminação da forma verbal "põe", é o pronome oblíquo átono na forma "-no" (e não "o") que funciona como complemento direto. Tal pronome retoma o constituinte "o contato entre línguas", na impossibilidade da retomada ser feita pelo pronome reto "ele", que, como já visto, não pode funcionar como complemento direto. Atente-se à comparação entre as formas em destaque:

põe **o contato entre línguas**
*põe **ele**
*põe-**o**
põe-**no**

Em síntese, os pronomes oblíquos átonos de terceira pessoa "o", "os", "a", "as" e suas variantes com "l" ("lo", "los", "la", "las") e com "n" ("no", "nos", "na", "nas") substituem exclusivamente **objetos diretos**.

Vale observar que esses pronomes são de raro uso no português brasileiro falado. Eles costumam ser substituídos pelos pronomes retos ("ele", "eles", "ela", "elas"). Também é bastante comum que a posição de objeto direto fique vazia. Assim, diante de uma pergunta "Você comprou o novo livro de linguística?", a resposta usual é "Sim, comprei ele ontem" ou "Sim, comprei ontem" (esta última com o objeto pronominal não explicitado).

Na escrita formal, contudo, os pronomes "o", "os", "a", "as" e suas variantes são de uso praticamente incontornável. É muito importante, por isso, o domínio de seus empregos e formas.

15.5 PRONOMES OBLÍQUOS ÁTONOS "LHE", "LHES"

Segue, novamente, o período (1), dessa vez focalizando o comportamento sintático do segundo pronome oblíquo átono, o pronome "lhe":

(1) O erudito Wilhelm von Humboldt era irmão do famoso explorador e naturalista Alexander von Humboldt, que o ajudou nas pesquisas linguísticas fornecendo-**lhe** dados sobre diversas línguas.

A oração em que aparece o pronome "lhe" é "fornecendo-lhe dados sobre diversas línguas". Trata-se de uma **oração subordinada adverbial reduzida de gerúndio**

(v. seção 9.3). Considerando o período como um todo, o pronome "lhe" se refere a "O erudito Wilhelm von Humboldt", a quem "o famoso explorador e naturalista Alexander von Humboldt" forneceu "dados sobre diversas línguas". Assim, atente-se às seguintes substituições envolvendo o pronome oblíquo sob análise:

fornecendo-**lhe** dados sobre diversas línguas
fornecendo **a ele** dados sobre diversas línguas
fornecendo **ao erudito Wilhelm von Humboldt** dados sobre diversas línguas

Não é difícil perceber a correspondência sintático-semântica entre as três orações adverbiais acima. Os constituintes em negrito ocupam o mesmo lugar sintático na estrutura de cada oração: todos são complementos da forma verbal "fornecendo". A preposição "a" antecedendo "ele" e "o erudito Wilhelm von Humboldt" indica que esses complementos verbais são **objetos indiretos**. Na verdade, o verbo "fornecer" é um verbo transitivo direto e indireto, pois necessita de um complemento sem preposição (*fornecendo algo*) e de um complemento com preposição (*fornecendo a alguém*).

Essa análise pode ser representada num diagrama, tornando ainda mais fácil a compreensão da estrutura dessas orações adverbiais e, consequentemente, da função do pronome oblíquo átono "lhe" na primeira oração:

Oração subordinada adverbial reduzida de gerúndio		
V	**C (OI)**	**C (OD)**
fornecendo	-lhe	dados sobre diversas línguas
	a ele	
	ao erudito Wilhelm von Humboldt	

Na escrita formal, assim como o pronome oblíquo átono "o" e suas flexões de gênero e número só podem substituir objetos diretos (não preposicionados), **o pronome oblíquo átono "lhe" só pode funcionar como objeto indireto** (preposicionado). Naturalmente, essa regra normativa também se aplica ao pronome "lhes", flexão de plural de "lhe".

O quadro a seguir sintetiza essas importantes informações normativas da escrita formal:

Complemento verbal	**Pronome oblíquo átono**
Somente objeto direto	o – os – a – as
Somente objeto indireto	lhe – lhes

Eis mais um exemplo:

(8) Os linguistas estavam interessados em uma abordagem que **lhes** permitisse lidar com as línguas faladas por minorias étnicas.

No período (8), o pronome oblíquo átono "lhes" está no interior da **oração subordinada relativa restritiva** "que lhes permitisse lidar com as línguas faladas por minorias étnicas". De acordo com a normatização apresentada aqui, esse pronome não poderia ser substituído pelo pronome oblíquo átono "os", também masculino e plural, pois "lhes" é objeto indireto da forma verbal "permitisse". Chega-se facilmente a essa conclusão pela observação das substituições a seguir:

que **lhes** permitisse lidar com as línguas faladas por minorias étnicas
que permitisse **a eles** lidar com as línguas faladas por minorias étnicas
que permitisse **aos linguistas** lidar com as línguas faladas por minorias étnicas

Ou seja, se os constituintes "aos linguistas" e "a eles" são complementos verbais precedidos da preposição "a" (*permitisse a alguém*), o pronome oblíquo átono adequado a esse contexto sintático é o pronome "lhes" e não "os", uma vez que este é exclusivo de objetos diretos e aquele, de objetos indiretos.

Em contrapartida, ao passo que todo complemento/objeto direto (sem preposição) é substituível pelo pronome oblíquo átono "o" (ou flexões), nem todo complemento/objeto indireto (com preposição) é substituível pelos pronomes oblíquos átonos "lhe" e "lhes". Os verbos que aceitam estes últimos costumam ser:

transitivos diretos e indiretos	fornecer algo a alguém > fornecer-**lhe** algo
	permitir algo a alguém > permitir-**lhe** algo

bitransitivos indiretos	falar a alguém sobre algo > falar-**lhe** sobre algo
	agradecer a alguém por algo > agradecer-**lhe** por algo

Em outras palavras, verbos unicamente transitivos indiretos tendem a não aceitar a substituição do objeto indireto por "lhe" ou "lhes". Mas não é preciso memorizar essa informação: é fácil perceber a inadequação normativa nesses casos, pois a agramaticalidade da estrutura fica muito evidente. Isso pode ser observado pela comparação, por exemplo, dos períodos a seguir:

(9) Desde o fatídico episódio, os seguidores do famoso professor de língua portuguesa <u>desconfiam</u> **de sua competência**.

(9a) *Desde o fatídico episódio, os seguidores do famoso professor de língua portuguesa desconfiam-**lhe**.

(9b) *Desde o fatídico episódio, os seguidores do famoso professor de língua portuguesa **lhe** desconfiam.

No período (9), o verbo sublinhado é **transitivo indireto** (e não transitivo direto e indireto, nem bitransitivo indireto). Nesse caso, o objeto indireto "de sua competência", único complemento verbal, não pode ser substituído por "lhe", como mostram os exemplos (9a) e (9b).

Além dessas restrições normativas, também é importante destacar que os referentes dos pronomes oblíquos átonos "lhe" e "lhes" costumam ser "pessoas" ou "outros seres animados em geral". Os períodos (8) e (9), por exemplo, comprovam isso. Não por acaso, o constituinte "de sua competência", objeto indireto do período (9), não pode ser substituído pelo oblíquo "lhe".

15.6 PRONOMES OBLÍQUOS ÁTONOS "ME", "NOS"

O rigor normativo que envolve o tipo de complemento verbal dos elementos pronominais "o" e "lhe" (bem como suas flexões e formas especiais) não se aplica a outros pronomes oblíquos átonos, como, por exemplo, "me" e "nos". A análise dos períodos a seguir deixa isso claro. Observe-se o primeiro:

(10) A proposta para organizar este livro **me** desafiava a construir uma abordagem teórica sobre a situação do português como língua internacional.

No período (10), o pronome oblíquo átono **"me"** é complemento da forma verbal "desafiava". A sintaxe de seus constituintes principais pode ser representada no seguinte diagrama:

(10)

S	C	V	C
A proposta para organizar este livro	me	desafiava	a construir uma abordagem teórica sobre a situação do português como língua internacional.

O diagrama mostra que a forma verbal "desafiava" tem dois complementos. O segundo deles — o constituinte "a construir uma abordagem teórica sobre a situação do português como língua internacional" — aparece explicitamente preposicionado, equivalendo, assim, a um objeto indireto. Por sua vez, o primeiro complemento verbal — o pronome "me" — estaria no lugar sintático de um objeto direto ou indireto?

Uma boa forma de responder a essa pergunta com segurança é analisar a transitividade do verbo em construções mínimas que possibilitem comparação, como, por exemplo, *desafiar alguém a fazer algo*:

desafiar **alguém** a fazer algo
desafiar **João** a fazer algo
desafiar-**me** a fazer algo
desafiar-**me** a construir uma abordagem teórica sobre a situação do português como língua internacional

Como os complementos verbais em negrito "alguém" e "João" não apresentam preposição, eles são objetos diretos nessa estrutura sintática mínima. Portanto, de modo análogo, o pronome oblíquo átono "me" também é **objeto direto** na mesma estrutura.

Agora, segue a análise da natureza sintática do mesmo pronome "me" num outro período:

(11) Ainda não criaram uma pedagogia que **me** permita incorporar a meu repertório o português urbano prestigiado.

No período (11), o pronome oblíquo átono "me" é complemento da forma verbal "permita". Ele se encontra na oração relativa sublinhada acima. A sintaxe dos constituintes principais da oração relativa, o que inclui o pronome "me", pode ser representada assim:

	S	C	V	C
(11)	que [uma pedagogia]	me	permita	incorporar a meu repertório o português urbano prestigiado

Como em (10), a forma verbal do período (11) tem dois complementos. O segundo deles — o constituinte "incorporar a meu repertório o português urbano prestigiado" — não é antecedido de preposição, equivalendo, pois, a um objeto direto. Já o primeiro complemento verbal, o pronome "me", estaria no lugar sintático de um objeto direto ou indireto?

Para responder a essa pergunta, cabe analisar a transitividade do verbo *permitir* em construções mínimas que possibilitem comparação, como, por exemplo, *permitir a alguém fazer algo*:

permitir **a alguém** fazer algo
permitir **a João** fazer algo
permitir-**me** fazer algo
permitir-**me** incorporar a meu repertório o português urbano prestigiado

Os complementos verbais em negrito "a alguém" e "a João" apresentam preposição; logo, são objetos indiretos nessa estrutura sintática. De modo análogo, o pronome oblíquo átono "me" também é **objeto indireto** na mesma estrutura.

Diante do exposto, fica claro que o pronome oblíquo átono "me" pode ocupar o lugar tanto do objeto direto quanto do objeto indireto do verbo na escrita formal do português brasileiro contemporâneo. Essa abrangência normativa se estende, evidentemente, ao plural de "me", o pronome oblíquo átono **"nos"**. Eis a análise de dois exemplos, um por vez:

(12) Grupos minoritários, alvos de preconceito de todos os tipos, inclusive o linguístico, **nos** veem como usurpadores.

No período (12), o pronome oblíquo átono **"nos"** é complemento da forma verbal "veem", verbo transitivo direto. Segue a representação sintática de seus constituintes principais num diagrama. A parte branca, diagramada dentro do sujeito, corresponde a seu aposto (v. seção 3.5):

(12)

S		C = OD	V	A
Grupos minoritários	, alvos de preconceito de todos os tipos, inclusive o linguístico,	nos	veem	como usurpadores.

Mas como ter certeza de que "nos" é objeto direto e não indireto, já que ele pode ocupar, com adequação normativa, esses dois lugares sintáticos?

De novo, a garantia dessa análise costuma se apoiar em procedimentos de substituição de constituintes. Atente-se, por exemplo, à estrutura do período (12) — mas sem o aposto, à guisa de simplificá-la:

Grupos minoritário **nos** veem como usurpadores
Grupos minoritário veem **os brancos** como usurpadores

Por analogia, se o constituinte "os brancos" é objeto direto da forma verbal "veem", o constituinte "nos", pronome oblíquo átono, também é **objeto direto** desse verbo.

Em contrapartida, no próximo período, o pronome "nos" não exerce a função de objeto direto:

(13) As pesquisas **nos** dizem que a correlação do conceito de norma linguística com a noção de nacionalidade sempre esteve presente no percurso histórico das línguas ocidentais.

Em (13), o pronome "nos" é complemento da forma verbal "dizem". O outro complemento é uma oração subordinada completiva, sem preposição. No diagrama a seguir, "nos" está posicionado na estrutura matriz do período:

(13)

<table>
<tr><th>S</th><th>C</th><th>V</th><th colspan="5">C</th></tr>
<tr><td rowspan="3">As pesquisas</td><td rowspan="3">nos</td><td rowspan="3">dizem</td><td colspan="5">Oração subordinada completiva</td></tr>
<tr><td></td><td>S</td><td>A</td><td>V</td><td>C</td></tr>
<tr><td>que</td><td>a correlação do conceito de norma linguística com a noção de nacionalidade</td><td>sempre</td><td>esteve</td><td>presente no percurso histórico das línguas ocidentais.</td></tr>
</table>

Como a oração completiva em (13) não é preposicionada, conclui-se que ela corresponde ao objeto direto da forma verbal "dizem". Para identificar a relação sintática entre o pronome oblíquo átono "nos" e o verbo "dizer", cabe analisar o período a partir de construções mínimas que possibilitam comparação:

dizer **a alguém** algo
dizer **a João** algo
nos dizer algo
nos dizer que a correlação do conceito de norma linguística com a noção de nacionalidade sempre esteve presente no percurso histórico das línguas ocidentais

Mais uma vez, é útil recorrer à ferramenta de análise gramatical denominada analogia: os complementos verbais em negrito "a alguém" e "a João", por apresentarem preposição, são objetos indiretos nessa estrutura sintática; logo, o pronome oblíquo átono "nos" também é **objeto indireto** na mesma estrutura — ao contrário de seu comportamento sintático de objeto direto no período (12).

Com base nessas possibilidades de uso dos pronomes oblíquos átonos "me" e "nos", o quadro-síntese da relação normativa entre essa classe de pronomes e o fenômeno sintático da transitividade verbal pode ser ampliado:

Complemento verbal	Pronome oblíquo átono
Somente objeto direto	o – os – a – as
Somente objeto indireto	lhe – lhes
Objeto direto ou indireto	me – nos

Há, pois, uma clara diferença entre os pronomes oblíquos átonos de primeira ("me", "nos") e de terceira pessoa ("o", "a", "os", "as" / "lhe", "lhes"). Num caso (o da primeira pessoa), o pronome funciona tanto como objeto direto quanto como objeto indireto. Na terceira pessoa, porém, a língua portuguesa mantém uma distinção milenar, herdada do latim: formas que só substituem objetos diretos ("o", "a", "os", "as") e formas que só substituem objetos indiretos ("lhe", "lhes").

O pronome "nos" pode mudar a forma do verbo

As formas verbais de primeira pessoa do plural (*nós*), que terminam sempre em *-mos* (*fazíamos*, *vimos*), perdem o -s quando seguidas do pronome oblíquo "nos", como mostram os exemplos:

- Não sabíamos nada de chinês; por isso, **nos** fazíamos entender por gesto.
- Não sabíamos nada de chinês; por isso, fazíamo-**nos** entender por gestos.
- **Nos** vimos em dificuldades para entender o inglês do atendente.
- Vimo-**nos** em dificuldades para entender o inglês do atendente.

15.7 PRONOMES OBLÍQUOS ÁTONOS "TE", "VOS", "SE"

Resta, agora, tecer alguns comentários sobre os pronomes oblíquos átonos de segunda pessoa ("te", "vos") e sobre o pronome oblíquo átono "se".

Uma primeira informação relevante: os pronomes "te", "vos" e "se" são do grupo dos pronomes "me" e "nos", isto é, a mesma forma é usada na função tanto de **objeto direto** quanto de **objeto indireto**. Seguem exemplos:

Pronomes oblíquos átonos na função de objeto direto:

(14) Na condição de orientador do trabalho, fiquei orgulhoso ao **te** ver apresentá-lo de forma tão clara e segura.

(15) O primeiro contato com a gramática de Anchieta **vos** remeteu imediatamente à gramática de Fernão de Oliveira.

(16) Os pesquisadores **se** dedicaram ao estudo da polarização sociolinguística do Brasil.

Pronomes oblíquos átonos na função de objeto indireto:

(17) Estou **te** mandando, em arquivo anexo, a tese sobre a expansão da língua portuguesa no continente africano.

(18) Já soube que a pesquisa sobre a diversidade linguística na cidade de São Paulo **vos** despertou curiosidade.

(19) O novo governador da colônia do Grão-Pará e Maranhão **se** arrogou o direito de proibir os missionários de usarem a língua geral.

Nos períodos (14), (15) e (16), os pronomes oblíquos átonos "te", "vos" e "se" são objetos diretos das formas verbais "ver", "remeteu" e "dedicaram", respectivamente. Já nos períodos (17), (18) e (19), os mesmos pronomes funcionam como objetos indiretos das formas verbais "mandando", "despertou" e "arrogou", respectivamente. Essa análise pode ser comprovada trocando os pronomes por nomes ou expressões nominais sintaticamente correspondentes. Ao fazer isso, logo se destaca a ausência de preposição (objeto direto) nos períodos (14a), (15a) e (16a) e a presença de preposição (objeto indireto) nos períodos (17a), (18a) e (19a):

(14a) Na condição de orientador do trabalho, fiquei orgulhoso ao ver **minha orientanda** apresentá-lo de forma tão clara e segura.

(15a) O primeiro contato com a gramática de Anchieta remeteu **o pesquisador** imediatamente à gramática de Fernão de Oliveira.

(16a) Os pesquisadores dedicaram **seu tempo** ao estudo da polarização sociolinguística do Brasil.

(17a) Estou mandando **aos alunos**, em arquivo anexo, a tese sobre a expansão da língua portuguesa no continente africano.

(18a) Já soube que a pesquisa sobre a diversidade linguística na cidade de São Paulo despertou **na plateia** curiosidade.

(19a) O novo governador da colônia do Grão-Pará e Maranhão arrogou **a si** o direito de proibir os missionários de usarem a língua geral.

O pronome oblíquo átono **"te"** é muito frequente na fala, sempre que nos dirigimos a um interlocutor com quem temos familiaridade. Curiosamente, ele ocorre tanto nas variedades do português brasileiro em que se usa o "tu" quanto naquelas em que se usa o "você".

Há uma longa história atrás dessa situação que tirou o "te" da correlação exclusiva com o "tu" no português brasileiro. Não cabe entrar nos detalhes dessa história aqui, mas vale dizer que o sistema pronominal do português em geral e do português brasileiro em especial passou por uma quase total reconfiguração nos últimos 700 anos.

De qualquer modo, **o uso do pronome "te" é muito raro em textos escritos formais**. Por exemplo, a maioria dos gêneros acadêmicos (teses, dissertações, artigos científicos etc.) e jornalísticos (notícias, reportagens, editoriais etc.) não são dirigidos diretamente a um interlocutor. Pressupõem, claro, um leitor, mas não se dirigem diretamente a ele como se faz num diálogo do cotidiano.

É claro que, **na escrita informal, o "te" aparece com alta frequência**. É o caso dos exemplos (14) e (17), que foram retirados de e-mails trocados entre amigos.

Por sua vez, o pronome oblíquo átono **"vos"**, correlacionado ao pronome reto "vós", praticamente **desapareceu do português brasileiro falado ou escrito**. Ele veio se arcaizando desde o século 17 e perdeu completamente sua vitalidade pelo início do século 20. Atualmente, está fora de uso em quase todas as variedades do português. Ainda ocorre em variedades do Norte de Portugal, mas não mais nas variedades do Sul, e é pouco frequente português europeu padrão.

O pronome "vós" tinha um sentido plural, isto é, era usado para se dirigir a um conjunto de vários interlocutores. Em seu lugar, usa-se hoje o pronome **"vocês"** e, se for uma situação de muita formalidade, as expressões **"as senhoras"** ou **"os**

senhores". Qualquer dessas expressões contemporâneas pode também ocorrer como **objeto direto** ou **objeto indireto**.

O pronome "vós" tinha também um sentido singular, ou seja, era usado como uma forma de tratamento cerimonioso de um só interlocutor. Esse uso desapareceu e permanece apenas em alguns textos religiosos. Hoje, no tratamento cerimonioso, são usadas as expressões **"a senhora"** ou **"o senhor"**, que também podem ocorrer como **objeto direto** ou **objeto indireto**.

Também vale ser dito que o pronome "vós" tinha uma forma verbal própria (*cantais, cantaríeis, cantáveis etc.*). Com a arcaização do pronome, essas formas verbais também se arcaizaram e, atualmente, **quase nenhum falante do português consegue usá-las espontaneamente**. Já não constam mais do nosso repertório ativo. É que as línguas mudam continuamente no tempo e formas antigas são substituídas por novas. Não há nisso um problema, mas apenas a manifestação de uma característica inerente a todas as línguas enquanto são faladas.

Ainda em relação a **formas arcaicas do português**, não custa mencionar outras que ocorriam na escrita antiga e desapareceram completamente dos usos atuais da língua. Trata-se da combinação de dois pronomes oblíquos, um funcionando como objeto indireto e o outro como objeto direto na mesma oração, seja numa só palavra (*mos*, *lhas*), seja numa expressão hifenizada (*no-la*, *vo-lo*). Esse processo pode ser acompanhado a partir de exemplos hipotéticos:

<table>
<tr><td colspan="4">A professora deu a mim os livros de linguística.</td></tr>
<tr><th>S</th><th>V</th><th>C = OI</th><th>C = OD</th></tr>
<tr><td rowspan="3">A professora</td><td rowspan="3">deu</td><td>a mim</td><td>os livros de linguística.</td></tr>
<tr><td>me</td><td>os</td></tr>
<tr><td colspan="2">→ mos ←</td></tr>
<tr><td colspan="4">A professora deu-mos.
ou
A professora mos deu.</td></tr>
</table>

<table>
<tr><td colspan="4">A professora deu a Maria os livros de fonética.</td></tr>
<tr><th>S</th><th>V</th><th>C = OI</th><th>C = OD</th></tr>
<tr><td rowspan="3">A professora</td><td rowspan="3">deu</td><td>a Maria</td><td>os livros de fonética.</td></tr>
<tr><td>lhe</td><td>os</td></tr>
<tr><td colspan="2">→ lhos ←</td></tr>
<tr><td colspan="4">A professora deu-lhos.
ou
A professora lhos deu.</td></tr>
</table>

<table>
<tr><td colspan="4">A professora deu a nós as tabelas de conjugação.</td></tr>
<tr><td>S</td><td>V</td><td>C = OI</td><td>C = OD</td></tr>
<tr><td rowspan="3">A professora</td><td rowspan="3">deu</td><td>a nós</td><td>as tabelas de conjugação.</td></tr>
<tr><td>nos</td><td>as</td></tr>
<tr><td colspan="2">→ no-las ←</td></tr>
<tr><td colspan="4">A professora no-las deu.</td></tr>
</table>

Na sequência, cabe dar atenção ao pronome oblíquo átono **"se"**. Já foi dito que esse pronome, da mesma forma que "me" e "nos", pode funcionar como **objeto direto** ou **objeto indireto**. São exemplos os períodos (20) e (21):

(20) Os povos germânicos **se** deslocaram para o sul e criaram vários reinos sobre as cinzas do Império Romano, nos séculos 4 e 5 da Era Comum.

(21) Os missionários jesuítas que vieram para o Brasil Colônia **se** arrogaram o direito de usar, na catequese, as línguas indígenas, mesmo quando havia determinações reais em contrário.

Nos exemplos acima, o pronome "se", objeto direto no período (20) e objeto indireto no período (21), tem um sentido **reflexivo**. Ou seja, ele está na posição de objeto e se refere à mesma pessoa do sujeito. Desse modo, a título de observação, pode-se desdobrar assim o período em que o "se" ocorre em (20):

(20a) Os povos germânicos deslocaram **os povos germânicos** para o sul e criaram vários reinos sobre as cinzas do Império Romano, nos séculos 4 e 5 da Era Comum.

Vale o mesmo para o período (21):

(21a) Os missionários jesuítas que vieram para o Brasil Colônia arrogaram **aos missionários jesuítas** o direito de usar, na catequese, as línguas indígenas, mesmo quando havia determinações reais em contrário.

Também funcionam como reflexivos os pronomes **"me"**, **"te"**, **"nos"**:

- Eu me considero um bom linguista = [eu considero eu]
- Tu te consideras um bom linguista = [tu consideras tu]
- Nós nos consideramos bons linguistas = [nós consideramos nós]

Outro detalhe interessante é que há verbos que podem ser **pronominais**, isto é, verbos que podem (ou não) ser acompanhados de um pronome reflexivo. Já outros são sempre e só verbos **reflexivos**, como se o pronome estivesse grudado ao verbo. No primeiro caso, estão *lavar(-se)*, *acomodar(-se)*, *irritar(-se)*, *levantar(-se)*, *ferir(-se)* etc.; no segundo caso, estão, *suicidar-se, condoer-se, ufanar-se, queixar-se, vangloriar-se* etc.

Curiosamente, vale mencionar que, no segundo caso, os pronomes não têm função sintática (não são considerados nem objetos diretos, nem objetos indiretos). Trata-se de pronomes **fossilizados**.

Finalmente, segue o quadro completo dos pronomes oblíquos átonos em relação às suas possibilidades de complementação verbal:

Complemento verbal	Pronome oblíquo átono
Somente objeto direto	o – os – a – as
Somente objeto indireto	lhe – lhes
Objeto direto ou indireto	me – nos | te | se

15.8 PRONOME-SUJEITO OU PRONOME-COMPLEMENTO?

Observe-se o seguinte período, em especial a relação que o constituinte nele destacado estabelece com os verbos sublinhados:

(22) A leitura do artigo <u>fez</u> **a pesquisadora** <u>sugerir</u> aos editores que convidassem o autor para escrever um capítulo da coletânea.

Uma análise dos constituintes principais do período revela que o constituinte "a pesquisadora" integra o **complemento** da forma verbal "fez", ou seja, seu **objeto direto**. Esse objeto é uma oração subordinada completiva reduzida de infinitivo, conforme representado no diagrama:

(22)

S	V	C = Oração subordinada completiva reduzida de infinitivo
A leitura do artigo	fez	**a pesquisadora** sugerir aos editores que convidassem o autor para escrever um capítulo do livro.

Entretanto, se os constituintes principais dessa oração completiva forem analisados, se verá que o mesmo constituinte "a pesquisadora" também é **sujeito** do verbo "sugerir". O próximo diagrama comprova essa possibilidade analítica:

C = Oração subordinada completiva reduzida de infinitivo			
S	V	C = OI	C = OD
a pesquisadora	sugerir	aos editores	que convidassem o autor para escrever um capítulo do livro

O esquema a seguir sintetiza a dupla relação sintática, no período (22), entre o constituinte "a pesquisadora" e as formas verbais "fez" e "sugerir":

V	← C	S →	V
fez	← a pesquisadora →		sugerir

Decorre dessa análise uma questão normativa: se o constituinte **"a pesquisadora"** é sujeito de um verbo ("sugerir") e complemento/objeto direto de outro ("fez"), deve-se usar o pronome reto **"ela"**, por se tratar de um sujeito, ou o pronome oblíquo átono **"a"**, por se tratar de um complemento/objeto direto?

A resposta para essa pergunta é: ambos os usos são possíveis. Construções como as dos períodos (22a) e (22b), a seguir, estão adequadas à escrita formal do português brasileiro contemporâneo:

(22a) A leitura do artigo fez **ela** <u>sugerir</u> à editora que convidasse o autor para escrever um capítulo da coletânea.

(22b) A leitura do artigo **a** <u>fez</u> sugerir à editora que convidasse o autor para escrever um capítulo da coletânea.

O período (22b) costuma ser recomendado por uma tradição gramatical purista, embora sem efetivo respaldo científico. Não é demais reiterar que ele, entretanto, é tão apropriado à escrita formal quanto o seu par, o período (22a).

Uma observação: no período (22b), o pronome "a" está posicionado à esquerda do verbo que ele complementa ("a fez" no lugar de "fez ela"). Essa questão normativa, tradicionalmente conhecida por **colocação pronominal**, será abordada no próximo capítulo.

Ainda um último exemplo. Atente-se à relação que os pronomes destacados estabelecem com os verbos sublinhados nos seguintes períodos:

(23) Essa protopalavra foi se separando das situações que deixaram **ela** <u>surgir</u>.

(23a) Essa protopalavra foi se separando das situações que **a** <u>deixaram</u> surgir.

Assim como o par (22a) e (22b), os períodos (23) e (23a) são formas alternativas e legítimas de se dizer a mesma coisa na modalidade escrita formal do português brasileiro contemporâneo. Focalizando as orações relativas restritivas "que deixaram ela surgir" e "que a deixaram surgir", observa-se que a sintaxe da primeira oração se justifica porque o pronome reto "ela" é sujeito do verbo "surgir": "ela surgir". Já a sintaxe da segunda oração se fia no fato de o pronome oblíquo átono "a" ser parte do objeto direto da forma verbal "deixaram": "a deixaram".

As construções analisadas nesta seção se caracterizam pela presença de verbos denominados *causativos* ou *sensitivos*. Os **verbos causativos** indicam que o sujeito **causa** a ocorrência da ação expressa pelo segundo verbo da construção sintática. Exemplos: "*fazer* ele comer", "*deixar* eu cantar", "*mandar* nós seguirmos"; "*fazê*-lo comer", "me *deixar* cantar", "nos *mandar* seguir". Já os **verbos sensitivos** exprimem uma percepção realizada pelos nossos **sentidos**. Exemplos: "*ver* eu passar", "*ouvir* ela falar", "*sentir* ele arder", "*esperar* ele sair"; "me *ver* passar", "*ouvi*-la falar", "*senti*-lo arder", "*esperá*-lo sair".

Todos os exemplos analisados que envolveram verbos causativos ou sensitivos, a despeito do uso de pronome reto (sujeito do segundo verbo) ou pronome oblíquo átono (complemento do primeiro verbo), estão adequados à norma--padrão brasileira.

16

COLOCAÇÃO PRONOMINAL

OBJETIVOS DO CAPÍTULO:

- conceituar colocação pronominal e diferenciar seus três tipos: a próclise, a ênclise e a mesóclise;
- contextualizar, criticamente, o fenômeno da colocação pronominal como uma questão normativa;
- apresentar um guia normativo da colocação pronominal na modalidade escrita formal do português brasileiro contemporâneo.

16.1 DEFININDO O FENÔMENO GRAMATICAL

Este último capítulo pauta, certamente, o fenômeno sintático mais mal abordado na maioria das gramáticas brasileiras do português: a **colocação dos pronomes oblíquos átonos**, também conhecido por **colocação pronominal**.

Entende-se por colocação pronominal o posicionamento de um pronome oblíquo átono em relação ao verbo da oração. Os seguintes períodos servem de exemplos:

(1) Neste artigo, **me** <u>dedico</u> a discutir de que forma a língua portuguesa é representada no espaço universitário macauense.

(1a) Neste artigo, <u>dedico</u>-**me** a discutir de que forma a língua portuguesa é representada no espaço universitário macauense.

No período (1), o pronome "me" está posicionado antes da forma verbal "dedico". Esse tipo de posicionamento é denominado **próclise**. A próclise é bastante comum na fala dos brasileiros. Isso pode ser facilmente confirmado prestando atenção na fala de familiares, amigos, colegas de escola ou trabalho, bem como na nossa própria fala.

Por sua vez, no período (1a), o mesmo pronome é colocado depois da forma verbal "dedico", exemplificando a colocação pronominal conhecida por **ênclise**. A ênclise é menos espontânea nas práticas orais dos brasileiros: é difícil identificar ocorrências de ênclise na fala das pessoas em geral.

Uma terceira forma de colocação de um pronome oblíquo átono, ainda mais rara que a ênclise no português brasileiro de hoje, é a **mesóclise**. Trata-se do posicionamento do pronome no meio de uma forma verbal no *futuro do presente* ou no *futuro do pretérito*:

(2) Durante algum tempo, defendeu-se haver línguas primitivas: elas evoluiriam, <u>tornar</u>-**se**-<u>iam</u> mais sofisticadas, adquiririam mais recursos capazes de exprimir pensamentos mais complexos.

Na verdade, a mesóclise no português brasileiro, falado ou escrito, pode ser considerada um fenômeno gramatical **arcaico**. Recomenda-se, portanto, que ela seja evitada, salvo quando se queira, por alguma razão específica e de modo deliberado, fazer com que o texto soe **ultraformal**.

O quadro abaixo sintetiza a terminologia utilizada para fazer referência às possíveis posições dos pronomes oblíquos átonos em relação ao verbo:

Colocação pronominal	Conceito	Exemplo
Próclise	Pronome oblíquo átono **antes** do verbo da oração	**me** dedico
Ênclise	Pronome oblíquo átono **depois** do verbo da oração	dedico-**me**
Mesóclise	Pronome oblíquo átono no **meio** do verbo (futuro do presente ou futuro do pretérito) da oração	tornar-**se**-iam tornar-**se**-ão

Essas informações são fundamentais às considerações sobre colocação pronominal apresentadas a seguir.

16.2 CONTEXTUALIZANDO O PROBLEMA NORMATIVO

Como dito anteriormente, a colocação pronominal é tema muito mal abordado na maioria das gramáticas brasileiras. Se for feita uma pesquisa sobre esse assunto em duas ou três gramáticas, se notará, por exemplo, que algumas regras de colocação pronominal são apresentadas ora como "obrigatórias", ora como "preferenciais". Da mesma forma, algumas colocações ora são condenadas, ora são abonadas. Em suma, é uma questão normativa perpassada de contradições e muita confusão.

O que causou esse quadro confuso e contraditório foi ter, na base das primeiras lições gramaticais sobre essa matéria, o absurdo pressuposto de que nós, brasileiros, não sabemos colocar os pronomes oblíquos átonos e, por isso, cometemos "erros" de colocação pronominal.

Tudo isso começou no século 19 com um intelectual português, José Feliciano de Castilho, que se estabeleceu no Rio de Janeiro e se tornou amigo do imperador D. Pedro II. Quando o imperador e o escritor José de Alencar se desentenderam politicamente, Feliciano de Castilho começou a publicar textos de crítica à literatura de Alencar. Acusou-o, entre outras coisas, de cometer "erros" na colocação dos pronomes oblíquos átonos em seus textos!

Feliciano de Castilho percebia que havia diferenças entre a colocação pronominal portuguesa e a brasileira (o que é fato), mas, sem fazer um estudo sistemático e histórico do fenômeno, entendeu que toda colocação diferente da portuguesa era errada. Em decorrência desse raciocínio estreito, as peculiaridades da colocação brasileira passaram a ser classificadas como "erros".

Desde então, nossos gramáticos se puseram a estipular **regras e mais regras de colocação pronominal**, tentando cercar nossos pretensos erros. Como não tinha havido um estudo razoável da questão, boa parte dessas regras não passava de pura invenção ou de transformação do gosto pessoal do gramático em regra obrigatória.

Se Feliciano de Castilho e os gramáticos que o seguiram tivessem se debruçado seriamente sobre o problema, teriam descoberto que as colocações brasileiras que diferiam das portuguesas conservavam, na verdade, o padrão corrente no século 16. Quem alterou esse padrão foram os portugueses em consequência das grandes mudanças na pronúncia da língua que aconteceram, depois do século 17, no português europeu, afetando em especial as vogais átonas, que ficaram, em muitos casos, quase inaudíveis: "telefone", por exemplo, é dito "tl'fon"; "esperança", "schprança"; "ferido", "f'rido"; e assim por diante.

Não cabe aqui entrar em muitos detalhes técnicos. O que importa é destacar que **o mau trato da questão da colocação pronominal na maioria das gramáticas brasileiras desde o fim do século 19 decorreu da falta de um estudo histórico e sistemático**.

Postulou-se, por exemplo, que a ênclise (a colocação do pronome depois do verbo) é a posição "normal" dos oblíquos átonos. E isso só porque é assim no português europeu moderno. Ora, esse postulado vai contra o senso linguístico de nós, brasileiros, que temos a **próclise** (a colocação do pronome antes do verbo) como a **posição mais comum**. Retomando os períodos (1) e (1a), se percebe facilmente que "me dedico" nos soa bem mais natural do que "dedico-me".

Assumir que a ênclise é a colocação normal obrigou os gramáticos a criar listas e listas de casos em que a próclise é a posição preferencial (ou, segundo alguns, obrigatória). Por exemplo, é costume repetir a regra "orações que contêm uma palavra negativa (*não*, *nunca*, *jamais* etc.) exigem próclise", como se fosse necessário o aprendizado formal de alguma regra para posicionarmos o pronome oblíquo átono antes do verbo em períodos como (3):

(3) A criança deve adquirir por si mesma a capacidade de compreender o falar das pessoas de seu grupo social, porque a língua <u>não</u> **lhe** <u>aparece</u> em bloco, toda inteira.

Com isso, se perdeu por completo a possibilidade de uma exposição razoavelmente geral do tema e se caiu numa listagem de dezenas de casos que, de acordo com essa forma de olhar o fenômeno, devem ser considerados exceções, já que o "normal" seria a ênclise. Em outras palavras, acabou havendo mais exceções do que regras.

Os resultados negativos dessa normatização esdrúxula são evidentes:

- de um lado, as escolas se encontram perdidas a ensinar listas e listas de regras infundadas;

- de outro, os falantes, quando escrevem, sentem grande insegurança quanto à colocação pronominal, precisamente pela falta de alguns parâmetros gerais;
- por fim, os juízos de correção, em exames de escolaridade e processos seletivos, se mostram completamente inadequados e prejudiciais a todos os que a eles se submetem.

Por tratar de vários aspectos da norma de referência da escrita formal do português brasileiro contemporâneo, esta gramática decidiu enfrentar objetivamente esse problema normativo, oferecendo um **quadro geral da colocação pronominal**, tanto amplo quanto simples. Desse modo, ela contribui para que seu leitor supere qualquer insegurança que, eventualmente, tenha em relação a essa questão.

16.3 APRESENTANDO SOLUÇÕES PEDAGÓGICAS

Com vistas à elaboração do **guia normativo de colocação pronominal**, foi levantado, primeiramente, um conjunto de regras em diferentes gramáticas brasileiras contemporâneas. Foram utilizadas as mesmas obras selecionadas para a formulação dos outros guias normativos apresentados nesta gramática — os de regência verbal (v. seção 10.3), de regência nominal (v. seção 11.2) e de concordância verbal (v. seção 14.3)[1].

Então, as regras de colocação pronominal nessas treze gramáticas foram descritas e analisadas, eliminando contradições e casos de raríssima ocorrência nos usos formais contemporâneos. Também foi levado em consideração o atravessamento da fala ou da escrita na abordagem dessa questão sintática por esses instrumentos normativos. Em seguida, foi elaborada uma sistematização das **regras de colocação pronominal na modalidade escrita formal do português brasileiro contemporâneo**, assumindo os seguintes princípios gerais, explorados adiante:

I. a próclise é a colocação normal;
II. a ênclise é a colocação atípica e, portanto, seus casos precisam ser especificados;
III. a mesóclise é uma colocação arcaica e, portanto, deve ser evitada;
IV. quando houver conflito entre regras tradicionais e usos contemporâneos, cabe ao escritor decidir se quer ser mais conservador (ênclise e mesóclise) ou menos conservador (próclise).

---

[1] As gramáticas são: Almeida (2009), Azeredo (2018), Bagno (2012), Bechara (2009), Castilho (2010), Cegalla (2008), Cunha e Cintra (2008), Ferrarezi Jr. e Teles (2008), Hauy (2014), Moura Neves (2018), Perini (2016), Rocha Lima (2011) e Vitral (2017). Tal levantamento, mais uma etapa do projeto de pesquisa "Norma gramatical em instrumentos linguísticos do século XXI: sistematização e implicações pedagógicas" (UFPB/CCHLA/PROLING/HGEL 2017-2020), foi realizado por Emily Gonçalves de Medeiros Ferreira (UFPB/PIBIC/CNPq cota 2017-2018) e João Henrique Van Den Branden (UFPB/HGEL 2019, aluno voluntário), sob orientação de Francisco Eduardo Vieira.

Antes de avançar, é preciso, porém, fazer uma observação geral. Nas descrições apresentadas à frente, será relevante separar dois grupos de pronomes oblíquos: de um lado, o grupo formado por **o | a | os | as**; de outro, o grupo formado por **me | te | se | lhe | lhes | nos**.

O primeiro grupo tem certas restrições e especificidades de colocação que não alcançam os pronomes do segundo grupo. E isso decorre, basicamente, de sua fraqueza fonética.

Tome-se aqui um exemplo. No caso de infinitivos regidos pela preposição "a", a ênclise dos pronomes "o", "a", "os" e "as" é obrigatória. Isso evita um encontro de vogais fracas, o que tornaria a leitura menos fluente. Deve-se escrever, então, "começou a elogiá-los" e, não, "começou a os elogiar". Essa restrição não se aplica aos demais pronomes, que admitem tanto a próclise (preferencialmente) quanto a ênclise. Nesses casos, é possível, por exemplo, escrever "começou a me elogiar" ou "começou a elogiar-me".

16.4 PRÓCLISE COMO REGRA GERAL

Como já foi dito, a próclise é a **colocação mais comum** dos pronomes oblíquos átonos no português brasileiro escrito ou falado, formal ou informal. Logo, não é preciso listar casos e mais casos. Trata-se de uma **regra geral**, exemplificada com os seguintes períodos:

(4) Os discursos identitários **nos** interessam porque articulam as línguas às culturas e à sociedade e atribuem valores e papeis à língua cabo-verdiana.

(5) Em primeiro lugar, **nos** afastamos de perspectivas que restringem a política linguística a situações de planejamento linguístico, pois consideramos que o político está inscrito na própria língua.

(6) A descolonização situa o contato no centro do funcionamento da linguagem, **lhe** atribuindo o papel de vetor principal da variação e da mudança linguísticas.

(7) Alguns dizem que o pronome relativo "cujo" desapareceu, ou seja, não **se** emprega mais.

(8) Há registros de habitantes da região que conheciam a língua geral amazônica, sobretudo comerciantes que **a** usavam quando viajavam ao Alto e médio Rio Negro.

(9) É comum que **se** empreguem formas arcaicas quando **se** pretende demonstrar erudição.

(10) Quando os povos germânicos **se** deslocaram para o sul nos séculos 4 e 5 da Era Comum, eles acabaram sendo assimilados, no plano linguístico e cultural, pelas populações falantes de latim.

(11) Embora **se** valham de critérios sociais para classificar os sujeitos informantes, tratam as formas linguísticas que buscam mapear como objetos autônomos de descrição.

(12) Só assim **se** evitará reduzir esse problema linguístico à velha e surrada dicotomia que confronta, de um lado, apologistas da modernidade e, de outro, os cultores da tradição.

(13) O que **se** observou na formação das comunidades crioulófonas do Caribe?

(14) O estudo do período simples nos currículos tradicionais ora **se** complexifica linearmente, ora opera em círculos, repetitivamente.

(15) A história de uma língua consiste numa história dos contatos a que estão sujeitos os que **a** falam: e isso **nos** leva à história política e administrativa.

Nos períodos acima, aparecem em negrito alguns pronomes oblíquos átonos seguidos de formas verbais sublinhadas, isto é, pronomes em posição proclítica (de próclise) em relação ao verbo. Não é preciso, todavia, memorizar os diferentes contextos sintáticos em que essas próclises ocorrem. Em outros termos, não há necessidade de decorar, por exemplo, que uma palavra negativa como "não" supostamente "atrai" o pronome oblíquo átono à posição proclítica, como se vê em (7); tampouco é preciso memorizar — outro exemplo — que a próclise deve ocorrer em estruturas correlatas (*ora..., ora...*), como em (14). Isso porque, uma vez que **a próclise é o posicionamento comum dos pronomes oblíquos átonos em português brasileiro contemporâneo**, nossa intuição gramatical tende a selecioná-la naturalmente na grande maioria das estruturas sintáticas. Note-se que a transformação das próclises dos períodos (4) a (15) em ênclises e, quando possível, em mesóclises, os deixará mais artificiais.

A próclise também é a colocação mais comum do pronome oblíquo átono quando este acompanha uma **locução verbal**. Nesse caso, o pronome costuma vir em posição de **próclise ao verbo principal** da locução, precisamente entre o verbo auxiliar e o verbo principal:

(16) Variedades linguísticas separadas podem **se** tornar línguas separadas se recebem algum estímulo social para isso.

(17) A aprendizagem do professor de língua portuguesa deve **lhe** garantir a aprendizagem reflexiva do aparato categorial e conceitual da gramática tradicional.

(18) Ao falar dos símios, o pesquisador está **se** referindo às várias tentativas de ensinar chimpanzés e gorilas a usar linguagem de sinais.

(19) A norma de Lisboa vai **se** afastando dos falares do norte e da Galiza, percebidos como provincianos e retratados de forma caricatural pelo teatro popular.

(20) O estudioso português manifesta uma atitude bem mais inclusiva a respeito das várias orientações metodológicas que os avanços da moderna ciência linguística haviam **lhe** disponibilizado.

(21) Um dos pontos nevrálgicos do debate tem **se** estabelecido em torno do aporte linguístico africano introduzido no Brasil.

É verdade que há outras possibilidades de colocação de pronomes oblíquos átonos em relação a locuções verbais em língua portuguesa. Cabe, então, acrescentar alguns comentários sobre elas, separando os dois grupos de pronomes oblíquos átonos:

o | a | os | as
me | te | se | lhe | lhes | nos

Pronomes "o | a | os | as":

(a) se o verbo principal estiver no gerúndio ou particípio, esses pronomes são preferencialmente colocados em próclise ao verbo auxiliar: *O articulista* ***os*** *está analisando / Os avanços da ciência a haviam disponibilizado*;

(b) se o verbo principal estiver no infinitivo, a ênclise a ele será a colocação preferencial: *Esperamos que elas possam alcançá-**la***;

(c) se o verbo principal estiver no gerúndio, a ênclise a ele será uma colocação possível: *O articulista está analisando-**os***;

(d) em qualquer situação, a ênclise ao verbo auxiliar será uma possibilidade, embora de uso raro na escrita formal brasileira, como se comentará mais adiante: *Estavam-**na** disponibilizando / Os avanços da ciência haviam-**na** disponibilizado / Esperamos que elas possam-**na** alcançar.*

Pronomes "me | te | se | lhe | lhes | nos":

Conforme dito anteriormente, a próclise ao verbo principal nas locuções verbais é a colocação preferencial dos pronomes oblíquos do segundo grupo (*me*, *te*, *se*, *lhe*, *lhes*, *nos*). As outras colocações possíveis são menos comuns no português brasileiro em geral. Se usadas, carregam **alto grau de formalidade**, em especial quando o pronome é posicionado antes do verbo auxiliar.

Assim, se o verbo principal estiver no **infinitivo** ou **gerúndio**, haverá, além da próclise em relação a ele, outras três possibilidades de colocação pronominal. Já se o verbo estiver no **particípio**, as possibilidades se reduzem a duas, pois a ênclise é recusada. Atente-se, por exemplo, às modificações em (22) a (24):

Verbo principal no infinitivo:

(22) Variedades linguísticas separadas podem **se** tornar línguas separadas se recebem algum estímulo social para isso.

(22a) Variedades linguísticas separadas **se** podem tornar línguas separadas se recebem algum estímulo social para isso.

(22b) Variedades linguísticas separadas podem-**se** tornar línguas separadas se recebem algum estímulo social para isso.

(22c) Variedades linguísticas separadas podem tornar-**se** línguas separadas se recebem algum estímulo social para isso.

Verbo principal no gerúndio:

(23) Ao falar dos símios, o pesquisador está **se** referindo às várias tentativas de ensinar chimpanzés e gorilas a usar linguagem de sinais.

(23a) Ao falar dos símios, o pesquisador **se** está referindo às várias tentativas de ensinar chimpanzés e gorilas a usar linguagem de sinais.

(23b) Ao falar dos símios, o pesquisador está-**se** referindo às várias tentativas de ensinar chimpanzés e gorilas a usar linguagem de sinais.

(23c) Ao falar dos símios, o pesquisador está referindo-**se** às várias tentativas de ensinar chimpanzés e gorilas a usar linguagem de sinais.

Verbo principal no particípio:

(24) O estudioso português manifesta uma atitude bem mais inclusiva a respeito das várias orientações metodológicas que os avanços da moderna ciência linguística haviam **lhe** disponibilizado.

(24a) O estudioso português manifesta uma atitude bem mais inclusiva a respeito das várias orientações metodológicas que os avanços da moderna ciência linguística **lhe** haviam disponibilizado.

(24b) O estudioso português manifesta uma atitude bem mais inclusiva a respeito das várias orientações metodológicas que os avanços da moderna ciência linguística haviam-**lhe** disponibilizado.

Qual construção se deve escolher? Sem dúvida, os períodos parafrásticos relativos a (22), (23) e (24) soam para nós, brasileiros, menos naturais que os períodos originais, nos quais ocorre próclise em relação ao verbo principal da locução verbal.

E qual é a diferença entre os seguintes exemplos?

podem **se** tornar	está **se** referindo	haviam **lhe** disponibilizado
podem-**se** tornar	está-**se** referindo	haviam-**lhe** disponibilizado

A maioria dos gramáticos insiste em não registrar ou, pior, em condenar a primeira construção (sem hífen), que é justamente a que mais ocorre no português brasileiro! Alegam que a ênclise ao verbo principal é a posição "normal" do pronome oblíquo átono, só admitindo, por isso, a construção com o hífen, na qual — dizem eles — o pronome também está enclítico, embora ao verbo auxiliar.

Esse tipo de argumento prescritivo, entretanto, é mera firula e picuinha gramatical. É simplesmente impossível e totalmente absurdo não aceitar a primeira construção: ela é de uso universal na escrita brasileira contemporânea.

Cabe salientar que adotar a segunda construção (com hífen) fica inteiramente ao arbítrio de quem escreve.

Uma curiosidade linguística:

No português europeu falado, o pronome oblíquo átono está na órbita fonética do verbo auxiliar:

*Ela **[vai-se]** licenciar.*

Já no português brasileiro falado, o pronome está na órbita fonética do verbo principal:

*Ela vai **[se licenciar]***

Daí decorrem, no fundo, as diferenças na escrita. Os portugueses, tendo sua fala como referência, sentem que devem juntar o pronome oblíquo ao auxiliar com hífen. Nós, por outro lado, considerando que a próclise ao verbo principal é a colocação normal do pronome oblíquo no português brasileiro, sentimos um estranhamento no uso do hífen e o dispensamos. E fazemos isso, habitualmente, já desde o século 19.

Em suma, para trabalhar bem com a colocação dos pronomes oblíquos átonos, é preciso sempre ter presente que a próclise é a regra geral. Tudo fica mais claro e simples.

Em contraste com essa regra geral, cabe agora comentar, na sequência, a ênclise e a mesóclise.

16.5 ÊNCLISE E MESÓCLISE EM CASOS ESPECÍFICOS

Conforme afirmado anteriormente, a ênclise é colocação atípica no português brasileiro contemporâneo. Por isso, seus poucos casos devem ser especificados e ensinados — e não os casos de próclise, como de costume.

A ênclise é uma colocação pronominal facultativa em três casos; obrigatória em dois; e consensualmente proibida em um.

O **primeiro caso de ênclise facultativa** é quando o pronome se liga a um verbo com sujeito explícito, sendo esse verbo de um período simples, como em (25), ou o verbo principal de um período complexo contendo uma oração subordinada, como em (26):

(25) Ele **nos** oferece os resultados de toda uma vida dedicada às diversas questões de linguagem.

(25a) Ele oferece-**nos** os resultados de toda uma vida dedicada às diversas questões de linguagem.

(26) O autor **nos** lembra que a história da linguística estaria mais próxima da história da arte do que da história da ciência.

(26a) O autor lembra-**nos** que a história da linguística estaria mais próxima da história da arte do que da história da ciência.

Fica, portanto, a critério de quem escreve a escolha entre a **próclise**, mais natural e espontânea, ou a **ênclise**, mais conservadora e monitorada.

O **segundo caso de ênclise facultativa** se refere a construções com o verbo no infinitivo regido por preposição (com exceção do pronome "o" e flexões, o que se verá adiante):

(27) O sintagma "Vossa Mercê", após várias etapas ao longo de séculos, se cristalizou em "você", forma que no Brasil tende a **se** reduzir ainda mais.

(27a) O sintagma "Vossa Mercê", após várias etapas ao longo de séculos, se cristalizou em "você", forma que no Brasil tende a reduzir-**se** ainda mais.

Essa facultatividade também vale em orações negativas:

(25) As palavras acessórias passam a não **se** parecer mais com as palavras principais.

(25a) As palavras acessórias passam a não parecer-**se** mais com as palavras principais.

Aqui também a próclise é preferencial, pelo tom natural e espontâneo que ela imprime ao período. Mas, claro, a ênclise é também possível.

Finalmente, o **terceiro caso de ênclise facultativa** ocorre nas orações coordenadas por conectivos como "e", "mas", "pois", "logo", entre outros (v. capítulo 5). Eis um exemplo:

(29) A língua real e a língua ideal não são compartimentos estanques e **se** influenciam mutuamente.

(29a) A língua real e a língua ideal não são compartimentos estanques e influenciam-**se** mutuamente.

A próclise também será a colocação preferida nesse terceiro caso de ênclise facultativa, pelas mesmas razões apresentadas anteriormente.

Neste ponto, já se pode concluir o seguinte: **sempre que a próclise for possível, ela será a colocação preferida**. Mas nem sempre posicionar o pronome oblíquo átono antes do verbo é a melhor solução normativa.

Isso leva ao **primeiro caso de ênclise obrigatória**: os pronomes oblíquos átonos "o", "os", "a" e "as", por serem foneticamente muito fracos, devem vir obrigatoriamente depois do verbo em construções com verbo no infinitivo regido pela preposição "a". Segue um exemplo:

(30) Aconteceu uma mudança no caráter do latim, uma vez que a intelectualidade transeuropeia começa a valorá-**lo**.

Assim, apesar da próclise ser a colocação pronominal mais natural no português brasileiro contemporâneo, um período como (30a), abaixo, apresenta problema de colocação pronominal, dada a contiguidade entre a preposição "a" e o pronome "o", duas vogais átonas:

(30a) *Aconteceu uma mudança no caráter do latim, uma vez que a intelectualidade transeuropeia começa a **o** valorar.

É por isso que, com os demais pronomes — como exemplificado nos períodos (27) e (28), um pouco acima —, a ênclise é **facultativa**, pois de seu uso não decorre a junção de duas vogais átonas.

Essa mesma facultatividade vale também para construções semelhantes com outras preposições, que não a preposição "a". Por exemplo, no período (31), o verbo é regido pela preposição "sem", de modo que a próclise ou a ênclise do pronome oblíquo átono "os" são normativamente possíveis:

(31) Ele informa os leitores sobre a tarefa do historiador da língua sem **os** preocupar com questões teóricas de autopercepção identitária.

(31a) Ele informa os leitores sobre a tarefa do historiador da língua, sem preocupá-**los** com questões teóricas de autopercepção identitária.

O **segundo caso de ênclise obrigatória** se refere à proibição, bastante conhecida, de não começar períodos por pronomes oblíquos átonos. Assim, o período (32a), ao contrário do período (32), estaria inadequado à norma-padrão brasileira:

(32) Denomino-**as** de diretrizes epistemológicas da gramática tradicional.

(32a) ***As** denomino de diretrizes epistemológicas da gramática tradicional.

Essa proibição categórica de iniciar períodos com pronomes oblíquos átonos é certamente a rainha das questiúnculas gramaticais. Como já apontado, os gramáticos em geral, tendo o português europeu moderno como referência, assumiram que a ênclise era a posição normal do pronome oblíquo átono. Entretanto, no português brasileiro, **a próclise é a posição normal dos pronomes oblíquos átonos em relação ao verbo**.

Assim, a interdição de começar período com esse tipo de pronome não faz qualquer sentido, salvo com os pronomes “o”, “a”, “os” e “as”, em razão de sua fraqueza fonética decorrente da ausência de consoantes. É o caso, por exemplo, do período (32a), apresentado acima.

Na escrita literária, jornalística e mesmo acadêmica do Brasil, já é comum iniciar períodos com pronomes oblíquos de maior peso fonético, como “me”, “se”, “lhe”, “lhes” e “nos”. Desse modo, os períodos (33) e (33a) são intercambiáveis na norma-padrão brasileira hoje:

(33) **Nos** parece relevante insistir em esclarecimentos sobre a terminologia gramatical utilizada na obra.

(33a) Parece-**nos** relevante insistir em esclarecimentos sobre a terminologia gramatical utilizada na obra.

Esses usos proclíticos, inegáveis ao pesquisador atento, levaram alguns gramáticos brasileiros a relativizar essa regra, transformando proibição categórica em recomendação. Assim, cabe a quem escreve escolher: usar a ênclise no início de período (registro mais conservador) ou a próclise (exceto quando os pronomes oblíquos forem “o”, “os”, “a” e “as”, justamente por conta da fraqueza fonética dessas formas).

Cabe aqui uma observação: para evitar o estranhamento de construções enclíticas raras, como “encontramo-lo” no período a seguir, basta tornar explícito o sujeito e, aí, a próclise será a colocação natural e mais afinada com o sentimento linguístico de falantes do português brasileiro contemporâneo. O par abaixo atesta que a próclise em (34a) é bem mais familiar ao leitor brasileiro que a ênclise em (34):

(34) Mais uma vez, Machado de Assis nos dá exemplos para ilustrar o uso de “alcatifa”. Encontramo-**lo** no romance *A mão e a luva*, de 1874.

(34a) Mais uma vez, Machado de Assis nos dá exemplos para ilustrar o uso de “alcatifa”. Nós **o** encontramos no romance *A mão e a luva*, de 1874.

É preciso também chamar atenção para o fato de haver certas formas verbais em que a ênclise pronominal já está praticamente cristalizada na língua:

(35) Trata-**se** de um texto politicamente engajado e que, antes de tudo, procura valorizar e respeitar a diversidade linguística.

(36) Deve-**se** acrescentar o caso das orações relativas em que ocorre o apagamento da preposição antes do pronome relativo.

(37) Pode-**se** dizer que o pronome “tu” é corrente no português brasileiro, mas restrito a certas regiões do país.

Seria difícil, considerando as convenções da escrita formal, alguém escrever, por exemplo, “Se trata de um texto...”, “Se deve acrescentar...” ou “Se pode dizer que...". Nesse caso, a constância do uso enclítico — formulaico, sedimentado na estrutura — prevalece sobre a regra geral da próclise. As motivações para a ênclise, excepcionalmente, deixam de ser sintáticas e passam a ser pragmáticas.

Finalmente, chegamos ao **caso de ênclise proibida**. Quando as próclises nas locuções verbais foram analisadas, foi dito que há um consenso entre os gramáticos de que os pronomes oblíquos átonos não devem seguir formas verbais no **particípio**. O período a seguir exemplifica essa impossibilidade enclítica:

(38) *O estudioso português manifesta uma atitude bem mais inclusiva a respeito das várias orientações metodológicas que os avanços da moderna ciência linguística haviam disponibilizado-**lhe**.

Promovem também a interdição da ênclise formas verbais simples no **futuro do presente**, como no período (39), e no **futuro do pretérito**, como no período (40):

(39) *Em vão, buscará-**se** no indo-português uma influência qualquer do tamul ou do cingalês.

(40) *Os termos diacronia e sincronia tornariam-**se** famosos graças ao livro *Curso de Linguística Geral*.

Formas verbais no futuro do presente e no futuro do pretérito, tradicionalmente, solicitam a colocação dos pronomes oblíquos no seu interior. É a chamada **mesóclise**. Atualmente, porém, a mesóclise é percebida como uma construção **arcaica** no português brasileiro:

(39a) Em vão, buscar-**se**-á no indo-português uma influência qualquer do tâmul ou do cingalês.

(40a) Os termos diacronia e sincronia tornar-**se**-iam famosos graças ao livro *Curso de Linguística Geral*.

Nada impede, claro, que mesóclises sejam usadas como as destacadas em (39a) e (40a). Contudo, a construção sintática contendo mesóclise poderá ser avaliada como **ultraformal** ou, até mesmo, **pedante**. Por isso, em linhas gerais, esta gramática do português brasileiro contemporâneo não recomenda o uso de mesóclise em textos escritos formais. Uma melhor solução sintática para a colocação pronominal nos períodos (39a) e (40a) seria a próclise:

(39b) Em vão, **se** buscará no indo-português uma influência qualquer do tamul ou do cingalês.

(40b) Os termos diacronia e sincronia **se** tornariam famosos graças ao livro *Curso de Linguística Geral*.

Se, no entanto, o verbo no futuro do presente ou do pretérito estiver no início do período e se o pronome oblíquo em questão for "o", "os", "a" ou "as", a mesóclise será de rigor e a próclise (bem como a ênclise) proibida:

(41) Os dados foram coletados entre agosto e novembro de 2018. Analisá-**los**-emos em três etapas, detalhadas na próxima seção.

(41a) Os dados foram coletados entre agosto e novembro de 2018. ***Os** analisaremos em três etapas, detalhadas na próxima seção.

(41b) Os dados foram coletados entre agosto e novembro de 2018. *Analisaremo-**los** em três etapas, detalhadas na próxima seção.

Dada a artificialidade e o hermetismo inerentes à mesóclise, a solução apresentada em (41) não é recomendada. Vale fazer uma paráfrase do período, pois nenhum dos três tipos de colocação pronominal — mesóclise em (41), próclise em (41a) e ênclise em (41b) — se mostrou adequado aos usos característicos do português brasileiro contemporâneo. Seguem, então, duas paráfrases possíveis:

(41c) Os dados foram coletados entre agosto e novembro de 2018. Eles serão analisados em três etapas, detalhadas na próxima seção.

(41d) Os dados foram coletados entre agosto e novembro de 2018. Nós **os** analisaremos em três etapas, detalhadas na próxima seção.

A estrutura do período (41) foi passada para a voz passiva no período (41c), resultando na eliminação do pronome oblíquo átono "os"; já em (41d), a estratégia parafrástica utilizada foi a explicitação do pronome reto "Nós" e o deslocamento da forma verbal e do pronome oblíquo "os" do início imediato do período, possibilitando a próclise, colocação normal e mais afinada com o sentimento linguístico do falante de português brasileiro contemporâneo.

Note-se, porém, que é frequente, nos textos jornalísticos e mesmo acadêmicos, o uso da próclise em formas verbais no futuro do presente ou do pretérito, se o pronome oblíquo for outro que não "o" e flexões. Assim, é possível escrever, por exemplo, os períodos proclíticos (42) e (43), ao invés dos períodos mesoclíticos (42a) e (43a):

(42) **Nos** representarão na teleconferência os autores de cada capítulo do livro.

(42a) Representar-**nos**-ão na teleconferência os autores de cada capítulo do livro.

(43) **Se** diria que todas essas pessoas não sabem falar sua própria língua?

(43a) Dir-**se**-ia que todas essas pessoas não sabem falar sua própria língua?

Por fim, é bom que se diga que a **mesóclise** é inteiramente desnecessária no caso de **locução verbal** em início de período, porque o pronome oblíquo átono poderá estar em posição proclítica ao verbo principal, conforme já discutido quando se tratou da próclise nas locuções verbais. Nos exemplos seguintes, a próclise ao verbo principal (construção preferida no português brasileiro contemporâneo) aparece no período (44) e a mesóclise com o verbo auxiliar (construção de raro uso), no período (44a):

(44) Poderia **se** repensar a validade dos descritores formulados para avaliar as competências nas línguas de chegada sem levar em consideração o perfil da língua materna dos aprendizes.

(44a) Poder-**se**-ia repensar a validade dos descritores formulados para avaliar as competências nas línguas de chegada sem levar em consideração o perfil da língua materna dos aprendizes.

16.6 GUIA NORMATIVO DE COLOCAÇÃO PRONOMINAL

Concluídas a análise e a sistematização das regras de colocação pronominal nas principais gramáticas brasileiras da contemporaneidade, segue um **quadro-síntese** com tudo o que foi apresentado até aqui sobre o tema.

GUIA NORMATIVO DE COLOCAÇÃO PRONOMINAL NA MODALIDADE ESCRITA FORMAL DO PORTUGUÊS BRASILEIRO CONTEMPORÂNEO			
CASOS	COLOCAÇÕES		EXEMPLOS
1. Regra geral	Próclise		◗ os discursos identitários **nos** interessam ◗ em primeiro lugar, **nos** afastamos de ◗ linguagem, **lhe** atribuindo o papel ◗ ou seja, não **se** emprega mais ◗ comerciantes que **a** usavam ◗ é comum que **se** empreguem ◗ quando os povos germânicos **se** deslocaram ◗ embora **se** valham de critérios sociais ◗ só assim **se** evitará reduzir ◗ o que **se** observou na formação ◗ o estudo ora **se** complexifica linearmente ◗ isso **nos** leva à história
2. Locução verbal	**a.** Pronome "o" e flexões	Verbo principal no gerúndio ou particípio: próclise ao verbo auxiliar (preferencial)	◗ o articulista **os** está analisando ◗ os avanços da ciência **a** haviam disponibilizado
		Verbo principal no infinitivo: ênclise ao verbo principal (preferencial)	◗ possam alcançá-**la**
		Verbo principal no gerúndio: ênclise ao verbo principal	◗ o articulista está analisando-**os**
		Verbo principal no gerúndio, particípio ou infinitivo: ênclise ao verbo auxiliar	◗ os avanços da ciência estavam-**na** disponibilizando ◗ os avanços da ciência haviam-**na** disponibilizado ◗ possam-**na** alcançar

	b. Demais pronomes oblíquos átonos	Próclise ao verbo principal (preferencial)	◗ variedades podem **se** tornar ◗ o pesquisador está **se** referindo ◗ os avanços da ciência haviam **lhe** disponibilizado
		Próclise ao verbo auxiliar	◗ variedades **se** podem tornar ◗ o pesquisador **se** está referindo ◗ os avanços da ciência **lhe** haviam disponibilizado
		Ênclise ao verbo auxiliar	◗ variedades podem-**se** tornar ◗ o pesquisador está-**se** referindo ◗ os avanços da ciência haviam-**lhe** disponibilizado
		Verbo no infinitivo ou gerúndio: ênclise ao verbo principal	◗ variedades podem tornar-**se** ◗ o pesquisador está referindo-**se**
3. Verbo com sujeito explícito	**a.** Em período simples	Próclise (preferencial) ou ênclise	◗ ele **nos** oferece ◗ ele oferece-**nos**
	b. Na estrutura matriz de períodos complexos	Próclise (preferencial) ou ênclise	◗ O autor **nos** lembra que a história ◗ O autor lembra-**nos** que a história
4. Orações coordenadas	Próclise (preferencial) ou ênclise		◗ as línguas não são estanques e **se** influenciam mutuamente ◗ as línguas não são estanques e influenciam-**se** mutuamente
5. Verbo no gerúndio, em orações adverbiais reduzidas	Próclise ou ênclise		◗ **lhe** atribuindo o papel de vetor principal ◗ atribuindo-**lhe** o papel de vetor principal
6. Verbo no infinitivo (exceto em locução verbal)	**a.** Regido por preposição (exceto preposição “a”, para pronome “o” e flexões)	Próclise (preferencial) ou ênclise	◗ tende a (não) **se** reduzir ◗ tende a (não) reduzir-**se**
			◗ sem **os** preocupar ◗ sem preocupá-**los**
	b. Regido pela preposição “a” (para pronome “o” e flexões)	Ênclise	◗ começa a valorá-**lo**
7. Verbo no começo de período	**a.** Pronome “o” e flexões	Ênclise	◗ Denomino-**as** de diretrizes epistemológicas
		Próclise, explicitando o sujeito	◗ Eu **as** denomino de diretrizes epistemológicas
	b. Demais pronomes	Próclise ou ênclise	◗ **Nos** parece relevante ◗ Parece-**nos** relevante
	c. Formas verbais cristalizadas	Ênclise	◗ Trata-**se** de um texto
8. Verbo no futuro do presente ou do pretérito	**a.** Todos os pronomes, exceto “o” e flexões	Próclise (mais comum) ou mesóclise (arcaico, ultraformal, pedante)	◗ Os termos **se** tornariam ◗ Os termos tornar-**se**-iam
	a. Pronome “o” e flexões	Próclise (explicitando o sujeito) ou mesóclise	◗ Nós **os** analisaremos em três etapas ◗ Analisá-**los**-emos em três etapas

Este guia normativo se soma aos demais que constam nesta gramática. Ele resume, com objetividade e precisão, as regras de colocação dos pronomes oblíquos átonos na modalidade escrita formal do português brasileiro contemporâneo. Serve, portanto, para facilitar as consultas, em caso de dúvidas.

Como fica bem evidente, a próclise é não só a regra geral, mas também a colocação preferencial na maioria dos casos em que a ênclise é possível. Note-se também que a mesóclise ficou, de fato, reduzida a um único caso. Mesmo aí, a recomendação é que ela não seja usada, lançando mão de alternativas sintáticas que a dispensem e evitando, assim, dar um tom arcaico, ultraformal ou mesmo pedante aos textos.

Vale destacar que **este guia é inovador**. Sua sistematização é clara e objetiva, o que contribui para organizar um assunto tradicionalmente muito mal abordado nos estudos gramaticais brasileiros e para facilitar o domínio desse aspecto específico da norma brasileira contemporânea de referência.

REFERÊNCIAS

A ILUSÃO das redes sociais. Carta na Escola. *Revista Carta Capital*. 07 nov. 2013. Disponível em: https://www.cartacapital.com.br/opiniao/a-ilusao-das-redes-sociais/. Acesso em: 27 fev. 2020

"ACIDENTE/Madeira: Um dos feridos já está na Alemanha e mais 12 vão no sábado". *Diário de Notícias*, Lisboa, 19 dez. 2019. Disponível em: https://www.dn.pt/lusa/acidentemadeira-um-dos-feridos-ja-esta-na-alemanha-e-mais-12-vao-no-sabado-10816082.html. Acesso em: 06 dez. 2019.

ALMEIDA, N. M. de. *Gramática Metódica da Língua Portuguesa*. 46ª ed. São Paulo: Saraiva, 2009.

AZEREDO, J. C. de. *Gramática Houaiss da Língua Portuguesa*. 4ª ed. São Paulo: Publifolha: Instituto Houaiss, 2018 (5ª ed. revista: São Paulo: Parábola Editorial, 2021).

BAGNO, M. *Gramática pedagógica do português brasileiro*. São Paulo: Parábola Editorial, 2012.

BECHARA, E. *Moderna gramática portuguesa*. 37ª ed. Rio de Janeiro: Nova Fronteira, 2009.

BENTO, C. Discurso da meritocracia ignora 'bolha branca' e discriminação no mercado de trabalho. *Folha de S.Paulo*, 31 out. 2019, p. A32.

BORBA, F. da S. (Coord.). *Dicionário gramatical de verbos do português contemporâneo do Brasil*. São Paulo: Editora da Universidade Estadual Paulista, 1990.

BUCCI, E. Bom dia, escravo. *O Estado de S. Paulo,* 21 nov. 2019, p. A2.

CASTILHO, A. T. de. *Nova gramática do português brasileiro*. São Paulo: Contexto, 2010.

CEGALLA, D. P. *Novíssima gramática da língua portuguesa*. 48ª ed. São Paulo: Companhia Editora Nacional, 2008.

CUNHA, C.; CINTRA, L. *Nova gramática do português contemporâneo*. 5ª ed. Rio de Janeiro: Lexikon, 2008.

FERNANDES, F. *Dicionário de verbos e regimes*. 44ª ed. São Paulo: Editora Globo, 2003 [1940].

FERNANDES, F. *Dicionário de regimes de substantivos e adjetivos*. 2ª ed. 8ª impr. Porto Alegre: Globo, 1974.

FERRAREZI JUNIOR, C.; TELES, I. M. *Gramática do brasileiro*: uma nova forma de entender nossa língua. Rio de Janeiro: Globo, 2008.

HAUY, A. B. *Gramática da língua portuguesa padrão*. São Paulo: Editora da Universidade de São Paulo, 2014.

"HOMEM detido em Lisboa por furto de joias de valor superior a 124 mil euros". *Diário de Notícias*, Lisboa, 25 nov. 2019. Disponível em: https://www.dn.pt/pais/homem-detido-em-lisboa-por-furto-de-joias-de-valor-superior-a-124-mil-euros-11551728.html. Acesso em: 01 dez. 2019.

LUFT, C. P. *Dicionário prático de regência nominal*. 4ª ed. 5ª impr. São Paulo: Ática, 2003 [1992].

LUFT, C. P. *Dicionário prático de regência verbal*. 8ª ed. 9ª impr. São Paulo: Ática, 2006 [1987].

MACHADO, J.; MISKOLCI, R. Das jornadas de junho à cruzada moral: o papel das redes sociais na polarização política brasileira. *Sociol. Antropol.*, Rio de Janeiro, v. 09.03, p. 945-970, set.-dez. 2019.

MARCUSCHI, L. A. *Da fala para a escrita*: atividades de retextualização. São Paulo: Cortez, 2001.

MORO, S. *Minha admiração à classe dos advogados* [...]. Brasília, 12 jul. 2019. Twitter @SF_Moro. Disponível em: https://twitter.com/sf_moro/status/1149755191702503425. Acesso em: 13 jul. 2019.

MOURA NEVES, M. H. de. *A gramática do português revelada em textos*. São Paulo: Editora Unesp, 2018.

NASCENTES, A. *O problema da regência*. 2ª ed. Rio de Janeiro: Livraria Freitas Bastos, 1960 [1944].

PERINHA, A. *et al.* Massa óssea cortical e fraturas de fragilidade na Coleção de Esqueletos Identificados do séc. XXI. *Antropologia Portuguesa*, Coimbra, v. 35, p. 33-55, 2018.

PERINI, M. A. *Gramática descritiva do português brasileiro*. Petrópolis, RJ: Editora Vozes, 2016.

PRADO, V. M. do; RIBEIRO, A. I. M. Escola, homossexualidades e homofobia: rememorando experiências na educação física escolar. *Revista Reflexão e Ação*, Santa Cruz do Sul, v. 24, n. 1, p. 97-114, jan.-abr. 2016.

ROCHA LIMA, C. H. da. *Gramática normativa da língua portuguesa*. 49ª ed. Rio de Janeiro: José Olympio, 2011.

ROSSINI, M. de S. *et al*. Tendências do Cinema Brasileiro contemporâneo: modelos de produção e de representação. *Sessões do imaginário*, Porto Alegre, v. 21, n. 35, p. 2-11, 2016.

RUFFATO, L. O Brasil hipócrita: a questão do racismo. *El País*, 16 set. 2014. Disponível em: https://brasil.elpais.com/brasil/2014/09/16/opinion/1410894019_400615.html. Acesso em: 23 jan. 2020.

SILVA, M. S. da. *Ciberviolência, ethos e gêneros do discurso em comunidades virtuais*: o professor como alvo. Tese (Doutorado em Letras). Centro de Artes e Comunicação, Programa de Pós-Graduação em Letras/UFPE, Recife, 2014.

"TWITTER apaga publicações de Bolsonaro visitando comércio". *Gazeta do Povo,* 01 abr. 2020. Disponível em: https://www.gazetadopovo.com.br/republica/twitter-deleta-publicacoes-de-bolsonaro-visitando-comercio-no-distrito-federal/. Acesso em: 01 abr. 2020.

VIEIRA, F. E. *Aspectos da virtualização da conversação face a face com atenção especial ao funcionamento das expressões indicais*. Dissertação (Mestrado em Letras). Centro de Artes e Comunicação, Programa de Pós-Graduação em Letras/UFPE, Recife, 2006.

VITRAL, L. *Gramática Inteligente do Português do Brasil*. São Paulo: Contexto, 2017.

WAGNER MOURA. Bolsonaro tem uma declaração pública em que diz que "o cinema brasileiro precisa de um filtro". *Diário de Notícias*, 23 dez. 2019. Disponível em: https://www.dn.pt/edicao-do-dia/23-nov-2019/wagner-moura-bolsonaro-tem-uma-declaracao-publica-em-que-diz-que-o-cinema-brasileiro-precisa-de-um-filtro-11543368.html. Acesso em: 23 nov. 2019.

NOMENCLATURA UTILIZADA NESTA *GRAMÁTICA*

A

C

D

E

F

G

REFERENDA

1. *Gramática pedagógica do português brasileiro*, Marcos Bagno
2. *Dicionário crítico de sociolinguística*, Marcos Bagno
3. *A evolução das formas gramaticais*, Antoine Meillet
3. *Curso de linguística geral*, Ferdinand de Saussure
4. *De Vulgari Eloquentia: sobre a eloquência em língua vulgar*, Dante Alighieri
5. *Guerra fria estruturalista: estudos em historiografia linguística brasileira*, Cristina Altman
6. *Gramática Houaiss da língua portuguesa*, José Carlos de Azeredo.
7. *Uma história da linguística, tomo 1: da Antiguidade ao Iluminismo*, Marcos Bagno.
8. *Uma história da linguística, tomo 2: do século 19 ao limiar do século 20*, Marcos Bagno.
9. *Gramática do português brasileiro escrito*, Francisco Eduardo Vieira e Carlos Alberto Faraco

Esta obra foi composta em Dutch 801 BT 10,5/13,5 e Source Sans Pro 10/13,5
e impressa em papel Offset 75g
para a **Parábola Editorial** em junho de 2024.

Impressão e acabamento:
Vox Gráfica